高职高专食品类专业规划教材

保健食品

(第3版)

主　编　孔祥臣　矫莹莹
副主编　孙丽丽　张若楠　沈洪宽
参　编　高玉言　郝巨祥　吴　迪
　　　　杨福臣　杨丽莉
主　审　孙　佳

武汉理工大学出版社
·武汉·

内容提要

本教材共分十三章，从基础理论、研发思路和生产技能三个层次出发，阐述了保健食品研制的思路与原则（包括保健食品的审批程序、相关法规、市场分析和发展预测），归纳了保健食品的资源内容（包括食药两用原料、可用于保健食品的原料、天然提取物等），介绍了保健食品的研制与生产技术（包括工艺研究、质量控制及功能评价等）。

本教材可作为高职高专院校保健食品开发与管理专业、功能性食品生产技术专业相关课程的教材，也可作为保健食品行业的内部培训教材。

图书在版编目（CIP）数据

保健食品/孔祥臣，矫莹莹主编．—3版．—武汉：武汉理工大学出版社，2021.12（2024.7重印）

ISBN 978-7-5629-6537-4

Ⅰ．①保… Ⅱ．①孔… ②矫… Ⅲ．①疗效食品-高等职业教育-教材 Ⅳ．①TS218

中国版本图书馆CIP数据核字（2021）第266355号

项目负责人：楼燕芳　　责任编辑：楼燕芳
责任校对：向玉露　　版面设计：天成图文
出版发行：武汉理工大学出版社
社　　址：武汉市洪山区珞狮路122号
邮　　编：430070
网　　址：http://www.wutp.com.cn
经　　销：各地新华书店
印　　刷：武汉兴和彩色印务有限公司
开　　本：787×1092　1/16
印　　张：16
字　　数：419千字
版　　次：2021年12月第3版
印　　次：2024年7月第3次印刷
定　　价：45.00元

凡使用本教材的教师，可通过E-mail索取教学参考资料。
E-mail：10124159@qq.com
本社购书热线电话：027-87384729　87391631　87165708（传真）
凡购本书，如有缺页、倒页、脱页等印装质量问题，请向出版社发行部调换。

前　言

近几年，随着社会的发展与进步，保健食品行业无论在基础科技研究，还是在产品开发、生产检验、流通使用或市场监督等领域，都发生了较大的变革。根据《教育部关于加强高职高专教育人才培养工作的意见》的要求，为了进一步满足保健食品行业发展和人才培养的需求，以更符合保健食品的改革目标，更鲜明地体现高职高专课程和教学内容体系改革的方向，编者在上一版的基础上对本教材进行了改版。

本教材的改版突出理论性、规范性的原则，对保健食品从概念、作用、机理等方面进行了全面介绍，体现了现代健康理念；对国家新发布的允许保健食品声称的保健功能做了全面、系统的归纳，分类别指出了保健食品开发和应用应达到的一般要求，比较系统地介绍了现代药理学研究成果在保健食品方面的应用和中医药理论在保健食品开发或使用方面的特色，体现了系统性、传承性、创新性和实用性的特点。

本教材共十三章，全面介绍了保健食品的基本知识，对常见保健食品原料、保健食品的生产工艺进行了较为详尽和系统的介绍和分析，可作为高职高专院校保健食品开发与管理专业和功能性食品生产技术专业的必修课程教材，也可作为制药专业、食品加工专业的主干课程教材，还可作为保健食品行业的内部培训教材。

本教材由黑龙江农业职业技术学院的孔祥臣、矫莹莹担任主编，黑龙江省佳木斯市妇幼保健院的孙丽丽、黑龙江省佳木斯市惠康大药房的张若楠、黑龙江省佳木斯市食品药品质量检测中心的沈洪宽任副主编，黑龙江省佳木斯市惠康大药房的高玉言、佳木斯大学的郝巨祥、江苏食品职业技术学院的杨福臣、黑龙江中医药大学的吴迪和黑龙江生物科技职业学院的杨丽莉参与了教材的编写。孔祥臣负责拟定大纲并进行了统稿，黑龙江农业职业技术学院的孙佳对全书进行了主审。具体的编写分工如下：孔祥臣负责第一章的编写；矫莹莹负责第二章和第五章的编写；孙丽丽负责第三章和第四章的编写；张若楠负责第七章和第八章的编写；沈洪宽负责第十二章的编写：郝巨祥负责第十三章的编写；高玉言负责第九章的编写；杨福臣负责第六章的编写；杨丽莉负责第十章的编写；吴迪负责第十一章的编写。

本教材的编写得到了食品药品监督管理行政部门相关领导、行业专家的热情指导，以及有关食品学和药学专家的大力支持，特别是在医疗和康复一线工作的专家的积极参与。佳木斯大学博士生导师沈德凤教授对教材的编写给予了悉心指导，提出了许多宝贵意见，并进行了认真的审查和修改，在此表示衷心的感谢。

在编写过程中，编者收集了大量文献资料，将食品学、健康医学、中医药学和保健食品管理的有关法规进行了融会贯通，教材内容在保健食品知识与技能方面体现出整体性、综合性、连贯性、准确性和适用性。

由于涉及的内容广泛复杂，且保健食品行业新的研究成果不断涌现，新的产品不断上市，新的法规陆续出台，新的生产技术与装备不断更新，加之编者水平有限，书中定有疏漏和不当之处，敬请各位同仁和读者批评指正。

编　者

2021 年 10 月

目　录

第一章　绪　　论

知识目标

通过本章的学习，理解国内外保健食品概念的差异，掌握保健食品与普通食品、药品的本质差异，熟悉保健食品的分类，正确认识国内外保健食品发展概况与产业发展趋势，以及中国保健食品行业所处的地位和发展方向。

技能目标

通过本章的学习，学生能够正确鉴别保健食品、普通食品与药品，能够对保健食品进行正确分类，能正确理解目前国家受理的保健食品可申报的功能范围，为正确使用和开发保健食品奠定基础。

第一节　保健食品的概念与分类

一、保健食品的概念

保健食品是食品的一个种类，具有一般食品的共性，能调节人体的机能，适于特定人群食用，但不以治疗疾病为目的。在使用中，常常发生保健食品与药品概念混淆或保健食品应用不当等现象。国家对保健食品制定了系统的法律法规，明确了保健食品的概念，对保健食品的开发、生产、经营、使用、监督等做出了明确的规定。

(一)保健食品的定义

保健食品是指声称具有特定保健功能或者以补充维生素、矿物质为目的的食品，其适用于特定人群，能调节机体功能，不以治疗疾病为目的，并且对人体不产生任何急性、亚急性或者慢性危害。

保健食品既不同于一般食品，也不是药品，与“功能食品”“疗效食品”“药膳”等也有显著区别。药品是指用于预防、治疗、诊断人的疾病，有目的地调节人的生理机能并规定有适应证或者功能主治、用法和用量的物质。一般食品是指各种供人食用或者饮用的物质。某些食品既是食品也是药品(即药食同源物质)，如大枣、甘草、枸杞、蒲公英等。新的保健食品概念将由营养补充物质制成的制剂(如补铁、补钙、补维生素等制剂)纳入了保健食品范畴。

(二)保健食品的特征

保健食品的定义包含了三个要素：①保健食品是食品的一个种类，应具有一般食品的营养功能和感观功能(色、香、味、形)；②保健食品必须具有一般食品不具有或不强调的调节人体生理活动的功能，即第三功能；③保健食品不是药品，不能取代药品作为治疗疾病的产品。从保健食品的定义可以知道，这类产品的本质是食品，强调的是所含有的功效成分对人体生理机能的调节作用，但不能作为药品应用。

(三)美、日等国家关于保健食品的概念

对于什么是保健食品，到目前为止国际上尚无统一定论。综观世界各国情况，保健食品大致有功能性食品、健康食品、营养增补剂等几种称谓。

1. 功能性食品

1989年，日本厚生省将保健食品定义为："能充分显示身体的防御功能，具有调节生理节律，以及预防疾病、促进康复等功能的工程化食品。"1990年，日本厚生省提出将"功能性食品"改为"特殊保健用途食品"。

2. 健康食品

欧洲各国普遍采用"健康食品"的名称(德国以前称"改善食品")。欧洲健康食品制造商协会联合会1982年对健康食品作了有关规定：健康食品生产必须以保证和增进健康为宗旨，应尽可能地以天然物为原料，必须在遵守健康食品的原则和保证食品质量的前提下进行生产。对健康食品的要求为：①含有充分的营养素。②能补充膳食中缺少的营养素。③能满足特定需要或含有特殊的营养物质。④以增强体质或美容为目的。⑤以维持和增进健康为目的，以天然原料为食材。

3. 营养增补剂

美国于1994年通过了《膳食补充剂健康与教育法案》，以此取代以前的《健康食品法案》。有关营养增补剂的法规要点为：

(1)把草药、植物性物质与维生素、矿物质、氨基酸等同视为营养增补剂，可以补充到食品中。

(2)这类产品如按使用说明服用，对人体必须安全、无害。

(3)产品可以以任何形式，如片剂、粉剂、胶囊剂、软胶囊剂等上市。

(4)可以附有功能性说明，但不是说明用于疾病的预防、诊断与治疗。

(5)产品上市前提供包括文献资料在内的证据，须经美国食品与药物管理局认可。

尽管世界各国对保健食品的定义不尽相同，但是基本看法是一致的，即它是不同于一般食品又有别于药品的一类特殊食品。它不仅具有普通食品的属性(营养、观感、安全)，还具有调节机体功能的保健作用。

二、保健食品与普通食品、药品的本质差异

(一)保健食品与普通食品的异同

保健食品作为食品的一个种类，除必须具备普通食品的基本特征，即有能提供人体生存必需的基本营养物质的营养功能外，还应该具有特定的色、香、味、形的感官功能。

保健食品与普通食品存在显著的不同。虽然普通食品也含有生理活性物质，但由于含量较低，进入人体后无法达到调节生理功能的浓度，因此不能实现功效作用即生理调节功能。具有调节机体功能的保健食品，其生理活性物质通过技术处理达到了一定的技术标准，从而具备了对人体的生理调节功能。

普通食品是针对广大消费者的，无特定的食用范围，而保健食品是针对特定人群的，一般有特定的食用范围。虽然某些保健食品适宜的人群可能比较多，但还未出现适宜于任何人群的保健食品。

保健食品调节机体功能的作用是经过试验验证的，保健食品以其特定的保健功能区别于普通食品，这些功能经国家有关部门批准后，可在标签、说明书上标示出来，而普通食品不

得标示保健功能。保健食品的产品属性既包括传统的食品属性，也包括新的食品属性。

(二)保健食品与药品的区别

虽然各国对保健食品的称谓不同，但对保健食品不等同于药品的认识却较为统一。保健食品与药品的区别主要在于以下三个方面：

(1)保健食品不以治疗为目的，但可以强调具有保健功能，对生理功能有一定的调节作用。

(2)保健食品不能有任何毒性，可以长期使用；药品主要满足治疗需要，有固有的毒副作用，在临床应用时应作必要的取舍，同时有明确的治疗目的，并有确定的适应证和主治功能，可能有不良反应，且有规定的使用期限。

(3)保健食品即便在某些疾病状态下也可以使用，但不能代替药物的治疗作用。

保健食品与药品的主要区别见表 1-1。

表 1-1 保健食品与药品的主要区别

项目	保健食品	药品
目的	调节生理机能	治疗疾病
有效成分	单一或复合	单一(中成药除外)
摄取决定	消费者自己	医生(OTC 药品除外)
摄取时间	比较随意	治疗时
摄取量	比较随意	按规定
毒副作用	无毒副作用	可能有毒副作用

保健食品不得以药品名称或类似于药品的名称命名，必须按保健食品命名规则经审查批准后才可确定保健食品的名称，没有获得保健食品批准文号的产品不得以保健食品的名义进行生产和销售。

表 1-2 通过生产许可、批准文号、销售地点、宣传限制和认证五个方面的对比，阐明了普通食品、保健食品、药品三者的主要区别。

表 1-2 普通食品、保健食品、药品三者的主要区别

产品	生产许可	批准文号	销售地点	宣传限制	认 证
普通食品	根据食品类别和食品安全风险状况，确定市、县级食品药品监督管理部门的食品生产许可管理权限	各级卫食字	食品店	不能宣传功能	—
保健食品	省、自治区、直辖市食品药品监督管理部门	国食健字	药店或保健品商店	可以宣传功能，但不能宣传疗效	GMP
药品	国家食品药品监督管理局	国药准字	药店或医院	可以宣传疗效	GMP

注：GMP 是 Good Manufacturing Practice 的缩写，中文意思是“良好作业规范”。GMP 认证是全面质量管理在制药行业的体现。

三、国家受理的保健食品申报功能范围

根据《中华人民共和国食品安全法》《保健食品原料目录与保健功能目录管理办法》等规定，国家市场监督管理总局会同国家卫生健康委员会、国家中医药管理局发布了《保健食品

原料目录营养素补充剂(2020年版)》和《允许保健食品声称的保健功能目录 营养素补充剂(2020年版)》,自2021年3月1日起施行。

(一)营养素补充剂

国家公布的允许保健食品声称的保健功能为补充维生素、矿物质,包括补充钙、镁、钾、锰、铁、锌、硒、铜、维生素A、维生素D、维生素B_1、维生素B_2、维生素B_6、维生素B_{12}、烟酸(尼克酸)、叶酸、生物素、胆碱、维生素C、维生素K、泛酸、维生素E、β-胡萝卜素等。

按照现行的《食品安全国家标准 预包装食品营养标签通则》(GB 28050—2011),保健食品标签中可使用释义中相应的一条或多条营养成分功能声称标准用语,但不得对功能声称用语进行任何形式的删改、添加或合并。

(二)有特殊功能的营养素补充剂

国家发布了《保健食品原料目录营养素补充剂(2020年版)》,保健食品原料目录中包括辅酶Q10、破壁灵芝孢子粉、螺旋藻、鱼油、褪黑素等5种原料,按照国家要求,可以单独制成保健食品,也可以作为保健食品的配方使用。

(三)允许保健食品声称的保健功能目录

国家市场监督管理总局组织起草了《允许保健食品声称的保健功能目录 非营养素补充剂(2020年版)(征求意见稿)》,以及配套的《保健食品功能声称释义(2020年版)(征求意见稿)》,基本确定了保健食品的功能范围。与2019年以前国家批准的27种保健功能相比,新保健食品的保健功能在功能范围与功能效力方面有较大的变动。新旧保健食品功能对照见表1-3。

表1-3 新旧保健食品功能对照表

序号	新保健食品功能范围	2019年以前保健食品功能范围
1	有助于增强免疫力	增强免疫力
2	有助于抗氧化	抗氧化
3	辅助改善记忆	辅助改善记忆
4	缓解视觉疲劳	缓解视疲劳
5	清咽润喉	清咽润喉
6	有助于改善睡眠	改善睡眠
7	缓解体力疲劳	缓解体力疲劳
8	耐缺氧	提高缺氧耐受力
9	有助于调节体内脂肪	减肥
10	有助于改善骨密度	增加骨密度
11	改善缺铁性贫血	改善营养性贫血
12	有助于改善痤疮	祛痤疮
13	有助于改善黄褐斑	祛黄褐斑
14	有助于改善皮肤水分状况	改善皮肤水分
15	有助于调节肠道菌群	调节肠道菌群
16	有助于消化	促进消化

续表 1-3

序号	新保健食品功能范围	2019 年以前保健食品功能范围
17	有助于润肠通便	通便
18	辅助保护胃黏膜	对胃黏膜损伤有辅助保护
19	有助于维持血脂健康水平(胆固醇/甘油三酯)	辅助降血脂
20	有助于维持血糖健康水平	辅助降血糖
21	有助于维持血压健康水平	辅助降血压
22	对化学性肝损伤有辅助保护	对化学肝损伤有辅助保护
23	对电离辐射危害有辅助保护	对辐射危害有辅助保护
24	有助于排铅	促进排铅
25	—	促进泌乳
26	—	改善生长发育
27	—	改善皮肤油分

四、保健食品的一般分类方法

保健食品的分类方法有许多,为了便于划分保健食品服务的对象和保健食品的开发管理,本书将保健食品作以下分类:

(一)按食用对象分

按食用对象的不同,可将保健食品分为两大类:一类以健康人群为对象,主要为了补充营养素,满足生命周期不同阶段的需求;另一类主要供给某些生理功能出现异常的人,发挥其在预防疾病和促进康复方面的功能。

(二)按功能作用分

按功能作用的不同,可将保健食品分为:

(1)营养素类,如钙、镁、硒、锌等。

(2)微量元素类,如硒、锌、铜等。

(3)功能性油脂(脂肪酸)类,如多不饱和脂肪酸、磷脂、胆碱等。

(4)自由基清除剂类,如超氧化物歧化酶(SOD)、谷胱甘肽过氧化酶等。

(5)维生素类,如维生素 A、维生素 B、维生素 C、维生素 D、维生素 E 等。

(6)肽与蛋白质类,如谷胱甘肽、免疫球蛋白等。

(7)活性菌类,如聚乳酸菌、双歧杆菌等。

(8)多糖类,如膳食纤维、香菇多糖等。

(9)其他类,如二十八醇、植物甾醇、皂甙(苷)等。

【小资料】 既是食品又是药品的物质

《卫生部关于进一步规范保健食品原料管理的通知》(卫法监发〔2002〕51号)

(按笔画顺序排列)

丁香、八角茴香、刀豆、小茴香、小蓟、山药、山楂、马齿苋、乌梢蛇、乌梅、木瓜、火麻仁、代代花、玉竹、甘草、白芷、白果、白扁豆、白扁豆花、龙眼肉(桂圆)、决明子、百合、肉豆蔻、肉桂、余甘子、佛手、杏仁(甜、苦)、沙棘、牡蛎、芡实、花椒、赤小豆、阿胶、鸡内金、麦芽、昆布、枣(大枣、酸枣、黑枣)、罗汉果、郁李仁、金银花、青果、鱼腥草、姜(生姜、干姜)、枳椇子、枸杞、栀子、砂仁、胖大海、茯苓、香橼、香薷、桃仁、桑叶、桑葚、橘红、桔梗、益智仁、荷叶、莱菔子、莲子、高良姜、淡竹叶、淡豆豉、菊花、菊苣、黄芥子、黄精、紫苏、紫苏籽、葛根、黑芝麻、黑胡椒、槐米、槐花、蒲公英、蜂蜜、榧子、酸枣仁、鲜白茅根、鲜芦根、蝮蛇、橘皮、薄荷、薏苡仁、薤白、覆盆子、藿香。

2002—2016年新增药食同源物质15种：

人参、山银花、芫荽、玫瑰花、松花粉、油松、粉葛、布渣叶、夏枯草、当归、山奈、西红花(藏红花)、草果、姜黄、荜茇。

【小资料】 可用于保健食品的物质

《卫生部关于进一步规范保健食品原料管理的通知》(卫法监发〔2002〕51号)

(按笔画顺序排列)

人参、人参叶、人参果、三七、土茯苓、大蓟、女贞子、山茱萸、川牛膝、川贝母、川芎、马鹿胎、马鹿茸、马鹿骨、丹参、五加皮、五味子、升麻、天门冬、天麻、太子参、巴戟天、木香、木贼、牛蒡子、牛蒡根、车前子、车前草、北沙参、平贝母、玄参、生地、生首乌、白及、白术、白芍、白豆蔻、石决明、石斛(需提供可使用证明)、地骨皮、当归、竹茹、红花、红景天、西洋参、吴茱萸、怀牛膝、杜仲、杜仲叶、沙苑子、牡丹皮、芦荟、苍术、补骨脂、诃子、赤芍、远志、麦门冬、龟甲、佩兰、侧柏叶、制大黄、制首乌、刺五加、刺玫果、泽兰、泽泻、玫瑰花、玫瑰茄、知母、罗布麻、苦丁茶、金荞麦、金樱子、青皮、厚朴、厚朴花、姜黄、枳壳、枳实、柏子仁、珍珠、绞股蓝、葫芦巴、茜草、荜茇、韭菜子、首乌藤、香附、骨碎补、党参、桑白皮、桑枝、浙贝母、益母草、积雪草、淫羊藿、菟丝子、野菊花、银杏叶、黄芪、湖北贝母、番泻叶、蛤蚧、越橘、槐实、蒲黄、蒺藜、蜂胶、酸角、墨旱莲、熟大黄、熟地黄、鳖甲。

【小资料】 保健食品禁用物质

《卫生部关于进一步规范保健食品原料管理的通知》(卫法监发〔2002〕51号)

(按笔画顺序排列)

八角莲、八里麻、千金子、土青木香、山莨菪、川乌、广防己、马桑叶、马钱子、六角莲、天仙子、巴豆、水银、长春花、甘遂、生天南星、生半夏、生白附子、生狼毒、白降丹、石蒜、关木通、农吉痢、夹竹桃、朱砂、米壳(罂粟壳)、红升丹、红豆杉、红茴香、红粉、羊角拗、羊踯躅、丽江山慈姑、京大戟、昆明山海棠、河豚、闹羊花、青娘虫、鱼藤、洋地黄、洋金花、牵牛子、砒石(白砒、红砒、砒霜)、草乌、香加皮(杠柳皮)、骆驼蓬、鬼臼、莽草、铁棒槌、铃兰、雪上一枝蒿、黄花夹竹桃、斑蝥、硫黄、雄黄、雷公藤、颠茄、藜芦、蟾酥。

(三)按形态分

按保健食品的形态，可将保健食品分为酒类、片剂类、丸剂类、胶囊剂类、颗粒剂类、口服液类、饮料类等。

(四)按适宜人群分

按保健食品的适宜人群，可将其分为适用于儿童、适用于妇女、适用于中老年、适用于孕妇、适用于免疫力低下人群等的保健食品。

第二节 我国保健食品发展概况与保健食品产业的发展趋势

人们保健意识的增强为保健食品的发展增添了巨大活力，提供了快发展、大发展的基础，但消费者对营养和健康的需求逐步体现出科学化、规范化和现代化，体现为由单纯的补充营养物到逐步追求产品的生理功能，对产品安全和功能成分的明晰以及生物智能化方面的追求。以天然原料为主体的保健食品，易被关注和接受。在消费群体方面，由以往特殊患病人群、老年人、儿童市场为主体，向妇女和青年人市场倾斜，同时也表现出休闲食品个性化设计被时尚的年轻人所重视的特点。除主要用于预防某种疾病的发生，或改善机体机能，或起到辅助降血脂、辅助降血糖、辅助改善记忆等作用的保健食品日趋快速发展外，功能性饮料和美妙的功能性糖果开发也将出现很好的市场前景。

一、我国保健食品发展概况

保健食品在我国有着悠久的历史，“药膳”是我国最具特色的保健食品。目前，保健食品已经发生了向产业化发展的重大转变，新型的保健食品产业发展速度异常迅猛，2015年我国营养与保健食品生产产值接近1万亿元，生产企业达1700家，百强企业生产集中度超过50%；注册国产保健食品有15842条记录，进口保健食品有751条记录；保健食品的消费属性正逐步从可选消费品转向生活必需品。

目前，我国生产的保健食品由第一代的强化食品、第二代的初级食品和第三代的功能因子(或有效成分)产品混合组成。功能因子的结构、作用机理的研究是推动产品升级换代和新产品进入市场所必需。随着我国人口老年基数增大，国民逐步更加富裕从而更加追求健康的理念增强，国内相关政策和国产保健食品认知的调整，我国保健食品将有很好的发展前景。预计到2020年,中国保健品需求规模将超过1万亿元。

二、我国保健食品产业存在的问题

目前我国保健食品产业虽然发展很快,但也存在一些问题,归纳起来主要有以下几个方面:

1. 产品的科技含量低,低水平重复导致企业陷入恶性竞争

保健食品的科技投入过低是我国保健食品行业长期处于低水平重复的一个重要因素。保健食品企业规模小,科技人员的比例低,是约束保健食品健康发展的重要因素。早期多数企业在研制新产品时,没经过周密的市场调查,带有很大的盲目性;同时没有进行必要的基础研究,产品跟风、雷同严重,缺乏创新性,这些导致了部分保健食品的市场寿命极短。有些保健食品如减肥、辅助降血糖、辅助调节血压类产品,企业为了收到与治疗药物等同的效果,在产品中加入违禁药物或临床用药,对消费者的安全构成极大威胁。规模小的企业不可能有投入能力,因而有些生产商在普通食品中加入一些矿物质、维生素或中草药,未按保健食品研究程序开发、注册,就冠以保健食品的名目,投入市场,导致伪劣假冒产品层出不穷。

2. 企业重广告、轻研发,部分宣传广告违法严重

目前我国保健食品的高利润使生产厂商忽略了对产品的科研投入,而陷入了轻研发、重广告的怪圈。有关资料显示,保健食品行业的广告投入为销售收入的6.55%,是科研投入的4.2倍。许多保健食品广告混淆概念,夸大其词,或片面夸大产品的药理作用。

三、我国保健食品产业的发展趋势

目前,我国保健食品的功能主要集中在增强免疫力、缓解机体疲劳、辅助降血脂等几个方面。使用的原料以具有滋补功效的药食两用植物为主,使用频率最高的有枸杞、西洋参、黄芪、茯苓、当归、山楂、山药、决明子等,蜂胶提取物、葡萄籽提取物、茶叶提取物、大豆提取物等也得到了较广泛的使用。而保健食品未来的发展趋势是产品功能分布将逐步发散,涵盖人们对健康需求的诸多方面;原料来源更加丰富多彩,产品的科技含量将进一步提升,这些将成为我国保健食品未来的发展方向。特别在强调安全性、追求天然、功能明确方面的要求更高,具体表现为以下几点:

1. 强调安全性、追求天然、功能明确

(1)以药食同源两用中药材为主要原料的保健食品具有独特的发展趋势。在全世界都将治疗为主转向预防为主的健康观念的指引下,经过几千年而传承下来的中药养生主张"食补防病,病后调理"的理论已引起世界各国的广泛关注,体现出以药食同源两用中药材为主要原料开发的保健食品需求量在不断增加。还应进一步采用新技术、新工艺,从理论和技术上提高这类保健食品的科技含量,使它们具有功效持久而显著,并无任何副作用的特点。具有此特点的保健食品是今后发展的必然趋势。

(2)新资源保健食品的大力开发。随着科技的发展,人类对新食品资源的开发利用率将进一步提升,保健食品的新资源已经向昆虫及海洋微生物等方向发展。昆虫为人类提供了巨大的资源,其虫体具有蛋白质含量高、氨基酸种类齐全、微量元素丰富、含有微生物活性成分等特点。目前我国昆虫保健食品的研究开发主要以蚂蚁、蜜蜂、蚕蛹等为主要原料。我国有广阔的海洋,海洋中的生物日益为健康学者所重视,除了目前已有很好市场行情的深海鱼油外，其他的海洋生物如海绵、软珊瑚、乌贼、海参等将成为新型海洋保健食品的原料。

2. 采用高新技术生产

未来保健食品竞争的核心必将是以科技为中心，只有不断地更新技术，提高产品的科技含量，注重产品的安全性、功效性，保健产品功效明确，功效更加确凿，工艺更加先进，才有可能从国内市场进军到全球市场。

生物工程技术、膜分离技术、超临界二氧化碳萃取技术、微胶囊技术、低温技术、重组技术等的应用，可以大大提高保健食品的技术含量，有力推动保健食品行业的快速发展。基因工程技术将成为未来保健食品开发的主流技术。我国的基因工程技术研究水平居世界前列，利用该技术将人类需要的功能成分，如应用于癌症、糖尿病、高血压、冠心病等病人的功能因子导入保健食品中，制造出诱导癌细胞自杀的制剂、不使人发胖的脂肪、不含糖的饮料和点心等，将成为21世纪保健食品研究开发的重点。如“黄金水稻”是利用基因工程技术增加胡萝卜素和铁含量的水稻，对预防维生素和铁缺乏有重要作用。

3. 按特殊人群分化

随着消费者消费心理和消费行为的理性化，过去那种包治百病的、功能定位模糊的保健食品逐渐淡出人们的视线。不同年龄、不同性别、不同体质、不同健康状况的人群对保健食品的需求有很大的差别。我国已步入老龄化社会，到2025年，我国60岁以上的老年人将突破3亿，因此针对老年人的保健食品市场蕴藏着无限潜力。

我国在膳食结构上存在着许多缺陷，如钙、铁及多种维生素摄入量不足等，需要通过补充营养强化剂的方式来满足人体的需要，尤其是孕妇、乳母、婴儿、青少年及老年人等特殊人群更需要补充。

【小资料】 适用各类保健食品的特殊人群

①正常生理状态的人群。如适合于婴幼儿、青少年、孕妇、乳母、老年人的保健食品。

②特殊环境和工种的人群。如适合于运动员，飞行员，宇航员，高温高湿、潜水、极地和野外勘察等作业的人员，在特定劳动条件下对机体有特殊需要的保健食品。

③病理状态的人群。如适合于高血压、高血脂、冠心病、糖尿病、肥胖病、癌症等人群的保健食品。

④某些地方病地区的人群。如适合于克山病、大骨节病、地甲病等人群的保健食品。

⑤膳食不平衡引起某些营养素摄入不足的人群。如根据我国《食品营养强化剂使用标准》(GB 14880—2012)，为改善普通人群的营养状况，在食品中允许强化赖氨酸，牛磺酸，维生素A、D、E、B_1、B_2、C、B_6、K、H，烟酸，胆碱，L-内碱，肌醇，叶酸，泛酸，钙，铁，锌，碘，硒，镁，铜，锰等，以满足人体供给量的保健食品。

本章小结

本章重点介绍了保健食品的概念、国内外保健食品概念的差异、保健食品与普通食品及药品的本质差异、保健食品的分类和发展概况；剖析了中国保健食品行业所处的地位和当前出现的问题与今后发展的方向；指出了保健食品行业低水平重复、无序竞争的必然恶果；阐明了将来保健食品的开发与应用具有强调安全性、追求天然与功能明确，需按特殊人群进行市场细分的特点，保健食品企业必须采用高新技术，实现产业化、规模化才能处于竞争的优势地位。同时介绍了目前国家受理的保健食品主要申报范围及药食同源中药材(见既是食品又是药品的物质名单)、可用于保健食品的中药材(见可用于保健食品的物质名单)和保健食品禁用中药材(见保健食品禁用物质名单)。

复习思考题

1. 什么是保健食品？保健食品可分为哪几类？
2. 保健食品与普通食品、药品有哪些区别？
3. 何为第三代保健食品？
4. 既是食品又是药品的中药材有哪些？
5. 可用于保健食品的中药材有哪些？
6. 当前我国保健食品行业存在哪些问题？

实验实训

1. 调研本地市场保健食品的名称、种类、功能、适宜人群、生产商、价格、市场占有率等。
2. 调研本地市场保健食品是否有扩大宣传、冒充药品等现象。

第二章　亚健康、营养学知识与营养素补充剂保健食品

知识目标

通过本章的学习，了解亚健康的基本知识，理解亚健康的分类以及中医学对亚健康的认识，掌握亚健康的判定方法，掌握食品营养学的基本理论和人体热能的平衡与营养保健的关系，熟悉蛋白质、脂类、碳水化合物、无机盐（矿物质）及微量元素和维生素的营养保健功能知识，熟悉营养素补充剂保健食品的开发要求。

技能目标

通过本章的学习，学生能够运用亚健康的基本知识和中医学对亚健康状态进行辨证的简明知识，正确判定亚健康的状态；能够在改善亚健康状态方面和对肌体的营养保健方面，正确运用食品营养学的基本理论；可运用中医学辨证的简明知识，正确使用保健食品或原料改善亚健康状态和加强肌体的营养保健。

第一节　亚健康的基本知识

一、健康的基本概念

（一）健康的含义

一般将健康定义为：健康是人体的一种状态，在这种状态下人体查不出任何疾病，其各种生理参数都稳定地处在正常变异范围以内，对外部环境（自然的和社会的）日常范围内的变化有良好的适应能力。

世界卫生组织将健康定义为：健康是体格上、精神上、社会上的完全安逸状态，而不只是没有疾病或不衰弱；健康是指一个人在身体、精神和社会等方面都处于良好的状态。

传统的健康观是“无病即健康”，现代人的健康观是整体健康，世界卫生组织提出“健康不仅是躯体没有疾病，还要具备心理健康、社会适应良好和有道德”。因此，现代人的健康内容包括躯体健康、心理健康、心灵健康、社会健康、智力健康、道德健康、环境健康等。

现代健康的含义是多元的、广泛的，大体包括生理、心理和社会适应性三个方面，其中社会适应性归根结底取决于生理和心理的素质状况。心理健康是身体健康的精神支柱，身体健康又是心理健康的物质基础。良好的情绪状态可以使生理功能处于最佳状态，反之则会降低或破坏某种功能而引起疾病。身体状况的改变可能带来相应的心理问题，生理上的缺陷、疾病，特别是痼疾，往往会使人产生烦恼、焦躁、忧虑、抑郁等不良情绪，导致各种不正常的心理状态。作为身心统一体的人，身体和心理是紧密依存的两个方面。

(二)健康的评价原则与方法

目前对健康状态的评价尚无统一的方法，中医通过“望、闻、问、切”四诊来判断健康，既取决于医生的经验，也注重个体自我感觉的异常；现代医学从微观的角度，应用生物学检测方法或现代仪器检测方法排除疾病来判断健康，这在某种层面上也存在一定的局限性。如何综合判断健康状态是目前需要研究的问题。

社会医学领域对健康状态的研究中比较认同的方法是从健康的定义出发，考虑生理、心理、道德、社会适应多个方面，用量表(包括症状自评量表、身心健康量表、康奈尔健康问卷、健康调查量表、疲劳评定相关量表、焦虑自评量表)测量方法进行研究。由于其概念非常宏观，量表的内容和使用范围又各有差异，因此评价结果也有一定的局限性。

有学者认为健康是由生理、心理、社会等多维因素组成的主体结构，可把健康测量内容分为三个主要方面，即功能状态、完好状态和自测健康。还有学者提出健康测量应包括5个不同的维度，即生理健康、心理健康、日常的社会功能、日常的角色功能和自测健康。

1. 躯体健康的评价方法

常用的评价躯体健康的方法是对体格、功能及体力进行测定以及对功能状况指数进行评价，其主要途径有医学模型、功能模型和躯体健康状况的自测。测量躯体健康的方法有：

(1)受限法，即测定个体在特定时间内完成某些正常活动的身体受限情形。

(2)任务导向法，即测定个体能够感受到的健康情形是如何影响其特定的躯体活动，常用的评定量表有日常生活能力评定量表及工具性日常生活功能评定量表。

我国常用与健康相关的量表来自测躯体的健康状况，包括症状自评量表、身心健康量表、康奈尔健康问卷、健康调查量表等。自测躯体健康有着更重要的意义。

2. 心理健康的评价方法

心理健康的测量常包括行为功能的失调、心理紧张症状的频率和强度、心理完好度和生活满意度等内容。评价方法主要是通过对人格测验、智商测验、情绪与情感测量、神经心理测验、总体心理健康评价来完成。常用的量表有明尼苏达多项性格量表、艾森克个性问卷、焦虑自评量表、抑郁自评量表、智能量表、Hamilton抑郁量表等。目前所使用的大多数量表是对心理异常现象的测量与评价，而心理健康的测量没有公认的标准，存在一定的局限性。

3. 社会健康的评价方法

社会健康测量常包括社会资源和人际关系等内容，评价方法是通过人际关系、社会支持、社会适应、行为模式的测量以及群体社会健康评价来完成。常用的量表有社会支持量表、防御方式问卷、生活事件量表、应激敏感性量表、简易应对方式问卷、应激感受量表等。

4. 其他评价方法

依据世界卫生组织给健康所下的正式定义，一般以以下十项内容作为标准来评价是否健康：①精力充沛，能从容不迫地应付日常生活和工作；②处事乐观，态度积极，乐于承担任务，不挑剔；③善于休息，睡眠良好；④应变能力强，能适应各种环境变化；⑤对一般感冒和传染病有一定的抵抗力；⑥体重适当，体态均匀，身体各部位比例协调；⑦眼睛明亮，反应敏捷，眼睑不发炎；⑧牙齿洁白，无缺损，无疼痛感，牙龈正常，无蛀牙；⑨头发光洁，无头屑；⑩肌肤有光泽，有弹性，走路轻松，有活力。

二、疾病的基本概念

疾病是肌体在一定的条件下，受病因损害作用后，因自稳调节紊乱而发生的异常生命活动过程，并引发一系列代谢、功能、结构的变化，表现为症状、体征和行为的异常。在这种状态下，人体的形态和(或)功能发生一定的变化，正常的生命活动受到限制或破坏，或早或迟地表现出可觉察的症状，这种状态的结局可以是康复(恢复正常)或长期残存，也可以导致死亡。

三、亚健康的基本概念

(一)亚健康的一般定义

亚健康即指非病非健康状态，这是一类次等健康状态(亚有次等之意)，是介于健康与疾病之间的状态，故又有“次健康”“第三状态”等称谓。国内学者王育学在20世纪90年代中期首次提出了“亚健康”这个词汇，为了更准确地进行定位和调研，他把“亚健康”初步定义为：介于健康和疾病的中间状态，在相当高水平的医疗机构经系统检查和单项检查未发现有疾病，而病人自己确实感觉到了躯体和心理上的种种不适，这种情况，我们就称其为“亚健康”。处于亚健康状态的人主观、心理上有许多不适的体验，肌体上呈现出活力降低、各种反应能力和适应能力有不同程度的减退等状态，但去医院进行相关检查却没有器质性病变，没有呈现疾病的状态。

(二)亚健康的分类

亚健康状态是肌体在无器质性病变情况下发生的一些功能性改变。因其主诉症状多种多样且不固定，故又被称为“不定陈述综合征”。亚健康一般分为躯体亚健康、心理亚健康、社会交往亚健康、道德亚健康等几个方面。

1. 躯体亚健康

躯体亚健康一般根据躯体亚健康状态总的特征或生理病理特点进行分类。

(1)根据躯体亚健康状态总的特征进行分类

躯体亚健康状态总的特征是持续的或难以恢复的疲劳，常感体力不支，懒于运动，容易困倦疲乏，但由于还伴有多种躯体表现，故分为：

①疲劳性亚健康。以持续3个月以上的疲乏无力为主要表现，并排除一切可能导致疲劳的疾病(如病毒性肝炎、肿瘤、糖尿病、重症抑郁等)。

②睡眠失调性亚健康。以持续3个月以上的失眠(入睡困难，或多梦、易惊醒，或睡眠不实，或早醒、醒后难以入睡等)，或嗜睡，晨起时有明显不快感，或不解乏的睡眠为主要表现，并排除可能导致睡眠紊乱的各种疾病(如重症抑郁、睡眠呼吸暂停综合征、发作性睡眠病等)。

③疼痛性亚健康。以持续3个月以上的各种疼痛为主要表现，并排除可能导致疼痛的各种疾病(如多种头痛、咽喉痛、肩颈部僵硬疼痛、背痛腰酸、肌肉酸痛、关节疼痛等)。

④其他症状性亚健康。以持续3个月以上的其他任何症状为主要表现，并排除可能导致这些症状的各种疾病。

(2)根据生理病理特点进行分类

①易感冒性亚健康。显著特征是抵抗力下降，容易受感染，反复感冒，易出汗，常伴咽痛、低热等。

②心肺功能低下性亚健康。表现为不明原因的胸闷气短、胸痛、喜叹气、心悸、心律失常、血压不稳，经各种检查排除器质性心肺等疾病。

③消化不良性亚健康。常见食欲不振、有饥饿感却没胃口、腹胀、嗳气、腹泻、便秘等症状。

④内分泌代谢紊乱性亚健康。表现为性功能减退、月经紊乱、痛经、轻度的高血脂、高尿酸、糖耐量异常、腰痛、尿频、尿痛，但经各种检查排除器质性肝肾相关疾病。

2. 心理亚健康

心理亚健康状态在人群中普遍存在，一般会导致工作效率降低，人的社会适应能力下降，人际关系不和谐，以致造成认识和决策偏差；严重者会影响生活质量和生命价值，对个人、家庭、他人造成不应有的伤害。心理亚健康状态常常不被个人所意识，不被社会所承认，不为医学所确认，因而使人感到莫名的痛苦，不良情绪持续存在，最终导致病理改变即心身疾病，如常见的高血压、冠心病、胃和十二指肠溃疡以及癌症等。

心理亚健康的类型主要有：

(1)焦虑性亚健康。持续3个月以上的焦虑情绪，并且不满足焦虑症的诊断标准。焦虑情绪是一种缺乏具体指向的心理紧张和不愉快的情绪，主要表现为精神焦虑不安、急躁易怒、恐慌，可伴有失眠、噩梦及血压增高、心率增快、口干、多汗、肌肉紧张、手抖、尿频、腹泻等自主神经症状，也可因这些躯体不适而产生疑病和忧郁。

(2)抑郁性亚健康。持续3个月以上的抑郁情绪，并且不满足抑郁症的诊断标准。抑郁情绪是一种消极情绪，主要表现为情绪低落、抑郁寡欢、兴趣减低、悲观、冷漠、自我感觉很差和自责，还可以有失眠、食欲和性欲减退、记忆力下降、体重下降、兴趣丧失、缺乏活力等症状，有的甚至产生自杀欲念。

(3)恐惧或嫉妒性亚健康。持续3个月以上的恐惧情绪，并且不满足恐惧症的诊断标准。主要表现为恐惧、胆怯等不良情绪，还有妒忌、神经质、疑病、精神不振、记忆力减退、注意力不集中、失眠、健忘、反应迟钝、想象力贫乏、情绪易激动、遇小事容易生气、爱钻牛角尖、过于在乎别人对自己的评价等。

(4)记忆力下降性亚健康。以持续3个月以上的近期记忆力下降，或不能集中注意力做事情为主要表现，且排除器质性疾病或非器质性精神类疾病。

3. 社会交往亚健康

以持续3个月以上的人际交往频率减少或人际关系紧张等社会适应能力下降为主要表现。现代社会是开放和信息的社会，观念不断更新，新事物层出不穷，要求人们具备良好的社会适应能力，不能很好地处理社会与人际关系的个体可以出现适应不良的征象。

4. 道德亚健康

持续3个月以上的道德问题，直接导致行为的偏差、失范和越轨，从而使人产生一种内心深处的不安、沮丧和自我评价降低的状态。

（三）亚健康的流行病学调查

亚健康的流行病学调查有助于从事保健食品开发、生产、营销的人员有针对性地开发保健食品，满足社会需求，实现经济效益和社会效益最大化。近年来，许多学者在这方面做了大量的调研工作，基本形成了以下几个观点：

(1)亚健康具有明显的区域性，大城市特别是生活节奏快的大城市中亚健康发生率较高。如中国保健科技学会国际传统医药保健研究会通过对全国16个省、直辖市辖区内百万人口以上的城市进行调查发现，北京人的亚健康率是75.31％，上海人的亚健康率是73.49％，广东人的亚健康率是73.41％。

(2)中青年人群(尤其是30～50岁的人群)的亚健康状态发生率高于其他人群。可见，30～50岁是亚健康状态的高发年龄。这也是近十几年来亚健康人群年轻化的标志。

(3)亚健康的性别特点表现为女性亚健康状态的发生率要高于男性。女性的躯体亚健康状态发生率较高是由女性的生理决定的；女性的心理亚健康状态发生率较高既是由女性的心理决定的，也是由女性的生理决定的，特别是女性所处的社会角度对女性的心理有重要的影响。

(4)亚健康发生的职业特征为教员、学员、医务工作者、编辑、工程师、技术员等从事脑力劳动较多的人员的发生率明显高于其他人员。这是因为工作、知识更新等压力容易使从事脑力劳动较多的人员陷入不良情绪当中。

(四)导致亚健康的因素

(1)饮食不合理可以导致亚健康的发生。当肌体摄入热量过多或营养贫乏时，都可导致肌体机能失调。过量吸烟、酗酒、睡眠不足、缺少运动、情绪低落、心理障碍以及大气污染、长期接触有毒物品，也可出现这种状态。

(2)过度疲劳、压力太大是导致从事脑力劳动较多的人员亚健康发生的主要因素。如精力、体力透支，休息不足；特别是睡眠不足、起居无规律、作息不正常的生活方式，是导致亚健康发生的重要因素。

(3)人体的自然老化进入亚健康状态。表现出体力不足、精力不支、适应能力降低等。

(4)现代疾病(心脑血管疾病、肿瘤等)在发病前，人体在相当长的时间内不会出现器质性病变，但在功能上已经发生了障碍，如胸闷气短、头晕目眩、失眠健忘等，也可导致亚健康状态。

(5)人体在生物周期中的低潮时期，即使是健康人，也会处于亚健康状态，例如女性在月经来潮前表现出的烦躁、不安、情绪不稳、易激动等。

(6)长久的不良情绪影响导致亚健康发生。不良的心理因素会导致躯体发生健康问题。

(五)亚健康状态自测

由于亚健康状态是介于健康状态和疾病状态之间的一种游离状态，因此对于亚健康状态的诊断很难界定。如疲劳、失眠，健康的人经过适当的休息与调理就可以得到纠正与克服，但若长期处于疲劳、失眠状态就可视为亚健康。自我判断是否处于亚健康状态的方法林林总总，许多学者和社会工作者，特别是从事保健食品生产、营销的机构提出的自测方法也各有不同。对此，有人专门罗列出30种亚健康状态的症状提供给大家作自我检测。如果在以下30项现象中，您感觉自己存在6项或6项以上，则可视为进入了亚健康状态。这种方法比较简易可行。

(1)精神焦虑，紧张不安；　(2)忧郁孤独，自卑郁闷；

(3)注意力分散，思维肤浅；　(4)遇事激动，无事自烦；

(5)健忘多疑，熟人忘名；　(6)兴趣变淡，欲望骤减；

(7)懒于交际，情绪低落；　(8)常感疲劳，眼胀头昏；

(9)精力下降，动作迟缓；　(10)头昏脑涨，不易复原；

(11)久站头晕，眼花目眩；　(12)肢体酥软，力不从愿；

(13)体重减轻，体虚力弱；(14)不易入眠，多梦易醒；
(15)晨不愿起，昼常打盹；(16)局部麻木，手脚易冷；
(17)掌腋多汗，舌燥口干；(18)自感低烧，夜常盗汗；
(19)腰酸背痛，此起彼安；(20)舌生白苔，口臭自生；
(21)口舌溃疡，反复发生；(22)味觉不灵，食欲不振；
(23)反酸嗳气，消化不良；(24)便稀便秘，腹部饱胀；
(25)易患感冒，唇起疱疹；(26)鼻塞流涕，咽喉疼痛；
(27)憋气气急，呼吸紧迫；(28)胸痛胸闷，心区压感；
(29)心悸心慌，心律不齐；(30)耳鸣耳背，晕车晕船。

四、中医理论对亚健康的认识

(一)中医理论对亚健康状态的认识

中医理论认为健康人应是平衡协调的有机体，《素问·生气通天论》曰："阴平阳秘，精神乃治；阴阳离决，精气乃绝。"这里的"平"与"秘"均指平衡，以阴阳为纲指出平衡是"精神治"即身心健康的根本。正常肌体在一定限度内通过自我调节就能维持人体阴阳气血、升降出入的相对平衡。出现一定限度内的偏失，未呈显著疾病的状态即为亚健康状态。

一般情况下，外界刺激不会引起亚健康状态，但如果刺激过度或过久，超过了正常的适应能力，就会引起亚健康状态的出现乃至造成疾病。

(二)中医理论对发生亚健康状态原因的分析

疾病的产生与多种因素有关，既有先天的因素，也有后天的因素，两者共同导致人体阴阳失衡而使人得病。亚健康状态虽然还未到疾病状态，但是人体的阴阳平衡已经被打破。在阴阳失衡的初期，各种不适症状刚出现，此时及时干预的目的是建立新的平衡，不适症状随之消失；如若不然，症状就会加重或增多，导致疾病的发生。

1. 先天因素

先天因素又称禀赋，是指小儿出生以前在母体内所禀受的一切特征，既包括父母双方赋予孩子的遗传性，也包括子代在母体内发育过程中的营养状态，以及母体在此期间所给予的种种影响。而父方的元气盛衰、营养状况、生活方式、精神因素等都直接影响着"父精"的质量，从而也会影响到子代禀赋的强弱。

先天因素是人体身心发展的前提条件，对于人的智力和体力的发展、人体体质的强弱具有重大影响。先天不足、禀赋羸弱就会对某种疾病具有易感性，就比常人容易患病，更容易处于亚健康状态。

2. 后天因素

后天因素是人出生之后赖以生存的各种因素的总和，可分为肌体内在因素和外界因素两方面。内在因素主要指性别、年龄、心理因素等；外界因素实际上就是环境因素，包括自然环境和社会环境。人从胚胎到生命终结之前，始终生活在一定的自然环境和社会环境之中，环境与健康的关系已经受到全球的关注。导致亚健康状态发生的外界因素主要表现在以下几方面：

(1)感受外邪是导致亚健康状态发生的多发因素，即六种正常的自然界气候"风、寒、暑、湿、燥、火"已经变成影响人的肌体健康的"六淫"，可导致病前状态的产生。同时环境污染，资源破坏，废气、废水的排放，全球气候变暖等也在威胁着人们的健康。一般情况下，外界刺激不会引起亚健康状态的发生，但如果刺激过度或过久，超过了正常的适应能力，就会引起亚健康状态的出现乃至造成疾病。

(2)情志失调是导致亚健康状态发生的心理因素。情志是人体对外界刺激的正常心理反应，情绪的变化每天都陪伴着我们。

中医学认为，喜、怒、忧、思、悲、恐、惊七情过极或持久作用，会使脏腑气血功能失常，产生七情内伤。伤及所应之脏具体有："怒伤肝、喜伤心、思伤脾、悲伤肺、恐伤肾。"说明情志因素直接作用于肌体脏腑引起人体的生理变化，导致肌体活动的改变。临床尤以心、肝、脾三脏失调多见。

(3)饮食不节常常导致亚健康状态发生。饮食过饥过饱、暴饮暴食等饥饱失常和偏嗜(肥甘厚腻、辛辣、生冷)等习惯均属于饮食不节的范畴，这些因素均可造成脏腑功能的损伤或偏盛偏衰，进入病前状态。

每种食物有自己的偏性，食物也有阴阳之分。过分偏嗜某种食物容易导致肌体的阴阳失衡。现代人为了减肥或所谓的高质量生活，以及身不由己的应酬，过少、过量或过于频繁地吃一类食物，摒弃别的食物，很容易造成人体的阴阳失衡。

(4)劳逸失度可导致亚健康状态发生。动静适当，劳逸有度，对保持人体阴阳平衡至关重要。过劳如体劳、神劳、房劳均可致伤。《素问・宣明五气》中"久视伤血，久卧伤气，久坐伤肉，久立伤骨，久行伤筋"，均指出了过劳对人体的损害。同时过逸也会导致人体气血运行不畅，以致气滞血瘀，脾胃运化功能减退，而使气血不足，或脾失健运，湿痰内生，导致人体气血阴阳失调，产生亚健康状态。

(5)年老体衰导致老年人长期处于亚健康状态。衰老是一种自然规律，具体表现为脏腑功能的衰减，因而年老是亚健康状态形成的重要因素。

总之，亚健康状态的发生是先天不足、后天失调共同作用的结果，是肌体内在因素和外界环境、社会因素共同作用的结果。其原因多样，饮食不节、起居无常、情志不遂、劳逸失度、年老体衰等因素导致脏腑气血阴阳失调，或内生五邪，或耗伤正气。其中情志不遂、七情内伤是亚健康状态的主要病理环节。要改变亚健康状态，就要改变不良生活习性，形成健康的生活习惯，保持肌体的阴阳平衡。保健食品在疾病发生之前或发生之后，参与调节人体阴阳，有利于调整亚健康状态和加快疾病的好转。

(三)亚健康状态的中医学辨证

1. 中医"治未病"的指导思想与理论基础

中医学在其理论初步形成时代就提出了"治未病"的预防思想。如《素问・四气调神大论》指出："圣人不治已病治未病，不治已乱治未乱"。中医关于"治未病"的含义可以概括为以下几个方面：①未病养生、防病于先；②欲病救萌、防微杜渐；③已病早治、防其传变；④瘥后调摄、防其复发。虽然中医学的"未病"不完全等同于亚健康的概念，但是，可以应用中医学"治未病"的理论指导对亚健康的中医药干预。在调整亚健康状态、预防和改善疾病方面，以中医学理论为基础研发的保健食品效果确切，在市场上很受欢迎。

2. 中医辨证相关概念

(1)症。"症者，病之发现也。"症是指疾病的具体表现。任何疾病的发生、发展，总是通过一定的症状、体征等疾病现象而表现出来的。人们是通过疾病的现象去揭示疾病的本质。

疾病的临床表现包括症状、体征和社会行为异常等。症状是指病人患病时主观感受到的异常现象，或为异常感觉，或为某些病态改变；体征是医生通过望、闻、问、切四诊检查及其他检查方法，客观查得的患病肌体异常变化；社会行为异常是指病人语言和行为异常，如烦躁不安、哭笑无常、失语甚至生活不能自理等。习惯上，我们将症状、体征和社会行为异常通称为症状，即广义的症状。

(2)病。病是疾病的简称，是与健康相对的概念，是肌体在一定病因作用下，因正虚邪凑而导致肌体内外环境失调，阴阳失和，气血紊乱，脏腑经络生理功能或形态结构发生改变，适应环境能力下降的异常生命过程。这一异常生命过程表现为症状和体征，由症候体现出来。

(3)证。是中医学的特有概念。它是肌体在病因作用下，肌体与环境之间以及肌体内部各系统之间关系紊乱的综合表现，是一组特定的具有内在联系的反映疾病过程中一定阶段本质的症状和体征。它揭示了病因、病性、病位、病机和肌体的抗病反应能力等，为治疗提供依据，并指明疾病的发展方向。

(4)症、证、病之间的关系。症、证、病既有联系又有区别，三者均统一在人体病理变化的基础之上。症状是患病肌体表现出来的可以被感知的疾病现象，是构成疾病和症候的基本要素。证是一组具有内在联系的反映疾病阶段性本质的症状集合。疾病是由证体现出来的，反映了疾病发生、发展和转归的全部过程和基本规律。就症、证、病三者反映疾病本质的程度而言，症状反映疾病的个别或部分的本质，症候则反映疾病阶段性的本质，而疾病则反映疾病全部过程的本质。其中，症候将症状和疾病联系起来，从而揭示了症状与疾病之间的内在联系。

肌体发生疾病后，表现为一组有内在联系的症状，可被概括为某种“病”或“证”，因此，症是表现，又是辨病、辨证的依据。中医认为，在同一种疾病当中，由于在疾病发展的不同阶段，病理变化不同，即证不相同，这就是所谓的“同病异证”；与此相反，有时在不同的疾病中，却会出现相同的或相近似的病理变化，即出现相同或相似的证，这就是“异病同证”。因此，治疗原则上也会有“同病异治”和“异病同治”现象。

3. 常用的中医辨证方法

中医在发展过程中形成了多种辨证方法，如八纲辨证、病因辨证、气血津液辨证、脏腑辨证、六经辨证、卫气营血辨证、三焦辨证、经络辨证等，这些辨证方法可兼容并用，以概括肌体患病的本质，为调节亚健康状态或治疗确定原则和方法。

【小资料】 常用的中医辨证方法

(1)八纲辨证。八纲就是表、里、寒、热、虚、实、阴、阳八个辨证的纲领。医生运用八纲，对“四诊”所获得的所有病情资料进行分析综合，从而初步获得关于病位、病性、邪正斗争盛衰和病证类别的总印象的辨证方法，称为八纲辨证。

八纲辨证是最常用、最基本的辨证方法。八纲是从各种具体症候的个性中抽象出来的带有普遍规律的共性。任何一种疾病和亚健康状态，从大体病位来说，总不外乎表证和里证；从基本病性来说，可区分为寒证和热证；从邪正斗争的关系来说，可概括为实证和虚证；从病证的总类别来说，都可归属于阴证和阳证两大类。所以，八纲是认识疾病共性的辨证方法，在临床诊断过程中可起到执简驭繁、提纲挈领的作用。

(2)病因辨证。病因辨证是在中医学基础理论,尤其是中医病因学的指导下,对病人的症状、体征、病史等进行辨别、分析、判断、综合,以确定病人具体病因的思维过程和辨证方法。任何疾病的发生都有一定的病因,从病因的来源和发病的病位看,病因可分为外感、内伤和其他三大类。具体而言,外感又包括风、寒、暑、湿、燥、火六淫和疫疠邪气对人体的外袭;内伤则包括情志过激、劳逸失度、饮食不调、遗传等多种发自体内因素的伤害;其他类有中毒、外伤等。病因辨证是准确做出证名诊断的需要,也为干预调整指明了正确的方向。

(3)气血津液辨证。气、血、津液是人体维持生命活动所必需的营养物质和动力,因此,它们的不足和运行、输布的失常,是人体患病的基本病机的重要组成部分。气血津液辨证就是运用气血津液理论去辨别、分析、判断、综合病人的病情资料,从而确定其气、血、津液的具体病机、证型的思维过程和方法。气血津液辨证既是八纲辨证在气、血、津液不同层面的深化和具体化,也是对病因辨证的不可缺少的补充。病因辨证重在确定病因、病邪,而气血津液辨证重在诊察患者体内生命物质的盈亏及其功能状态。

(4)脏腑辨证。脏腑辨证是在认识脏腑生理功能和病理变化的基础上,对"四诊"所获得的临床资料进行综合分析,以判断疾病和亚健康状态的病因病机,确定脏腑证型的一种辨证方法。简言之,脏腑辨证即以脏腑为纲,对疾病和亚健康状态进行辨证。脏腑辨证可具体分为脏病辨证、腑病辨证、脏腑兼证辨证三方面,其中脏病辨证是脏腑辨证的主体。

脏腑辨证的内容较为系统、完整,纲目清楚,明确具体,便于中医辨证思维的应用与拓展,也有利于对其他辨证方法的阐明与发挥。因此,脏腑辨证是临床各科辨证的基础,也是中医临床辨证论治的核心部分。

(5)其他辨证方法。其他辨证方法还有六经辨证、卫气营血辨证、三焦辨证和经络辨证等。这些辨证方法是中医学在长期的临床实践中,随着中医学术的发展,在不同时代、不同条件下逐渐形成的,它们从不同角度对疾病和亚健康状态的本质进行了分析探讨和概括归类,是中医辨证学理论体系中的重要组成部分。

(四)亚健康状态的常见中医症候类型

亚健康状态可以通过中医辨证的方法进行辨识。关于亚健康状态的常见中医症候,虽然尚存在一定的争议,但《亚健康中医临床指南》将目前亚健康状态的辨证分型总结为以下8种,用以指导中医临床辨证和调摄。

1. 肝气郁结型

肝气郁结是由于肝的疏泄功能异常,气机郁滞所表现的症候。其主要临床表现为:胸胁满闷、喜太息、周身窜痛不适、时发时止、情绪低落和(或)急躁易怒、咽喉部异物感、月经不调、痛经、舌苔薄白、脉弦等。常用疏肝解郁法调整。

2. 肝郁脾虚型

肝郁脾虚是指肝郁乘脾、脾失健运所表现的症候。临床常见:胸胁满闷、喜太息、周身窜痛不适、时发时止、情绪低落和(或)急躁易怒、咽喉部异物感、周身倦怠、神疲乏力、食欲不振、脘腹胀满、便溏不爽或大便秘结、舌淡红或黯、苔白或腻、脉弦细或弦缓等。常用疏肝健脾、补中行气法调整。

3. 心脾两虚型

心脾两虚是指心血虚证与脾气虚证同时出现的症候。此型是亚健康状态最常见的类型。临床常见：心悸胸闷、气短乏力、自汗、头晕头昏、失眠多梦、食欲不振、脘腹胀满、便溏、舌淡苔白、脉细或弱等。常用补脾养心、补气养血法调整。

4. 肝肾阴虚型

肝肾阴虚是指肝肾两脏阴液亏虚、虚热内扰所表现的症候。临床表现为：腰膝酸软、疲乏无力、眩晕耳鸣、失眠多梦、潮热盗汗、月经不调、遗精早泄、舌红少苔或有裂纹、脉细数等。常用补血养阴法调整。

5. 肺脾气虚型

肺脾气虚是指由于脾肺两脏气虚，其基本功能减退所表现的症候。临床症状主要有：胸闷气短、疲乏无力、自汗畏风、易于感冒、食欲不振、腹胀便溏、舌淡苔白、脉细或弱等。常用补气健脾法调整。

6. 脾虚湿阻型

脾虚湿阻是指脾气虚弱、脾失健运、湿浊内阻所表现的症候。临床常见：神疲乏力、四肢困重、困倦多寐、食欲不振、腹胀便溏、面色萎黄或日光白、舌淡苔白腻、脉沉细或缓等。常用健脾祛湿法调整。

7. 肝郁化火型

肝郁化火是指肝气郁滞、气郁化火而肝经火盛、气火上逆的症候。临床常见：头胀头痛、眩晕耳鸣、胸胁胀满、口苦咽干、失眠多梦、急躁易怒、舌红苔黄、脉弦数等。常用疏肝解郁、清热祛火法调整。

8. 痰热内扰型

痰热内扰是指痰火内盛、扰乱心神，以神志症状为主的症候。临床常见：心悸心烦、焦虑不安、失眠多梦、便秘、舌红苔黄腻、脉滑数等。常用化痰清热法调整。

(五)中医在预防与调摄亚健康状态中的优势

亚健康状态的表现多种多样，可归结为躯体、精神心理及社会适应性等三个方面。现代医学是一种以“探究结构、联系功能、结构和功能统一”为基础的医学科学理论体系，目前其发展的阶段性水平还主要是侧重于从病理解剖学结构变化的角度去研究和认识疾病过程，对人体疾病过程认识的基本单元是病。而亚健康状态的表现多以个人主观感受为主，缺乏阳性体征和实验室阳性指标，所以往往找不到治疗的客观依据和指标，也就很难达到满意的干预效果。

中医的证是建立在人体是一个具有自稳组织调节能力的主体这一认识基础之上的，不只限于疾病的范畴，而是人这个主体开放系统的整体边界效应，是关于健康和疾病互相转化过程的信息概括。因此，中医的证实质上是机体的一种反应状态，而亚健康状态作为一种以不同症状组合出现的症状群，与中医证的内涵是不矛盾的。所以，在调治亚健康方面中医有其独特的优势。

1. 在理论指导方面的优势

“治未病”“天人相应”“形神合一”等是中医学从整体观出发而建立的独特理论，中医学别具特色的“辨证论治”就是在注重整体、注重联系的理论基础上建立起来的。中医应用“阴阳五行"解释人、社会、环境之间的关系，符合现代生物、心理、社会医学模式的观点。亚健康概念的理论基础也是从整体出发，注重生理、心理、社会、环境在亚健康形成中的作用。由于中医在辨证施治中重视情志、环境、生活习惯等因素在疾病发生、发展、预后方面所起的作用，所以中医整体思维治疗医学模式具有先进性，在亚健康状态的预防与干预方面也起着独特的作用。

2. 在识别与诊断方面的优势

(1)"望、闻、问、切"四诊合参是判断亚健康状态的基础。实际上亚健康状态是指人体生理机能失调的综合表现，是人的躯体上、心理上的不适应感觉的种种表现，当运用物理的、生化的手段探查时往往难以确诊。"望、闻、问、切"四诊合参是了解症状、体征最为有效的方法，且充分体现了中医注重研究人体的功能反映。

(2)辨证理论有利于亚健康状态的辨识。亚健康为非病、非健康的第三状态，尚未达到器质性变化。以具体的"形态结构学"为基础，以单纯的"生物性疾病"为研究对象，以数字化的检验资料为诊疗依据的现代医学，在把握亚健康状态的诊治方面具有一定的局限性；而中医学的"辨证施治"理论优势明显，在此方面有良好的效果。

3. 在预防和调节亚健康状态中的优势

(1)丰富多样的治疗方法与手段有利于亚健康状态的调摄。中医学在养生调摄方面形成了食疗、针灸、推拿、气功、导引、内外药物治疗等多种治疗方法，而食疗占有十分重要的地位，将其开发为保健食品是一个重要途径。

(2)科学的养生理念和丰富的保健手段有利于亚健康状态的预防和改善。"阴平阳秘"的养生理念体现了中医学注重人体自身平衡和与环境的和谐，尊重人的生、长、壮、老、已的自身规律和疾病的发展规律，积极调摄和改善，为预防和改善亚健康状态和防治疾病及促进早日恢复健康，提高人类健康水平和生活质量、延年益寿等有着十分重要的意义。

(3)天然药物和自然疗法是亚健康调摄的基本物质和手段。当今是人们提倡回归自然，倡导自然疗法、天然药物的时代。中药材绝大多数来源于天然的动植物和矿物，药食同源品种多无毒副作用，适合亚健康人群长期服用。同时，中药材资源丰富，种植、养殖广泛，野生品种驯化成果显著，已有许多品种实现了工业化方式生产，价格比较低廉。而且中药材的生产日益规范化，为人们的用药安全提供了有力保障。

第二节　营养学的基本知识

一、中国目前存在的营养问题

由于我国人口基数大，整体营养素养较低，营养素缺乏和营养素过剩问题在一些地区和一些人群中表现出的双峰现象仍然较为严重。营养素缺乏与某些营养素摄取过多都会导致肌体亚健康，甚至发生疾病。目前，营养素缺乏问题还没有得到根本的改善，比如儿童、孕妇、乳母、老年人的缺铁性贫血、维生素 A 缺乏等问题仍然比较严重，是影响儿童、青少年健康成长和妇女、老年人健康的主要问题。而另一方面，营养素过剩所引起的慢性非传染性疾病却成为困扰城市人群的健康问题。如由于能量、脂肪等营养素的摄入过多，加上体力活动的下降，超重、肥胖正成为儿童、青少年的主要健康问题；成年人高血压、血脂异常、糖尿病等正呈大幅上升趋势。营养素的作用不仅仅只局限在预防营养素缺乏病，在预防某些慢性病（如肿瘤、心血管病、糖尿病等）方面也发挥着重要作用。

目前我国最迫切需要解决的营养问题是：局部地区的贫血、维生素A缺乏，城市及快速发展地区的营养过剩，全民营养意识和营养知识水平的提高。保健食品在这一层面上应发挥其应尽的作用。

二、人体热能的平衡与营养保健

人体热能的需要和热能的消耗是一致的。无论从需要还是从消耗来说，都由三个方面组成，即维持生命最低限度需要的基础代谢，食物特殊动力作用和活动、劳动所需要的热能，对儿童来说还有第四方面即生长发育的需要。一般每增加1kg体重约需33.49MJ（8000kcal）的热能。孕妇的胎儿发育、乳母的乳汁分泌，还有患者病后的体重恢复、健康人劳动强度的加剧、脑力劳动的加强等都有额外的热能需要。

人体基础代谢受很多因素的影响，主要影响因素有：年龄、性别、身高、体重、体表面积和内分泌状态。以单位体表面积所消耗的热能计，基础代谢随年龄的增长而减低，幼儿生长发育期最高。孕期妇女的基础代谢约增加2%。男性的基础代谢高于女性的基础代谢，这与男性骨骼肌相对发达有关。一般情况下，人到中年以后随着年龄的增长，基础代谢逐渐下降，40岁约减5%，50岁约减10%，60岁约减15%，70岁以上约减20%。所以老年人不宜摄取过多热能，否则多余的热能即会以脂肪的形式贮存起来使人发胖。

三、蛋白质的营养与保健功能

人体的每一个细胞和所有重要组织器官的构成及功能的发挥都要有蛋白质参与。人体一般含16%的蛋白质，人体蛋白质每天都处于动态平衡中，每天约有300g蛋白质分解用于修补组织，约有75g蛋白质用于肌肉更新，肠黏膜每4～6天就更新一次，所以每天要补充足够的蛋白质来满足身体需要，否则体重即会下降，儿童则生长发育停滞。此外，蛋白质的结构千差万别，人体存在着数以百计的各种蛋白质，且具有多种多样的生理功能。酶、激素、抗体皆由蛋白质组成，它们是调节物质代谢、提高机体免疫力和调节各种生理功能不可缺少的；还有一些物质如血红蛋白、肌纤凝蛋白和胶原蛋白在体内起着供氧、肌肉收缩和支架的作用。人体的遗传物质核糖核酸和脱氧核糖核酸都不能缺少蛋白质。另外，蛋白质在调节水盐代谢和维持酸碱平衡方面也起着非常重要的作用，所以当血浆蛋白质水平低时，即出现蛋白质缺乏，导致水不能回到循环系统而潴留于细胞间液，因而出现水肿。水肿是蛋白质缺乏的早期症状。蛋白质是很多营养素的载体，可以起到运输营养素的作用，促进营养素的吸收和运转。

氨基酸是组成蛋白质的最基本单位，食物中的蛋白质经消化分解为氨基酸后才能被人体吸收，被吸收的氨基酸再合成人体的蛋白质，所以氨基酸是生命物质的基础。人体中的各种蛋白质都是由20种α氨基酸按不同的顺序、种类和比例组合而成的。在20种氨基酸中有一部分可在人体内自己合成，称为非必需氨基酸；还有一部分氨基酸是人体不能合成的，或合成的速度不能满足人体需要，必须通过摄取食物得来，这些氨基酸被称为必需氨基酸。对成年人来讲，必需氨基酸有亮氨酸、异亮氨酸、赖氨酸、蛋氨酸、色氨酸、苏氨酸、苯丙氨酸和缬氨酸；对婴幼儿来说，除以上所述氨基酸外，还应包括组氨酸。必需氨基酸和非必需氨基酸同时参与蛋白质的代谢，当非必需氨基酸供给充足时可以节约必需氨基酸。因体内有的非必需氨基酸是由必需氨基酸转化而来的。在机体蛋白质正常的代谢过程中，每种必需氨基酸的需求和利用处在一定的比例范围之内，如果某一种氨基酸过多或过少就会干扰另一些氨基酸的利用，故必需氨基酸之间存在着一个相对的比值，以适应机体蛋白质的需要，这种必需氨基酸的相对比值即称为必需氨基酸模式。食物中摄入的蛋白质在消化吸收后的必需氨基酸模式越是接近于人体需要，其被利用效价就越高。如鸡蛋蛋白质中必需氨基酸的模式与人体需要接近，故其营养价值高于其他食物蛋白质；谷类食物由于缺乏赖氨酸，其蛋白质营养价值也较低。因此，保健食品提供氨基酸营养素时，应考虑氨基酸种类的缺乏和必需氨基酸的模式。

四、脂类的营养与保健功能

脂类是人体组织的重要组成成分，在维持细胞结构、功能中起着重要作用。正常人体脂肪占体重的10%～20%，主要存在于脂肪组织内（如皮下脂肪等）。脂肪是体内过剩能量的一种储存方式，当机体需要时可以运用于机体代谢而释放能量。

脂类是脂肪和类脂的总称。脂肪是指甘油和脂肪酸组成的甘油三酯，又称中性脂肪。大部分食物中的脂肪是以甘油三酯的形式存在的。如果甘油三酯中的脂肪酸为其他物质所取代，这种结构的物质则称为类脂，根据取代物之不同分别称为磷脂、糖脂、固醇类和脂蛋白等。类脂是构成机体组织的较稳定的脂类。

必需脂肪酸为机体生理所需要，机体不能合成，必须从食物中摄取。人体所需的必需脂肪酸有3种，即亚油酸、亚麻酸和花生四烯酸。人体从食物中获得的亚油酸能在体内合成γ-亚麻酸和花生四烯酸，因此严格地说只有亚油酸是绝对必需的脂肪酸。人体不能合成α-亚麻酸（为ω-3不饱和脂肪酸）。

必需脂肪酸是细胞膜的组成成分，其在细胞膜和线粒体内参与磷脂的合成，缺乏时将影响细胞的正常功能。婴幼儿缺乏必需脂肪酸则出现湿疹、皮炎，同时生长不良。成人缺乏必需脂肪酸则胆固醇运转受阻，不能进行正常代谢，在动脉沉积而导致动脉粥样硬化。另外，动物缺乏必需脂肪酸，可使精细胞的生成受到干扰，以至不育。成人对必需脂肪酸的需要量，一般认为应占全日总热能的2%。婴儿的需要量大于成人，应相当于其总热能的3%。脂肪摄入过量（尤其是饱和脂肪酸和胆固醇摄入量高），是导致心血管疾病的重要膳食因素。保健食品给机体提供较高水平的必需脂肪酸，有利于降低体内饱和脂肪酸和胆固醇总量，起到预防和辅助改善心脑血管疾病的作用。

五、碳水化合物的营养与保健功能

碳水化合物是由碳、氢和氧三种元素组成的，由于它所含的氢氧比例为2∶1，和水一样，故称为碳水化合物。碳水化合物分为单糖、二糖、低聚糖、多糖四类。糖的结合物有糖脂、糖蛋白、蛋白多糖三类。机体中碳水化合物的存在形式主要有三种：葡萄糖、糖原和含糖的复合物。它是为人体提供热能的三种主要的营养素中最廉价的营养素。食物中的碳水化合物分成两类，即人可以吸收利用的有效碳水化合物（如单糖、双糖、多糖）和人不能消化的纤维素等。

碳水化合物是生物细胞结构的主要成分及主要供能物质，并且有调节细胞活动的重要功能。碳水化合物的生理功能有以下几个方面：

1. 供给能量

每克葡萄糖产热 16.74 千焦（1 千焦＝0.2389 千卡），人体摄入的碳水化合物在体内经消化变成葡萄糖或其他单糖参加机体代谢。我国健康人群的碳水化合物供给量为摄入总能量的 55%～65%为宜。膳食中缺乏碳水化合物将导致全身无力、疲乏，血糖含量降低，产生头晕、心悸、脑功能障碍等，严重者会导致低血糖昏迷。当膳食中碳水化合物过多时，就会转化成脂肪贮存于体内，使人过于肥胖而导致各类疾病（如高血脂、糖尿病等）。碳水化合物的来源应包括复合碳水化合物淀粉、不消化的抗性淀粉、非淀粉多糖和低聚糖等碳水化合物；平时摄入的碳水化合物主要是多糖，在米、面等主食中含量较高，摄入碳水化合物的同时能获得蛋白质、脂类、维生素、矿物质、膳食纤维等其他营养物质。

2. 构成细胞和组织

每个细胞都有碳水化合物，其含量为 2%～10%，主要以糖脂、糖蛋白和蛋白多糖的形式存在，分布在细胞膜、细胞器膜、细胞质以及细胞间质中。

3. 节省蛋白质

食物中碳水化合物不足，机体不得不动用蛋白质来满足机体活动所需的能量，这将影响机体用蛋白质合成新的蛋白质和组织更新。因此，完全不吃主食、只吃肉类是不适宜的，因为肉类中所含碳水化合物很少。糖尿病患者摄入的主食不要低于 150g。

4. 维持脑细胞的正常功能

葡萄糖是维持大脑正常功能的必需营养素，当血糖浓度下降时，脑组织可因缺乏能源而使脑细胞功能受损，造成功能障碍，从而导致头晕、心悸、出冷汗，甚至昏迷。

5. 抗酮体的生成

当人体缺乏糖类时可分解脂类供能，同时产生酮体。酮体可导致高酮酸血症。保证充足的碳水化合物有助于抗酮体的生成。

6. 解毒

糖类代谢可产生葡萄糖醛酸，葡萄糖醛酸与体内毒素（如药物、胆红素）结合进而发挥解毒作用。

7. 加强肠道功能

这与膳食纤维的功能有关，如防治便秘、预防结肠癌和直肠癌、防治痔疮等。

碳水化合物中的糖蛋白和蛋白多糖有润滑作用，还可控制细胞膜的通透性。碳水化合物还具有其他特殊的生理活性，如肝脏中的肝素有抗凝血作用，血液中的糖与免疫活性有关等。因此，碳水化合物对健康来说具有重要的意义。

对不同人群来说，碳水化合物的摄入需求有很大区别，如肥胖病人、糖尿病患者、心脑血管疾病患者、运动员等，对碳水化合物的需求量均不同。

碳水化合物中的膳食纤维在保健食品中的应用日益被人们所重视。膳食纤维是指不被人体消化吸收的多糖，其中包括果胶、树胶、海藻多糖、半纤维素、纤维素，以及不属于碳水化合物的木质素等。膳食纤维的作用主要是与胃肠分泌液混合，形成较大的体积，使人具有饱腹感；较大量的膳食纤维混在食物中，可以使食物的容量增加，形成较大的粪团，刺激肠道蠕动，有利于粪便的排出；这一作用可减少胆酸和中性固醇的肝肠循环而降低血胆固醇。因此膳食纤维主要应用于预防便秘、预防肠道癌症、改善血脂等方面。

六、无机盐(矿物质)及微量元素的营养与保健功能

成人体内含有60余种不同的无机盐，其中有21种已被证实为人类营养所必需。1kg体重中无机盐的含量超过100mg者称为常量元素，含量低于这个水平的称为微量元素。常量元素有钙、镁、钾、钠、硫、磷、氯等7种元素，占人体总灰分的60%～80%。目前已确认为维持正常生命活动不可缺少的必需微量元素共有14种，即铁、铜、锌、碘、硒、锰、钴、铬、钼、镍、硅、锡、钒和氟。无机盐不能在体内生成，必须由外界环境获得。无机盐不能提供热能，但却是构成机体组织和维持正常生理功能的必需物质，其保健功能简介如下：

(一)钙的营养与保健功能

1. 钙元素的主要功能

钙享有"生命元素"之称，参与人体多方面的主要生理机能。人体中的矿物质约占体重的5%，其中钙约占体重的2%。分布在骨骼和牙齿中的钙，约占钙总量的99%，主要以晶体的形式存在，其余1%分布在血液、细胞间液及软组织中。钙主要有以下功能：

(1)构成骨骼与牙齿，是人体发育的必需物质。人体99%的钙分布在骨骼和牙齿中，20岁之前是骨骼的生长阶段。人有两个生长高峰期：第一阶段是1岁以前，缺钙将导致发育迟缓或发育不良，出现诸如出牙晚、学步晚、鸡胸等症状。第二阶段是12～14岁，缺钙将导致身材矮小、生长痛等。20岁以后骨质可以继续增加；35～40岁时骨密度达到峰值；40岁以后骨钙逐渐流失。老年人骨钙的流失速度较快，常导致身材变短、骨质疏松和骨质增生。

(2)血钙的浓度对维持人体正常的生命活动有着至关重要的作用。1%的钙分布在血液、细胞间液及软组织中。保持血钙的来源有两个：一是通过消化道吸收，另一个是由骨骼中的钙转化。骨骼是人体钙的大仓库，当摄入钙不足时，则动用仓库应急，这一切通过甲状旁腺分泌升血钙素和降血钙素来加以调节。

(3)维持软组织的弹性和韧性。缺钙会降低皮肤弹性，显得松垮、衰老；眼睛易近视、老花；血管易缺乏弹性而硬化。

(4)降低神经细胞的兴奋性，具有镇静作用。钙是一种天然的镇静剂，缺钙会导致神经性偏头痛(占女性的10%～20%)、烦躁不安、失眠，婴儿会出现夜惊、夜啼、盗汗。缺钙还会诱发儿童多动症的发生。

(5)强化神经系统的传导功能。钙有助于神经递质的产生和释放。

(6)维持肌肉神经的正常兴奋。血钙增高可抑制肌肉、神经的兴奋性。当血钙低于70mg/L时，神经肌肉的兴奋性升高，出现抽搐。肠激综合征、痛经均与缺钙有重要关系。

(7)降低细胞和毛细血管的通透性。缺钙易导致过敏、水肿等。

(8)促进体内多种酶的活动，即酶的激活剂。缺钙时，腺细胞的分泌作用减弱。

(9)维持酸碱平衡，保护机体功能正常。

(10)参与血液的凝固过程。血的凝固是一个复杂的过程，起重要作用的凝血酶原需要钙来激活。

2. 钙缺乏的临床表现

不同年龄人群缺钙的表现不同：

(1)儿童的主要表现为夜惊、夜啼、烦躁、盗汗、厌食、方颅、佝偻病、骨骼发育不良、免疫力低下、易感染等。

(2)青少年的主要表现为腿软、抽筋、体育成绩不佳、疲倦乏力、烦躁、精力不集中、偏食、厌食、蛀牙、牙齿发育不良、易感冒、易过敏等。

(3)青壮年的主要表现为经常性的倦怠、乏力、抽筋、腰酸背痛、易感冒、易过敏等。

(4)孕产妇的主要表现为小腿痉挛、腰酸背痛、关节痛、水肿、妊娠高血压等。

(5)中老年的主要表现为腰酸背痛、小腿痉挛、骨质疏松、骨质增生、骨质软化、各类骨折、高血压、心脑血管病、糖尿病、结石、肿瘤等。

此外，缺钙也是导致女性衰老的一大因素，因此补钙对女性来说十分重要。专家建议，成年妇女每日至少摄取 1000mg 钙。若在怀孕期、哺乳期或绝经期，则须加至 1500mg。

骨质疏松症已经成为威胁老年人，特别是老年妇女健康的一大危害。据流行病学调查显示，国内大城市人口中男性的骨质疏松症发生率为 20.1%，女性为 48.1%，其中 60 岁以上男性为 24.9%，女性为 75.7%。骨质疏松症早期往往没有症状和体征，X 射线检查又不易发现，所以长期以来不被人们注意，致使病情日益加重，主要表现为骨痛和骨质增生，医生往往会错诊为腰肌劳损、关节炎等症。随着病情恶化，当骨钙丢失到骨峰值的 30%～50% 时，骨骼变脆，骨折发生率大幅增高。据报告显示，上海市城市老年人的骨折累计发生率为 16.5%，农村老年人为 6.9%。这种骨折往往又难愈合，常因久卧不起而并发褥疮。

3. 钙的吸收、代谢及其影响因素

(1)钙在小肠通过主动转运与被动（扩散）转运吸收。主动转运受饮食成分、体内钙和维生素 D 的含量、营养状况和生理状况（如生长、妊娠、哺乳与年龄、性别等）等诸多因素影响；被动转运则与肠腔钙浓度有关。钙的吸收率为 20%～60%不等。

(2)体内钙大部分通过肠黏膜上皮细胞脱落、消化液分泌排入肠内，其中有一部分被重吸收，其余由粪便排出。正常饮食时，钙从尿中的排出量约为摄入量的 20%。尿钙排出量与摄入钙量呈指数关系，与肠吸收钙量呈正相关。钙也从汗中排出，如高温作业者每天从汗中丢失的钙高达 1g 左右。乳母通过乳汁每天排出钙 150～300mg。补液，酸中毒，高蛋白或高镁饮食，甲状腺素、肾上腺皮质激素、甲状旁腺素和维生素 D 过多及卧床不起均可使钙排出量增多。

(3)影响钙吸收的因素较多，主要有：①乳糖能促进钙的吸收。由于乳糖和钙形成低分子可溶性络合物，促进了钙的吸收，因此乳糖可增加小肠吸收钙的速度。②维生素 D 对促进钙的吸收有重要作用。膳食中维生素 D 存在的多少或机体照射太阳光充足与否，都会明显影响钙的主动吸收。③赖氨酸、精氨酸、色氨酸等均可增加钙的吸收率。尤以赖氨酸的作用最为明显。氨基酸可与钙形成容易吸收的钙盐，故膳食中适量的蛋白质可增加由小肠吸收钙的速度，但是过量的蛋白质摄入则增加尿钙排出。④纤维素、糖醛酸、藻酸钠和草酸可降低钙的吸收率。它们均存在于常见的食物中，可与钙形成不易被吸收的盐类。菠菜、空心菜、苋菜等含草酸多的食物中的钙难以吸收，而且影响胃肠道内其他食物钙的吸收。⑤脂肪可降低钙的吸收率。脂肪摄入过多或脂肪吸收不良均可导致身体中游离脂肪酸过多，其与钙结合成不溶性的钙皂从粪便中排出，降低钙的吸收率。

此外，钙的吸收还与机体状况有关，婴幼儿、孕妇、乳母因需要较多的钙来维持生理需要，其钙吸收率远高于成年男性。随着年龄的增长，钙的吸收率逐渐下降，60 岁以上男性、女性的钙吸收率均明显降低。婴幼儿期钙吸收率常大于 50%，儿童期钙吸收率为 40%，成年人钙吸收率则降至 20%左右，老年人钙吸收率更低，仅为 15%左右。一般在 40 岁以后，钙吸收率逐年下降,老年人多患有骨质疏松症便与此有关。成年人每天由肠道排出的钙为150～400mg;由汗液排出的钙在100mg左右;由尿液排出的钙为100～350mg。影响钙的吸收、代谢的因素较多,因此补钙时应考虑同时补充的物质和体内环境。

4. 人体缺钙引起某些疾病的主要机制

(1)高血压、冠心病。缺钙会造成反常的钙内流,导致钙在血管内壁细胞和平滑肌细胞内反常积贮,引起血管收缩,血管外周阻力增大,血压异常升高。持续的钙内流,促使血管壁弹性纤维和内皮细胞钙化、变性,甚至出现裂痕、断裂,导致外周阻力进一步增大,血压持续升高。由于血管内壁损伤,脂类通透性增大,血脂浸入血管壁的损伤处,造成胆固醇和其他脂类物质在血管壁上沉积。血管内皮细胞内损伤而分泌内皮素和某些激活因子,引起血小板和白细胞在血管壁上黏附、聚集。血管内皮细胞的损伤又激活补偿性生理反应,促使血管平滑肌及成纤维细胞反常增生和内膜下移位,致使动脉管壁增厚、变硬,导致动脉粥样硬化。研究表明,对于某些高血压病人来说,不用药物而是增加钙制剂的量就有助于控制高血压。专家认为,长时期严重缺钙会引发冠心病。

(2)尿路结石。增加钙摄入量可以减少发生肾结石的概率。饮食中,特别是蔬菜中含有大量草酸盐,一般情况下,草酸盐在肠道内与钙结合成草酸钙随粪便排出。如果饮食中钙的摄入不足,就会使多余草酸盐经肠腔吸收而进入血液,最终由肾脏排出。如果人体长期处于负钙平衡状态,肾脏细胞不可避免会出现细胞反常钙内流损伤,肾脏回吸收功能减退,尿钙排出增多,高钙尿液与尿中草酸盐结合,形成大大小小草酸钙结石。由此推断,补充钙可使饮食中草酸盐结合成草酸钙随粪便排出。同时,补充足量的钙可扭转负钙平衡,肾脏回吸收功能正常,尿钙排出减少,结石的可能性也减少。

(3)结(直)肠癌。高脂饮食会过度刺激胆汁的分泌,过量的脂肪酸和胆汁酸是引起结(直)肠细胞癌变的触发剂。研究证明,患有结(直)肠癌的病人,血清胆汁酸的含量比正常人高出1倍左右,而癌变细胞中胆汁酸含量比正常细胞高出3倍以上。如果补充足量的碳酸钙,钙离子与脂肪酸和胆汁酸结合,形成不溶性脂肪酸钙和胆汁酸钙随粪便排出,从而消除癌变的触发因子,阻抑肠细胞癌变。

(4)手足搐搦症。这种疾病是因为婴幼儿体内缺少维生素D而使肠道对钙、磷的吸收发生障碍引起的。另外,由于甲状旁腺未能及时分泌更多甲状旁腺素,以致血钙降低,引起神经肌肉的兴奋性增高,出现全身惊厥、手足痉挛和喉痉挛等,常伴发阵发性呼吸暂停和短时间窒息,引起缺血缺氧性脑损伤。

(5)骨质疏松。钙是构成人体骨骼与牙齿的重要物质,是人体发育的必需物质。骨质疏松是人体长期缺钙而引起负钙平衡的一个严重后果。很多研究表明,增加钙的摄入量对骨质损耗有明显的减缓作用,在减少由骨质疏松引起的骨折率方面也有着重要作用,特别在食用钙的同时服用维生素D,效果尤其明显。很多专家认为补钙应在青春期就开始,这时候骨质正在形成,效果会更好。

此外钙具有调节肌肉收缩的作用。人体的运动能力与骨骼肌的兴奋关系密切,骨骼肌的兴奋钙起着中心作用,钙离子在肌肉细胞中的浓度变化调节骨骼肌肉的收缩与兴奋,即使是平滑肌和心肌,也是在钙离子的作用下发生各种生理反应的。在肌肉收缩过程中,当神经纤维接受刺激后,钙离子流入细胞内,此时肌肉中的钙离子浓度是肌肉收缩的基本条件。肌浆网是肌肉中钙的主要储存处,而且是高度发育的钙运输系统,当骨骼肌受到刺激后,肌浆网中大量的钙将释放出来，细胞外的钙离子进入细胞内，细胞液中的钙离子浓度增加产生肌肉收缩，然后又在钙泵作用下使肌肉内钙离子排出到细胞外产生肌肉舒张，整个过程迅速而短暂。如果钙在肌肉中的平衡状态遭到破坏，便会引起骨骼肌的疼痛、抽搐以及功能的下降，还会引起体内所有平滑肌和心肌的不正常运动，使人体丧失灵巧和控制自己运动的平衡及协调的机能。

5. 钙的补充与注意事项

补钙必须考虑不同地区、不同年龄、不同饮食习惯等的差别，应实行科学补钙。

(1)婴幼儿补钙。儿童肠胃功能较弱，不要选择碱性强的钙品、活性钙等；不应在服用钙品的同时饮用汽水、碳酸饮料等，以免降低吸收率。另外，儿童过量服用钙品会抑制机体对锌元素的吸收，因此对缺锌儿童进行补钙时应考虑锌元素的吸收情况。

(2)孕妇补钙。孕妇对钙的需求量达到 800～1200mg/d，除去每日膳食的平均摄入量 389mg 外，还要额外补钙 400～800mg。缺钙是引起妊娠高血压的重要因素。临床研究表明，补充钙制剂可以减少妊娠中毒的发生率，所以补充钙制剂对孕妇至关重要。

(3)产妇补钙。产妇特别是哺乳者每天大约需摄取 1200mg 钙，以保证分泌的每升乳汁中含有 300mg 以上的钙。乳汁分泌量越大，钙的需要量就越大。

产后体内雌激素水平较低，泌乳素水平较高，在月经未复潮前骨更新钙的能力较差，乳汁中的钙往往会消耗过多体钙。这时，如不补充足量的钙就会引起腰酸背痛、腿脚抽筋、牙齿松动、骨质疏松等“月子病”，还会导致婴儿发生佝偻病，影响牙齿萌出、体格生长和神经系统的发育。

(4)更年期妇女补钙。一是早补优于晚补。妇女体内的钙质从 40 岁左右就开始逐渐流失，因此补钙应从这时开始。二是注意饮食补钙与含钙保健食品的综合运用。可同时实施通便、养颜、减肥、降压、降脂等其他保健措施。

(5)老年人补钙。老年人肠道对钙的吸收能力较弱，单纯服用钙制剂不能有效防治骨质疏松症，必须服用一定剂量的维生素 D 才能防止钙质流失，提高肠道吸收钙的能力，促进骨代谢和骨形成。特别需要指出，单纯补钙并不能全面防治骨质疏松症。因为内分泌失调、维生素 D 活力下降、运动量减少、盐摄入量过高等因素都可能导致老年人患骨质疏松症。

(6)服用添加维生素 D 的钙品时，谨防积蕴中毒。许多消费者认为补钙必须选择钙与维生素 D 的合一产品，这是一种误解。由于人体个体差异普遍存在，因此并不是所有的人既缺钙又缺维生素 D，部分人长期服用维生素 D 反而会抑制体内自身维生素 D 的形成，或是引发维生素 D 大量摄入而积蕴中毒现象，中毒症状为高钙血症引起的肝肾功能损伤和软组织钙化，表现为食欲减退、反应迟钝、心律不齐、呼吸困难、恶心呕吐、烦渴多尿、便秘等。

6. 当前补钙保健食品的主要用途

当前，应用保健食品补钙的目的主要有以下几个方面：

(1)补钙调节体内脂肪。科学家的解释是人体血钙升高后可增加一种称为降钙素的激素分泌，而降钙素这种激素可降低人的食欲、减少进餐量；另外，足量的钙特别是离子钙，在肠道中能与食物中的脂肪酸、胆固醇结合，阻断肠道对脂肪的吸收，使其随粪便排出。此法更适宜于儿童调节体内脂肪。

(2)补钙降压、预防心脏病。研究资料显示，人体的钙平衡有利于降低血压和降低血液中的胆固醇，这对保护心脏，预防心脏病意义重大。凡每天摄钙量为 1300mg 的人，比起每天摄钙量为300mg者，高血压的罹患率低12%；在40岁以下的人群中患高血压的概率减少24%。每天摄钙2200mg可减少胆固醇6%；其中危害最大的低密度脂蛋白胆固醇减少11%，而有益的高密度脂蛋白胆固醇却保持不变，对预防心脏病具有积极意义。

(3)补钙防止老年人患骨质疏松症。前面已有详细介绍，此处不再赘述。

(4)补钙预防近视。当血钙较低时，眼压就不能维持正常，容易导致近视形成。因此，在近视的高发年龄段(即青春期)，应补充足量的钙质，预防近视。

(5)补钙防腹痛。有的婴幼儿肚子痛，既不发烧又不腹泻，亦无虫疾，而且腹痛可在几分钟后自行消失，这种病状很可能与体内缺钙导致肠痉挛有关。由于血钙是维持神经肌肉正常兴奋的重要因素，钙含量一旦偏低，神经肌肉的兴奋性就会增高，肠壁平滑肌产生强烈收缩而引起腹痛，此时补足钙质可收到“立竿见影”的治疗效果。

(6)补钙防止肾结石。每天平均摄钙量1320mg与每天平均摄钙量516mg的人相比较，罹患结石病的概率减少1/3。

(7)补钙防止经前综合征。美国营养研究学家的研究显示，患有经前综合征的妇女，当吃含钙量高的饮食时，70%的妇女诉说疼痛减轻，包括月经期间的背痛和痉挛；80%尿滞留减少；月经期间神经质暴躁或精神抑郁都有所减少或减轻。

(8)补钙促高。儿童在骨骼的生长阶段补钙，加速新骨的钙化与成熟，有利于孩子长得更高些。

(9)补钙防癌。医学界研究表明，补钙有助于预防肠癌，钙能阻止结肠息肉增生。一般每天服用1200mg钙即可达到目的，补钙者息肉再生的比率降低24%。

(10)补钙延寿。缺钙乃是生命个体衰老的一个重要因素，补钙有延缓衰老的作用。

7. 引起钙缺乏的常见因素

(1)磷多丢失钙。正常情况下，人体内的钙、磷比例是2∶1。现实生活中，人们过多地摄入含磷的食物如碳酸饮料、可乐、咖啡、汉堡包、比萨饼、小麦胚芽、动物肝脏、炸薯条等，使钙、磷比例达1∶10～20，这样，过多的磷会把体内的钙“赶”出体外。

(2)补钙不补充镁。人们补钙的时候只注意补充维生素D，而忽视了钙与镁的比例为2∶1时最利于钙的吸收利用。所以，在补钙的时候切记不要忘了补充镁。

(3)过量食用大鱼大肉等高蛋白食物引发钙的流失。有实验证明：每天摄入80g的蛋白质，将导致37mg的钙流失；每天摄入240g的蛋白质，需额外补充1400mg的钙，否则将导致137mg的钙流失。额外补充钙并不能阻止因过量摄入大鱼大肉而出现的钙的流失，改进措施为增加维生素C的摄入。

8. 钙过量的表现与危害

补钙过量会产生身体水肿、多汗、厌食、恶心、便秘、消化不良等主要症状，严重的还会引起高钙尿症等。钙过量也会对机体造成一定的危害：

(1)影响铁、锌、镁、磷的生物利用率。摄入的高钙能和其他矿物质产生相互干扰作用。

(2)骨骼过早钙化闭合，使身高受到限制。

(3)限制脑部发育。补钙过多可使婴儿囟门过早闭合，头颅不能随着脑的发育而充分增大，形成头部偏小的畸形或脑部发育不良。

(4)导致低血压。儿童补钙过量会造成低血压，并使他们日后有罹患心脏病的危险。

(5)影响视力、心脏功能。血钙浓度过高，钙如果沉积在眼角膜周边将影响视力，沉积在心脏瓣膜上将影响心脏功能，沉积在血管壁上将加重血管硬化等。

(二)铁的营养与保健功能

1. 铁在人体中的分布

铁是人体必需的微量元素，是血红蛋白的重要部分，人全身都需要铁，必须从食物中摄取。成人体内铁的总量为4～5g，其中72%以血红蛋白的形式存在、3%以肌红蛋白的形式存在、0.2%以其他化合物的形式存在；其余则为储备铁，约占总铁量的25%，以铁蛋白的形式储存于肝脏、脾脏和骨髓的网状内皮系统中。

2. 铁的吸收、代谢及其影响因素

食物中的铁主要以$Fe(OH)_3$络合物的形式存在，在胃酸的作用下还原成亚铁离子，再与肠内容物中的维生素C、某些糖及氨基酸形成络合物，在十二指肠及空肠内吸收。铁在体内代谢中可反复被身体利用。一般情况下，除肠道分泌和皮肤、消化道及尿道上皮脱落可损失一定量的铁外，几乎不存在其他损失途径。

膳食中存在的磷酸盐、碳酸盐、植酸、草酸、鞣酸等可与非血红素铁形成不溶性的铁盐而阻止铁的吸收。胃酸分泌减少也影响铁的吸收。

3. 铁的生理功能

(1)铁是血红蛋白的重要部分，而血红蛋白的功能是向细胞输送氧气，并将二氧化碳带出细胞。血红蛋白中4个血红素和4个球蛋白链接的结构提供一种有效机制，即能与氧结合而不被氧化，在从肺输送氧到组织的过程中起着关键作用。

(2)肌红蛋白是由1个血红素辅基和1条肽链组成的结合蛋白，仅存在于肌肉组织内，基本功能是在肌肉中转运和储存氧。

(3)细胞色素是一系列血红素的化合物，通过其在线粒体中的电子传导作用，对呼吸和能量代谢有非常重要的影响。

(4)铁元素可催化促进β-胡萝卜素转化为维生素A、嘌呤与胶原的合成、抗体的产生、脂类从血液中转运以及药物在肝脏的解毒等。

(5)铁可以提高机体的免疫力，增加中性白细胞和吞噬细胞的吞噬功能，同时也可使机体的抗感染能力增强。

4. 铁缺乏的一般征兆

铁缺乏症的症状包括皮肤苍白、舌部发痛、疲劳或无力、食欲不振以及恶心、比较容易被感染等，可归纳为以下几种表现：

(1)主妇综合征。国外有人做过调查，发现在25～50岁育龄妇女中，有40%～60%的人有全身乏力、无精打采、早上不想起床而晚上又辗转难眠、情绪易波动、郁闷不乐、常流泪哭泣不能自禁、记忆力减退、注意力不集中等症状。其原因是缺铁，但化验常常无明显贫血，仅血清铁偏低。因此症多发生于家庭主妇中，所以称之为“主妇综合征”。补充铁剂后，上述症状可得到显著改善。

(2)妇女冷感症。缺铁的妇女体温较正常妇女高13%，巩膜发蓝。因为铁是合成胶原的一个重要辅助因子，所以当体内缺铁后，阻断了胶原的合成，而使胶原纤维构成的巩膜变得十分薄弱，其下部的色素膜就会显出蓝色，因此，我们看到的白眼球偏蓝色也是缺铁的表现。

(3)异食癖。缺铁还可以引起异食癖，即对正常饮食不感兴趣，却对粉笔、糨糊、泥土、石灰、布、纸、蜡烛等异物有癖好。现研究发现，异食癖者缺铁、缺锌明显，补充铁、锌后可迅速好转。缺铁引起的异食癖形式多样，最为多见的是嗜食冰，大冷天也喜食冰块。

5. 铁缺乏的后果

（1）出现贫血，使机体工作能力明显下降，严重时可增加胎儿和孕妇的死亡率。

（2）在行为和智力方面，铁缺乏可引起心理活动和智力发育的损害及行为改变。铁缺乏（尚未出现贫血时的缺乏）还可损害儿童的认知能力，而且在之后补充铁也难以恢复。动物试验表明，短时期缺铁可使幼小动物脑中的铁含量下降。以后补充铁可纠正身体内铁的储存，但对脑中的铁没有作用。长期铁缺乏会明显影响身体耐力。另外，有研究发现婴儿缺铁时常常不爱笑、精神萎靡不振、平时不合群、不爱活动、爱哭闹而且智商也显著低于正常儿。

（3）铁缺乏对免疫系统的影响表现为：抵抗病原微生物入侵的能力减弱；降低免疫细胞反应速度；抗氧化生化酶活性降低；抗体的生产停止或以很慢的速度进行；在体温调节方面，缺铁性贫血使在寒冷环境中保持体温的能力受损；因缺铁会增加铅的吸收率而导致铅中毒；导致早产、低出生体重儿等现象。

6. 铁过量的表现与危害

通过各种途径进入体内的铁量的增加，可使铁在人体内贮存过多，因而可导致铁在体内有潜在的有害作用，体内铁的贮存过多与多种疾病（如心脏病、肝脏疾病、糖尿病、某些肿瘤等）有关。

（1）肝脏是铁储存的主要部位，铁过量也常累及肝脏，成为铁过多诱导的损伤的主要靶器官。肝铁过载导致肝纤维化甚至肝硬化，增加肝细胞瘤的可能性而危害肝脏。

（2）铁通过催化自由基的生成，促进脂蛋白的脂质和蛋白质部分的过氧化反应，形成氧化低密度脂蛋白等作用，参与动脉粥样硬化的形成，增加患动脉粥样硬化的风险。

（3）铁过多诱导的脂质过氧化反应的增强，导致肌体氧化和抗氧化系统失衡，直接损伤DNA、诱发突变，损伤肝、结肠、直肠、肺、食管、膀胱等多种器官，增加肿瘤发生的风险。

血液里流动的太多的自由铁不仅无助于增强抵抗能力，不能保护人的肌体，反而会被细菌吞噬，成为细菌的美食，并且细菌会因此而大量繁殖。因此，补铁应科学规范，补铁量应严格控制，特别是儿童补铁更应重视，应遵照国家市场监管总局、国家卫生健康委员会和国家中医药管理局三部门在2020年11月发布的《保健食品原料目录 营养素补充剂（2020年版）》和中国营养学会组织编写的《中国居民膳食指南科学研究报告（2021）》。

7. 常见补血产品的特点

目前市场上的补血产品很多是将我国传统的补血用品阿胶，或二价补铁制剂如乳酸亚铁单独作为补铁制剂使用；也有将乳酸亚铁、阿胶和蛋白锌等作为功效成分组成复方使用，以求“补铁、生血加营养”三效合一，更好地预防和改善贫血，增强人体免疫力。以中医理论为指导、以现代营养学评价为标准开发的以中药材为原料的补血保健食品在市场上较受欢迎。

（三）铜的营养与保健功能

1. 铜的保健作用

铜是人体健康不可缺少的微量营养素，在人体内的含量为100～150mg，是人体中含量位居第二的必需微量元素。含铜的酶有酪氨酸酶、单胺氧化酶、超氧化酶、超氧化物歧化酶、血铜蓝蛋白等。铜对血红蛋白的形成起活化作用，能促进铁的吸收和利用，在传递电子、弹性蛋白的合成、结缔组织的代谢、嘌呤代谢、磷脂及神经组织形成方面有重要意义。因此，铜对于血液、中枢神经和免疫系统、头发、皮肤和骨骼组织以及脑、肝、心等内脏的发育和功能发挥有重要影响。

2. 铜缺乏可引起的疾病

（1）导致贫血，一般最常见的临床表现为头晕、乏力、易倦、耳鸣、眼花、皮肤黏膜及指甲等颜色苍白、体力活动后感觉气促、心悸等。严重贫血时，即使在休息时也会出现气短和心悸，在心尖和心底部可听到柔和的收缩期杂音。

（2）导致骨质疏松，易发生骨折。

（3）引起心肌细胞氧化代谢紊乱而增加冠心病的发病风险。

（4）增加白癜风病的发病率。白癜风是一种常见的后天性色素减退性皮肤病，铜与皮肤的色素沉着关系密切。

另外，缺铜会引起少白头等黑色素丢失症。

3. 铜的生理需要与推荐摄入量

世界卫生组织推荐成人每天应摄入 2～3mg 铜。由于人体所需的铜不能在体内合成，因此人们必须保证通过日常膳食和饮用水摄入足够的铜。许多天然植物中含有丰富的铜，如坚果类（核桃、腰果）、豆类（蚕豆、豌豆）、谷类及蔬菜、鱼肉类等。动物肝脏以及贝类的含铜量也很高，平均超过 20mg/kg。当日常饮食中铜的摄入量不能满足需求时，应以保健食品的方式加以补充。常见的补铜制剂为葡萄糖酸铜（Copper Gluconate），用于各种原因引起的铜缺乏症。铜补充标准为国家市场监管总局、国家卫生健康委员会和国家中医药管理局三部门在 2020 年 11 月发布的《保健食品原料目录 营养素补充剂（2020 年版）》和中国营养学会组织编写的《中国居民膳食指南科学研究报告（2021）》。

4. 铜过量的表现与危害

过多的铜进入体内会产生毒副作用，出现恶心、呕吐、上腹疼痛、急性溶血和肾小管变形等中毒现象。应该注意，可溶性铜盐都有毒，主要是因为铜离子能使蛋白质变性，失去生理活性。

（四）锌的营养与保健功能

1. 锌的存在与生理功能

锌是人体中不可缺少的元素，它发挥着重要作用。成人体内的锌含量为 2～2.5g，其中眼、毛发、骨骼、男性生殖器官等组织中的含量最高。人体血液中的锌有 75%～85%分布在红细胞中、3%～5%分布在白细胞中，其余在血浆中。头发的含锌量为 125～250μg/g，其量可反映人体锌的营养状况。据报道，上海和南京成年男性发锌含量分别为（179±38）μg/g 和（197±46）μg/g，成年女性发锌含量分别为（191±47）μg/g 和（209±62）μg/g。

锌的重要生理功能主要体现在：

（1）锌是人体中 100 多种酶的组成部分。这些酶在组织呼吸和蛋白质、脂肪、糖、核酸等代谢中起重要作用。

（2）锌是 DNA 聚合酶的必需组成部分，锌缺乏时蛋白质合成会发生障碍，可导致侏儒症、损伤组织愈合困难、胎儿发育受影响等。

（3）锌参加唾液蛋白构成，锌缺乏可导致味觉迟钝、食欲减退。

（4）锌参加维生素 A 还原酶和视黄醇结合蛋白的合成。

(5)锌促进性器官正常发育并保持正常的性功能,缺锌导致性成熟迟缓、性器官发育不全、性功能降低、精子减少、月经不正常等。

(6)锌保护皮肤健康,缺锌时皮肤粗糙、干燥、上皮角化和食道类角化;伤口愈合缓慢,易受感染。

(7)锌维护免疫功能。根据锌在DNA合成中的作用,缺锌时可导致免疫细胞增殖减少、胸腺活力降低。由于锌在抗氧化生化酶中的作用,缺锌导致细胞表面受体发生变化。

(8)锌有助于清除体内胆固醇、防治动脉粥样硬化、抑制癌症的发生等。

2. 锌的吸收、代谢及其影响因素

锌主要在小肠被主动吸收,平均每天从膳食中摄入约15mg,吸收率为20%～30%。吸收的锌其一部分通过肠黏膜细胞转运到血浆,同白蛋白以及α-巨球蛋白结合,或与氨基酸和其他配价基结合后分布于各器官;另一部分则储存在黏膜细胞内缓慢释放。锌主要通过胰脏外分泌排出,另有小部分锌与组氨酸形成复合物随尿排出。汗中的含锌量一般为1mg/L,大量出汗时,一天随汗丢失的锌可达4mg。

锌的吸收率受食物中植酸和钙的影响,因锌可与其生成不易溶解的复合物。镉、铜、钙、亚铁离子、植酸和膳食纤维会干扰锌的吸收。促进锌吸收的因素包括维生素D_3、内源性白细胞调节剂(LEM)、前列腺素、蛋氨酸(甲硫氨酸)、组氨酸、半胱氨酸、还原性谷胱甘肽、枸橼酸盐、吡啶羧酸盐等。

3. 锌的需要量、来源与摄入标准

人体对于锌的需要量因生理条件而异,妊娠、哺乳和生长均可使需要量增加。目前还不知道最适于健康和生长的精确的最小锌的需要量,但世界卫生组织和各国近年均发布了基本相同的每日锌的推荐供给量。我国保健食品锌的补充标准为国家市场监管总局、国家卫生健康委员会和国家中医药管理局三部门在2020年11月发布的《保健食品原料目录 营养素补充剂(2020年版)》和中国营养学会组织编写的《中国居民膳食指南科学研究报告(2021)》。

锌的来源广泛,普遍存在于各种食物中,但动植物食物之间,锌的含量和吸收利用率有很大差别。动物性食物含锌丰富且吸收率高,如牡蛎、鲱鱼中的锌含量都在1000mg/kg以上,肉类、肝脏、蛋类的锌含量则在20～50mg/kg之间。我国预防医学科学院营养与食品卫生研究所编著的"食物成分表"已列出我国部分食物的锌含量,锌含量在30mg/kg以上的有大白菜、黄豆、白萝卜;锌含量在10～30mg/kg之间的有稻米(糙)、小麦、小麦面、小米、玉米、玉米面、高粱面、扁豆、马铃薯、胡萝卜、紫皮萝卜、蔓菁、萝卜缨、南瓜;锌含量不足10mg/kg的有甜薯干等。锌的来源不足时,应给予必要的补充。

4. 锌缺乏的临床表现

儿童发生慢性锌缺乏病时,主要表现为生长停滞。青少年除生长停滞外,还会导致性成熟推迟、性器官发育不全、第二性征发育不全等。如果锌缺乏症发生于孕妇,会对胎儿的生长发育有不同程度的影响,甚至引起胎儿的种种畸形。儿童或成人缺锌,均可引起味觉减退及食欲不振,出现异食癖。在急性锌缺乏病中,主要表现为皮肤损害和秃发病,也有的发生腹泻、嗜睡、抑郁症和眼的损害等。慢性症状包括生长发育迟缓、贫血、睾丸萎缩、创伤愈合延迟等。

5. 锌缺乏的环境因素

锌不同程度地存在于各种自然食物中,一般情况下可以满足人体对锌的基本需要而不致缺乏，发生锌缺乏症主要见于以下几种情况：

(1)以含有大量植酸和纤维素的粮食为主要食品时，由于植酸和纤维素影响锌的吸收而引起锌缺乏病。

(2)在身体迅速成长时或在妊娠或哺乳期，人体对于锌的需要量都会有所增加。有的婴儿会在断食人乳改吃牛乳时，因吸收不好而引起锌缺乏病。虽然牛乳的锌含量约为 3mg/L，高于人乳(0.1～1.0mg/L)，但人体对于牛乳中锌的吸收利用率却低于人乳，这是因为人乳内含有丰富的能与锌结合的又能促进锌吸收的小相对分子质量配体，而牛乳中缺乏此类配体。婴儿从母体带来的锌储备很少，出生后几乎全部依赖喂养所提供的锌。用母乳喂养婴儿时，如果母亲不缺锌，一般母乳均能满足婴儿锌的需要。

(3)烧伤病人长期接受肠外营养而未予补充锌，可发生严重而急剧的锌缺乏病。

(4)手术后的病人也可能发生锌缺乏，这时创伤的愈合可能受到影响。

(5)给予青霉胺、组氨酸等螯合剂时亦可引起缺锌。此时可出现食欲不振、味觉和嗅觉功能不全和中枢神经系统异常。

(6)慢性肾病患者可因尿中锌的排出增多而引发缺锌。此时除血清锌减少外，还可出现急性或慢性的锌缺乏症状。

(7)长期血液透析病人可因血浆锌下降而发生锌缺乏。

6. 锌中毒的表现与危害

锌中毒发生的一般因素可能是服用锌剂过量或使用锌容器储存食品；中毒的表现为恶心、呕吐、急性腹痛、腹泻和发热。给实验动物以大剂量的锌，可产生贫血、生长停滞和突然死亡。通常在停止锌的接触或摄入后，锌中毒症状短期内即可消失。预防锌中毒一是必须防止食品、水源和空气被锌污染；二是精确掌握药物或保健食品中锌的剂量。

7. 保健食品市场上常见的补锌制剂

常见的补锌制剂为葡萄糖酸锌口服液、葡萄糖酸锌胶囊、葡萄糖酸锌软胶囊、葡萄糖酸锌咀嚼片等。其摄入量一般控制在 7～10mg/d，最高为 20mg/d。

(五)硒的营养与保健功能

1. 硒的保健作用

硒的保健作用比较宽泛，主要有两个：其一，组成体内抗氧化酶，保护细胞膜免受氧化损伤，保持其通透性；其二，硒-P 蛋白具有螯合重金属等毒物、降低毒物毒性的作用。具体可归纳为如下几点：

(1)抗氧化作用。硒是谷胱甘肽过氧化物酶(GSH-Px)的组成成分，每摩尔的 GSH-Px 中含 4g 原子硒，此酶的作用是催化谷胱甘肽(GSH)与过氧化物的还原反应，所以可发挥抗氧化作用，是重要的自由基清除剂(功效是维生素 E 的 50～500 倍)。在体内，GSH-Px 与维生素 E 抗氧化的机制不同，两者可以互相补充，具有协同作用。科学证实，正是由于“硒”的高抗氧化作用，适量补充硒能起到防止器官老化与病变、延缓衰老、抵御疾病、抵抗有毒害重金属、减轻放化疗副作用、防癌抗癌的作用。

(2)增强免疫力。有机硒能清除体内自由基，排除体内毒素，抗氧化，有效地抑制过氧化脂质的产生，防止血凝块，清除胆固醇，增强人体免疫功能。

(3)类胰岛素作用，预防糖尿病发生。硒是构成谷胱甘肽过氧化物酶的活性成分，它能防止胰岛 β 细胞氧化破坏，使其功能正常，促进糖分代谢、降低血糖和尿糖，改善糖尿病患者的症状，所以，有人称硒是微量元素中的“胰岛素”。

(4)防止白内障。视网膜由于接触辐射较多,易受损伤,硒能催化并消除对眼睛有害的自由基物质,从而保护眼睛的细胞膜,增强玻璃体的光洁度,提高视力,防止白内障。

(5)保护心脑血管、维护心肌健康作用。硒是维持心脏正常功能的重要元素,对心肌有保护和修复的作用。人体血硒水平的降低,会导致体内清除自由基的功能减退,造成有害物质沉积增多,血压升高、血管壁变厚、血管弹性降低、血流速度变慢,送氧功能下降,从而诱发心脑血管疾病。科学补硒对预防心脑血管疾病、高血压、动脉硬化等都有较好的作用。

(6)防止克山病、大骨节病、关节炎。缺硒是克山病、大骨节病两种地方性疾病的主要病因,补硒能防止骨端病变,促进修复,而在蛋白质合成中促进二硫键对抗金属元素解毒,对这两种地方性疾病和关节炎都有很好的预防和治疗作用。

(7)解毒、排毒、保护肝脏。硒与金属的结合力很强,能抵抗镉对肾、生殖腺和中枢神经的毒害。体内缺硒的人易被肝炎病毒感染,体内长期缺硒的肝炎患者转化为肝癌病人的危险性远远高于其他人群。硒与体内的汞、铅、锡、铊等重金属结合,形成金属硒蛋白复合物而解毒、排毒,具有保护肝脏的作用。

(8)抑制肿瘤,防癌抗癌作用。硒能抑制癌细胞生长及其DNA和蛋白质合成,抑制癌基因的转录,干扰致癌物质的代谢。硒被认为是人体微量元素的“防癌之王”。

由此可见,缺乏硒会导致未老先衰;严重缺乏硒会引发心肌病及心肌衰竭,发生克山病、大骨节病,易患感冒等疾病,出现精神萎靡不振、精子活力下降等现象。

2. 硒的吸收、代谢及其影响因素

成人体内硒的总量为6～20mg。硒遍布各组织器试官和体液,以肾中浓度最高。在组织内硒主要以其和蛋白质结合的复合物形式存在。动物试验表明,硒主要在十二指肠被吸收,空肠和回肠也稍有吸收,胃不吸收。人体对食物中硒的吸收率为60%～80%。经肠道吸收进入体内的硒经代谢后大部分经尿排出。经尿排出的硒占硒排出量的50%～60%。在摄入高膳食硒时,尿硒排出量会增加,反之减少,肾脏起着调节作用。尿硒是判断人体内硒盈亏状况的良好指标。硒的其他排出途径为粪便和汗液。

硒在体内的吸收、转运、排出、贮存和分布会受许多外界因素的影响,主要是膳食中硒的化学形式和数量。另外,性别、年龄、健康状况,以及食物中是否存在如硫、重金属、维生素等化合物也影响硒的吸收与代谢。

3. 硒的生理需要与摄入量标准

有关研究认为,年龄18岁以上者的硒推荐摄入量为50μg/d,适宜摄入量为50～250μg/d,可耐受最高摄入量为400μg/d。保健食品硒的摄入量补充标准应遵照国家市场监管总局、国家卫生健康委员会和中医药管理局三部门在2020年11月发布的《保健食品原料目录营养素补充剂(2020年版)》,参照中国营养学会组织编写的《中国居民膳食指南科学研究报告(2021)》。

4. 硒过量的表现与危害

人所需要的硒主要靠从食物中摄取,补硒不可以过量,因为硒的过量摄入可导致中毒,出现脱发、脱甲等症状。我国大多数地区膳食中硒的含量是足够而安全的。临床所见的硒过量导致的硒中毒分为急性与慢性。最主要的中毒原因就是机体直接或间接地摄入、接触大量的硒,特别是滥用药物等。

(1)急性硒中毒。急性硒中毒通常是在摄入了大量的高硒物质后发生的,每日摄入硒量高达400～800mg/kg体重可导致急性中毒。主要表现为运动异常和姿势病态,如呼吸困难、胃胀气、高热、脉快、虚脱并因呼吸衰竭而死亡。致死性中毒死亡前大多先是直接心肌抑制和末梢血管舒张所致顽固性低血压。其特征性症状为呼气有大蒜味或酸臭味、恶心、呕吐、腹痛、烦躁不安、流涎过多和肌肉痉挛。急性硒中毒的患者一般都有头晕、头痛、无力、嗜睡、恶心、呕吐、腹泻、呼吸和汗液有蒜臭味、上呼吸道和眼结膜有刺激等症状。重者有支气管炎、寒战、高热、出大汗、手指震颤以及肝肿大等表现。

(2)慢性硒中毒。慢性硒中毒往往是由于每天从食物中摄取硒 2400～3000μg，长达数月之久才出现症状。表现为脱发、脱甲、皮肤黄染、口臭、疲劳、龋齿易感性增加、抑郁等。一般慢性硒中毒都有头晕、头痛、倦怠无力、口内有金属味、恶心、呕吐、食欲不振、腹泻、呼吸和汗液有蒜臭味等症状，还可有肝肿大、肝功能异常，自主神经功能紊乱，尿硒增高等表现。长期高硒可使小儿身高、体重发育迟缓，毛发粗糙脆弱，甚至有神经症状及智能改变。

(六)碘的营养与保健功能

1. 碘的生理功能

碘是人体的必需微量元素之一，健康成人体内碘的平均总量为 30mg(20～50mg)，其中70%～80%存在于甲状腺。碘在人体中发挥着十分重要的生理功能，主要包括以下几个方面：

(1)参与能量代谢。在蛋白质、脂肪与碳水化合物的代谢中，碘促进氧化和氧化磷酸化过程；促进分解代谢、能量转换，增加氧耗量，加强产热作用，这些均在心、肝、肾及骨骼肌中进行，而对脑的作用不明显；参与维持与调节体温，保持正常的新陈代谢和生命活动。

(2)促进代谢和体格的生长发育。所有的哺乳类动物都必须有甲状腺素，即需要碘维持其细胞的分化与生长。发育期儿童的身高、体重、肌肉、骨骼的增长和性发育都必须有甲状腺激素的参与，此时期碘缺乏可致儿童生长发育受阻，侏儒症的一个最主要病因就是缺碘。已有的研究表明，甲状腺激素促进 DNA 及蛋白质合成、维生素的吸收和利用，并有活化许多重要的酶的作用，包括细胞色素酶系、琥珀酸氧化酶等 100 多种，对生物氧化和代谢都有促进作用。

(3)促进神经系统发育。在脑发育阶段，神经元的迁移及分化，神经突起的分化和发育，尤其是树突、树突棘、触突、神经微管以及神经元联系的建立，髓鞘的形成和发育都需要甲状腺激素的参与。

(4)垂体激素作用。碘代谢与甲状腺激素合成、释放及功能作用受垂体前叶 TSH(促甲状腺激素)的调节，TSH 的分泌则受血浆甲状腺激素浓度的反馈影响。

2. 碘的吸收、代谢及其影响因素

人从食物、水和空气中每日摄取的碘总量为 100～300μg，主要以碘化物的形式由消化道吸收，其中有机碘一部分可直接吸收，另一部分则需在消化道转化为无机碘后才可吸收。肺、皮肤及黏膜也可吸收极微量的碘。人体的碘 80%～90%来自食物、10%～20%来自饮水、5%来自空气。

膳食和水中的碘主要为无机碘化物，经口进入人体后，在胃及小肠上段被迅速、完全吸收，一般在进入胃肠道后 1h 内大部分被吸收，3h 内几乎完全被吸收。有机碘经肠降解释放出碘化物后方被吸收，但甲状腺激素碘约有 80%可直接被吸收。与氨基酸结合的碘可直接被吸收；而同脂肪酸结合的有机碘可不经肝脏，由乳糜管进入血液。消化道吸收的碘进入门静脉。有机碘经肝脏改造为无机碘化物后，一部分进入血液循环，输送至甲状腺、心、肺、肾、肌肉、皮肤及其他组织；另一部分则由肝进入胆汁，再进入消化道，其中有的经再吸收重新进入门静脉到肝，谓之“肠肝循环”，余下部分经肠道排出体外。碘在体内主要被用于合成甲状腺激素，甲状腺从血液中摄取碘的能力很强，甲状腺中碘的浓度比血浆高 25 倍以上。

膳食钙、镁以及一些药物如磺胺等，对碘的吸收有一定的阻碍作用。蛋白质也会妨碍胃肠道内碘的吸收。

3. 碘缺乏症与临床表现

(1)胎儿期表现为流产、死胎、先天畸形、围生期死亡率增高，可导致婴幼儿期死亡率增高、地方性克汀病、神经运动功能发育落后、胎儿甲状腺功能减退等。

(2)新生儿期表现为新生儿甲状腺功能减退、新生儿甲状腺肿等。

(3)儿童期和青春期表现为甲状腺肿、青春期甲状腺功能减退、亚临床型克汀病、智力发育障碍、体格发育障碍、单纯聋哑等。

(4)成人期表现为甲状腺肿及其并发症、甲状腺功能减退、智力障碍、碘致性甲状腺功能亢进。

4. 碘的生理需要与摄入量标准

一般推荐每日碘的供给量为：0～59 个月、学前儿童 90μg/d，6～12 岁、学龄儿童 120μg/d，12 岁以上包括成人 150μg/d，孕妇和哺乳期妇女 200μg/d。成人可耐受最高摄入量为 1000μg/d。

5. 碘过量的表现与危害

较长时间的高碘摄入可导致高碘性甲状腺肿等高碘性危害。小儿误服较高浓度的碘剂，对胃肠道有强烈的刺激和腐蚀作用，吸收后与组织中蛋白反应引起全身中毒病状，表现为口腔内有碘味，口腔、食道和胃部有烧灼热和疼痛，口腔和咽喉部有水肿、呈棕色，病愈后可引起食管和胃的疤痕和狭窄；病儿还出现头晕、头痛、口渴、恶心、呕吐、腹泻、发热等症状，粪便中可带血。中毒严重的小儿面色苍白、呼吸急促、发绀、四肢震颤、意识模糊、定向力丧失、感觉障碍、言语杂乱，甚至昏迷、休克，或有中毒性肾炎，出现血尿、蛋白尿，严重者引起急性肾功能衰竭。过敏的病儿可引起过敏性休克。

碘摄入过量对人体健康的危害主要包括以下几个方面：①碘致性甲状腺肿(IH)和高碘性甲亢。这是高碘对甲状腺功能最常见的影响。②影响智力。流行病学调查显示，高碘地区学生的智商明显低于适碘区学生的智商；动物实验研究证明过量碘负荷可使动物脑重量减轻，学习记忆力下降。③影响生殖力。美国的一项研究显示食用碘盐可能导致男子的精子计数减少。动物实验研究证明碘过量对大鼠的生殖力有一定影响。

七、维生素的营养与保健功能

维生素又名维他命，通俗来讲即维持生命的元素，是维持人体生命活动必需的一类有机物质，也是保持人体健康的重要活性物质。维生素在体内的含量很少，但不可或缺。各种维生素的化学结构以及性质虽然不同，但它们却有着以下共同点：①维生素均以维生素原(维生素前体)的形式存在于食物中；②维生素不是构成机体组织和细胞的组成成分，它也不会产生能量，它的作用主要是参与机体代谢的调节；③大多数的维生素，机体不能合成或合成量不足，不能满足机体的需要，必须经常通过食物获得；④人体对维生素的需要量很小，日需要量常以毫克(mg)或微克(μg)计算，但一旦缺乏就会引发相应的维生素缺乏症，对人体健康造成损害。

维生素与碳水化合物、脂肪和蛋白质 3 大物质不同，在天然食物中仅占极小比例，但又为人体所必需。有些维生素如维生素 B_6、维生素 K 等能由动物肠道内的细菌合成，合成量可满足动物的需要。动物细胞可将色氨酸转变成烟酸（一种B族维生素），但生成量不能满足需要。除灵长类（包括人类）及豚鼠以外，其他动物都可以自身合成维生素C。植物和多数微生物都能自己合成维生素，不必由体外供给。许多维生素是辅基或辅酶的组成部分。

目前营养学上承认的维生素共有两大类14种：脂溶性维生素共有维生素A、D、E、K等4种；水溶性维生素共10种，其中除维生素C外均属B族维生素，即维生素B_1（硫胺素）、B_2（核黄素）、B_3（烟酸）、B_4（胆碱）、B_5（泛酸）、B_6（吡哆醇类）、B_7（维生素H或辅酶R）、B_9（叶酸）、B_{12}（氰钴胺素或辅酶B_{12}）等。

维生素在体内代谢的特点是：脂溶性维生素在体内大部贮存于脂肪组织和肝组织中，通过胆汁缓慢排出体外，摄入过量，可致中毒。水溶性维生素在体内只有少量贮存，易排出体外，因此必须每天通过饮食供给，长期供给不足，易出现维生素缺乏症；过量摄入，多余部分则通过尿液排出体外，不会大量蓄积于体内。

（一）维生素A与胡萝卜素

1. 维生素A与胡萝卜素的营养保健作用

维生素A的化学名称叫视黄醇，只在动物性食品中含有。胡萝卜素是一种植物色素，主要存在于植物性食品中。胡萝卜素根据分子结构不同，有α-胡萝卜素、β-胡萝卜素和γ-胡萝卜素三种，其中β-胡萝卜素可分解为二分子维生素A，而α-胡萝卜素、γ-胡萝卜素只能分解产生一分子维生素A。这些植物色素是多烯类化合物，在体内能转化为维生素A，所以也叫维生素A原。维生素A与胡萝卜素的营养保健功能主要有以下几个方面：

（1）维护视觉功能。在暗光下保持一般视力，并可预防夜盲症的发生。

（2）促进上皮细胞分化功能。维生素A缺乏时，影响上皮细胞的生长和分化，黏液分泌细胞减少，使上皮细胞发生角化，出现皮肤干燥，毛囊硬化，有棘状突起；如损害视觉器官上皮，可出现结膜干燥（称干眼病）、角膜发炎、溃疡、穿孔等。维生素A缺乏可导致肠道和呼吸道黏膜发育受损，故幼儿缺乏维生素A时易引起腹泻和呼吸道感染。

（3）对骨骼发育的影响明显。维生素A是正常骨骼生长发育所必需的，缺乏时影响骨骼生长。儿童缺乏维生素A时，尤其是急性缺乏时，最初的表现就是体重下降或体重增长缓慢。维生素A一旦得到补充，首先表现出来的就是体重回升。这个影响多见于2～5岁的儿童，成人相对少见。

（4）对生殖能力的影响。维生素A缺乏时动物生殖能力降低，精子和卵子发育受阻，胎儿自溶或畸形。

（5）清除自由基作用。维生素A也有一定的抗氧化作用，可以中和有害的游离基。

（6）增强免疫能力。维生素A有助于维持免疫系统功能正常，能加强对传染病特别是呼吸道感染及寄生虫感染的身体抵抗力。

2. 维生素A的吸收、代谢及其影响因素

维生素A进入消化道后，在胃内几乎不被吸收，在小肠与胆汁酸脂肪分解产物一起被乳化，由肠黏膜吸收。维生素A在人体的储存量随着年龄的增长而递增，不同性别其储存量也不同。维生素A在体内的平均半减期为128～154d，主要经由尿、粪排泄。在无维生素A摄入时，每日肝中损失（分解代谢）率约为0.5%。影响维生素A吸收的因素主要有：

（1）小肠中的胆汁，是维生素A乳化所必需的。

（2）膳食脂肪，足量脂肪可促进维生素A的吸收。

（3）抗氧化剂，如维生素E和卵磷脂等，有利于其吸收。

(4)矿物油及肠道寄生虫，服用矿物油或患有肠道寄生虫疾病不利于维生素A的吸收。

(5)维生素C对维生素A有破坏作用，尤其是大量服用维生素C以后，会促进体内维生素A的排泄，所以，在大量服用维生素C的同时一定要注意维生素A的服用量要充足。

3. 维生素A过量引起的毒性

维生素A是脂溶性物质，排出比率不高，大量摄入人体后，常可在体内蓄积而引起中毒。中毒表现主要有：①由于破骨细胞活性增强，导致骨质脱钙、骨脆性增加、生长受阻、长骨变粗及骨关节疼痛；摄入维生素A过量的婴儿，可出现囟膨出现象并伴以脑积水。②皮肤干燥、发痒、鳞皮、皮疹、脱皮、脱发、指(趾)甲易脆。③易激动、疲乏、头痛、恶心、呕吐、肌肉无力、坐立不安、食欲降低、腹痛、腹泻、肝脾肿大、黄疸等。④血红蛋白和血钾减少，凝血时间延长，易出血等。

(二)维生素D

1. 维生素D的营养保健作用

维生素D是能呈现胆钙化固醇(维生素D_3)生物活性的所有类固醇的总称，由类固醇衍生而来，以维生素D_2和维生素D_3最为重要，是脂溶性维生素类，影响钙、磷的吸收和贮存，有预防和治疗佝偻病的功效。维生素D的主要生理功能是促进骨骼的形成，可防治骨质疏松症。维生素D还被用于降低结肠癌、乳腺癌和前列腺癌的发生概率，对免疫系统也有增强作用。

2. 维生素D的吸收、代谢

维生素D是一个总称，维生素D_2来源于植物，维生素D_3由动物细胞内7-脱氢胆固醇转化而来，两者皆由日光作用而形成。从口中所摄取的维生素D由小肠壁与脂肪一起吸收。被吸收的维生素D约90%与乳糜微粒结合进入淋巴系统，其余与α-球蛋白结合，维生素D的这种吸收过程有效性约为50%。已确定维生素D有16种以上形式的代谢物，大多数是生成无活性的物质排泄出体外。

3. 维生素D过量的现象与危害

一些学者认为长期每日摄入25μg维生素D可引起中毒，这其中可能包括一些对维生素D较敏感的人。中毒的症状是异常口渴、眼睛发炎、皮肤瘙痒、厌食、嗜睡、呕吐、腹泻、尿频，钙在血管壁、肝脏、肺部、肾脏、胃中的异常沉淀，以及关节疼痛和弥漫性骨质脱矿化。

(三)维生素E

1. 维生素E的营养保健作用

维生素E是一种脂溶性维生素，又称生育酚。其有活性的形式有8种，但以α-生育酚为主，溶于脂肪和乙醇等有机溶剂中，不溶于水，对酸稳定，对碱不稳定，对氧敏感，对热不敏感。维生素E是一种多酚类，有很强的抗氧化作用，抵御机体过氧化产物自由基损害，是老年营养保健食品中最主要的活性物质。

作为抗氧化剂，维生素E在体内先与其他物质发生氧化，从而使不饱和脂肪酸及维生素A在肠道和组织内氧化分解减少到最小限度，保护细胞不受有毒自由基伤害；还可与过氧化物反应，使其变为对细胞无害的物质，预防器质性衰退疾病发生，防止老化。维生素E还能与硒协同作用，共同起到抗氧化作用。维生素E的防癌作用日益受到重视，它可防止染色体畸变，影响致癌物代谢，阻断亚硝胺合成等。

当维生素E缺乏时，会导致动脉粥样硬化、血浓性贫血、癌症、白内障等其他老年性疾病；易出现疤痕和牙齿发黄；引发近视、弱智、男性性功能低下、前列腺肥大等。

2. 维生素 E 的吸收、代谢及其影响因素

维生素 E 在小肠上部经非饱和的被动弥散方式被肠上皮细胞吸收。各种形式的维生素 E 被吸收后大多由乳糜微粒携带经淋巴系统到达肝脏。肝脏中的维生素 E 通过乳糜微粒和极低密度脂蛋白的载体作用进入血浆。乳糜微粒在血液循环的分解过程中，将吸收的维生素 E 转移进入脂蛋白循环，其他的作为乳糜微粒的残骸。α-生育酚的主要氧化产物是α-生育醌，再脱去含氢的醛基生成葡萄糖醛酸。葡萄糖醛酸可通过胆汁排泄，或进一步在肾脏中被降解产生 α-生育酸从尿中排泄。胆酸、胰液和脂肪的存在影响维生素 E 的吸收。

3. 维生素 E 过量的现象与危害

成人长期相对大剂量服用维生素 E（右旋-α-生育酚 400～800mg/d）一般无明显损害。服用 800～3200mg/d 者会出现明显的不良反应。当服用量大于 1000mg/d 时，最明显的毒性作用是对维生素 K 作用的拮抗，可导致明显的出血。美国医学专家提出：长期服用大剂量维生素 E 可引起各种疾病，其中较严重的有血栓性静脉炎或肺栓塞，或两者同时发生，这是由于大剂量维生素 E 可引起血小板聚集和形成。其他可表现出血压升高，停药后血压可以降低或恢复正常；男女两性均可出现乳房肥大；头痛、头晕、眩晕、视力模糊、肌肉衰弱；皮肤豁裂、唇炎、口角炎、荨麻疹；糖尿病或心绞痛症状明显加重；激素代谢紊乱，凝血酶原降低；血中胆固醇和甘油三酯水平升高；血小板增加及免疫功能减退。

（四）维生素 K

1. 维生素 K 的营养保健作用

维生素 K 是显示抗出血活性的一组化合物，是 2-甲基-1，4-萘醌及其衍生物的总称，包括维生素 K_1、维生素 K_2、维生素 K_3，为形成活性凝血因子Ⅱ、凝血因子Ⅶ、凝血因子Ⅺ和凝血因子Ⅹ所必需，是脂溶性维生素，在体内主要储存于肝脏中。维生素 K 的主要生理功能是凝血作用，凝血的前体转化为凝血酶原时需要维生素 K 参与。缺乏维生素 K 时会使凝血时间延长或引起出血病症，如新生儿出血疾病，成人牙龈出血、流鼻血、尿血、胃出血及瘀血等不正常凝血症状；皮下出血的低凝血酶原症。所以维生素 K 的主要功能为：①防止新生婴儿出血疾病；②预防内出血及痔疮；③减少生理期大量出血；④促进血液正常凝固。

2. 维生素 K 的吸收、代谢及其影响因素

人类维生素 K 的来源有两个方面：一方面从肠道细菌合成，占 50%～60%；另一方面从食物中来，占 40%～50%。绿叶蔬菜中维生素 K 的含量高，其次是奶及肉类，水果及谷类中维生素 K 的含量低。维生素 K_1 和维生素 K_2 的吸收与其他脂溶性维生素一样，需要胆汁、胰液，并与乳糜微粒相结合，由淋巴系统运输；一般吸收量为摄入量的 10%～70%。口服生理或药理剂量的维生素 K_1，20min 后血浆中即可出现维生素 K_1，2h 达到高峰。其代谢物为维生素 K 短链及氧化代谢物形成 γ-内酯，还可与葡糖苷酸结合，在人体维生素 K 的侧链可以进行 β 或 ω 氧化形成 6-羧基酸及 γ-内酯或进一步分解为 4-羧基酸，还有少量的环氧代谢物，这些代谢物与葡糖苷酸相结合，存在于肠肝循环中，或从尿中排出。

维生素 K 在回肠内吸收，人体中细菌必须在回肠内合成维生素 K，才能为人体所利用。有些抗生素抑制上述消化道的细菌生长，影响维生素 K 的摄入。

3. 维生素 K 过量的现象与危害

人体维生素 K 的需要量非常少，过量会损害肝脏功能。肝病患者不宜服用维生素 K 补充品；孕妇及授乳妇女应避免大量服用维生素 K 补充品。服用维生素 K 补充品后如有脸泛红、发红疹、肠胃不适、皮肤瘙痒等过敏症状，应立即停用。

(五)维生素 B_1(硫胺素、抗神经炎素)

1. 维生素 B_1 的营养保健作用

维生素 B_1 是 B 族维生素之一，其辅酶形式是焦磷酸硫胺素(TPP)。维生素 B_1 缺乏时出现神经精神障碍，出现特有的神经炎，所以维生素 B_1 又叫抗神经炎因子。维生素 B_1 缺乏时临床表现为食欲不振，消化不良，疲劳，冷漠，周围神经出现麻木、刺痛感觉，运动障碍等。维生素 B_1 缺乏病的另一表现就是脚气病。婴儿脚气病多发生于 2～5 个月龄的婴儿，且多是维生素 B_1 缺乏的乳母所喂养的婴儿。婴儿先天性脚气病常发生于母亲孕期缺乏维生素 B_1。其营养保健功能主要为：①促进成长；②帮助消化，特别是碳水化合物的消化；③改善精神状况，维持神经组织、肌肉、心脏活动的正常；④减轻晕机、晕船反应。

2. 维生素 B_1 的吸收、代谢及其影响因素

维生素 B_1 在胃肠道主要是十二指肠吸收，吸收后可分布于机体各组织中，也可进入乳汁，体内不贮存，血浆半衰期约为 0.35h。维生素 B_1 在肝内代谢，经肾排泄，不能被肾小管再吸收。食物中的维生素 B_1 有三种形式，即游离形式、硫胺素焦磷酸酯形式和蛋白磷酸复合物形式。结合形式的维生素 B_1 在消化道裂解后被吸收。大量饮茶会降低肠道对维生素 B_1 的吸收；酒精中含有抗硫胺素物质；叶酸缺乏可导致维生素 B_1 吸收障碍。B 族维生素之间有协同作用，即一次摄取全部 B 族维生素要比分别摄取效果更好，其优良比率为 $B_1:B_2:B_6=1:1:1$。如摄取比例不均的话，效果欠佳。因此，建议服用复合维生素 B。

3. 维生素 B_1 过量的现象与危害

维生素 B_1 为水溶性维生素，多余的维生素 B_1 不会贮藏于体内，而会完全排出体外，一般没有副作用。每天服用量超过 5～10g 时，偶尔会出现发抖、疱疹、水肿、神经质、心跳加快及过敏等副作用。

(六)维生素 B_2(核黄素)

1. 维生素 B_2 的营养保健作用

维生素 B_2 是人体必需的 13 种维生素之一，是机体中许多酶系统的重要辅基的组成成分，参与物质和能量代谢。其生理功能有：①参与碳水化合物、蛋白质、核酸和脂肪的代谢，可提高肌体对蛋白质的利用率，促进生长发育。②参与细胞的生长代谢，是肌体组织代谢和修复的必需营养素。③强化肝功能、调节肾上腺素的分泌。④保护皮肤毛囊黏膜及皮脂腺的功能。因此维生素 B_2 缺乏病表现复杂多样，如眼部出现视力模糊、怕光、流泪、视力减退、角膜周围充血、血管增生，常有结膜炎、眼睑炎等；口腔出现口唇干、裂、肿、出血，口角湿白、糜烂、结痂，不敢张嘴，口腔黏膜溃疡等；舌部舌苔厚、有裂沟、红肿、脱皮(地图舌)、刺痛等；皮肤可见溢脂性皮炎；男性出现阴囊炎，皮肤粗糙、结痂、落屑、奇痒等，女性在会阴与阴唇部有同样表现。此外，维生素 B_2 缺乏也会影响生长发育，妊娠期缺乏维生素 B_2 还可致胎儿骨骼畸形，成人严重缺乏维生素 B_2 时引起黏膜病变，造成性欲减退、性冷淡等现象。

2. 维生素 B_2 的吸收、代谢及其影响因素

维生素 B_2 进入胃后在胃酸的作用下与蛋白质分离，在上消化道转变为游离型维生素 B_2 后，在小肠上部被吸收。当摄入量较大时，肝肾常有较高的浓度，超过肾阈即通过泌尿系统，以游离形式排出体外。身体组织需要的维生素 B_2 必须由饮食供给。膳食中的大部分维生素 B_2 是以黄素单核苷酸(FMN)和黄素腺嘌呤二核苷酸(FAD)辅酶形式与蛋白质结合存在。

3. 维生素 B_2 过量的现象与危害

维生素 B_2 为水溶性维生素，一般没有副作用。摄取过多可能引起皮肤瘙痒、麻痹、灼热感、刺痛等。

(七)维生素 B_3(烟酸)

1. 维生素 B_3 的营养保健作用

维生素 B_3 的分子式为 $C_6H_5NO_2$，耐热，水溶性，能升华，又名尼克酸、抗癞皮病因子，是人体必需的 13 种维生素之一。维生素 B_3 在人体内转化为烟酰胺，烟酰胺是辅酶Ⅰ和辅酶Ⅱ的组成部分，参与体内脂质代谢、组织呼吸的氧化过程和糖类无氧分解的过程。维生素 B_3 缺乏可引起癞皮病，典型症状为在肢体暴露部位，如手背、腕、前臂、面部、颈部、足背、踝部出现对称性皮炎；亦可出现口角炎、舌炎、腹泻等，腹泻是维生素 B_3 缺乏的典型症状。在神经系统方面，轻症患者可有全身乏力、烦躁、抑郁、健忘及失眠等；重症则有狂躁、幻听、神志不清、木僵，甚至痴呆。

2. 维生素 B_3 的吸收、代谢及其影响因素

维生素 B_3 主要是以辅酶的形式存在于食物中，经消化后于胃及小肠吸收，吸收后以维生素 B_3 的形式经门静脉进入肝脏。过量的维生素 B_3 大部分经甲基化从尿中排出。

3. 维生素 B_3 过量的现象与危害

维生素 B_3 的副作用有皮肤潮红、瘙痒、胃肠道反应、轻度肝功能减退及视觉障碍等。大剂量使用维生素 B_3 可导致腹泻、头晕、乏力、皮肤干燥、瘙痒、眼干燥、恶心、呕吐、胃痛、高血糖、高尿酸、心律失常、肝毒性反应等。

(八)维生素 B_6

1. 维生素 B_6 的营养保健作用

维生素 B_6 包括三种具有生物活性的衍生物，即吡哆醇(PN)、吡哆醛(PL)和吡哆胺(PM)。维生素 B_6 的主要生理功能是作为辅酶参与多种代谢反应，在肝脏和红细胞中由锌或镁作为催化剂使其形成有活性的辅酶，人的神经鞘脂类的形成都需要一定量的维生素 B_6。维生素 B_6 的其他主要功能有抗体的合成、消化系统中胃酸的制造、脂肪与蛋白质的利用(尤其在减肥时应补充)、维持钠/钾平衡(稳定神经系统)。缺乏维生素 B_6 一般会有食欲不振、食物利用率低、失重、呕吐、下痢等现象。严重缺乏者会有粉刺、贫血、关节炎、痉挛、忧郁、头痛、掉发、易发炎、学习障碍、衰弱等症状。婴儿缺乏维生素 B_6 会影响中枢神经系统的发育、脑电图的改变，严重缺乏时会出现惊厥；由于影响了脑中 5-羟色胺的合成，也会影响到行为。婴儿在出生后的脑发育时期缺乏维生素 B_6，就会永久性地损伤脑结构发育和脑神经冲动传送的功能。此外，维生素 B_6 对激素也有一定的影响，缺乏时可使胰岛素和生长激素的水平下降。

2. 维生素 B_6 的吸收、代谢及其影响因素

维生素 B_6 主要在空肠被动吸收。食物中的维生素 B_6 多以 5,-磷酸盐的形式存在，吸收速度较慢。经水解非磷酸化的维生素 B_6 的吸收速度较快。维生素 B_6 吸收后在肝脏被特殊激酶磷酸化，成为有活性的辅基形式磷酸吡哆醛、磷酸吡哆醇和磷酸吡哆胺。血液和组织中的维生素 B_6 多呈结合型。在体内，吡哆醛和吡哆胺可以互相转化。食入的维生素 B_6，约 70%氧化成无活性的代谢物 4-吡哆酸，由尿中排出。维生素 B_6 也可经粪便排出，但排泄量有限。

3. 维生素 B_6 过量的现象与危害

大剂量摄入维生素 B_6 无明显毒性。用极高剂量维生素 B_6(300mg/d)来预防及治疗呕吐，如放射线照射后呕吐、吃药后呕吐、麻醉呕吐、旅行生病的呕吐等，均可达到治疗效果，而无毒性。

(九)维生素 B_9(叶酸、蝶酰谷氨酸)

1. 维生素 B_9 的营养保健作用

维生素 B_9 又名蝶酰谷氨酸，是维生素 B 复合体之一，近年来被人们所重视，主要作用包括：①具有促进胎儿神经系统发育及脑细胞发育、预防胎儿神经管畸形(无脑畸形、脊柱裂)、预防胎儿先天性心脏病、预防胎儿唇腭裂等其他体表畸形等出生缺陷的作用，因此，维生素 B_9 与优生联系了起来。②具有预防孕妇、乳母及胎儿贫血和减低妊娠反应等作用，人类如缺乏维生素 B_9 可引起巨红细胞性贫血以及白细胞减少症。③可引发癌细胞凋亡，对癌细胞的基因表达有一定影响，故属于一种天然抗癌维生素，可减少和预防妇女乳腺癌和宫颈癌的发生。④可以预防冠心病等慢性心血管病，国际医学界有关"补充叶酸防治脑卒中疗效"研究的汇总分析显示，补充维生素 B_9 能使脑卒中发生风险降低 18%。

2. 维生素 B_9 的吸收、代谢及其影响因素

口服维生素 B_9 在胃肠道(主要是十二指肠上部)几乎完全被吸收，5～20min 后可出现在血中，1h 后可达最高血药浓度。维生素 B_9 大部分贮存在肝脏内，体内的维生素 B_9 主要被分解为蝶呤和对氨基苯甲酰谷氨酸。血浆半衰期约为 40min。由胆汁排至肠道中的维生素 B_9 可被再吸收，形成肝肠循环。

慢性酒精中毒抑制维生素 B_9 的吸收，抑制二氢叶酸还原酶的药物可干扰维生素 B_9 的吸收，口服避孕药能降低维生素 B_9 的血浆浓度。

3. 维生素 B_9 过量的现象与危害

维生素 B_9 是水溶性维生素，一般超出成人最低需要量 20 倍也不会引起中毒。凡超出血清与组织中和多肽结合的量均从尿中排出。但服用大剂量维生素 B_9 可能产生的毒性作用有：①干扰抗惊厥药物的作用，诱发病人惊厥发作；②可能影响锌的吸收而导致锌缺乏，使胎儿发育迟缓、低出生体重儿概率增加；③掩盖维生素 B_{12} 缺乏的早期表现而导致神经系统受损害；④偶可见过敏反应，严重者可见皮疹、瘙痒、肿胀、头晕、呼吸困难等一些症状。

(十)维生素 B_{12}(钴胺素、氰钴胺素)

1. 维生素 B_{12} 的营养保健作用

维生素 B_{12} 的生理功能主要有两个：①作为甲基转移酶的辅因子参与蛋氨酸、胸腺嘧啶等的合成，如使甲基四氢叶酸转变为四氢叶酸而将甲基转移给甲基受体(如同型半胱氨酸)，使甲基受体成为甲基衍生物(如甲硫氨酸即甲基同型半胱氨酸)。因此维生素 B_{12} 可促进蛋白质的生物合成，缺乏时会影响婴幼儿的生长发育。②促进维生素 B_9 在细胞内的转移和贮存，当维生素 B_{12} 缺乏时，人类红细胞维生素 B_9 含量低，肝脏贮存的维生素 B_9 降低。

因此维生素 B_{12} 的主要作用为：①促进红细胞的发育和成熟，使肌体造血机能处于正常状态，预防恶性贫血，维护神经系统健康；②以辅酶的形式存在，可以增加维生素 B_9 的利用率，促进碳水化合物、脂肪和蛋白质的代谢；③具有活化氨基酸的作用和促进核酸的生物合成，可促进蛋白质的合成，即对婴幼儿的生长发育有重要作用；④代谢脂肪酸，使脂肪、碳水化合物、蛋白质被身体适当运用；⑤可消除烦躁不安，集中注意力，增强记忆及平衡感；⑥是神经系统功能健全不可缺少的维生素，参与神经组织中一种脂蛋白的形成。

当维生素 B_{12} 缺乏时可出现以下临床症状：恶性贫血(红细胞不足)、月经不调、眼睛及皮肤发黄并可出现局部(很小)红肿(不疼不痒)并伴随脱皮、恶心、食欲不振、体重减轻、唇舌及牙龈发白或牙龈出血和消化道黏膜发炎、头痛、记忆力减退或痴呆，还可能引起人的精神忧郁。儿童缺乏维生素 B_{12} 的早期表现为精神情绪异常、表情呆滞、少哭少闹、反应迟钝、爱睡觉等症状，最后会引起贫血。

2. 维生素 B_{12} 的吸收、代谢及其影响因素

食物中的维生素 B_{12} 与蛋白质结合进入人体消化道内，在胃酸、胃蛋白酶及胰蛋白酶的作用下，维生素 B_{12} 被释放，并与胃黏膜细胞分泌的一种糖蛋白内因子（IF）结合。维生素 B_{12}-IF 复合物在回肠被吸收。维生素 B_{12} 的贮存量很少，2～3mg 贮存在肝脏。维生素 B_{12} 主要从尿液中排出，部分从胆汁中排出。

自然界中的维生素 B_{12} 都是微生物合成的，高等动植物不能制造维生素 B_{12}。维生素 B_{12} 是需要一种肠道分泌物（内源因子）帮助才能被吸收的唯一的一种维生素。有的人由于肠胃异常，缺乏这种内源因子，即使膳食中维生素 B_{12} 的来源充足也会患恶性贫血。植物性食物中基本上没有维生素 B_{12}。维生素 B_{12} 大约需要在肠道内停留 3h（大多数水溶性维生素只需要几秒钟）才能被吸收。

3. 维生素 B_{12} 过量的现象与危害

维生素 B_{12} 是人体内每天需要量很少的一种维生素。过量的维生素 B_{12} 会产生毒副作用，可能出现哮喘、荨麻疹、湿疹、面部水肿、寒战等过敏反应，也可能产生神经兴奋、心前区痛和心悸。维生素 B_{12} 摄入过多还可导致维生素 B_9 的缺乏。

（十一）维生素 B_7（生物素、维生素 H 或辅酶 R）

1. 维生素 B_7 的营养保健作用

维生素 B_7 是合成维生素 C 的必要物质，是脂肪和蛋白质正常代谢不可或缺的物质，也是维持正常成长、发育及健康必要的营养素，无法经由人工合成。其营养保健作用可归纳为：①对于糖原的异生、脂肪酸的综合作用以及某些氨基酸的新陈代谢起到调控的关键作用，并且能够通过帮助能量的产生对某些蛋白质的合成起到促进作用；②可协助细胞生长，制造脂肪酸，代谢糖类、脂肪及蛋白质，且有助于维生素 B 群的利用；③促进汗腺、神经组织、骨髓、男性性腺的健康；④维护皮肤及毛发的正常生长，减轻湿疹、皮炎症状；⑤预防白发及脱发，有助于治疗秃顶；⑥缓和肌肉疼痛，对改善忧郁、失眠有一定效果；⑦参与维生素 B_{12}、叶酸、泛酸的代谢，促进尿素合成与排泄，提高人体的免疫功能；⑧通过改善胰岛素和血糖的使用，帮助改善血糖的调节。

缺乏维生素 B_7 的一般表现为：①头皮屑增多，容易掉发，少年白发；②肤色暗沉，面色发青，萎缩性舌炎，湿疹、皮炎等皮肤炎症；③导致忧郁、失眠、容易打瞌睡等神经症状；④容易疲倦、慵懒无力、肌肉疼痛等。

有些特殊人群更需要补充维生素 B_7，如：①喜食生鸡蛋者，因为生蛋白中含有的抗生素蛋白会妨碍生物素的吸收；②服用抗生素或磺胺药剂者；③头发稀疏者，维生素 B_7 具有一定的防脱发效果；④孕妇，在妊娠期间，维生素 B_7 会明显流失，应合理补充。

2. 维生素 B_7 的吸收、代谢及其影响因素

口服维生素 B_7 迅速从胃和肠道吸收，血液中维生素 B_7 的 80％以游离形式存在，分布于全身各组织，在肝、肾中含量较多；大部分维生素 B_7 以原形由尿液中排出，仅小部分代谢为生物素硫氧化物和双降生物素。

（十二）维生素 B_5（泛酸）

维生素 B_5 的活性形式是辅酶 A（CoenzymeA，CoA），CoA 是生物体内酰基的载体，参与丙酮酸和脂肪酸的氧化，其活性基是巯基乙胺部分的巯基（—SH），实际上细胞中的所有维生素 B_5 均结合成 CoA。

维生素 B_5 具有制造及更新身体组织、帮助伤口愈合、制造抗体、抵抗传染病、防止疲劳、帮助抗压、缓和多种抗生素副作用和舒缓恶心症状等作用。因此维生素 B_5 缺乏可出现低血糖症、血液及皮肤异常、疲倦、忧郁、失眠、食欲不振、消化不良及十二指肠溃疡等。全部已知食物中都有足够量的维生素 B_5，极少发现人类患有维生素 B_5 缺乏症；动物缺乏维生素 B_5 会出现生长不良，发生皮炎、肾脏损伤、贫血等。

(十三)维生素 C(抗坏血酸)

1.维生素 C 的营养保健作用

维生素 C 又叫 L-抗坏血酸，是一种水溶性维生素。其营养保健作用主要有：

(1)参加胶原蛋白的合成。维生素 C 缺乏，胶原蛋白不能正常合成，导致细胞连接障碍。胶原蛋白占身体蛋白质的 1/3，是生成结缔组织、构成身体骨架的重要物质，如骨骼、血管、韧带等；胶原蛋白决定了皮肤的弹性，具有保护大脑、有助于人体创伤的愈合的作用。

(2)维生素 C 缺乏引起坏血病。血管壁的强度和维生素 C 有很大关系；微血管管壁可能只有一个细胞的厚度，其强度、弹性是由负责连接细胞的胶原蛋白所决定。当体内维生素 C 不足时，微血管容易破裂，血液流到邻近组织。这种情况在皮肤表面发生，则产生瘀血、紫癍；在体内发生则引起疼痛和关节痛；严重时在胃、肠道、鼻、肾脏及骨膜下面均可有出血现象，甚至死亡。

(3)维生素 C 缺乏可出现牙龈萎缩、出血。健康的牙床紧紧包住每一颗牙齿。牙龈是软组织，当缺乏蛋白质、钙、维生素 C 时易产生牙龈萎缩、出血。

(4)预防动脉硬化。维生素 C 可促进胆固醇的排泄，防止胆固醇在动脉内壁沉积，甚至可以使沉积的粥样斑块溶解。

(5)维生素 C 是一种强有力的抗氧化剂，可以保护其他抗氧化剂，如维生素 A、维生素 E、不饱和脂肪酸等，防止自由基对人体的伤害，具有抗衰老作用。

(6)治疗贫血。维生素 C 可使难以吸收利用的三价铁还原成二价铁，促进肠道对铁的吸收，提高肝脏对铁的利用率，有助于治疗缺铁性贫血。

(7)防癌。丰富的胶原蛋白有助于防止癌细胞的扩散；维生素 C 的抗氧化作用可以抵御自由基对细胞的伤害，防止细胞的变异；阻断亚硝酸盐和仲胺形成强致癌物亚硝胺等。

(8)保护细胞、解毒、保护肝脏。还原型谷胱甘肽具有重要的保肝护肝作用，维生素 C 作为一种强抗氧化剂，其本身被氧化，而使氧化型谷胱甘肽还原为还原型谷胱甘肽，从而发挥保肝、解毒的作用。

(9)提高人体的免疫力。白细胞含有丰富的维生素 C，当机体感染时白细胞内的维生素 C 急剧减少。维生素 C 可增强中性粒细胞的趋化性和变形能力，提高杀菌能力。维生素 C 可促进淋巴母细胞的生成，提高机体对外来细胞和恶变细胞的识别和杀灭。维生素 C 参与免疫球蛋白的合成，提高补体酯酶活性，增加补体的产生，促进干扰素的产生，干扰病毒 mRNA的转录，抑制病毒的增生。

(10)提高机体的应急能力。人体受到异常的刺激，如剧痛、寒冷、缺氧、精神强刺激，会引发抵御异常刺激的紧张状态。该状态伴有一系列身体变化，包括交感神经兴奋、肾上腺髓质和皮质激素分泌增多等。肾上腺髓质所分泌的肾上腺素和去甲肾上腺素是由酪氨酸转化而来的，这种转化过程需要维生素 C 的参与。

2.维生素 C 的吸收、代谢及其影响因素

口服维生素 C 被人体小肠上段(十二指肠和空肠上部)吸收。未吸收的维生素 C 会直接转送到大肠中，在大肠中维生素 C 全部被肠内微生物分解后排出体外。维生素 C 一旦被吸收，就会分布到体内所有的水溶性结构中，正常成人体内的维生素 C 代谢活性池中约有 1500mg 维生素 C，最高储存峰值为 3000mg。正常情况下，维生素 C 绝大部分在体内经代谢分解成草酸或与硫酸结合生成抗坏血酸-2-硫酸由尿排出；另一部分可直接由尿排出体外。

维生素C在人体的吸收率与口服量有关，当口服量为30～180mg时，吸收率可达70%～90%；当口服量为1500mg时，吸收率降到50%；当口服量达到6000mg时，吸收率则只有16%。小肠的吸收率视维生素C的摄取量不同而有一定差异，同时也因饭后和空腹而有所不同，因个人摄取的差异也有不同。以口服1000mg的维生素C分析，空腹的吸收率约30%，而餐后的吸收率可达50%。

由此可见，维生素C以一日三次、餐后马上摄取为佳，这样既可以提高吸收率，也可预防因高剂量的维生素C所带来的副作用。

3. 维生素C过量的现象与危害

维生素C是水溶性维生素，一般不会在体内蓄积，但过量也能产生毒副作用，一般表现为：①短期内服用维生素C补充品过量，会产生多尿、下痢、皮肤发疹等现象。②长期服用过量维生素C，可能导致草酸及尿酸结石等副作用。③小儿生长时期过量服用维生素C，容易产生骨骼疾病。④超大剂量服用维生素C可引起腹胀、皮疹、胃酸过多等副作用，严重者可致溶血，甚至危及生命。如一次性摄入维生素C2500～5000mg，可能会导致红细胞大量破裂，出现溶血等危重现象。⑤如大剂量长期服用维生素C而突然停止，可能会出现坏血病症状。

有科学家提出，滥用维生素C会削弱人体免疫力。

【小资料】 维生素C不能与以下药物同时服用

(1)不应与磺胺类药物一起使用，否则会形成肾结石，损坏肾功能，造成血尿、尿闭、肾绞痛等。

(2)不应与阿司匹林同时使用。阿司匹林会减少维生素C在肠道内的吸收，使疗效降低。当两种药物都要服用时，应先服用维生素C，间隔1h后再服用阿司匹林。

(3)不应与维生素B_2、B_{12}一起使用。维生素C与维生素B_2可发生氧化还原反应，使两者作用减弱或消失。而维生素C对维生素B_{12}则有破坏作用。

(4)不应与苏打类和苯丙胺等碱性药物合用。因为两者会酸碱中和，吃了等于白吃。

八、胆碱的营养与保健功能

胆碱是一种强有机碱，是卵磷脂的组成成分，也存在于神经鞘磷脂之中，是机体可变甲基的一个来源而作用于合成甲基的产物，同时又是乙酰胆碱的前体。胆碱广泛存在于动植物体内，在动物的脑、精液、肾上腺及细胞中含量尤多。胆碱的生理功能包括：①促进脑发育和提高记忆能力。胆碱是少数能穿过“脑血管屏障”的物质之一，可制造出帮助记忆的化学物质，有防止年老记忆力衰退的作用。②保证机体内部信息传递的重要物质，可帮助传送刺激神经的信号，特别是为了记忆的形成而对大脑所发出的信号。③调控细胞凋亡。DNA链的断裂是胆碱缺乏的早期表现，胆碱缺乏对神经细胞也是一种潜在的凋亡诱导因素。④胆碱是构成生物膜的重要组成成分。⑤促进脂肪代谢。⑥促进体内转甲基代谢作用。⑦降低血清胆固醇。

九、生物类黄酮的营养与保健功能

生物类黄酮是天然维生素C的伴侣，习称维生素P，存在于黄绿色蔬菜、水果和大豆等天然及野生食物中。生物类黄酮是一个涵盖面极广的总名称，是一个庞大的家族。现已确认其化学结构的生物类黄酮物质至少有4000～5000种，化学分类极为复杂，其中包括黄酮、黄酮醇、黄烷酮、黄烷醇、异黄酮、花青素、原花青素等。为人熟知的芦丁、茶多酚(以“儿茶素”为代表)、大豆异黄酮(以黄豆苷、染料木素为代表)、橙皮苷和槲皮素等均是生物类黄酮。

生物类黄酮物质是当前生命科学研究的热点之一，其营养保健作用有以下几个主要方面：

(1)调节血脂，降低血液黏稠度，改善血清脂质，延长红细胞寿命并增强造血功能，预防心脑血管疾病；

(2)抑制HL-60白血病细胞生长，溶解癌细胞；

(3)有效清除体内的自由基及毒素，预防、减少疾病的发生；

(4)消炎、抗过敏、广谱抗菌、抗病毒。

如大豆异黄酮具有预防妇女更年期综合征、改善骨质疏松、预防乳腺癌和其他癌症、调节血脂预防心血管疾病、预防早期老年痴呆症、美容、延缓衰老、改善经期不适、提高性生活质量、降低胆固醇等作用；松针提取物具有清除自由基、抗氧化，抗血栓、保护心脑血管、抗肿瘤、消炎抑菌等作用，以及祛风湿、强筋骨等功效。

第三节　营养素补充剂保健食品开发的要求

营养素补充剂是指为补充维生素、矿物质，以从天然动植物中提取的营养素为原料加工制成的保健食品。其作用是补充膳食中营养素供给的不足，预防营养缺乏和降低发生某些慢性退行性疾病的危险性。

营养素补充标准为国家市场监管总局、国家卫生健康委员会和国家中医药管理局三部门在2020年11月发布的《保健食品原料目录　营养素补充剂(2020年版)》和中国营养学会组织编写的《中国居民膳食指南科学研究报告(2021)》。

营养素补充剂的原料来源应符合国家有关规定，一般不要求提供安全性毒理学试验报告；从食物的可食部分提取的维生素和矿物质制备的保健食品，不得含有达到作用剂量的其他生物活性物质。

营养素补充剂的辅料应当仅以满足产品工艺需要或改善产品的色、香、味为目的，并且应当符合相应的国家标准。

营养素补充剂的主要形式为片剂、胶囊剂、颗粒剂或口服液。颗粒剂每日食用量一般不得超过20克，口服液每日食用量一般不得超过30毫升。

营养素补充剂标示值是某种营养素含量的确定数值，不得标示为范围值。产品应采用定型包装，便于消费者食用和保持产品的稳定性，直接与营养素补充剂接触的包装材料除必须符合有关卫生标准或卫生要求外，还应当标明以下内容：①“营养素补充剂”字样。②最小食用单元的营养素含量。③食用方法及食用量，应当明确不同人群具体推荐的摄入量。④注意事项，应当明确产品不能代替药物，不宜超过推荐量或与同类营养素补充剂同时食用。

对营养素补充剂保健功能的释义应符合相关规定。

本章小结

本章重点介绍了亚健康的基本知识，保健食品对改善亚健康状态的意义和营养学的基本知识，指出了亚健康的基本概念和分类方法，介绍了亚健康的自我判定方法，以及中医学对亚健康的认识和分类；在食品营养学方面，介绍了食品营养学的基本理论，重点介绍了人体热能的平衡与营养保健和蛋白质、脂类、碳水化合物、无机盐（矿物质）及微量元素、维生素和胆碱等特殊物质的营养与保健功能，介绍了各类物质的来源、特点、生理需要、过量的现象与危害以及国家对保健食品中添加诸物质的有关标准等知识。

复习思考题

1. 现代医学如何定义健康？何谓亚健康？
2. 亚健康的分类有哪些？
3. 简述亚健康的年龄特征、性别特点和发生的职业特征。
4. 中医理论是如何认识亚健康状态的？
5. 维生素的营养保健作用有哪些？
6. 常量元素与微量元素的营养保健作用有哪些？
7. 维生素及其他营养素补充过量会发生哪些危害？

实验实训

1. 调研本市、本省或本区域亚健康人群的特点。
2. 分析区域保健食品市场的特点。

第三章　有助于润肠通便、消化、调节肠道菌群和辅助保护胃黏膜的保健食品

知识目标

通过本章的学习，了解便秘和人类肠道菌群失衡的含义及发生的原因，了解胃黏膜损伤的临床表现及发生原因；理解利用保健食品改善习惯性便秘的意义，掌握改善习惯性便秘、调整消化功能、调整人类肠道菌群失衡状态和保护胃黏膜损伤常用保健原料的应用。正确理解中医药理论在润肠通便方面具有的优势；掌握中医药理论在保护胃黏膜方面的应用。

技能目标

通过本章的学习，学生能够正确区别便秘、消化、肠道菌群失调、胃肠黏膜损伤的类型；能够正确使用改善消化系统功能的保健食品；能够利用相应的保健食品原料，开发改善消化系统功能的保健食品。

第一节　有助于润肠通便的保健食品

一、便秘的含义、分类与导致便秘发生的原因

(一)便秘的含义

便秘是一种常见的多种疾病引起的消化系统症状，而不是一种病。它是粪便在肠道内存留时间过久，水分含量降低，粪便干燥、坚硬、量少且不易排出所致。一般认为超过 2d 无粪便排出就是便秘的指征，但健康人的排便习惯有所不同，且个体差异大，3～4d 排便一次并不一定都是便秘。正常的排便习惯也可以是每天排便 3～4 次，但其大便成形，不干燥、坚硬。一般将每周排便次数少于 3 次，并伴明显排便困难的情况称为便秘。

(二)便秘的分类

1. 按发病部位分类

(1)结肠性便秘。粪便在结肠内存留时间过久，水分含量降低，粪便干燥、坚硬、量少且不易排出。

(2)直肠性便秘。由于直肠黏膜感受器敏感性减弱导致粪块在直肠堆积。见于直肠癌、肛周疾病等。

2. 按便秘性质分类

(1)机械性便秘。由于结肠内、外的机械性梗阻引起的便秘。

(2)无力性便秘。由于结肠蠕动功能减弱或丧失引起的便秘。

(3)痉挛性便秘。由于肠平滑肌痉挛引起的便秘。

(4)长期便秘。又称为习惯性便秘，多见于中老年人和经产妇女，发生的原因较为复杂。

(三)导致便秘发生的原因

导致便秘的原因通常不是单一的。可能导致便秘发生的原因有：膳食中纤维素含量太少，食量太小，不能对胃肠道产生有效的刺激，致使胃肠蠕动减慢而引起便秘；脱水或饮水过少使粪便干燥、坚硬可引起便秘；胃肠道内容物不能正常通过而滞留在胃或肠道内也可发生便秘。老年人由于肠管紧张度低下，蠕动运动低下，多好发弛缓性便秘，可见粪便粗而硬，排便甚需气力，可成为痔出血的原因。精神因素对排便的调节影响很大，精神过度紧张和/或抑郁，抑制自然排便反射者可发生及发展成严重的便秘。

1. 不良生活习惯导致便秘

不良生活习惯是导致长期便秘的主要因素，改善长期便秘状态，一方面要改善生活习惯，另一方面也有必要借助保健食品的作用，这也是当前许多人所追求的。不良生活习惯导致长期便秘的情况可以归纳为以下几个方面：

(1)没有养成定时排便的习惯，忽视正常的便意，排便反射受到抑制，日久引起便秘。

(2)饮食过于精细，缺乏食物纤维，造成粪便体积减小，黏滞度增加，在肠内运动缓慢，水分过量被吸收而导致便秘。

(3)液体量摄入不足可导致便秘。

(4)不活动、不运动，特别是肥胖、因病卧床或乘坐轮椅者，缺乏运动性刺激以推动粪便的运动，摄食本身不能使粪便向前推进而引起便秘。

(5)睡眠不足、持续高度的精神紧张状态等，也可造成结肠的蠕动失常和痉挛性收缩而引起便秘。

2. 某些疾病导致便秘

如肛门疾患(痔疮、肛裂等)、神经性疾患(截瘫、偏瘫)、精神性疾患(焦虑或抑郁症、痴呆)、内分泌疾病(甲状腺功能低下)、代谢紊乱(高钙血症、低钾血症)等均可以引起便秘。

3. 利尿剂所引起的脱水导致便秘

如呋塞米、甘露醇、心钠素药物的使用引起便秘等。由某些疾病的影响引起的便秘和使用利尿剂所引起的便秘，当疾病治愈或停止使用利尿剂，其便秘情况一般均能改善。

4. 年龄增长发生便秘

随着年龄的增长，唾液腺、胃肠和胰腺的消化酶分泌减少；腹部和骨盆肌肉无力，敏感性降低；结肠肌层变薄，肠平滑肌张力减弱，肠反射降低，蠕动减慢，这些均是导致老年人发生单纯性便秘的主要因素。原因是肠管的张力和蠕动减弱，食物在肠内停留过久，水分过度被吸收，胃—结肠反射减弱，直肠黏膜敏感性下降，参与排便的肌肉张力低下。

老年人的单纯性便秘一般长期存在，其改善方法一般以保健食品为主，严重的应以药物治疗。

二、有助于润肠通便保健食品的开发

(一)有助于润肠通便保健食品开发的一般要求

长期便秘称为习惯性便秘，多见于中老年人和经产妇女，发生的原因虽然复杂，但与饮食过于精细、缺乏食物纤维、肥胖欠活动、睡眠不足、精神紧张、年老体衰、内分泌失调等关系密切。

有助于润肠通便的保健食品开发一般针对发生的因素进行调整，如增加食物中纤维素的总量、改善睡眠和体重、缓解精神紧张状态、增加肠液分泌和改善内分泌等以促进定期排便，从而改善便秘情况。不同便秘人群其发生因素不同，应根据具体情况采用单一因素调整或多因素调整。如单一增加粪便体积以改善食物过于精细引起的便秘，或以调整睡眠、调整内分泌及增加肠液分泌等措施，达到改善更年期妇女或老年人长期便秘的目的。便秘症状的缓解指征主要表现在排便次数增加，粪便性状改善，即粪便变软、成形、含水量增加，腹部触诊无粪便结块。

(二)常见的有助于润肠通便保健食品的原料

1. 膳食纤维

膳食纤维是一种不能被人体消化的碳水化合物，主要来自于植物的细胞壁，包含纤维素、半纤维素、树脂、果胶及木质素等。膳食纤维被营养学界称为“第七营养素”，分为水溶性纤维与非水溶性纤维。

常见的非水溶性纤维包括纤维素、半纤维素和木质素 3 种，存在于植物细胞壁中；水溶性纤维包括果胶和树胶等，存在于自然界的非纤维性物质中。含有水溶性纤维较丰富的常见的食物有大麦、豆类、胡萝卜、柑橘、亚麻、燕麦和燕麦糠等。摄入膳食纤维的意义是膳食纤维通过吸收胃肠内的水分，迅速膨胀，使人体产生饱腹感，较大量的膳食纤维混在食物中，可以使食物的容量增加，形成较大的粪团，刺激肠道蠕动，有利于粪便的排出。这一作用可减少胆酸和中性固醇的肝肠循环而降低血胆固醇。因此膳食纤维主要应用于减肥、预防便秘、预防肠道癌症、改善血脂等方面。

膳食纤维每日摄入量标准为中国营养学会组织编写的《中国居民膳食指南科学研究报告(2021)》和《中国居民膳食指南》。

过多地摄食膳食纤维会有副作用发生。膳食纤维有妨碍消化与吸附营养的作用，因此胃功能不强的人吃了粗粮就会感觉胃不舒服。过多地摄食膳食纤维会导致腹部不适，如增加肠蠕动和产气量，影响其他营养素如蛋白质的消化和钙、铁等微量元素的吸收。

2. 低聚糖

低聚糖是指含有 2～10 个糖苷键聚合而成的化合物，通常通过糖苷键将 2～4 个单糖连接成小聚体，这类寡糖的共同特点是：难以被胃肠消化吸收、甜度低、热量低、基本不增加血糖和血脂。低聚糖可以从天然食物中萃取出来，也可以利用生化科技及酵素反应利用淀粉及双糖(如蔗糖等)合成。在大蒜、洋葱、牛蒡、芦笋、豆类、蜂蜜等食物中都有低聚糖的存在。

常用的促进通便的低聚糖为异麦芽低聚糖，被称为双歧杆菌的增殖因子。双歧杆菌是人体肠道内的有益菌，其菌数会随年龄的增大而逐渐减少。异麦芽低聚糖能有效地促进人体内有益细菌——双歧杆菌的生长繁殖，抑制腐败菌生长，这也是促进通便的功能之一。

其他常用的有辅助通便作用的低聚糖有棉籽糖、水苏糖、果糖低聚糖、蔗糖低聚糖、牛乳低聚糖、大豆低聚糖、半乳糖低聚糖等。

3. 甲壳素(质)

甲壳素存在于自然界中的低等植物菌类、藻类的细胞中，或甲壳动物虾、蟹、昆虫的外壳，或高等植物的细胞壁等；其量不低于丰富的纤维素，是除纤维素以外的又一大类重要多糖。甲壳素是一种特殊的纤维素，它与普通纤维素在结构上的不同之处是其基本单元为葡萄糖胺。研究结果表明，甲壳素的通便作用远比植物性纤维素的效果好。

4. 具有润肠通便作用的中药材

芝麻、阿胶、桑葚、柏子仁、胡桃、蜂蜜、当归、肉苁蓉、决明子、麻仁、莱菔子、百合、玉竹、橘皮、山楂、郁李仁、熟大黄、何首乌、芦荟、天门冬、枸杞、蒲公英等，均是卫生部公布的药食同源物质或"可用于保健食品的物品名单"中的中药材，已经被广泛地应用于通便保健食品之中。

三、中医药理论指导下的通便保健食品开发

中医药在治疗便秘方面具有很大的优势，选用药食同源中药材和可用于保健食品的中药材，科学组方，筛选、开发出有效地改善便秘的保健食品其意义很大，市场前景较好。

(一)便秘的中医辨证理论

中医理论对便秘一般辨证为实性便秘和虚性便秘、热性便秘和寒性便秘等证。对实性便秘也有不同的辨证，其临床表现和改善方法也有不同。

(1)肠胃燥热型。中医认为过食辛辣厚味，过服温补之品等可致阳盛灼阴；热病之后，余热留恋肠胃，耗伤津液，或湿热下注大肠，使肠道燥热，伤津而便秘，这种便秘又称为热秘。

(2)气机郁滞型。情志不舒、忧愁思虑、久坐少动、久病卧床等引起气机郁滞，致使大肠传导失职、糟粕内停而成秘结，即所谓"气内滞而物不行"。粪便不结燥，但排出困难是此型的特点，所以又称为气秘。

(3)气血不足型。久病、产后、老年体衰、气血两虚，或脾胃内伤、饮水量少、化源不足，或病中过于发汗、泻下伤阴等，可导致气虚则大肠转送无力，血虚津亏则大肠滋润失养，使肠道干槁，便行艰涩，所以称为虚秘。

(4)脾肾阳虚型。年高久病、肾阳虚损、阳气不运则阴邪凝结，或素有脾阳不足，又受寒冷攻伐，而致脾肾阳衰，温照无权则寒凝气滞，肠道传送无力，导致大便艰难，此称为冷秘。

(二)实性便秘的改善原则与用料筛选

(1)肠胃燥热型。一般症状为大便干结、腹胀腹痛、面红身热、口干口臭、心烦不安、小便短赤、舌红苔黄燥、脉滑数。改善原则以泻热导滞、润肠通便为主。选方用药一般以大黄、枳实、厚朴通腑泄热，火麻仁、杏仁、白蜜润肠通便，芍药养阴和营为主；若津液已伤，可加生地、玄参、麦冬以滋阴生津。

(2)气机郁滞型。一般症状为大便干结，或不甚干结、欲便不得出，或便而不爽、肠鸣失气、腹中胀痛、胸胁满闷、嗳气频作、食少纳呆、舌苔薄腻、脉弦。改善原则以顺气导滞为主。选方用药一般以木香调气，乌药顺气，沉香降气，大黄、槟榔、枳实破气行滞，可加厚朴、香附、柴胡以助理气之功；若气郁日久、郁而化火，可加黄芩、栀子、龙胆草清肝泻火；若气逆呕吐者，可加半夏；若七情郁结、忧郁寡言者，加白芍、柴胡、合欢皮疏解瘀滞；此外桃仁、红花、赤芍之类活血化瘀药也是解郁导滞的常用之品。

(三)虚性便秘的改善原则与用料筛选

(1)气虚型。一般症状为粪质并不干硬，虽有便意，但临厕却便难排出，常有汗出气短、便后乏力、面白神疲、肢倦懒言、舌淡苔白、脉弱之症状。改善原则以补气润肠为主。选方用药一般以黄芪补脾肺之气，以陈皮理气，以火麻仁、白蜜润肠通便；若气虚较甚，可加人参、白术；对肾气不足者，可加入补肾气的药物以加强改善效果。

(2)血虚型。一般症状为大便干结、面色无华、心悸气短、失眠多梦、健忘、口唇色淡、舌

淡苔白、脉细。改善原则以养血润燥为主。选方用药一般以当归、生地滋阴养血，以火麻仁、桃仁、柏子仁、松子仁、郁李仁等润肠通便，加枳壳引气下行，加玄参、何首乌、枸杞养血润肠；若血虚内热，可加知母等以清虚热，加强润滑肠道改善便秘的作用。

(3)阴虚型。一般症状为大便干结如羊屎状、形体消瘦、头晕耳鸣、两颧红赤、心烦少眠、潮热盗汗、腰膝酸软、舌红少苔、脉细数。改善原则以滋阴通便为主。选方用药一般以玄参、麦冬、生地滋阴生津，可加芍药、玉竹、石斛助养阴之力，加火麻仁、柏子仁、栝蒌仁增润肠之效；若肾阴不足、腰膝酸软者，也可以加入滋补肾阳的物质以增强效果。

(4)阳虚型。一般症状为大便干或不干、排出困难、小便清长、面色㿠白、四肢不温、腹中冷痛、得热则减、腰膝冷痛、舌淡苔白、脉沉迟。改善原则以温阳通便为主。选方用药一般以肉苁蓉、牛膝温补肾阳、润肠通便，用当归养血润肠；加升麻、泽泻升清降浊；加枳壳宽肠下气；若老人虚冷便秘，肾阳不足，尚可用干地黄、山药、山茱萸、泽泻、茯苓、牡丹皮、桂枝等加强改善效果；若脾阳不足，可加干姜给予调整。

第二节　有助于消化的保健食品

一、消化的含义与消化系统的构成及功能

人的消化器官把食物变成可以被肌体吸收的养料的过程叫消化，一般是指将食物中的淀粉、蛋白质、脂肪等大分子物质，在消化酶作用下转变成能溶于水的小分子物质的过程。

人的消化过程包括机械性消化和化学性消化。机械性消化是指通过消化管壁肌肉的收缩和舒张(如口腔的咀嚼，胃、肠的蠕动等)把大块食物磨碎；化学性消化是指各种消化酶将分子结构复杂的食物水解为分子结构简单的营养素，如将蛋白质水解为氨基酸，脂肪水解为脂肪酸和甘油，多糖水解为葡萄糖等。

肌体消化食物和吸收营养素的结构总称为消化系统。消化系统分为消化管和消化腺两大部分。消化管包括口腔、咽、食管、胃、小肠、大肠和肛门等各段；消化腺包括唾液腺、胃腺、小肠腺、胰腺和肝脏等。消化系统的主要功能是消化食物、吸收营养素和排出食物残渣。此外，消化黏膜上皮制造和释放多种内分泌激素和肽类，与神经系统一起共同调节消化系统的活动和体内的代谢过程。

消化管平滑肌的运动对消化具有重要意义。消化管平滑肌的主要运动形式是蠕动。蠕动通常是在食物的刺激下，通过神经系统反射性地引起一种推进性的波形运动。蠕动波发生时，在食团的上方产生收缩波，食团的下方产生舒张波，一对收缩波和舒张波顺序推进，遂使食物在消化管中下移。蠕动还可研磨食物，使食物与消化液充分混合，从而有利于酶解。小肠的分节运动主要使食物与消化液充分混合，便于化学性消化，是一种混匀性运动。分节运动还能使食糜与肠壁紧密接触，有利于吸收。

消化腺的分泌对肌体的消化与吸收具有重要的意义。消化腺分泌物的量和成分与刺激的性质和强度有关。不同食物如淀粉、蛋白质、脂肪等刺激所分泌的消化酶有所区别，食物在消化酶作用下转变成能溶于水的小分子被肌体吸收。

二、引起消化不良的原因与消化不良的临床诊断标准

（一）引起消化不良的原因

引起消化不良的原因很多，胃和十二指肠部位的慢性炎症，食管、胃、十二指肠的正常蠕动功能失调，精神不愉快，长期闷闷不乐或突然受到猛烈的刺激等均可引起消化不良症状。老年人消化功能减退、受情绪影响、食物稍粗糙或生冷及食物过多、过油腻时也可诱发消化不良。引起消化不良的原因可归纳为：

1. 血压和血量的影响

消化器官的血流量受肌体全身血液循环功能状态、血压和血量的影响，与不同状态下肌体的血液在各器官间的重新分配有关。进食活动通过神经和体液机制，流经消化器官的血量也相应地增多，消化管运动和消化腺分泌也增加。一般认为，流经消化器官的血量对于消化管和消化腺的功能具有允许作用和保证作用。如果血管强烈收缩，血流量减少，消化液分泌随之大为减少，消化管运动也随之大为减弱。

2. 与代谢等关系密切

在消化期内，消化与中间代谢有紧密的联系，进食动作可反射性地使迷走神经—胰岛素系统兴奋，促使胰岛素的早期释放；在消化过程中，因食物和消化产物刺激而释放的某些胃肠激素，也能引起胰岛素分泌。胰岛素是促进体内能源贮存的重要激素，胰岛素的早期释放有利于及时地促进营养物质的中间代谢，有效地贮存能源。

3. 与精神状态关系密切

精神焦虑、紧张或自主性神经系统功能紊乱，都会引起消化管运动和消化腺分泌的失调，进而产生胃肠组织的损伤。

（二）消化不良的临床症状

消化不良是一种临床症候群，一般是由胃动力障碍所引起的疾病，包括胃蠕动不佳的胃轻瘫和食道反流病。

消化不良的临床症状主要有上腹痛、上腹胀、早饱、胃灼热（反酸）、嗳气、食欲不振、恶心、呕吐等。常以某一个或某一组症状为主，在病程中症状也可发生变化，起病多缓慢，病程经年累月，持续性或反复发作，不少患者有饮食、精神等诱发因素。很多患者同时伴有失眠、焦虑、抑郁、头痛、注意力不集中等精神症状。

（三）消化不良的诊断标准

消化不良主要分为功能性消化不良和器质性消化不良。

功能性消化不良有上腹痛、腹胀、早饱、嗳气、恶心、呕吐等上腹不适症状，至少持续 4 周或 12 个月中累计超过 12 周；内镜检查未发现胃及十二指肠溃疡、糜烂、肿瘤等器质性病变，未发现食管炎，也无上述疾病史；实验室、B 超、X 射线检查排除肝胆胰疾病；无糖尿病、肾脏病、结缔组织病及精神病；无腹部手术史，未发现器质性病变。

器质性消化不良经过检查可明确认定是由某器官病变引起消化不良症状，如肝病、胆道疾病、胰腺疾病、糖尿病等。对于这些病人来说，治疗的时候主要针对病因治疗，辅助补充消化酶或者改善胃动力来缓解消化不良症状。

三、有助于消化的保健食品开发

(一)有助于消化保健食品的一般要求

改善功能性消化不良是有助于消化的保健食品的主要方向。有助于消化的保健食品一般应具有促进胃酸分泌、增加胃肠动力、抑制幽门螺杆菌的作用;对伴随精神症状明显者可配伍有抗抑郁作用的物质;对有黏膜损伤者,可配伍胃黏膜保护剂;对消化不良的儿童可适当添加营养素。以中医药理论开发产品,应辨证施治。

(二)常见的有助于消化的原料

(1)益生菌及益生菌增殖剂,如嗜酸乳杆菌菌粉、短双歧杆菌菌粉、长双歧杆菌菌粉、两歧双歧杆菌菌粉、低聚异麦芽糖等。

(2)营养素类,如牛磺酸、L-赖氨酸、葡萄糖酸锌、甘氨酸、盐酸精氨酸、盐酸赖氨酸、亮氨酸、缬氨酸、苯丙氨酸、苏氨酸、异亮氨酸、盐酸组氨酸、甲硫氨酸、天冬氨酸、色氨酸等。

(3)中草药类,如山楂、麦芽(炒)、白术(炒)、鸡内金(炒)、陈皮、砂仁、枸杞、太子参、茯苓、白扁豆、莱菔子、党参、山药、广藿香、紫苏梗等。

四、中医药辨证施治理论在有助于消化的保健食品开发方面的应用

(一)中医理论对功能性消化不良的认识

功能性消化不良属中医的"脘痞"、"胃痛"、"嘈杂"等范畴。其病在胃,涉及肝脾,病机主要为脾胃虚弱、气机不利、胃失和降等。正常生理情况下脾主运化、胃主受纳、肝主疏泄。长期情志失调、抑郁不舒,使肝气郁结、脾胃失和或由暴饮暴食、过食生冷,造成痰湿困阻、脾气不升、胃气不降,进而使中焦气机升降失常,终致胃肠运动功能紊乱,上则胸闷哽咽,中则胃脘胀痛,下则大便秘结,或有嗳气反酸、呕吐胃灼热、胃脘坠胀、纳呆早饱、便溏、泄泻等。所以在改善功能性消化不良时,注意健脾和胃、疏肝理气;使脾气得升、胃气得降、肝气得舒。常用人参、党参、山楂、神曲、黄芪、枸杞、麦芽、橘皮、鸡内金等中药材为原料,对于因消化不良造成的营养缺乏应适当添加其他营养物质。

(二)常见的功能性消化不良中医辨证与改善方法

1. 肝气犯胃型

精神紧张、情志抑郁,易致肝气郁结、横逆犯胃,脾胃受伤,受纳和运化水谷功能障碍,导致胃肠功能紊乱;临床表现为胃脘胀痛、脘痛连胁、胸脘痞满、纳呆嗳气、喜叹息、烦躁易怒或焦虑不寐、随情志因素而变化、舌苔薄白、脉弦;调理宜疏肝理气、化滞消痞。

2. 饮食停滞型

由于暴饮暴食、嗜食肥甘厚腻损伤脾胃,中焦气机阻塞、健运失司而产生;临床表现为脘腹胀满、嗳腐吞酸、纳呆恶心,或呕吐不消化食物,舌苔厚腻、脉滑;调理宜消食导滞、和胃降逆。

3. 脾胃虚弱、痰湿停滞型

由于素体脾胃虚弱,或由于各种原因日久损伤脾胃致脾胃虚弱、纳运无力、痰湿滞留中焦,致脾气不升、胃气不降、气机逆乱而产生;临床表现为胃脘痞满、餐后早饱、嗳气、不思饮食、口淡无味、四肢乏力沉重、常多自利、舌苔白腻、脉沉濡缓;调理宜健脾益气、和胃化湿。

4. 寒热互结、气不升降型

由于外邪而入或湿滞日久化热、寒热互结、气不升降而产生；临床表现为胃脘痞满不痛、灼热嘈杂吞酸、口苦肠鸣泄泻、舌苔薄黄而腻、脉弦数；调理宜辛开苦降、和胃消痞。

第三节　有助于调节肠道菌群的保健食品

一、人类肠道菌群的含义与作用

人类肠道菌群有100余菌属，400余菌种，其中以厌氧菌和兼性厌氧菌为主。在长期进化过程中，宿主与其体内寄生的微生物之间形成了相互依存、相互制约的最佳生理状态，双方保持着物质、能量和信息的流转，因而机体携带的微生物与自身的生理、营养、消化、吸收、免疫及生物拮抗等有密切关系。

(一)有益菌对人体健康的作用

在人的肠道里保持着较多数量的有益菌群，有利于维持身体健康，主要体现在以下几个方面：

1. 降低胆固醇和血脂

有益菌能抑制胆固醇的合成，阻止人体对胆固醇的吸收、利用等。

2. 合成维生素

从膳食中摄入的维生素的量远远不能满足人体所需，因此，部分维生素是由有益菌群在肠道中合成的。尤其是维生素K在食物中的含量非常少，有益菌群的减少将会导致维生素K缺乏症，产生腹泻和凝血障碍性疾病等。

3. 促进钙、铁、维生素D的吸收

乳酸杆菌在代谢过程中会产生大量的酸，酸会提高钙的可溶性，并直接刺激胃肠道最大限度地吸收钙、铁、锌等。在普通情况下人体仅能吸收消化钙的1/3，通过摄入益生菌，钙的吸收率能提高到摄入量的2/3。因此，有益菌的繁殖有利于促进钙、铁、维生素D的吸收，减缓老年人骨质疏松的过程，促进婴儿的发育。

4. 提高免疫力

肠道里面存在有益菌和有害菌，如果有益菌占据了肠道的表面，有害菌就没有了生存的位置，这叫“站位性保护”。有益菌可以抑制有害菌的生长发育，因此，当双歧杆菌、乳酸菌等有益菌在肠道内生长、繁殖，将阻止外面的病原体入侵肠道，构筑成一个生物屏障。而且肠道是人体最大的一个免疫器官，有益菌可以分泌一些抗原物质，激活并强化肠道的免疫系统。

5. 改善便秘状态

益生菌促进肠道蠕动，如老年人、更年期妇女患有习惯性便秘，当肠道蠕动加快后，便秘状态就会得到改善。

6. 降解亚硝胺

一些有毒、有害物质因滞留在肠道表面，诱发肠道肿瘤，引起癌变。抗癌益生菌能促进肠道蠕动，通过正常排便将有害物质随着粪便排出体外。

(二)双歧杆菌与乳酸菌对人体健康的作用

双歧杆菌与乳酸菌是人肠道中有益菌的代表,对维护肌体具有十分重要的意义。

1. 双歧杆菌

双歧杆菌在人体肠道内发酵后可产生乳酸和醋酸,能提高钙、磷、铁的利用率,促进铁和维生素D的吸收。双歧杆菌使乳糖发酵产生半乳糖,半乳糖是构成脑神经系统中脑苷脂的成分,与婴儿出生后脑的迅速生长有密切关系。双歧杆菌可以产生维生素 B_1、B_2、B_6、B_{12} 及丙氨酸、缬氨酸、天冬氨酸和苏氨酸等人体必需的营养物质,对于人体具有不容忽视的重要营养作用;维护肠道正常细菌菌群平衡,抑制病原菌的生长,防止便秘、下痢和调整肠道功能紊乱;可抑制肿瘤生长;可降低血液中胆固醇水平,调节高血压状态,防止动脉硬化;可增强人体免疫机能,预防抗生素的副作用;可以抑制产生毒素的有害菌数量,起到保护肝脏的作用。在抗衰老作用方面,有微生态学者调查表明,长寿老人粪便中的双歧杆菌数量与中、青年相当,双歧杆菌抗衰老的原因是双歧杆菌能抑制腐败菌生长,减少其代谢产物中的氨、硫化氢、吲哚及粪臭素等有害物质的生成。此外,近年来运用双歧杆菌在调整食物过敏症、幽门螺旋杆菌引起的胃炎(胃溃疡等)及溃疡性结肠炎的防治等方面都具有相当程度的进展。

2. 乳酸菌

人体肠道内拥有的乳酸菌数量随着人年龄的增长会逐渐减少,人到老年时,乳酸菌数量大幅下降,直到老年人临终完全消失。在平时,健康人肠道内的乳酸菌数量比病人多50倍,长寿老人肠道内的乳酸菌数量比普通老人多60倍,因此,人体内乳酸菌数量的实际状况已经成为检验人们是否健康长寿的重要指标。现在,广谱和强力的抗生素的广泛应用,使人体肠道内以乳酸菌为主的益生菌遭受到严重破坏,抵抗力逐步下降,导致疾病越治越多,健康受到极大的威胁,所以有意增加人体肠道内乳酸菌的数量就显得非常重要。目前乳酸菌被认为是最安全的菌种,也是最具代表性的肠内益生菌,人体肠道内以乳酸菌为代表的益生菌数量越多越好。这种观点也完全符合诺贝尔得奖者生物学家梅契尼柯夫在"长寿学说"里所得出的结论,即乳酸菌=益生菌=长寿菌。

乳酸菌的作用可概括为以下几个方面:控制人体内的毒素水平,保护肝脏并增强肝脏的解毒、排毒功能;促进蛋白质、单糖及钙、镁等营养物质的吸收,产生B族维生素等大量有益物质;使肠道菌群的构成发生有益变化,改善人体胃肠道功能,恢复人体肠道内菌群平衡,形成抗菌生物屏障,维护人体健康;抑制腐败菌的繁殖,消解腐败菌产生的毒素,清除肠道垃圾;抑制胆固醇吸收,降血脂、降血压;增强人体免疫力和抵抗力;抗肿瘤、预防癌症;提高SOD酶(超氧化物歧化酶)活力,消除人体自由基,抗衰老、延年益寿;有效预防女性泌尿生殖系统的细菌感染。

二、肠道菌群失调的含义与原因

机体内外各种原因导致肠道菌群平衡的破坏,某种或某些菌种过多或过少,外来的致病菌或过路菌的定植或增殖,或者某些肠道菌向肠道外其他部位转移,即称为肠道菌群失调。

肠道菌群失调的原因很多,主要可分为内在因素和外界因素两种:

1. 内在因素

主要是生理功能改变和免疫状态变化引起的,例如:①胃酸减少时胃内细菌增加,有害菌可能乘虚增殖;②肠蠕动速度减慢时容易形成某种细菌过度生长;③胆汁分泌减少时,小肠细菌也在增多；④肠系膜上黏液减少时，菌群失去了滋润和调节的环境；⑤中老年人年老体弱，人体免疫力下降；⑥肠道与其他系统急慢性疾病引发肠道菌群失调。

2. 外界因素

(1)抗生素等消炎药物的应用，大量杀伤和抑制生理菌群，造成消化吸收障碍。

(2)放射性核素的伤害导致正常菌群被破坏，致病菌即可引起各种炎症。

(3)外科手术引起菌群失调，丧失生理菌群。

(4)环境改变，如异地生活出现的"水土不服现象"，哺乳婴儿的母乳或人工食物喂养不当等。

三、有助于调节肠道菌群保健食品的开发

(一)人体肠道有益菌失衡后改善的一般要求

对于肠道菌群失调的改善一般采用以菌治菌的"微生态疗法"，即以补充有益活菌为主要方法，通常以补充双歧杆菌和各种乳酸菌为主，也可以补充其他有益细菌。另外还可以服用有益菌增殖促进剂(如双歧因子)。双歧因子主要是低聚糖类物质，如异麦芽低聚糖、低聚果糖等。

(二)常见的有益活菌和有益菌增殖促进剂

1. 双歧杆菌

应用双歧杆菌改善肠道有益菌失衡日益为健康学者所重视，目前含有双歧杆菌的生物制剂多达70种。

有专家运用双向双酵工艺，使每克双歧杆菌菌粉活菌数达300亿以上，保持期长达24个月。目前冷冻干燥技术和微囊包裹技术在含有双歧杆菌的生物制剂生产方面已有广泛应用。

2. 嗜酸乳杆菌

嗜酸乳杆菌属于乳杆菌属，革兰氏阳性杆菌，杆的末端呈圆形，主要存在于小肠中，释放乳酸。嗜酸乳杆菌通过发酵生产获得。

嗜酸乳杆菌在胃中的存活率一般能达到80%，如果采用双层包埋技术，不仅胃中存活率较高，还保证了活菌在肠道中的活性。双层包埋技术的优势还在于外层的胶质在肠道内溶解后，内层的蛋白质还可帮助活菌定植在肠壁上，让它们代代繁殖，有效调节肠道微生态。

3. 异麦芽低聚糖

异麦芽低聚糖又称分歧低聚糖，是以淀粉为原料，利用生物技术进行多次反应转化而得到的，具有水溶性膳食纤维功能，是有益菌增殖促进剂。人体摄入本品后，体内有益菌菌群双歧杆菌数量可增殖10～100倍，同时产生醋酸、乳酸等短链脂肪酸，形成肠道正常工作的弱酸环境，抑制外源致病菌和肠内固有腐败细菌的生长繁殖，减少肠内腐败物质的生长和积累，促进肠道蠕动，清除肠道垃圾，防止和改善便秘、腹泻，表现出异麦芽低聚糖的调节便秘和腹泻的双向调节功能。由于功能突出，价格较为低廉，其应用最为普及。

4. 大豆低聚糖

大豆低聚糖是大豆中所含可溶性碳水化合物的总称呼，它是α-半乳糖苷类，主要由水苏糖四糖、棉籽糖等组成。它的保健功能主要有：能促进肠蠕动，加速排泄通便洁肠；促进肠道内双歧杆菌增殖，每天摄入10～15g大豆低聚糖，17d后双歧杆菌可由原来的0.99%增加

到45%;降低血清胆固醇、保护肝脏、抑制肠内腐败物质的生成和预防及改善便秘。这些保健功能主要通过促进双歧杆菌生长、产生而得到发挥。

此外,低聚糖类如乳果低聚糖、果糖低聚糖、低聚木糖等二十余种,蛋白水解产物如胃黏膜蛋白水解产物、酪蛋白水解物等,多糖类物质如云芝多糖的水提取物,双歧因子Ⅰ(人的初乳)、双歧因子Ⅱ(多肽及次黄嘌呤)、胡萝卜双歧因子(胡萝卜素中的含氮多糖等),天然植物及中草药的提取物(如茶叶中的茶多酚、人参中的人参皂、五加科植物的水提取物等)均对有益菌的增殖有促进作用,也被广泛用于改善肠道有益菌失衡的保健食品之中。

【小资料】 异麦芽低聚糖的其他功能

(1)降低血脂、血压。本品能有效降低血清胆固醇、甘油三酯、游离脂肪酸的数量,对于因血脂高而引起的高血压、动脉硬化等一系列心血管疾病有较好的改善作用。

(2)保护肝脏。双歧杆菌吸收本品后迅速增殖,抑制腐败细菌发生作用,减少毒性代谢物的生成,并迅速将其排出体外,减轻肝脏负担,起到保护肝脏的作用,预防各种慢性病、癌症等作用明显。

(3)排毒养颜。本品可有效预防和改善由于体内毒素而引起的面疮、黑斑、雀斑、青春痘、老年斑,使皮肤亮丽,老化减缓。

(4)防止肥胖和血糖升高。本品不易被消化道中的胃酸和酶分解,极难被人体吸收,摄入后不会引起肥胖,有甜味且对糖和脂类代谢无影响,是糖尿病人、肥胖者最理想的健康食品之一。

(5)促进钙、镁、锌等矿物质的吸收。本品可促进食物中钙、镁、锌等矿物质及蛋白质的吸收,改善营养不良,促进发育及预防骨质疏松症。

(6)促进维生素的合成。本品可有效促进B族维生素及叶酸的自然形成,提高机体新陈代谢水平,增强免疫力和抗病力。

第四节 辅助保护胃黏膜的保健食品

一、胃黏膜损伤的含义、临床表现与损伤的原因

胃黏膜损伤是一种表现为程序化的损伤反应,首先是表层上皮的脱落产生浅表性黏膜损伤;损伤进一步发展则出现微血管内皮细胞损伤,将导致黏膜缺血、缺氧,组织坏死;重度损伤表现出深度黏膜损伤即糜烂或溃疡。胃镜检查中观察胃黏膜的色泽、出血点、充血及糜烂损伤程度,比较前后变化,依照各项病变程度可将胃黏膜损伤分为轻、中、重度损伤。胃肠超声造影检查可清晰显示胃壁的结构层次,对急性胃黏膜损伤有一定的诊断价值。

胃黏膜损伤易发于中老年人,男性的发病率约为女性的2倍。主要临床表现为:①无规律性的上腹痛,常伴腹胀、嗳气、恶心和呕吐。进食可诱发或加重上腹痛,呕吐后上腹痛可缓解。睡眠时右侧卧位可使疼痛加剧,反之疼痛减轻。服用抗酸或抑酸药物一般无效。②如果脱垂的黏膜严重阻塞幽门口,可出现梗阻症状,表现为持续性剧烈上腹痛,频频呕吐,呕吐

物为隔夜的食物，嗳气加重。③上消化道出血，是由脱垂的黏膜糜烂和溃疡所致，出现呕血或柏油样便。④患者逐渐消瘦，上腹有压痛，如有慢性出血现象，则颜面呈贫血貌；严重脱垂者，偶可在上腹部摸到柔软的凸形包块。

导致胃黏膜损伤的因素较多且十分复杂，主要分为外源性因素和内源性因素两大类。

外源性的常见因素包括化学因素、物理因素和生物学因素：

(1)化学因素主要是长期酗酒和吸烟，或长期服用各种刺激性药物。

(2)物理因素主要是过冷、过热及刺激性或粗糙食物造成的机械损伤。

(3)生物学因素表现为细菌或细菌毒素引起的微生物损害。

内源性的常见因素多是感染性等疾病引起的胃肠黏膜炎症，还有因蛋白质和B族维生素长期供应不足引起的胃肠黏膜慢性炎症。胃肠黏膜溃疡多因胃酸分泌的增强引起，好发于胃及十二指肠。

二、辅助保护胃黏膜的保健食品开发

(一)辅助保护胃黏膜的保健食品的一般要求

发生胃黏膜损伤，轻者出现胃部不适，影响食物消化吸收；重者出现深度黏膜糜烂或溃疡。因此，对胃黏膜损伤有辅助保护作用的保健食品应具有以下几个方面的作用：

(1)减少或增加胃酸的分泌，调节胃功能作用。胃酸分泌过少，影响食物消化吸收；胃酸分泌过多，黏膜损伤加重，出现疼痛等。

(2)促进胃肠道溃疡的愈合作用。

(3)具有抗菌、抗病毒及提高免疫力作用，对感染所致的胃黏膜损伤有保护作用。

(4)促进食物消化吸收的作用。

(二)常见的对胃黏膜损伤有辅助保护作用的保健食品原料

1. 大麦及麦芽

大麦中的尿素囊可促进胃肠道溃疡的愈合，淀粉酶、转化糖酶、尿囊素、蛋白质分解酶有利于消化。

2. 猴头菇多糖

猴头菇多糖是从优质猴头菇子实体中提取的有效活性成分。猴头菇的主要成分是多糖类和猴头菌素。猴头菇多糖具有助消化的功能，对慢性胃炎、十二指肠溃疡等多种消化道疾病均有较好的疗效，能提高人体免疫能力，因而猴头菇多糖对胃黏膜有很好的保护作用。

3. 蜂胶

蜂胶是蜜蜂在植物芽苞或花蕾处采集的树脂类物质，掺入其上腭腺及蜡腺分泌物，经蜜蜂反复加工而成的胶状物质，成分十分复杂，含有微量的氨基酸、微量的B族维生素、丰富的矿物质和微量元素、多种有机酸，含有生理、药理作用的黄酮类化合物和具有抗菌、抑癌活性的萜类化合物达70种以上。蜂胶有杀菌、解毒、抗炎镇痛作用和免疫调节的功效。蜂胶促胃溃疡创面愈合率较高，对胃及十二指肠溃疡有良好的保护效果。

4. 壳聚糖

壳聚糖与胃酸作用后形成胶状液，附着在胃壁上形成保护膜，阻止了胃酸对损伤面的刺激，促进损伤面的修复。

5. 叶绿素

叶绿素对胃黏膜愈合有恢复作用。有人以叶绿素铜钠盐为原料开发胃黏膜保护食品获得了专利。以植物(如菠菜等)或干燥的蚕沙为原料提取出叶绿素,再加工提纯得到天然叶绿素衍生物——叶绿素铜钠盐,已被国际有关卫生组织批准用于食品上,也是我国批准允许使用的食用天然色素。

6. 珍珠粉、卡拉胶

以珍珠粉 5%~95%、卡拉胶 5%~95%为原料开发的胃黏膜保护食品获得了专利。卡拉胶又称为鹿角菜胶、角叉菜胶,是从某些红藻类海草中提炼出来的亲水性胶体,它的化学结构是由半乳糖及脱水半乳糖所组成的多糖类硫酸酯的钙、钾、钠、铵盐,有抗凝血和降血脂作用。

7. 白及

白及是可用于保健食品的中草药,其煎剂可明显缩短出血和凝血时间,其止血的作用与所含胶质有关,对胃黏膜损伤有明显的保护作用,溃疡抑制率可达 94.8%;白及粉对实验性犬胃及十二指肠穿孔有明显治疗作用,可迅速堵塞穿孔,阻止胃及十二指肠内容物外漏并加大网膜的遮盖。

三、中医药在改善胃黏膜损伤方面的应用

中医药在改善胃黏膜损伤方面功效独特,目前国家批准的对胃黏膜损伤有辅助保护作用的保健食品中以中药为原料所占比重较大。以中药为原料开发对胃黏膜损伤有辅助保护作用的保健食品,应以中医学理论为依据,辨证施治。同时应满足保健食品功能评价指标。

(一)健脾益气类中草药

山药含有淀粉酶、多酚氧化酶等物质,有利于脾胃消化吸收功能,是一味平补脾胃的药食两用之品,不论脾阳亏或胃阴虚皆可食用,临床上常用于治脾胃虚弱、食少体倦、泄泻等病症,对改善胃黏膜损伤后的消化功能效果较好。党参具有调节胃肠运动,抗溃疡、抑制胃酸分泌的作用。白术具有健脾益气功效,相关的药理作用为调整胃肠运动功能、抗溃疡、保肝、增强机体免疫功能、抗应激和增强造血功能等。黄芪性甘温,善入脾胃,为补中益气要药,对脾气虚弱、倦怠乏力、食少便溏者之脾气虚证作用良好,因而对改善胃黏膜损伤后的消化功能意义较大。大枣具有补虚益气、养血安神、健脾和胃等功效,对改善胃黏膜损伤后的消化功能意义较大。此外薏苡仁、白扁豆等也常用于对胃黏膜损伤有辅助保护功能的保健食品中。

(二)理气类中草药

砂仁具有化湿开胃的功效,药理研究显示其能促进小鼠肠道运动,增进胃肠运输机能和抗溃疡作用。陈皮有行气健脾、降逆止呕、调中开胃之功,药理研究显示陈皮所含挥发油对胃肠道有温和的刺激作用,可促进消化液的分泌。木香有行气止痛、健脾消食的功效,药理研究显示木香对胃肠道有兴奋或抑制的双向作用,有促进消化液分泌、利胆、松弛气管平滑肌、抑菌等作用,这对改善胃黏膜损伤后的消化功能意义较大。此外,白芷、枳壳等也常用于对胃黏膜损伤有辅助保护功能的保健食品中。

(三)消食类中草药

山楂中的脂肪酶可促进脂肪分解,山楂酸等可提高蛋白分解酶的活性,有帮助消化的作

用。麦芽含 α 和 β 淀粉酶，助消化作用明显，而且对胃酸与胃蛋白酶的分泌有轻度促进作用。鸡内金主要含有胃激素、角蛋白、氨基酸等成分，有增加胃液分泌量和胃肠消化能力，加快胃的排空速率等作用，这对改善胃黏膜损伤后的消化功能意义较大。

（四）温中散寒类中草药

吴茱萸具有散寒、止痛的功效，药理研究显示吴茱萸对离体肠肌具有双向调节作用，具有较弱的促进胃肠蠕动的作用，可以增强肠胃的消化功能。吴茱萸所含的吴茱萸内脂有中枢镇痛、抗炎及使体温升高的作用。干姜具有温中散寒的功效，对胃溃疡有明显的抑制作用，对消化道有轻度刺激作用，可使肠张力、节律及蠕动增强，从而促进胃肠的消化机能，能使血管扩张，促进血液循环，有镇痛作用。

另外，清热解毒类的金银花、栀子、蒲公英等；养阴类的枸杞、天门冬、牡蛎、百合等；活血类的丹参、三七等也常用于对胃黏膜损伤有辅助保护功能的保健食品中。

本章小结

本章重点介绍了便秘的含义与分类、便秘发生的原因和保健食品改善便秘的一般要求，阐述了用于改善便秘的保健食品原料的作用原理与特点，分析了中医药理论在改善便秘方面所具有的特色和优势；介绍了消化的机制与消化不良的临床表现，指出了有助于消化保健食品的一般要求，阐述了有助于消化的保健食品原料的作用原理与特点，分析了中医药理论在有助于消化方面所具有的特色和优势；介绍了人类肠道菌群对健康的意义和人类肠道菌群失衡的发病因素与危害，阐述了用于改善人类肠道菌群失衡、促进益生菌生长的保健食品原料的作用原理与特点；介绍了胃黏膜损伤的临床表现及发病因素，指出了辅助保护胃黏膜保健食品的一般要求，阐述了辅助保护胃黏膜的保健食品原料的作用原理与特点，分析了中医药理论在辅助保护胃黏膜方面所具有的特色和优势。

复习思考题

1. 便秘的类型有哪些？保健食品适用于哪些类型的便秘？
2. 肠道菌群失衡的特征有哪些？如何利用保健食品给予改善？
3. 胃黏膜损伤的因素有哪些？中医药在辅助保护胃黏膜方面有哪些优势？
4. 你是如何认识引起功能性消化不良的原因的？
5. 有助于消化保健食品开发的一般要求有哪些？
6. 对于长期便秘的更年期妇女和老年人，保健食品应怎样区别应用？

实验实训

1. 为便秘的更年期妇女和长期便秘的老年人推荐正确的保健食品。
2. 为肠道菌群失衡的人和胃黏膜损伤者推荐正确的保健食品。

第四章　有助于维持血脂、血糖和血压健康水平的保健食品

知识目标

通过本章的学习，了解高血脂、高血糖和高血压的基本概念、临床表现及发病因素；理解利用保健食品改善高血脂、高血糖和高血压的意义与一般原则，掌握有助于维持血脂、血糖和血压健康水平的保健食品的作用特点，正确理解中医药理论在维持血脂、血糖和血压健康水平方面具有的优势，为开发适宜的中药保健食品提供知识基础。

技能目标

通过本章的学习，学生能够正确判断高血脂症、高血糖症和高血压症类型、正确分析高血脂症、高血糖症和高血压症的发病原因；能够正确利用相应的保健食品原料开发有助于维持血脂、血糖和血压健康水平的保健食品。

第一节　有助于维持血脂健康水平的保健食品

一、血脂概述

（一）血脂的概念

血脂是血浆中的中性脂肪（甘油三酯和胆固醇）和类脂（磷脂、糖脂、固醇、类固醇）的总称，广泛存在于人体中，它们是生命细胞基础代谢的必需物质。一般说来，血脂中的主要成分是甘油三酯和胆固醇，其中甘油三酯参与人体内的能量代谢，而胆固醇则主要用于合成细胞浆膜、类固醇激素和胆汁酸。血脂含量虽只占全身脂类总量的极小一部分，但外源性和内源性脂类物质都必须经血液运转于各组织之间。因此，血脂含量可以反映体内脂类代谢的情况。

食用高脂肪膳食后，血脂含量大幅度上升，但这是暂时的，通常在3～6h后可逐渐趋于正常。检测血脂时，常在饭后12～14h采血，这样才能较为可靠地反映血脂水平的真实情况。由于血浆胆固醇和甘油三酯水平的升高与动脉粥样硬化的发生有关，因此这两项成为血脂测定的重点项目。

（二）血脂包括的主要酯类及其特性

1. 胆固醇（Ch）

胆固醇约占血浆总脂的1/3，有游离胆固醇和胆固醇酯两种形式，其中游离胆固醇约占1/3，其余的2/3与长链脂肪酸酯化为胆固醇酯。它是合成肾上腺皮质激素、性激素、胆汁酸

及维生素D等生理活性物质的重要原料，也是构成细胞膜的主要成分，其血清浓度可作为脂代谢的指标。国内外专家推荐成人理想胆固醇值小于5.2mmol/L。只有动物性食品才可能含有胆固醇，而纯素食者体内并不会缺乏胆固醇，甚至仍会有胆固醇过高的问题，这主要是我们的身体，尤其是肝脏和小肠会自行合成胆固醇的缘故。

2. 甘油三酯(TG)

甘油三酯又称中性脂肪，约占血浆总脂的1/4，是人体内含量最多的脂类。大部分组织均可以利用甘油三酯分解产物供给能量。肝脏、脂肪等组织可以进行甘油三酯的合成，在脂肪组织中贮存。甘油三酯为食用油脂的主要成分，它由三个相同或不同的脂肪酸与甘油酯化而成。脂肪酸因其饱和度不同，常被分为饱和脂肪酸、不饱和脂肪酸和多(元)不饱和脂肪酸等三种。许多人认为动物油较饱和，对身体不好，这并不正确，因为最近的研究表明，血清中低密度脂蛋白(LDL)中不饱和油被氧化才是真正引发动脉粥样硬化的原因。

3. 磷脂(PL)

磷脂约占血浆总脂的1/3，主要有卵磷脂、脑磷脂、丝氨酸磷脂、神经磷脂等，其中70%～80%是卵磷脂。人体所有细胞中都含有磷脂，它是维持生命活动的基础物质。磷脂对活化细胞，维持新陈代谢、基础代谢及荷尔蒙的均衡分泌，增强人体的免疫力和再生力都发挥着重大的作用。

4. 乳糜微粒(CM)

乳糜微粒的生理功能是转运外源性脂类，主要是甘油三酯。其中甘油三酯在毛细血管中被水解成游离脂肪酸后进入各组织贮存或利用，而外源性胆固醇则全部进入肝。正常人血浆中的乳糜微粒空腹12h后就被完全清除，不是动脉粥样硬化的主要危险因素。

5. 极低密度脂蛋白(VLDL)

极低密度脂蛋白是运输内源性甘油三酯的主要形式。正常人的极低密度脂蛋白大部分代谢变成低密度脂蛋白。这类脂蛋白由于携带胆固醇数量相对较少，且它们的颗粒相对较大，不易透过血管内膜，因此，正常的极低密度脂蛋白没有致动脉硬化作用，像乳糜微粒一样也不是冠心病的主要危险因素，极低密度脂蛋白代谢产生的中密度脂蛋白具有致动脉硬化的作用。

6. 中密度脂蛋白(IDL)

中密度脂蛋白是极低密度脂蛋白在血浆中的代谢物，其组成和密度介于极低密度脂蛋白与低密度脂蛋白之间，密度为1.006～1.019g/cm^3。人体血浆中的中密度脂蛋白含量高低与患心血管病的风险有关。

7. 低密度脂蛋白(LDL)

低密度脂蛋白的主要功能是运输肝脏中合成的内源性甘油三酯。一旦低密度脂蛋白水平明显增高，血浆中除甘油三酯水平升高外，胆固醇水平也随之增高。

低密度脂蛋白是由极低密度脂蛋白转变而来的。当巨噬细胞与低密度脂蛋白结合，吸收低密度脂蛋白中的胆固醇，这样胆固醇就留在细胞内，变成“泡沫”细胞。因此，低密度脂蛋白能够进入动脉壁细胞，并带入胆固醇。低密度脂蛋白水平过高能致动脉粥样硬化，使个体处于易患冠心病的危险中。

8. 高密度脂蛋白(HDL)

高密度脂蛋白是颗粒最小的血浆脂蛋白，它运载周围组织中的胆固醇，再转化为胆汁酸或直接通过胆汁从肠道排出。动脉造影表明高密度脂蛋白胆固醇含量与动脉管腔狭窄程度呈显著的负相关，所以高密度脂蛋白是一种抗动脉粥样硬化的血浆脂蛋白，是冠心病的保护因子，俗称“血管清道夫”。血浆高密度脂蛋白含量的高低与患心血管病的风险呈负相关。

9. 游离脂肪酸(FFA)

游离脂肪酸又称非酯化脂肪酸，占血浆总脂的5%～10%，是机体能量的主要来源。

脂类本身不溶于水，它们必须与蛋白质结合形成脂蛋白才能以溶解的形式存在于血浆中，并随血流到达全身各处。

(三)血脂正常值范围

1. 血浆总胆固醇控制标准

理想值应小于200mg/dL；临界值为200～239mg/dL；过高值则是大于240mg/dL。

2. 低密度脂蛋白胆固醇控制标准

理想值应小于130mg/dL；临界值为130～159mg/dL；过高值则是大于160mg/dL。

3. 血浆甘油三酯控制标准

理想值应小于200mg/dL；临界值为200～239mg/dL；过高值则是大于240mg/dL。

4. 高密度脂蛋白胆固醇控制标准

理想值应大于50mg/dL；临界值为35～50mg/dL；危险值为小于35mg/dL。

二、高血脂症的定义和分类

(一)高血脂症的定义

高血脂症是指血浆中某一类或几类脂蛋白水平升高的表现。临床上主要以测定总胆固醇(TC)、甘油三酯(TG)水平和低密度脂蛋白-胆固醇(LDL-C)浓度作为判断血脂的指标，详见表4-1。

表4-1　我国高血脂的诊断标准

血脂水平	血浆总胆固醇(TC)		血浆甘油三酯(TG)	
	mmol/L	mg/dL	mmol/L	mg/dL
合适水平	<5.2	<200	<1.7	<150
临界高值	5.23～5.69	201～219	2.3～4.5	200～400
高血脂症	>5.72	>220	>1.7	>150
低高密度脂蛋白血症	<0.91	<35		

(二)高血脂症的诊断标准与分类

根据血清总胆固醇、甘油三酯和高密度脂蛋白-胆固醇的测定结果，高血脂症分为以下4种类型：

1. 高胆固醇血症

血清总胆固醇含量增高，超过5.72mmol/L，而甘油三酯含量正常，即甘油三酯含量小于1.70mmol/L。

2. 高甘油三酯血症

血清甘油三酯含量增高，超过 1.70mmol/L，而总胆固醇含量正常，即总胆固醇含量小于 5.72mmol/L。

3. 混合型高血脂症

血清总胆固醇和甘油三酯含量均增高，即总胆固醇含量超过 5.72mmol/L，甘油三酯含量超过1.70mmol/L。

4. 低高密度脂蛋白血症

血清高密度脂蛋白-胆固醇（HDL-C）含量降低，小于 9.0mmol/L。

三、高血脂症的临床自我感觉症状与危害

（一）高血脂症的临床自我感觉症状

高血脂症的自我感觉症状多种多样，可归纳为以下几个方面：

（1）常头昏脑涨或与人讲话间隙容易睡着，早晨起床后感觉头脑不清醒，早餐后可改善，午后极易犯困，但夜晚很清醒。

（2）睑黄疣是中老年妇女血脂增高的信号，主要表现在眼睑上出现淡黄色的小皮疹，刚开始时为米粒大小，略高出皮肤，严重时布满整个眼睑。

（3）腿肚经常抽筋，并常感到刺痛，这是胆固醇积聚在腿部肌肉中的表现。

（4）短时间内在面部、手部出现较多黑斑，斑块较老年斑略大，颜色较深，记忆力及反应力明显减退。

（5）看东西一阵阵模糊，这是血液变黏稠，流速减慢，使视神经或视网膜暂时性缺血、缺氧所致。

（二）高血脂症的危害

大量研究资料表明，高血脂症是引起人类动脉粥样硬化性疾病、脑梗塞以及周围血管血栓塞性疾病的主要危险因素，因而有引发脑卒中、冠心病、心肌梗死、猝死的危险。此外，高血脂症也是导致高血压、糖耐量异常、糖尿病的一个重要危险因素。高血脂症还可导致脂肪肝、肝硬化、胆石症、胰腺炎、眼底出血、失明、周围血管疾病、跛行及高尿酸血症，其损害机制为：

1. 在损害肝功能方面

长期高血脂会导致脂肪肝，而肝动脉在粥样硬化后受到损害，肝小叶损伤后结构发生变化，而后导致肝硬化损害肝功能。

2. 在导致高血压、脑中风、脑血栓和脑栓塞方面

高血脂在人体内形成动脉粥样硬化以后会导致心肌功能紊乱，血管紧张素转换酶会大量激活，促使血管动脉痉挛，诱导肾上腺分泌升压素，导致血压升高。人体一旦形成高血压，会使血管经常处于痉挛状态，而脑血管在硬化后内皮受损导致破裂，形成出血性脑中风，而脑血管在栓子式血栓形成状态下瘀滞，导致脑血栓和脑栓塞。

3. 在导致冠心病、心绞痛方面

当人体由于长期高血脂症形成动脉粥样硬化后，冠状动脉内血流量变小、血管腔变窄、心肌注血量减少，造成心肌缺血导致心绞痛，形成冠心病。

所以必须高度重视高血脂症的危害，积极预防和治疗。

【小资料】 动脉粥样硬化(atheroma)

动脉粥样硬化是常见的一种动脉硬化血管病，其特点是受累动脉病变从内膜开始。一般先有脂质和复合糖类积聚、出血及血栓形成，纤维组织增生及钙质沉着，并有动脉中层的逐渐蜕变和钙化，病变常累及弹性及大中等肌性动脉，一旦发展到足以阻塞动脉腔，则该动脉所供应的组织或器官将缺血或坏死。由于在动脉内膜积聚的脂质外观呈黄色粥样，因此被称为动脉粥样硬化。

血脂过高会引起血液流变学异常、微循环障碍和血流动力学异常，即发生血液黏、浓、凝、聚现象。浓即血液浓度较高；黏即因血液浓度高而发生黏稠现象；凝即血液在局部发生凝结现象；聚即血小板聚合现象。以上现象会引发动脉粥样硬化和心脑血管疾病。

四、有助于维持血脂健康水平的保健食品开发

(一)有助于维持血脂健康水平保健食品的一般要求

高血脂症的病因具有多样性。原发性高血脂症是原来无任何其他疾病而发生的高血脂症，一般由遗传因素引发；继发性高血脂症是由于糖尿病、甲状腺功能减退、肾病综合征、肾移植、胆道阻塞等各种原因引起的高血脂症；不良饮食习惯如暴饮暴食、嗜酒、偏食、饮食不规律等也会导致高血脂症；某些药物和精神因素也能导致高血脂症，如由于长期精神紧张，导致内分泌代谢紊乱，日积月累形成高血脂症。

有助于维持血脂健康水平的保健食品应有降低总胆固醇(TC)和/或甘油三酯(TG)的作用；应有改善血液流变学异常、微循环障碍和血流动力学异常现象的作用和对受损的血管内表壁进行修复、恢复血管弹性作用，使血管内表壁光滑如初，使血液垃圾及脂质斑块不容易吸附到血管壁上，防止动脉硬化；并应具有抗血小板凝聚和保护心血管的作用等。一些缓解精神紧张、调整内分泌代谢紊乱、具有调节体内脂肪作用和改善引发继发性高血脂症的疾病状态的物质，可以应用到有助于维持血脂健康水平的保健食品之中。

(二)常见的有助于维持血脂健康水平的物质

常见的有助于维持血脂健康水平的物质多数为含有 2 个双键的不饱和脂肪酸，也有磷脂、大豆蛋白、大豆皂苷、深海鱼油、植物甾醇、生物黄酮、甲壳素等物质。

1. 亚油酸

亚油酸是含有 18 个碳原子和 2 个双键的不饱和脂肪酸，无色至淡黄色液体，接触空气可变色，属于人体必需脂肪酸之一，存在于许多食用植物油中，成人每日需 1.5～6g。如果缺乏亚油酸，胆固醇就会与一些饱和脂肪酸结合，发生代谢障碍，在血管壁上沉积下来，逐步形成动脉粥样硬化，引发心脑血管疾病。亚油酸能降低血清胆固醇，抑制血清胆固醇的吸收，促进胆汁酸和胆固醇的排泄，因此有防治冠心病和动脉粥样硬化的作用。但如果摄入过多亚油酸，则可导致细胞膜功能改变、胆石增生、促进人体老化、抑制免疫能力而增加机体感染的风险。

2. α-亚麻酸

α-亚麻酸由亚麻油经水解、分馏制得，是人们必需的营养素之一，是构成细胞膜和生物酶的基础物质，对人体健康起决定性作用。本品能降低血清胆固醇、甘油三酯和低密度脂蛋白；降低血液黏度，增加血液的流动性，防止血栓形成；调节糖、脂肪和蛋白质的代谢，降低血液中可溶性蛋白质的水平。

3. γ-亚麻酸

γ-亚麻酸存在于人乳及某些种子植物、孢子植物的油中，又称十八碳三烯酸、维生素 F，由亚麻油经水解、分馏而得。目前国内外生产的 γ-亚麻酸主要来源于月见草，常规方法为榨油后分离制取，现在多采用微生物发酵法生产。本品为 α-亚麻酸的异构体，是组成人体各组织生物膜的结构材料，也是合成前列腺素的前体。作为人体内必需的不饱和脂肪酸，成年人每日需要量约为 36mg/kg 体重。本品具有明显的抗脂质过氧化、降低总胆固醇、提高高密度脂蛋白、抑制血小板聚集及血栓素 A_2 合成、降低血压等功效。其降低血清胆固醇的作用比亚油酸更强。

4. 多不饱和脂肪酸

多不饱和脂肪酸指含有两个或两个以上双键且碳链长度为 18～22 个碳原子的直链脂肪酸，如亚油酸、亚麻酸、花生四烯酸等。多不饱和脂肪酸（PUSA）按照从甲基端开始第 1 个双键的位置不同可分为 ω-3 多不饱和脂肪酸和 ω-6 多不饱和脂肪酸。其中 ω-3 多不饱和脂肪酸同维生素、矿物质一样是人体的必需品，不足时容易导致心脏和大脑等重要器官障碍。ω-3 不饱和脂肪酸中对人体最重要的两种不饱和脂肪酸是 EPA 和 DHA。EPA 是二十碳五烯酸的英文缩写，具有清理血管中的垃圾（胆固醇和甘油三酯）的功能，俗称“血管清道夫”。DHA 是二十二碳六烯酸的英文缩写，具有软化血管、健脑益智、改善视力的功效，俗称“脑黄金”。ω-3 多不饱和脂肪酸是由寒冷地区的水生浮游植物合成的。以食此类植物为生的深海鱼类（野鳕鱼、鲱鱼、鲑鱼等）的内脏中富含该类脂肪酸。

5. 小麦胚芽油

小麦胚芽油是以小麦芽为原料制取的一种谷物胚芽油，富含维生素 E、亚油酸、亚麻酸、甘八碳醇及多种生理活性组分，是宝贵的功能食品，具有很高的营养价值。特别是维生素 E 含量为植物油之冠，已被公认为一种颇具营养保健作用的功能性油脂。本品具有抗氧化作用，可减少过氧化脂质生成；具有调解血脂、软化血管的作用。其预防动脉硬化、高血压、中风等心脑血管疾病发生的作用明显。

6. 月见草油

月见草油主要由月见草种子经低温压榨而来。天然的月见草油呈淡黄色，约含有 90% 的不饱和脂肪酸，不饱和脂肪酸的 70% 为亚麻油酸。本品具有降血脂及抗动脉粥样硬化、抗心律失常和抗血小板聚集、防止血栓形成等作用。

7. 米糠油

精炼米糠油为淡黄色到棕黄色油状液体，由稻谷加工过程中得到的米糠，用压榨法或浸出法制取。米糠油含有 38% 左右的亚油酸，具有降低血清胆固醇、预防动脉硬化、预防冠心病等作用。

8. 紫苏油（苏籽油）

紫苏是国家首批批准的药食两用植物。紫苏油主要含有 α-亚麻酸、棕榈酸、亚油酸、油酸、硬脂酸、维生素 E、18 种氨基酸及多种微量元素成分。其中含 α-亚麻酸达 70%以上，具有护肝养颜、抗血栓、降血脂、改善记忆、保护视力、缓解过敏反应、延缓衰老等药理作用。

9. 沙棘(籽)油

沙棘为药食同源植物。沙棘油中含有多种对人体有益的活性物质，其中含有大量的维生素 E、维生素 A、生物黄酮等。沙棘总黄酮可以降低血脂、软化血管，并具有降低低密度脂蛋白、升高高密度脂蛋白、清除血管壁沉积物等作用。所含磷脂能促进脂质转运和清除，加速血液中甘油三酯的代谢，防止动脉粥样硬化的形成；还具有抗疲劳和增强机体活力及抗癌等特殊药理性能。

10. 红花油

红花油由植物红花的种子经冷榨、分离、精制而成，为已知的植物油脂中亚油酸含量最高的一种，约占总脂肪酸的 78%；另含亚麻酸 3%～4%、油酸 13%～28%、花生四烯酸和维生素 E，具有降低甘油三酯、胆固醇等辅助降血脂作用。

11. 亚麻籽油

亚麻籽油是由植物亚麻种子经过压榨制取的油类。制备方法又分为热榨法和冷榨法。也可以采用六号轻汽油作溶剂以浸提方法制取。冷榨亚麻籽油内富含 ω-3 不饱和脂肪酸，有降血脂、抗血凝、消炎、抗癌功效，其作用优于鱼油。

12. 玉米(胚芽)油

玉米油是由玉米种子胚芽经热法压榨、精制而得，呈淡黄色至橙黄色，有特殊清香；主要由各种脂肪酸酯组成；含不饱和脂肪酸约 86%、亚油酸 38%～65%、亚麻酸 1.2%～1.5%、油酸 25%～30%，不含胆固醇，富含维生素 E。其所含大量的不饱和脂肪酸可促进粪便中类固醇和胆酸的排泄，从而阻止体内胆固醇的合成和吸收，以避免因胆固醇沉积于动脉内壁而导致动脉粥样硬化。本品因富含维生素 E 可抑制由体内多余自由基所引起的脂质过氧化作用，从而达到软化血管的作用。

13. 葡萄籽油

葡萄籽油是由葡萄籽经压榨或浸出制取，含棕榈酸 6.8%、花生酸 0.77%、油酸 5%、亚油酸 76%，总不饱和脂肪酸约 92%；另含维生素 360mg/kg、β-胡萝卜素 42 mg/kg；主要生理功能有预防肝脂和心脂沉积，抑制主动脉斑块的形成，清除沉积的血清胆固醇，降低低密度脂蛋白胆固醇，同时可提高高密度脂蛋白胆固醇，延长凝血时间，减少血液黏度和血小板聚集率，扩张血管，防止血栓形成。另有营养脑细胞、调节自主神经等作用。

14. 深海鱼油

深海鱼油是深海大型鱼类，包括一些海兽(如海豹、海狗等)的油脂，富含 EPA、DHA，具有辅助降血脂的作用，其降低血清胆固醇的作用明显；抑制血小板凝集，防止血栓形成，其预防心血管疾病及中风的效果较好；可以辅助改善记忆力、预防老年痴呆症；还具有增强免疫力，抗氧化，增强视网膜反射能力，预防视力退化，抑制促癌物质形成，预防前列腺癌、乳腺癌和直肠癌发生等作用。

普通鱼体内含 EPA、DHA 数量极微，陆地其他动物体内几乎不含 EPA、DHA。

15. 沙蒿籽油

沙蒿籽油由菊科篙属植物沙蒿或白沙蒿、黑沙蒿的种子经冷榨法或其他提取方法制得，含亚油酸77.4%、油酸12.2%、天然维生素E0.23%。因含有大量亚油酸和天然维生素E，故其主要功能包括辅助降血脂、抗动脉粥样硬化、预防动脉血栓形成、预防高血压等心血管疾病；并具有减肥和改善糖尿病等作用。

16. 卵磷脂

卵磷脂是存在于动植物组织以及卵黄之中的一组黄褐色的油脂性物质，其构成成分包括磷酸、胆碱、脂肪酸、甘油、糖脂、甘油三酸酯以及磷脂。卵磷脂被誉为与蛋白质、维生素并列的“第三营养素”。磷脂是一类含有磷元素的脂肪化合物，通常是卵磷脂（磷脂酰胆碱，简称PC）、脑磷脂（磷脂酰乙醇胺，简称PE）、肌醇磷脂（磷脂酰肌醇，简称PI）、磷脂酸（简称PA）、丝氨酸磷脂（简称PS）等的混合物，其中最典型的是前三种。卵磷脂有时还是纯磷脂酰胆碱的同义词，在蛋黄和大豆中的含量丰富，具有辅助降血脂、辅助改善记忆、改善肝炎、预防脂肪肝等肝脏脂质代谢障碍、提高耐缺氧能力等作用。

17. γ-谷维素

γ-谷维素是以环木菠萝醇类为主体的阿魏酸酯和甾醇类的阿魏酸酯所组成的一种天然混合物，天然品存在于玉米胚芽油、小麦胚芽油、稞麦糠、油菜籽油中，以米糠油的谷维素含量最高，故谷维素大都从米糠油中提取。本品具有辅助降血脂、抗脂质氧化、缓解体力疲劳、美容、延缓皮肤老化的作用。

18. 大豆蛋白

大豆蛋白是指源于大豆的蛋白质，其氨基酸组成与牛奶蛋白质相近，除蛋氨酸含量略低外，其余必需氨基酸含量均较丰富，是植物性的完全蛋白质，在营养价值上可与动物蛋白等同。大豆蛋白产品有粉状大豆蛋白产品和组织化大豆蛋白产品两种。粉状大豆蛋白产品分为大豆蛋白粉（其蛋白质含量为50%～65%）、大豆浓缩蛋白（其蛋白质含量为65%～90%）和大豆分离蛋白（其蛋白质含量为90%以上）三种，具有辅助降血脂、降低胆固醇和甘油三酯、增加骨密度和抑制高血压的作用。组织化大豆蛋白是以粉状大豆蛋白产品为主要原料，经调理、组织化等工艺制成的具有类似于瘦肉组织结构的富含大豆蛋白质的产品。

19. 大豆皂苷

天然品存在于大豆中，是黄色至淡黄褐色粉末，有特殊臭味，味略苦。目前大豆皂苷纯化方法主要有正丁醇萃取法、有机溶剂沉淀法、酸碱水解-乙酸乙酯萃取法、铅盐沉淀法、柱层析法、柱层析与有机溶剂沉淀结合法等。大豆皂苷具有辅助降血脂、抗氧化和降低过氧化脂质、抑制肿瘤细胞生长、抑制由血小板减少和凝血酶引起的血栓纤维蛋白形成、辅助降血糖和增强免疫力的作用。

20. 植物甾醇

植物甾醇由玉米油、花生油、大豆油、菜籽油、葵花籽油、棉籽油等经过物理提纯而得，具有能够抑制人体对胆固醇的吸收、促进胆固醇的降解代谢、抑制胆固醇的生化合成等作用，用于辅助降低血脂；对预防及治疗冠状动脉粥样硬化类的心脏病具有良好的辅助作用。

21. 甲壳素

甲壳素又称几丁质、甲壳质，是甲壳类虾、蟹、昆虫等动物的外骨骼的主要成分。虾壳中含甲壳素15%～30%，蟹壳中含甲壳素15%～20%。本品亦为菌类细胞膜等的重要成分，在绿藻、乌贼骨、水母、菌蕈和酵母等中亦存在，为白色至淡黄色或微红色粉状、鳞片状或无定形粉末；是含氮多糖类物质，粘多糖类之一；化学结构与纤维素相似，故有动物纤维素之称。本品不溶于水、有机溶剂和碱，溶于盐酸、硝酸、硫酸等强酸，可在酸溶液中加水分解成壳聚糖和醋酸。本品能促进肠内胆汁的排泄，进而使胆固醇转变成胆汁酸，从而降低胆固醇含量，起到辅助降血脂的作用；还可增强免疫力，降低血和尿中的尿酸含量，从而有预防痛风的作用；在改善肠道功能方面具有保水、膨胀、吸附、难消化的性质和调节肠道菌群等作用；其降低血压、增强免疫力方面的作用与壳聚糖相似。

22. 壳聚糖

壳聚糖由甲壳素在酸溶液中分解获取，白色至淡黄色或淡蓝白色或淡红白色非结晶性粉末或鳞片状，无臭无味，不溶于水，溶于乙酸、甲酸、乳酸、苹果酸等酸性水溶液，平均相对分子质量为 10 万～200 万，无毒性，不与体液反应，对组织也不起抗原抗体反应，而且可生物降解。本品具有膳食纤维性质，具有改善肠道功能、保水、膨胀、吸附和难消化的性质，可调节肠道菌群；具有辅助降血脂、降低血压、增强免疫力、促进排除体内重金属、强化肝脏机能、促进酒精代谢、保护胃黏膜和辅助降血糖的作用。

还有研究证明，藻类食物中的少量 ω-3 脂肪酸有预防心血管疾病的作用。如螺旋藻，其降低胆固醇作用十分明显，对原来高胆固醇水平的人来说，使用螺旋藻的血清胆固醇含量降幅更大。

五、中医药理论在辅助降血脂方面的应用

(一)中医学对高血脂症的病因病理分析

高血脂症属于中医学“痰湿”“浊阻”“血瘀”范畴。中医学认为高血脂症的发生与年龄、饮食、体质以及遗传等因素有关。其病因虽然错综复杂，但其基本病理变化为本虚标实，即肾、肝、脾之虚损为本，痰瘀为标。肾、肝、脾之虚损和痰瘀与高血脂症发病的关系可解释如下：

1. 肾虚与高血脂症发病的关系

中医学认为 40 岁以上的人群其肾气逐渐虚衰；中老年人中医学临床流行病学的调查已初步证实，肾虚与年龄呈非常显著的正相关关系。现代医学研究证明，血清胆固醇、甘油三酯、低密度脂蛋白、极低密度脂蛋白、载脂蛋白 aPOB-100 的含量均随年龄的增加而上升，高密度脂蛋白的含量则随年龄的增加而下降。许多研究还证明，肾气盛则高密度脂蛋白含量高，而血脂不易升高，并且抗动脉粥样硬化能力强；反之，肾气衰则高密度脂蛋白含量低，而血脂易升高，抗动脉粥样硬化能力弱。研究结果表明，血清胆固醇增高与肾阳虚有关，甘油三酯增高与肾阴虚有关，且均呈正相关关系。

2. 痰浊、血瘀与高血脂症的发病关系

现已证实，血脂增高和脂蛋白的异常与中医学的“痰”有关，而血脂和脂蛋白的异常又常并发血液流变学的异常。脾虚夹湿则脾虚失运，水谷肥甘之物无以化生气血，则痰浊内生。在以肾虚为主的多脏虚损的衰老过程中，气化功能减退，气血失调，故血行不畅，易致血瓣。肝肾同源，肝失涵养、肝失疏泄、气机不畅，则直接影响脾之运化及血脉之畅达。痰瘀同病，是引起高血脂症的重要因素。

(二)中医药方剂在调理高血脂症方面的运用

辨证论治是中医学改善高血脂症的精髓，其改善方法和用药可归纳为如下几个方面：

(1)清热利湿法，药用金银花、尚叶、菊花、连翘、玉米须、泽泻、草决明、茯苓、虎杖、忍冬

藤等。

(2)祛痰除湿法，药用陈皮、半夏、竹茹、茯苓、枳壳、瓜蒌、胆星、杏仁等。

(3)清里通下法，药用大黄、麦芽、茵陈、黄芩、枳壳、胡黄连、番泻叶、芒硝等。

(4)滋阴补肾法，药用何首乌、枸杞、麦冬、生地、沙参、菟丝子、黑芝麻、桑寄生、黄精、杜仲等。

(5)活血化瘀法，药用丹参、川芎、红花、降香、赤芍、生蒲黄、茺蔚子、姜黄、五灵脂、三七等。

(6)清肝泻火法，药用钩藤、葛根、草决明、生地、龙胆草、泽泻、山栀子、黄芩、大黄等。

运用中医药理论开发保健食品应注意两点：一方面需根据临床表现对处方适当化裁；另一方面其处方之中有个别中药材，既不是药食同源的中药材，也不是“可用于保健食品的物品名单”上的中药材，如胆星、茺蔚子等，从使用的安全性考虑，应化裁掉或进行必要的安全性评价。

(三)常见的具有降血脂作用的中草药

近年来，众多学者对具有降血脂作用的中草药进行了大量研究，按其功效归纳为4类：

(1)利湿化痰类，主要包括泽泻、车前草、石菖蒲、桔梗、瓜蒌、海藻、昆布等。

(2)行气消导类，主要包括郁金、陈皮、山楂、莱菔子、大黄等。

(3)活血化瘀类，主要包括丹参、桃仁、红花、赤芍、水蛭等。

(4)补益类，主要包括人参、冬虫夏草、香菇、甘草、当归、何首乌、灵芝、淫羊藿、杜仲、骨碎补、桑寄生、女贞子、黄精、玉竹等。

此外，桑叶、菊花、柴胡、葛根等也具有较好的降脂作用。

第二节　有助于维持血糖健康水平的保健食品

一、血糖与高血糖

(一)血糖的概念

血液中的糖称为血糖，绝大多数情况下都是葡萄糖。体内各组织细胞活动所需的能量大部分来自葡萄糖，所以血糖必须保持一定的水平才能维持体内各器官和组织的需要。血糖浓度之所以能维持相对恒定，是由于其来源与去路能保持动态平衡。

1. 血糖的来源

血糖的来源主要有三条途径：①食物中的糖类物质转化为葡萄糖后进入血液，这是血糖的主要来源；②空腹时，肝脏储存的肝糖原分解成葡萄糖进入血液；③蛋白质、脂肪及从肌肉生成的乳酸通过糖异生途径变成葡萄糖进入血液。

2. 正常人血糖的去路

正常人的血糖有五条去路：①在组织细胞中氧化分解成二氧化碳和水，释放出大量能量，供人体利用，这是血糖的主要去路；②在肝脏以肝糖原形式储存；③进入肌肉细胞变成肌糖原储存；④转变为脂肪储存；⑤转化为细胞的组成部分。因此，正常人的血糖相对稳定。

糖分作为能量的来源，如果一时消耗不了，则转化为糖原储存在肝脏和肌肉中，肝脏可储糖70～120g，占肝重的6%～10%。细胞所能储存的糖原是有限的，如果摄入的糖分过多，多余的糖即转变为脂肪。

(二)正常血糖、高血糖、低血糖

正常人在清晨的空腹血糖浓度为3.89～6.11mmol/L，餐后2h血糖浓度略高，但应小于7.78mmol/L，空腹血糖浓度超过7mmol/L时称为高血糖。如果血糖浓度超过8.89～10mmol/L，就会有一部分葡萄糖随尿排出，这就是糖尿。血糖浓度低于4mmol/L称为低血糖。

(三)高血糖与糖尿病的关系

高血糖不是一种疾病的诊断，只是一种血糖监测结果的判定。血糖监测是一时性的，高血糖不完全等于糖尿病；但当血糖值高过规定的水平值时就会逐步形成高血糖症。

糖尿病(Diabetes)是由遗传因素、免疫功能紊乱、微生物感染及其毒素、自由基毒素、精神因素等各种致病因子作用于机体导致胰岛功能减退、胰岛素抵抗(Insulin Resistance，IR)等而引发的糖、蛋白质、脂肪、水和电解质等一系列代谢紊乱综合征，临床上以高血糖为主要特点。

二、高血糖症的病因病理、一般临床表现及危害

(一)高血糖症的病因病理

诱发高血糖症的因素较多，长期摄入高热量食物(如富含饱和脂肪酸的猪油、牛油、奶油、黄油等)，或过多摄入含有白糖、红糖、葡萄糖较高的糖制甜食(如糖果、糕点、果酱、蜜饯、冰激凌、甜饮料等)，或运动量明显不足导致过度肥胖，均是基本诱因；过多饮用酒类，因酒精产热高而导致高血糖也是其中一个因素；情绪或精神上的压力过大也会导致高血糖；糖尿病患者因所使用的胰岛素或口服降糖药的剂量不够，或有些药物的副作用也可导致高血糖。

(二)高血糖患者的临床表现

高血糖患者在临床上一般表现为：

(1)血糖升高、尿糖增多。即血糖、尿糖测试值升高。

(2)引发渗透性利尿。即引起多尿的症状，造成大量水分丢失，甚至出现皮肤干燥、脱水现象。

(3)引起口渴、多饮的症状，严重时表现出极度口渴。因血糖升高，高血渗可刺激下丘脑的口渴中枢兴奋。

(4)引起乏力、体重减轻症状。胰岛素相对或绝对的缺乏，导致体内葡萄糖不能被利用，最终导致蛋白质和脂肪消耗增多。

(5)个别人表现出心跳快、呼吸缓而深的现象。

糖尿病病人为了补偿损失的糖分，维持机体活动，需要多进食，这就形成了典型的“三多一少”症状。糖尿病病人的多饮、多尿症状与病情的严重程度呈正比。另外，值得注意的是，患者吃得越多，血糖浓度就越高，尿中失糖也越多，饥饿感也就越厉害，最终导致了恶性循环。

“三多一少”是糖尿病最常见的临床表现，但有些Ⅱ型糖尿病病人没有明显的“三多一少”症状，这是病人的肾糖阈增高所致(肾糖阈正常值为8.8～9.9mmol/L)。肾脏病及其他一些泌尿系统疾病都会对其产生不同程度的影响，而且多数老龄患者的肾糖阈也会相应增高。肾糖阈增高后，病人即使血糖浓度很高也不会有糖尿。

(三)高血糖的主要危害

正常情况下，人体能够通过激素调节和神经调节这两大调节系统确保血糖的来源与去路保持平衡，使血糖浓度维持在一定水平。但是在遗传因素（如糖尿病家族史）与环境因素（如不合理的膳食、肥胖等）的共同作用下，两大调节功能发生紊乱，就会出现血糖水平的升高。短时间、一次性的高血糖对人体无严重损害。比如在应激状态下或情绪激动、高度紧张时可出现短暂的高血糖；一次进食大量的糖类也可出现短暂高血糖，随后，血糖水平逐渐恢复正常。然而长期的高血糖会使全身各个组织器官发生病变，导致急慢性并发症的发生，如胰腺功能衰竭、失水、电解质紊乱、营养缺乏、抵抗力下降、肾功能受损、神经病变、眼底病变等。

临床上糖尿病以高血糖为主要特点，控制血糖浓度的目的也是防止糖尿病对人体健康危害的发生。糖尿病对人体健康的主要危害是对心、脑、肾、血管、神经、皮肤等的危害。据调查，我国糖尿病病人的并发症在世界上发生的最早、最多，且最严重，如糖尿病病人心脑血管病的发病率和死亡率是非糖尿病人的3.5倍；由糖尿病引起的糖尿肾病的发生和发展，也是Ⅱ型糖尿病病人最主要的死亡原因之一。糖尿病患者由于血糖浓度升高，可引起周围血管病变，导致局部组织对损伤因素的敏感，在外界因素损伤局部组织或局部感染时，特别容易在足部发生溃疡，称为糖尿病足，40%的Ⅱ型糖尿病患者可发生糖尿病足。糖尿病对神经的危害也是糖尿病最常见的慢性并发症之一；糖尿病还能引起糖尿病视网膜病，糖尿病性白内障、青光眼及其他眼病。世界卫生组织的有关资料表明，糖尿病患病、致残、病死等危害已居非传染性疾病第三位。我国糖尿病患病率有上升的趋势。

三、有助于维持血糖健康水平保健食品的开发

(一)有助于维持血糖健康水平保健食品的一般要求

有助于维持血糖健康水平的保健食品应具有保护胰岛功能，能改善血糖、尿糖和血脂，使之达到或接近正常值，同时还应能控制糖尿病的病情，延缓和防止并发症的发生与发展。维持血糖健康水平的保健食品一般应符合以下几个方面的要求：

1. 控制每日摄入食物所提供的总热量

糖尿病患者血糖、尿糖浓度虽然高，但机体对热能的利用率却较低，因此机体就需要更多的热能以弥补尿糖的损失，达到或维持正常体重。一般以每日每千克体重供给0.13～0.21MJ热能，即每日7.56～9.23MJ热能为标准。

2. 限制脂肪的摄入

减少饱和脂肪酸的供给，增加多不饱和脂肪酸的供给，以减少心血管并发症的发生。脂肪的供给应占总能量的30%或少于30%。

3. 增加优质蛋白质的摄入量

糖尿病病人的蛋白质分解增加，因此蛋白质供给量应较正常人适当增多，每日以100～110g为宜。

4. 适当控制碳水化合物的摄入

碳水化合物的摄入总量以每日摄入200～300g为宜，所供热能应不超过总热能的50%～60%。可增加餐次，减少每餐进食量；严格控制单糖及双糖的食用量，最好选用含多糖较多的原料，如米、面、玉米面等。同时应加入一些土豆、山芋、山药等根茎类蔬菜混合食用，以

食物的差异来调动胰岛素的反应。混合膳食可使糖的消化吸收减缓，对血糖的控制是有利的。

5. 补充维生素和微量元素

维生素 C、维生素 B_6 和尼克酸、微量元素 Cr 等在糖代谢中起重要作用，充足与否对血糖水平有很大的影响。

另外，糖尿病病人脂肪代谢紊乱、血脂高、动脉粥样硬化发展快，还易并发肾功能不全，因此可以适当添加控制胆固醇含量、调整脂肪代谢紊乱和保护肾功能的保健食品原料。

(二)常用的降糖因子和辅助降糖食品原料

1. 高纤维素类

高纤维素类食品提供的能量很少，它们在胃肠道充分吸收水分后迅速膨胀，增加食物的黏滞性，从而使胃肠的排空时间延迟，降低葡萄糖的吸收速度，使餐后血糖不会急剧上升。可溶性纤维还能在小肠黏膜表面形成一层“隔离层”，从而阻碍了肠道对葡萄糖的吸收，未被吸收的葡萄糖随大便排出体外。因此膳食纤维能有效降低餐后血糖值，减轻胰岛 B 细胞的负担，对糖尿病有一定的预防和治疗作用。

富含纤维的食品原料如南瓜、荞麦、燕麦、魔芋、海带、木耳、香菇、绿豆、红小豆等，均具有辅助降血糖的保健作用。

膳食纤维在控制餐后血糖急剧上升和改善糖耐量方面的作用显著，其中可溶性膳食纤维效果最佳。因为膳食纤维能够延缓葡萄糖的吸收，推迟可消化性糖类如淀粉等的消化，避免进餐后血糖急剧上升；膳食纤维对胰岛素的敏感性强，还可直接影响机体的胰岛功能，改善血液中胰岛素的调节作用，提高人体耐糖的程度，有利于糖尿病的治疗和康复。研究表明，膳食纤维含量充足的饮食，无论是在预防还是在治疗糖尿病方面都具有特殊的功效。

2. 具有降血糖功能的食材

(1)苦瓜，主要指葫芦科苦瓜属一年生草质藤本植物苦瓜的果实。苦瓜的降糖机理至今尚无定论。目前多认为苦瓜的降糖作用包括以下几个方面：①类胰岛素作用。国外学者从苦瓜中分离出一种具有降糖活性的多肽，表现出有胰岛素样的作用或可促进胰岛素的释放，是一种治疗糖尿病的有效药物，不仅可以注射用，而且可以口服，被称为“植物胰岛素”。②刺激胰岛素分泌。实验证明苦瓜苷对糖尿病模型大鼠有降血糖作用。推测苦瓜苷不仅有直接类胰岛素作用，而且还有刺激胰岛素释放的功能。③附加胰腺的作用。许多学者将苦瓜的降糖活性理解为一种附加胰腺的作用。它包括增强了肝脏和机体的葡萄糖利用率，增加了机体中 GLUT4 输送蛋白的数量，抑制了葡萄糖在小肠壁的吸收，降低了肝脏中糖激酶的活力。

(2)苦荞麦，学名鞑靼荞麦(Fagopyrum Tataricum)。传统医学和现代医学都证实苦荞麦具有降血糖、降血脂、降尿糖、软化血管、改善微循环、防止便秘等功效，被权威专家称为“三降食品”和“21 世纪人类的健康食品”。其主要成分是芦丁，又名维生素 P。芦丁含量占苦荞麦总黄酮的 70%～90%，是软化血管、改善微循环的主要成分。苦荞麦还含有多种有益人体健康的无机元素钙、磷、铁、铜、锌和微量元素硒等，有利于辅助降血糖作用的发挥。

(3)蜂王浆。其含有的胰岛素样肽类物质是治疗糖尿病的特效药，因此具有辅助降低血糖的作用。

(4)魔芋。其富含纤维，在肠胃吸收水分膨胀，体积增加，增强饱腹感，其可溶性纤维形成了胶态，延缓了葡萄糖和脂肪的吸收，逐渐使血糖和血脂水平下降，具有减肥作用。

(5)食用菌。常见的食用菌有灵芝、虫草、香菇、银耳、黑木耳、鬼伞、猴头菇等。食用菌的降血糖成分主要是多糖，由葡聚糖、甘露聚糖、杂多糖、多糖肽及糖蛋白等物质组成。菌类所含蛋白质占干重的30%～45%，特别是食用菌中所含的蛋白质在人体内的消化率可达80%，对辅助降血糖具有积极意义。食用菌含有丰富的膳食纤维，对辅助降血糖很有帮助。多糖抗糖尿病可能通过以下几条途径发挥作用：①通过调节相关酶的活性，改善糖、蛋白质及脂肪代谢紊乱，促进肝糖原合成或抑制肝糖原、肌糖原分解，抑制糖异生。多糖可以与细胞膜上的特定受体结合，通过第二信使cAMP将信息传至线粒体，提高糖代谢酶系的活性，加速糖的氧化分解。②阻止糖在肠道内的吸收，增强组织细胞对糖的利用。③清除自由基，抑制脂质过氧化，增强P细胞功能。④提高迟发型超敏反应(DTH)，调节T细胞亚群功能，恢复免疫系统功能，保护P细胞，并可通过不同途径发挥降血糖作用。利用多糖辅助降血糖，无毒副作用，安全性高。如虫草菌丝多糖能降低四氧嘧啶和链尿佐菌素(STZ)诱导的糖尿病小鼠的血糖水平，推测虫草菌丝多糖对胰岛B细胞具有一定的保护作用，能使血清胰岛素的含量增加；人工虫草菌丝干粉的加工品也有相同的作用；虎奶菇菌核加工品通过增强小鼠的免疫功能，抵抗四氧嘧啶的损伤，从而保护胰岛的功能，同时调节动物体内与葡萄糖代谢相关酶的活性，使血糖下降，并且不降低正常小鼠的血糖浓度；黑木耳的水溶性多糖的降血糖效果明显；香菇多糖对试验性高血糖小鼠有明显的降低血糖浓度、改善糖耐量、增加体内肝糖原的作用；灵芝子实体分离得到降糖活性多糖Ganoderan A和Ganoderan B，对正常和四氧嘧啶诱发高血糖小鼠均有明显的降糖活性；毛头鬼伞子实体粉和猴头菇子实体粉可显著降低四氧嘧啶糖尿病小鼠的血糖含量。

3. 海洋藻类活性物质

(1)螺旋藻多糖能明显降低四氧嘧啶诱导的糖尿病小鼠的血糖浓度，降低重症糖尿病小鼠的死亡率，且作用温和，增加提取物的用量没有出现低血糖的副作用。

(2)多管藻总酚能够显著抑制α-葡萄糖苷酶的活性，抑制率达75%。多管藻总酚体外抑制蛋白质酪氨酸磷酸酯酶活性作用明显，而对正常小鼠无降血糖作用，但可使糖耐量曲线趋于平缓，能够显著提高四氧嘧啶致糖尿病小鼠糖耐量，降低实验性糖尿病小鼠的空腹血糖浓度。这可能是因为多管藻总酚能够促进已损伤胰岛β细胞的修复与再生，增强胰岛的分泌功能。

(3)羊栖菜能明显地降低大鼠的血糖浓度，其剂量效应关系明显。羊栖菜的降血糖作用可能是羊栖菜中的膳食纤维、微量元素铬和羊栖菜多糖等活性物质综合作用的结果。

(4)海带多糖可降低四氧嘧啶诱导的糖尿病小鼠的血糖，且发现多糖纯度越高，其降糖作用越强。

4. 中草药类

实验证明，确有降血糖作用的中药有人参、党参、白术、玄参、仙灵脾、黄精、山药、生地、熟地、麦冬、知母、花粉、玉竹、何首乌、五味子、地骨皮、石斛、乌梅、丹参、三七、黄连、玉米须、泽泻、丹皮、苍术、葛根、枸杞、桑白皮、桑葚、山萸肉、葫芦巴等几十种，其中多数是药食同源物质或可用于保健食品的中药材，其有效成分为多糖类、皂苷类、多肽类等。

(1)富含多糖类降血糖作用成分的中药材。如黄芪多糖能降低糖尿病大鼠血糖水平，增高胰岛素水平，减轻内皮细胞损伤和功能障碍；蜜环菌菌索多糖能显著降低四氧嘧啶糖尿病小鼠的血糖浓度；百合多糖能修复胰岛 p-细胞、增强胰岛素分泌和降低肾上腺皮质激素分泌，以及促进肝脏中血糖转化为糖原的联合作用，从而使血糖降低；宁夏枸杞提取物可引起大鼠血糖浓度显著而持久的降低，同时碳水化合物耐量升高；生地中的地黄低聚糖不仅可以调节实验性糖尿病的糖代谢紊乱，亦可调节生理性高血糖状态；大黄多糖是一种酸性杂多糖，具有丰富的负电荷与还原性，可以减少自由基等产生，同时它还能增加糖尿病小鼠血清抗氧化酶(SOD)活性，清除超氧阴离子自由基从而降低对胰岛 p-细胞的损伤；丹皮多糖可降低葡萄糖和四氧嘧啶诱发的鼠高血糖，降低糖化血红蛋白水平，改善小鼠胰岛素抵抗，其降糖机理可能是改善机体对胰岛素的敏感性；麦冬多糖具有降血糖及稳定血糖的作用，能使周围组织对胰岛素抵抗降低；玉竹浸膏则使血糖浓度先升后降，对肾上腺素引起的高血糖有显著的抑制作用，对葡萄糖、四氧嘧啶引起的大鼠高血糖也有抑制作用；泽泻水提醇沉物具有明显的降血糖和降血脂作用，并能保护胰岛组织免受损伤；南瓜中的南瓜粗糖和葫芦巴均有显著的降血糖作用，葫芦巴胶的降血糖功效比葫芦巴种子高 10 倍以上。

(2)富含多肽类降血糖作用成分的中药材。如灵芝肽可显著降低小鼠血糖浓度。

(3)富含生物碱类成分的中药材。如黄连素能增加糖尿病患者胰岛素的降糖作用。

(4)富含蒽醌类成分的中药材。如大黄酸可显著使糖尿病小鼠的血糖水平进行性下降。

(5)富含皂苷类成分的中药材。如地肤子总苷可降低高血糖小鼠的血糖水平及明显抑制灌胃葡萄糖引起的小鼠血糖浓度升高；黄芩苷能有效抑制醛糖还原酶，对早期糖尿病肾病患者红细胞有抑制作用，并降低尿蛋白排泄率和减少血、尿 β2-微球蛋白含量，同时可有效缓解糖尿病周围神经病变的临床症状。

(6)富含黄酮类成分的中药材。如灯盏花素对血糖浓度有明显的降低作用。

(7)富含香豆素类成分的中药材。如香豆素磺酰脲类化合物对正常小鼠具有明显的降血糖作用。

(8)富含三萜类成分的中药材。如齐墩果酸能抑制肝糖原的流失和分解。

此外，人参、黄芪等滋补类中药材具有"适应原样"作用，即能增强机体对各种有害刺激的反应能力，加强机体适应性，作为机体功能的调节剂，能降低饮食性的高血糖，亦能升高胰岛素引起的低血糖。

【小资料】

"适应原样"作用，即加强机体的适应性，增强机体对物理的、化学的和生物学的等各种有害刺激与损伤的非特异性抵抗力，使紊乱的机能恢复正常的作用，是中药调节人体机能的三大作用之一。

5. 酶类

一些酶类可通过降血黏抗凝、改善微循环、增加胰岛素敏感性等促进血糖控制；或降低肾上腺素引起的高血糖，提高正常小鼠的糖耐量等，广泛为营养学家所重视。

6. 微量元素类

(1)铬(Cr)。铬是参与机体糖代谢和脂肪代谢不可缺少的微量元素。铬具有的氧化态有 3 种：+2 价、+3 价和+6 价。Cr^{6+} 有剧毒，如长期接触有可能致癌或致死；Cr^{2+} 可很快氧化为 Cr^{3+}；只有 Cr^{3+} 才是人体的必需微量元素，其具有间接调节血糖浓度等作用。

Cr^{3+}活性的大小与其结合的成分有密切的关系。Cr^{3+}与谷氨酸、甘氨酸和含硫氨基酸配位并与2分子烟酸结合形成葡萄糖耐量因子(GTF)，这是一种类激素，它通过促进胰岛素与胰岛素受体的结合而增强胰岛素的活性。GTF实际上是胰岛素发挥作用的辅助因子，与胰岛素一起使氨基酸、脂肪酸和葡萄糖能较容易地通过血液到达组织细胞中，同时，它还能促进细胞内营养素的代谢。当胰岛素缺乏时，GTF不起作用；如GTF数量不足，就需要更多的胰岛素才能进行这些过程。铬在小肠被吸收后大部分被运往肝脏合成GTF。铬缺乏是由于食品在精加工过程中大量流失；另外生活节奏的加快，人们的应激状态加重，造成了体内血糖浓度波动频繁，也消耗了大量的铬。因此糖尿病病人和中老年人都应适当补铬。研究表明：对糖尿病鼠补铬能使升高的血糖水平降低14%～29%，胆固醇降低35%，甘油三酯降低45%，而对正常鼠补铬则没有此种情况发生。

根据Cr^{3+}结合的不同成分，可将其分为有机铬和无机铬。有机铬包括有机酸铬（如烟酸铬、吡啶甲酸铬）、酵母铬、氨基酸铬和蛋白铬等；无机铬主要有氯化铬、三氧化二铬等。无机铬难以吸收，啤酒酵母铬、氨基酸铬不易溶解于脂肪，因此也不易被直接吸收和充分利用。

吡啶甲酸铬是紫红色结晶性细小粉末，流动性良好，常温下稳定，微溶于水，不溶于乙醇；其中的铬为三价铬，可顺利通过细胞膜直接作用于组织细胞，能增强胰岛素活性，改善人体糖代谢。据统计，长期服用吡啶甲酸铬，至今没有发现任何毒副反应，也没有致癌的报道。实验观察证明多余的铬会随尿液迅速排除，不会在体内积蓄。三氯化铬为紫色片状晶体，很稳定，不易水解；烟酸铬是烟灰色细小粉末，常温下稳定，不溶于水，不溶于乙醇，其中铬为三价铬。酵母铬是将酵母细胞培养在含三价铬的培养基中，通过生物转化将无机铬转变成有机铬，从而提高铬在机体内的吸收利用率，降低其毒副作用，更好地发挥其调节血糖、降脂及降胆固醇的作用。

(2)锌。锌是糖分解代谢中3-磷酸甘油脱氢酶、乳酸脱氢酶、苹果酸脱氢酶的辅助因子，1个胰岛素分子中有4个锌原子，结晶的胰岛素中大约含有0.5%的锌。所以锌可以影响葡萄糖在体内的平衡，并可通过激活羧肽酶B促进胰岛素原转变为活性胰岛素。缺锌时，血清胰岛素水平下降。锌有促使胰岛素与受体结合、增强胰岛素-受体的亲和力、降低胰岛素的分解和受体的再循环，并在受体或受体后水平调节胰岛素的作用。实验表明，无论是急性还是慢性缺锌，均可导致脂肪细胞上胰岛素受体的合成下降，从而导致受体与胰岛素的结合力下降。

锌本身又具有胰岛素样作用。如果锌充足，机体对胰岛素的需要量就会减少。锌可纠正葡萄糖耐量异常，甚至替代胰岛素改善大鼠的糖代谢紊乱，预防大鼠高血糖症的发展，并促进葡萄糖在脂肪细胞中转化成脂肪。而缺锌可诱导产生胰岛素抗性或糖尿病样反应。锌可使从肠道内进入血液的葡萄糖贮存并分布到各细胞中。锌对胰岛素的影响是双向性的，锌的浓度过高或者过低都会减弱胰岛素的分泌。糖尿病患者普遍缺锌，可进行适当的补充。

(3)硒。硒具有类胰岛素作用，是构成谷胱甘肽过氧化物酶的活性成分，它能防止胰岛β细胞氧化破坏，使其功能正常，促进糖分代谢、降低血糖和尿糖，改善糖尿病患者的症状。所以有人称硒是微量元素中的“胰岛素”。

7. 其他辅助降血糖物质

(1)蜂胶。蜂胶作为保健食品用于辅助降血糖已见于市场。研究者认为蜂胶能够提高胰岛素的分泌量，双向调节血糖平衡，是糖尿病患者的理想保健食品。蜂胶的降血糖机制正在进一步研究中。

(2)玉米须。玉米须的发酵制剂对家兔有明显的降血糖作用;对葡萄糖、肾上腺素引起的小鼠高血糖也有明显的降血糖作用,量效关系明显;但对正常小鼠血糖无明显影响。

四、中医药理论在辅助降血糖方面的应用

我国传统医学历史悠久,在治疗糖尿病方面积累了大量经验,且中药资源丰富,为开发调整糖尿病病情的保健食品提供了有利条件。近年来,一些国家已经用中药来治疗糖尿病,这无疑将极大地促进中药挺进国际市场。因此,中药治疗糖尿病也必然具有广阔的发展前景;采用现代科学研究手段,开发出高效、优质、安全、稳定的"三效""三小""三便"的新型有助于维持血糖健康水平的保健食品,更有利于参与国际市场的竞争。

(一)中医学对高血糖的病因病机分析

虽然对糖尿病的认识中医学内部也有学术分歧,但一般认为主要是由于素体阴虚、五脏柔弱,复因饮食不节、过食肥甘、情志失调、劳欲过度,而导致肾阴亏虚、肺胃燥热;病机重点为阴虚燥热,而以阴虚为本,燥热为标。

(二)中医药辅助降血糖的应用原则

结合中医学对本病的病因病机分析,糖尿病的治疗则应是益气养阴、滋阴清热、活血化瘀、补肾健脾。开发辅助降血糖保健食品亦应如此,即以清热生津、益气养阴功效为主,兼顾高血糖患者的其他临床症状,如口渴、乏力等。清热分为上中下三消之法,上消病在膈上,多由心肺有热、消烁阴液而致烦渴多饮,改善宜滋液生津之余,佐以清热降火之物,即"泻心火阳热之实"之意;中消病在膈下脐上,多由胃火炽盛、胃津耗损而致消谷善饥,改善宜养阴增液之余,配以清胃肠之燥热之物;下消病在脐下,多由肾气虚衰、肾失固摄而致尿频量多,混浊如膏,改善宜补肾为主。但无论上消、中消、下消,均有明显的阴液不足之证,故滋阴增液当为改善糖尿病的基本原则。

(三)利用成方进行筛选,开发有助于维持血糖健康水平的保健食品

常见的改善糖尿病病人临床症状的中草药较多,可筛选、配伍开发保健食品。医药学者利用中药成方开展治疗糖尿病研究已经发展到一个较高的水平,以此筛选改善糖尿病病人临床症状的保健食品配方亦是许多学者的思路。如合沉汤(见《石室秘录》,处方:熟地、山萸肉、麦冬、玄参、车前子)适用于肾阴亏虚型糖尿病;神仙减水法方(见《奇效良方》,处方:人参、花粉、知母、黄连、苦参、麦门冬、浮萍、白扁豆、黄芪)适用于气虚为主的糖尿病;引龙汤(见《辨证录》,处方:玄参、肉桂、山萸肉、麦冬、北五味)适用于阴阳两虚型糖尿病;二冬汤(见《医学心悟》,处方:天冬、麦冬、花粉、黄芩、知母、荷叶、人参、甘草)适用于气阴两虚型糖尿病;白龙散(见《中藏经》,处方:寒水石、甘草、葛根、麦冬)适用于阳明热甚型糖尿病;麦门冬汤(见《类编朱氏集验医方》,处方:麦冬、黄连、干冬瓜)适用于阴虚化热型糖尿病;枸杞汤(见《千金方》,处方:枸杞、瓜蒌根、石膏、黄连、甘草)适用于阴虚化热型糖尿病;消中渴不止方[见《圣惠方》,处方:浮萍草(干)、土瓜根]适用于糖尿病口干多饮者;还有降糖对药(见《施今墨》,处方:黄芪、山药、苍术、玄参)、六味地黄汤(见《伤寒论》,处方:熟地、山药、山萸肉、牡丹皮、茯苓、泽泻)等。

另外有人筛选了一些古方,如方1:生黄芪、黄精、太子参、天花粉、生地苦瓜、麦冬、赤芍;方2:黄芪、人参、花粉、天冬、知母、葛根、麦冬、熟地;方3:甘草、白芍、黄芪、茯苓、桂枝;

方4：金钱草、党参、黄芪、玉竹、杞子根、麦冬、熟地、天花粉、甘草；方5：兴安杜鹃、暴马丁香、五味子、干姜、苦瓜；方6：人参、天冬、生地、天花粉、枸杞、覆盆子、知母、元参；方7：女贞子、黄芪、牡丹皮、地黄、人参、茯苓；方8：黄连、人参、茯苓、天冬、麦冬、生地、熟地、知母、元参、山芋肉、菟丝子、大腹皮、玉竹；方9：黄芪、麦冬、玄参、生地、大黄、桂枝、桃仁、玄明粉、甘草、枸杞。这些成方为开发有助于维持血糖健康水平的保健食品提供了较好的思路。

第三节　有助于维持血压健康水平的保健食品

一、血压与高血压

（一）血压的概念与意义

1. 血压的概念

血压指血管内的血液对于单位面积血管壁的侧压力，即压强。由于血管分动脉、毛细血管和静脉，因此也就有动脉血压、毛细血管压和静脉血压。通常所说的血压是指动脉血压。当血管扩张时，血压下降；血管收缩时，血压升高。临床上常用的几个血压的概念为：①收缩压，即心室收缩时主动脉压急剧升高，在收缩期的中期达到最高值，这时的动脉血压值称为收缩压，也称为“高压”。②舒张压，即心室舒张时主动脉压下降，在心舒末期动脉血压的最低值称为舒张压，也称为“低压”。③脉压，即收缩压减舒张压的差值。④平均动脉压，即一个心动周期中每一瞬间动脉血压的平均值，大约等于舒张压与1/3脉压之和。

2. 影响血压的因素

影响血压的因素众多，主要有心排血量及体循环的周围血管阻力。公式如下：

平均动脉血压（BP）＝心排血量（CO）×总外周阻力（PR）

心排血量随体液容量的增加、心率的增快及心肌收缩力的增强而增加。总外周阻力则与以下因素有关：①与小动脉结构改变有关，如继发的血管壁增厚使外周阻力持续增高。②与血管壁顺应性（尤其是主动脉）降低有关，可使收缩压升高，舒张压降低。③与血管的舒、缩状态有关，如交感神经α受体激动、血管紧张素、内皮素等物质使血管收缩，阻力升高。④一氧化氮、前列环素、环激肽、心钠素等物质的作用使血管扩张，阻力降低。此外，血液黏稠度也使阻力增加。

3. 血压的表示方法

临床上通常用千帕（kPa）表示血压数值，也可用毫米汞柱（mmHg）表示血压数值，即用水银血压计来测量血压时，用水银柱的高度“毫米汞柱”来表示血压的水平。1mmHg（毫米汞柱）＝0.133kPa（千帕），7.5mmHg（毫米汞柱）＝1kPa（千帕）。临床诊断中的各种血压数值见表4-2。

表4-2　血压数值与临床诊断　　单位：mmHg

	收缩压	舒张压
理想血压	＜120	＜80
正常血压	＜130	＜85
高血压	≥140	≥90
低血压	≤90	≤60

血压正常高限或高血压前期的血压数值是收缩压在130～139mmHg之间和/或舒张压在85～89mmHg之间。

(二)高血压的概念与老年人高血压

高血压是一种以动脉压升高为特征,可伴有心脏、血管、脑和肾脏等器官功能性或器质性改变的全身性疾病。它有原发性高血压和继发性高血压之分。临床上很多高血压病人(特别是肥胖型)常伴有糖尿病,而糖尿病也较多地伴有高血压,因此将两者称为同源性疾病。糖尿病患者由于血糖增高、血黏稠度增加、血管壁受损、血管阻力增加,易引起高血压。由此可知高血压和糖尿病都与高血脂有关,因此防治高血压与糖尿病都应该同时降血压、调节血脂。

目前我国对高血压的诊断标准采用的是国际上通用的标准,即收缩压≥140mmHg和(或)舒张压≥90mmHg。就老年人高血压而言,我国的诊断标准是:年龄在60岁以上,血压持续或非同日3次以上超过上述血压标准的称为老年人高血压。根据血压值可将老年人高血压分为收缩期高血压(收缩压≥140mmHg,舒张压＜90mmHg)和混合型高血压(收缩压≥140mmHg和舒张压≥90mmHg)两类。

另外,曾确诊为高血压,现服用降压药,血压虽正常,仍诊断为高血压。

部分人由于血管的硬化,表现为仅有收缩压增高,而舒张压不增高,这称为收缩期高血压。这种现象以老年人多见,但青壮年已经有逐渐增多的趋势。目前中国人的平均正常血压可参考表4-3。

表4-3　中国人的平均正常血压参考值

年龄/岁	收缩压(男)/mmHg	舒张压(男)/mmHg	收缩压(女)/mmHg	舒张压(女)/mmHg
16～20	115	73	110	70
21～25	115	73	110	71
26～30	115	75	112	73
31～35	117	76	114	74
36～40	120	80	116	77
41～45	124	81	122	78
46～50	128	82	128	79
51～55	134	84	134	80
56～60	137	84	139	82
61～65	148	86	145	83

二、高血压的分类、发病因素与易患高血压的人群

(一)高血压的分类

高血压依发病因素分为原发性高血压和继发性高血压两大类。

1.原发性高血压

原发性高血压的病因尚未阐明,目前认为是在一定的遗传背景下,多种后天环境因素作用,使正常血压调节机制失常所致;即原发性高血压的病因是血液黏稠度增高、动脉硬化、精

神因素等各种原因导致的全身小动脉收缩发生，而导致的重要脏器如脑、心、肾的血供相对和（或）绝对不足，为了满足以上脏器尤其是肾脏的血供，从而引发血压调节机制的运作，进而导致血压升高。原发性高血压患者占总高血压患者的95%以上。

2. 继发性高血压

继发性高血压是继发于肾、内分泌和神经系统疾病的高血压，多为暂时的。常见的有肾脏和肾血管病、内分泌疾患、心血管疾患。这种血压增高是疾病的一个表现，又可称为症状性高血压，若能消除其病因，血压可恢复正常。

（二）高血压的发病因素

高血压的发病因素较为复杂，主要有以下几个方面：①与遗传关系密切，大约半数高血压患者有家族史。②过分摄取盐分、脂肪。③有噪声的工作环境、精神刺激、过度紧张的脑力劳动。④血黏度（血液密度）大，心脏需要更大的压力泵出血液。⑤血管素质差，即血管如果变窄，血液较难通过，心脏则需要更大的压力泵出血液。

由此可归纳为当人体发生血液流变学异常、微循环障碍和血流动力学异常时，即发生血液黏、浓、凝、聚现象时易引发心脑血管疾病，表现为高血压疾病最为突出。

（三）易患高血压的人群

从高血压的发病因素分析，以下人群为易患高血压人群：①父母、兄弟、姐妹等家属有高血压病史者；②肥胖者；③过分摄取盐分者；④过度饮酒者；⑤神经质易焦躁者；⑥高龄者，特别是50～60岁以后，主动脉及其主要分支的弹性下降，发病率增高。

三、高血压的临床表现与危害

（一）高血压的临床表现

1. 头疼

部位多在后脑，并伴有恶心、呕吐等症状。若经常感到头痛，而且很剧烈，同时又恶心作呕，可能是向恶性高血压转化的信号。

2. 眩晕

女性患者出现眩晕者较多，可能会在突然蹲下或起立时有所感觉。

3. 耳鸣

双耳耳鸣，持续时间较长。

4. 心悸气短

高血压会导致心肌肥厚、心脏扩大、心肌梗死、心功能不全，这些都可以导致心悸气短的症状。

5. 失眠

多为入睡困难、早醒、睡眠不踏实、易做噩梦、易惊醒。这与大脑皮质功能紊乱及自主神经功能失调有关。

6. 肢体麻木

常见手指、脚趾麻木或皮肤有蚁行感，手指不灵活。身体其他部位也可能出现麻木，还可能感觉异常。严重者会出现高血压中风前症状，如反复出现瞬间眩晕，视物旋转，几秒钟后便恢复常态；有的人则出现肢体麻木、活动不便、感觉异常、嗜睡；有的人则性格一反常态，变得沉默寡言或多语急躁，或出现短暂智力衰退，单眼突然发黑看不见东西，几秒钟或几十秒钟后便完全恢复正常，这是脑缺血引起视网膜缺血所致。由于脑血管硬化，引起脑缺血，运动神经失灵，还可产生共济失调与平衡障碍而容易跌跤、哈欠不断。

（二）高血压的危害

高血压的危害比较严重，血压增高使心血管负荷增重，可引起心肌肥厚和血管硬化。其受害的器官主要是心、脑、肾、眼及周围血管；心脏可出现左室肥厚、扩大和衰竭；可促进冠状动脉粥样硬化，而出现冠心病；可引起脑供血动脉的硬化和破裂，形成脑卒中；可引起肾小动脉硬化，导致肾功能衰竭、尿毒症；可使眼底小动脉硬化而出现眼出血甚至引起失明；可致动脉硬化和狭窄，引起周围供血不足。

绝大多数原发性高血压的病程很长，进展缓慢；少数急性高血压则可在短时间内出现心、肾的损害。高血压的预后取决于高血压的程度和持续的时间，还与是否同时有其他危险因素有关，如糖尿病、高血脂症可加速高血压的进展。

四、有助于维持血压健康水平的保健食品开发

（一）有助于维持血压健康水平保健食品的一般要求

引发高血压的因素很多，主要是导致人体发生血液流变学异常、微循环障碍和血流动力学异常时出现血压升高症状。有助于维持血压健康水平的保健食品应以调整人体血液流变学、微循环和血流动力学为基础，以改善高血压导致的临床症状为目标。该类保健食品应具有降血脂、降血稠、降血压、抗血栓、软化血管、增加脑和心肌供养、扩张冠脉血管和外周血管的功能以及其他辅助功能。

（二）有助于维持血压健康水平保健食品的常用原料

1. 维生素 C

维生素 C 软化血管、降低胆固醇、改善心脏功能和血液循环的作用显著，因此维生素 C 和富含维生素 C 的水果、蔬菜已被广泛用于辅助降血压的保健食品开发。

2. 钾

钾有降压作用，可促进胆固醇的排除，增加血管弹性。饮食中钠和钾的比例很重要。富钾的食物已用于降压保健食品的开发。

3. 镁

镁是人体必需的微量元素，可降低胆固醇、促进血管舒张、降低血压，缺乏镁时可增加食盐的升血压效应。

4. 脂类

亚油酸、α-亚麻酸、γ-亚麻酸、多不饱和脂肪酸、小麦胚芽油、月见草油、米糠油、紫苏油（苏籽油）、沙棘（籽）油、红花油、亚麻籽油、玉米（胚芽）油、葡萄籽油、深海鱼油（二十碳五烯酸、二十二碳六烯酸）、沙蒿籽油、卵磷脂、γ-谷维素、大豆蛋白、大豆皂苷、植物甾醇、甲壳素、壳聚糖和藻类食物中的少量的 ω-3 脂肪酸等，均具有较好的改善血液流变学、血流动力学和微循环作用，可以作为降血压保健食品的原料。

5. 洋葱、芹菜

洋葱能减少外周血管和心脏冠状动脉的阻力从而使血压下降；芹菜可使血管扩张，有明显的降压作用。因此从洋葱中提取的精油、从芹菜中提取的芹菜素和从其他食用原料中提取的天然降压因子等均可以作为辅助降血压保健食品的原料。

6. 降血压肽

降血压肽是一种新发现的血管紧张素转换酶抑制肽，它通过抑制血管紧张素转换酶，阻碍有升高血压作用的血管紧张素Ⅱ的生成，同时抑制具有降血压作用的血管舒缓激肽的分解，从而使血压下降。现有以大豆、蛇毒、老酒、贻贝、茶叶为原料制备降血压肽的开发研究。还有学者从乳酸菌发酵的酸奶中也找到了降血压肽，经动物实验证明，口服一定量的降血压肽或含有降血压肽的酸奶可降低血压，而且对血压正常者没有影响。

五、中医药理论在降血压方面的应用

（一）降血压的中药材

降血压的中草药材有：

(1)清热类，主要有夏枯草、野菊花、菊花、罗布麻、桑叶、龙胆草、黄芩、黄柏、栀子、草决明、木贼、地骨皮、生地、玄参、牛黄、连翘、葛根、槐花、苦丁茶、莲子心等。

(2)泻下类，主要有大黄、郁李仁、番泻叶等。

(3)活血化瘀类，主要有牛膝、丹参、川芎、赤芍、丹皮、田七、景天三七、毛冬青、益母草、红花等。

(4)消导、补益类，主要有山楂、莱菔子、熟地、何首乌、桑寄生、杜仲、巴戟天、淫羊藿、党参、胎盘、鹿衔草等。

(5)化痰散结类，主要有海藻、昆布等。

(6)利水类，主要有车前子(叶)、泽泻、猪苓、茯苓、萹蓄等。

(7)平肝息风类和止咳平喘类，主要有石决明、珍珠、珍珠母、牡蛎、天麻、地龙等。

可用于辅助降血压保健食品的中药材多数可以单方使用，如山楂具有抗心律失常、增加冠脉流量、扩张血管、降低血压、降血脂作用，特别是降低冠状动脉的病变作用显著；葛根营养心肌、降低血清胆固醇、降低甘油三酯作用显著，利用葛根改善脑循环、改善微循环、抗心律失常的历史较长；决明子降压效果较明显，且持续时间较长，单用决明子入茶作为辅助降血压保健食品较常见；杜仲有降低血压、调整血脂的作用，其降压作用持久，且降压疗效平稳、无毒、无副作用，因此很早就有人开发了杜仲降压茶；灵芝能增加心肌营养性血流量、改善心肌微循环、增加心肌氧的供给，因此灵芝对心肌缺血有保护作用，可对抗高血压对心肌的损伤；菊花可增加心脏冠脉流量；黄芪具有强心、抗心肌缺血作用；地龙具有降压、抗血栓、溶栓和改善血液循环作用；夏枯草对血压有双重调节作用，对麻醉大鼠的心肌具有保护作用，对肝火上炎、络脉瘀滞型的高血压患者具有较好的降低血压效果，还可改善患者的内皮功能，延缓动脉粥样硬化的发展；罗布麻叶作茶饮及药用有悠久的历史，具有降血压、增强毛细血管抵抗力、减少毛细血管脆性、降血脂、扩张冠状动脉、增强冠状动脉血流量的作用。

（二）具有降血压作用的中药复方

中药的降压机制往往是多方面的，主要通过其多途径、多环节、多靶点发挥降压疗效。绝大多数具有降压效果的中药都能补益肝肾、益气活血。这类药不仅能降低血压，还能有效阻止血管硬化。如复方七芍降压片由三七、白芍、天麻、杜仲、桑寄生、地龙、丹参、罗布麻、葛根、香附、甘草组成，能够降低自发性高血压大鼠血压、左室重量指数、血浆及血管紧张素Ⅱ浓度及逆转左室肥厚；能够改善高血压病人血液黏滞度及预防或延缓血栓性并发症的发生，降压的同时还具有降低血脂的作用。又如松龄血脉康含有葛根、珍珠层粉、鲜松叶等多味中药，有养血息风、活血化瘀、平肝潜阳、镇心安神之功；有扩张血管和调脂的作用；除能有效降低高血压病患者的血压外，还能逆转心脏和大动脉功能及结构异常，延缓动脉粥样硬化进展。如某有助于维持血压健康水平的保健食品，其处方为罗布麻叶提取物、杜仲叶提取物、葛根提取物、丹参提取物、红花提取物、槐米提取物；又如某保健食品的处方为杜仲、薤白、罗布麻叶、怀牛膝、槐花、天麻；还有以杜仲、丹参、葛根、生地、三七、昆布为处方组成的辅助降血压保健食品等。

利用中药复方和天然降压保健食品原料开发的有助于维持血压健康水平的保健食品因效果明显、稳定而具有较好的市场竞争力。

本章小结

本章重点介绍了高血脂、高血糖和高血压的基本概念、临床表现及发病因素，指出了有助于维持血脂、血压和血糖健康水平保健食品的一般要求，及相应保健食品原料的作用原理与特点，分析了中医药理论在维持血脂、血压和血糖健康水平方面所具有的特色和优势。

复习思考题

1. 高血脂症、高血糖症和高血压症的类型有哪些？
2. 高血脂症、高血糖症和高血压症有哪些临床表现？
3. 利用保健食品维持血脂、血压和血糖健康水平的意义与原则有哪些？
4. 中医药理论在维持血脂、血压和血糖健康水平方面具有怎样的优势？
5. 开发有助于维持血脂、血压和血糖健康水平的保健食品的一般要求是什么？

实验实训

1. 为高血脂症、高血糖症和高血压症患者推荐正确的保健食品。
2. 根据高血脂症、高血糖症和高血压症患者的发病特点，以中医理论辨证施治的原则为患者拟定保健食品配方。

第五章　有助于增强免疫力、抗氧化的保健食品

知识目标

通过本章的学习，了解免疫学的基本概念与基本原理，了解衰老的基本机制与抗氧化对延缓衰老的意义；理解利用保健食品增强免疫力的意义和抗氧化的作用机理，掌握免疫力低下人群应用有助于增强免疫力保健食品的一般原则和老年人应用有助于抗氧化保健食品的一般原则，熟悉常见保健食品原材料在增强免疫力和抗氧化方面的作用特点，正确理解中医药理论在增强免疫力和抗氧化方面具有的优势；掌握中医药理论在增强免疫力和抗氧化方面的应用。

技能目标

通过本章的学习，学生能够根据免疫力低下者的临床表现做出正确的判断；能够利用相应的保健食品（原料），针对免疫力低下人群的不同特点，使用或开发有助于增强免疫力的特色保健食品；能够正确运用有助于增强免疫力或抗氧化的保健食品，为免疫力低下人群和希望延缓衰老人群服务；能够针对人群的不同特点，开发适宜的保健食品。

第一节　有助于增强免疫力的保健食品

一、免疫学概述

(一)抗原、抗体与补体

1. 抗原

抗原是指能在机体内引起免疫应答的物质，它具有两种特性：①刺激机体免疫系统产生特异性免疫反应，并形成抗体或致敏淋巴细胞，这种性质称为免疫原性或抗原性。②与抗体或致敏淋巴细胞特异性结合出现免疫反应，这种性质称为反应原性。

免疫原是指既具免疫原性又有反应原性的抗原。免疫原都是抗原，但抗原不一定都是免疫原。抗原的范围较广，包括免疫原、半抗原以及由不同抗原物质构成的复合体，如微生物、血细胞或组织细胞等。不过，由于传统习惯的缘故，现在一般是将这两个名词不加区别地通用。

半抗原仅具有反应原性而缺乏免疫原性。当半抗原与蛋白质大分子结合形成复合物后，可赋予其免疫原性，这种蛋白质大分子称为载体。半抗原载体复合物能刺激机体产生抗体或致敏淋巴细胞，并与相应的复合物结合产生特异性免疫反应。所以，半抗原虽无免疫原性，但可决定免疫反应的特异性。抗原物质在激发免疫系统的过程中有不同的淋巴细胞参与。这其中有些抗原需有细胞的辅助才能活化 B 细胞产生抗体，有些抗原则不需要。故可

将抗原分为两种：胸腺依赖性抗原（TD 抗原）和非胸腺依赖性抗原（TC 抗原）。

2. 抗体和免疫球蛋白

抗体是在抗原物质对机体刺激后形成的，为一类能与相应抗原（表位）特异性结合的具有免疫功能的球蛋白。

免疫球蛋白是指具有抗体活性或化学结构上与抗体相似的球蛋白。人类免疫球蛋白分为 5 大类：IgG、IgM、IgA、IgD 和 IgE。其中 IgG 是血清中含量最多的主要抗体，含有抗体的血清称为抗血清。

抗体都是免疫球蛋白，但免疫球蛋白并不都具有抗体活性。免疫球蛋白的范围比抗体更广些。

3. 补体

补体是一组球蛋白，在血清中的含量比较稳定，不随免疫接种而增加。一般情况下，补体在体液中呈无活性的状态，只有当受到某种“激活剂”（如细胞抗原—抗体复合物）的作用后，其各组成成分依次被活化，补体各成分或其裂解片段才具有活力。活化的补体作用于细胞膜，最终会引起细胞膜的不可逆损伤，导致细胞（细菌）的溶解。激活后的补体系统呈现一系列具有酶活力的连锁反应，在体内参与特异性和非特异免疫反应。以抗体为介质的杀菌、溶菌及溶细胞等免疫反应均需有补体参与。补体系统在激活过程中会产生趋化因子、过敏毒素之类的免疫因子，引发一系列的生物效应，表现出增强机体的防御能力的现象，但也可能出现导致疾病的免疫病变。

（二）免疫系统的组成

机体的免疫功能是由一个复杂的免疫系统实现的，包括免疫器官、免疫细胞和免疫因子。免疫系统的存在及其功能的正常化，是机体免疫功能稳定的基本保证。

1. 免疫器官

免疫器官是指实现免疫功能的器官和组织，包括中枢免疫器官和外周免疫器官两大类。前者对免疫应答的发生有决定性的作用，是能左右机体实现免疫应答功能的器官；后者是接受抗原刺激产生免疫应答的场所。由于其主要成分都是淋巴组织，故也称为淋巴器官。

（1）中枢免疫器官，包括骨髓、胸腺、腔上囊或类囊组织。由于它们在免疫应答中的首要作用，故也称为一级免疫器官。中枢免疫器官发生于胚胎的早期，是造血干细胞增殖、发育并分化成 T 细胞与 B 细胞的场所，可不需抗原刺激而增殖淋巴细胞，并向外周免疫器官输送 T 细胞和 B 细胞，其决定着外周免疫器官的发育。

①骨髓是各种免疫细胞的原始发源地，是多能干细胞的所在地。多能干细胞具有强大的分化能力，可分化发育成红细胞、粒细胞、单核细胞（到组织中转化为巨噬细胞）、巨核细胞和淋巴细胞等，其中淋巴细胞约占骨细胞总量的 20%。骨髓既是 T 细胞和 B 细胞的发源地，也是 B 细胞的成熟场所，此外还可产生 K 细胞等。

②胸腺位于人体胸腔前纵隔上部、胸骨后方，是胚胎期发育最早的淋巴组织，为 T 细胞的发源地，是免疫系统的中心器官。它还可产生以胸腺素为代表的各种胸腺激素，这些激素通过诱导 T 细胞的成熟来达到对免疫功能的调节作用。

③腔上囊（或称法氏囊）是鸟类独有的淋巴上皮器官，能够影响 B 细胞的分化与成熟。人和哺乳动物虽没有腔上囊，但有作用相似的类囊组织，胚肝与骨髓已被公认为哺乳动物的类囊组织，能直接形成 B 细胞。

(2)外周免疫器官，又称二级免疫器官，包括脾、淋巴结、与黏膜相关的淋巴组织和肠道等。这些器官的发育较迟，其淋巴细胞最初是由中枢免疫器官迁来的，靠抗原的刺激而增殖，是接受抗原刺激发挥免疫作用的主要场所。

①脾是血液通路中的滤过器官，也是体内最大的免疫器官。脾可产生大量的淋巴细胞，其中以B细胞为主，约占总数的60%。脾还含有大量的巨噬细胞，在全身免疫和清除自身已衰老的红细胞等方面发挥着重要作用。

②淋巴结是呈豆形网状结构的组织，分布在身体的不同部位，如颈、腋、腹股沟、肠系膜、盆腔及肺门等，其中以肠道附近、扁桃体和肝组织内较多。淋巴结是淋巴细胞定居和增殖的场所。淋巴结含有大量的淋巴细胞和巨噬细胞，它们参与抗原与抗体的复合反应，清除抗原异物。

③与黏膜相关的淋巴组织呈球形，分布在消化道、呼吸道、泌尿生殖道和眼结膜等黏膜下异物容易入侵的部位。其所含有的淋巴细胞主要是B细胞，此外还有巨噬细胞。

④肠道过去被认为是一个单纯消化吸收食物的器官，近年来的研究表明它也是人体的一个免疫器官，而且可能是最大的免疫器官。

2.免疫细胞

免疫细胞泛指所有参与免疫应答的细胞及其前身，包括淋巴细胞、单核吞噬细胞、抗原递呈细胞、粒细胞和红细胞等。人和哺乳动物的所有免疫细胞都是从骨髓中的多能干细胞分化而来的。

(1)淋巴细胞是机体内最为复杂的一个细胞系，包括T细胞、B细胞、NK细胞和K细胞等，其中T细胞和B细胞还分为若干亚群。因此，淋巴细胞是种类繁多而分工细致的一个复杂的免疫细胞类群，其特点为：

①T细胞(T淋巴细胞)依赖于胸腺，由T细胞参与的免疫应答是由T细胞直接实现的，称为细胞免疫。

②B细胞(B淋巴细胞)依赖于骨髓，由B细胞参与的免疫应答是通过抗体实现的，称为体液免疫。T细胞和B细胞都有保存免疫记忆的能力。

③NK细胞是自然杀伤细胞的简称，发源于骨髓干细胞，而后分布于外周组织，主要分布于脾和外周血中。在人的外周静脉血中，NK细胞占淋巴细胞总数的5%～10%。NK细胞是自发的细胞介导细胞毒，其细胞毒活力虽比T细胞和K细胞弱些，但作用快，是机体重要的非特异性防御机能。

④K细胞是杀伤细胞的简称，占淋巴细胞总数的5%～15%，存在于腹腔渗出液、脾、淋巴结和血液中。K细胞具有抗体依赖的细胞介导细胞毒作用，对靶细胞的识别与杀伤作用完全依赖于抗体，属于非特异性免疫反应。除K细胞外，NK细胞、单核细胞和巨噬细胞等也具有抗体依赖的细胞介导细胞毒作用。NK细胞与K细胞统称大颗粒淋巴细胞，因为既不是T细胞，又不是B细胞，故又称为第三群细胞。

(2)单核吞噬细胞包括血液中的单核细胞与组织中的巨噬细胞。它们具有吞噬、杀菌、细胞毒、抗原的处理与递呈、增强免疫力等多种重要的生理功能。

(3)抗原递呈细胞的主要作用是捕捉和处理抗原，并将有效抗原递呈给T细胞和B细胞，同时激活之。由于抗原递呈细胞能辅佐T细胞和B细胞发生免疫应答，故又称为辅佐细胞。

(4)粒细胞由骨髓产生,其数量占正常血液白细胞总数的60%～70%。粒细胞分中性、嗜酸性与嗜碱性3种,主要起吞噬作用,与抗体和补体一起抵抗微生物的侵袭,在炎症反应中起重要作用。

(5)红细胞与白细胞均来源于多能干细胞,主要执行免疫与防御功能。

3.免疫因子

免疫因子由补体、免疫球蛋白、干扰素、白细胞介素、肿瘤坏死因子等细胞因子组成。在免疫应答中,抗原刺激仅是淋巴细胞分化增殖的触发物和第一信号,免疫因子在分化过程中发挥第二信号的介导作用。免疫因子就是由淋巴细胞、巨噬细胞等分泌的具有免疫介导作用的可溶性活性因子,由淋巴细胞分泌的称为淋巴因子,由单核吞噬细胞分泌的称为单核因子。目前研究进展迅速的淋巴因子有白细胞介素、白细胞调节素和肿瘤坏死因子等。

(三)免疫系统的功能

免疫系统有免疫防御、免疫稳定和免疫监视三大基本功能。

1.免疫防御(immunologic defence)

免疫防御是针对外来抗原的一种免疫保护作用,在正常情况下可保护机体不受病原体的感染。此功能过高可引起超敏反应,过低可引起免疫缺陷,容易导致机会感染。

2.免疫稳定(immunologic homeostasis)

免疫稳定是指清除体内出现的变性、衰老和死亡细胞,维持体内环境相对稳定。如果这种功能发生紊乱,易得自身免疫病。

3.免疫监视(immunologic surveillance)

免疫监视是指机体免疫系统具有识别、清除突变细胞和持续性感染细胞的功能。如免疫监视功能低下,可出现癌变或持续性感染。

人的免疫功能在发育高峰期过后便开始下降,平均每年要丧失其功能的0.8%～0.9%。随着人年龄的增长,自身免疫现象逐渐加重,如果人的自身免疫现象增长速度过快,就会造成许多疾病(如临床所常见的类风湿、红斑狼疮等);如果这种自身免疫水平不高,发展缓慢,则称之为生理性的自身免疫或衰老,最终导致系统功能衰竭,癌肿等许多严重影响人类健康疾病的发生概率就会增加。

人的精神因素也是造成自身免疫功能加速与衰竭的重要原因。胸腺与人的机体建立起完善的免疫功能,淋巴干细胞经胸腺被培育转化成具有免疫活性的T淋巴细胞,然后再经血液转入淋巴结和脾,在这些部位参与机体的免疫反应。人的胸腺在20～30岁时开始缩小,分泌的胸腺素开始衰减。人到40岁后,胸腺几乎不再分泌胸腺素。50岁后,胸腺便成了一块脂肪。由于人的免疫功能下降,与衰老相关的疾病则随之发生。目前,医学界通过营养素的补充以实现对免疫功能的调节,如给中老年人补充优质蛋白质,维生素A,维生素C,矿物质钙、镁及微量元素锌、铁、硒等,以改善机体的免疫功能,防止和避免与衰老有关的疾病的发生。

(四)天然免疫与获得性免疫

机体的免疫功能包括天然免疫(非特异性免疫)和获得性免疫(特异性免疫)两部分。

1.天然免疫

天然免疫是机体在长期进化过程中形成的防御功能,个体出生时即具备,作用范围广,是不针对特定抗原的免疫能力,所以也叫非特异性免疫,在机体防御机制中具有重要作用,是抵抗病原微生物感染的第一道防线。其屏障结构为：

(1)皮肤黏膜屏障，包括体表皮肤与腔道黏膜。

(2)物理屏障，是健康完整的皮肤和黏膜构成的屏障结构，对病原生物等抗原异物侵入机体具有保护作用。

(3)化学屏障，是皮肤黏膜分泌的某些化学物质构成的屏障结构，具有抑制、杀伤病原微生物的作用。

(4)生物屏障，是寄居皮肤和黏膜的正常菌群构成的屏障结构，可抵御病原生物侵入机体。

(5)内部屏障——血脑屏障，是血脑屏障的组织学部位，主要是脑毛细血管内皮细胞层。这层细胞具有联结紧密、胞饮作用微弱的特点，可有效地阻挡病原微生物及其他抗原异物通过血流进入脑组织或脑脊液，从而保护了机体的中枢神经系统。

(6)内部屏障——血胎屏障，由母体的子宫内膜的基蜕膜和胎儿绒毛膜共同组成。此屏障不影响母子间的物质交换，但在一般情况下可防止母体内的病原菌进入胎儿体内，使胎儿免受感染。

天然免疫的效应分子有：①补体系统；②细胞因子；③溶菌酶；④其他分子。

天然免疫的免疫细胞有：①吞噬细胞；②NK 细胞；③肥大细胞；④嗜碱性粒细胞。

天然免疫是非特异性的，所以抗原识别谱广，无免疫记忆，且作用时间较短，可概括为皮肤、黏膜的屏障作用；正常体液的杀菌作用；单核巨噬细胞和粒细胞的吞噬作用；自然杀伤细胞的杀伤作用等。

2. 获得性免疫

获得性免疫是个体出生后，在生活过程中与病原体及其毒性代谢产物等抗原(有时也称免疫原)分子接触后产生的一系列免疫防御功能。这种免疫功能是在出生后才形成的，并且只对接触过的病原体有作用，故也称后天获得性免疫或特异性免疫。获得性免疫不能遗传给后代。获得性免疫包括体液免疫和细胞免疫两大类。

(1)体液免疫是以特异性抗体起主要作用的免疫应答反应，因抗体存在于人体的血液、淋巴液、组织液、分泌液等体液中，所以叫体液免疫。当人体淋巴细胞中的 B 细胞受到某些病原体和它们的代谢产物，或者其中之一刺激后，一般在巨噬细胞和辅助性 T 细胞的协同下，细胞进行分化、增殖为浆细胞。随着病原体类型、进入机体途径、免疫应答过程等 2(CD4Th2 细胞)不同，浆细胞可合成和分泌具有不同理化特性及生物学功能的五类免疫球蛋白抗体，它们被命名为 IgG、IgM、IgA、IgE 和 IgD。抗体的主要功能是调理病原体，增强吞噬细胞的吞噬作用以及中和细菌外毒素或病毒等。

(2)细胞免疫是以淋巴细胞中的 T 细胞为核心的免疫应答反应。当 T 细胞与某些病原体接触后，一般在巨噬细胞的参与下，T 细胞进行分化、增殖为免疫 T 细胞，其中主要是辅助性 T 细胞 I(CD4ThI 细胞)和细胞毒性 T 细胞(CTL 细胞)。CD4ThI 细胞能产生多种细胞因子，引发迟发型超敏反应和激活 CTL 细胞等，将入侵的病原体，尤其是胞内寄居的病原体杀灭。

体液免疫与细胞免疫的联系密切，在特异性免疫反应中，体液免疫和细胞免疫之间既各自有其独特的作用，又可以相互配合，共同发挥免疫效应。当细菌、病毒等病原体侵入动物身体后，首先诱发体液免疫，因为 T 细胞不能识别入侵的病毒等抗原，只有当病毒或胞内寄生菌侵入宿主细胞，细胞表现出来自病毒等病原体的小分子蛋白质抗原，并与细胞表面的受体结合成复合物时，T细胞才能识别，进而引发细胞免疫，使靶细胞裂解，暴露出隐藏其中的病原体，再通过体液免疫将其清除。假若病原体不是胞内寄生物，则只能诱发体液免疫。

（五）免疫力低下的表现与危害

免疫系统的三大基本功能决定了免疫力低下和免疫力超常对肌体的影响。各种原因使免疫系统不能正常发挥保护作用，在此情况下，极易招致细菌、病毒、真菌等感染，因此免疫力低下最直接的表现就是容易生病。一般临床表现为体质虚弱、营养不良、精神萎靡、疲乏无力、食欲降低、睡眠障碍等。由于免疫力低下，每次生病后，恢复较缓慢，而且常常反复发作，如感冒反复发作、扁桃体炎反复发作、哮喘反复发作、支气管炎反复发作、肺炎反复发作、腹泻反复发作等。长此以往会导致肌体和智力发育不良，还会增加重大疾病如癌症发生的可能。免疫力超常也会产生对身体有害的结果，如引发过敏反应、自身免疫疾病等。

（六）免疫力下降的原因

造成免疫力下降的因素多而复杂，与先天遗传和后天因素均有关。其后天因素一般可归纳为以下几个方面：

（1）长期精神过度紧张、不安、焦急等心理劳累，会给植物性神经造成不良影响，而植物性神经和内分泌系统及免疫系统有着紧密的联系。

（2）长期过度劳累、睡眠不足，会与心理紧张一样加重植物性神经的负担，而且也会给内分泌系统及免疫系统带来不良影响，从而造成免疫力下降。

（3）消极悲观的性格会造成免疫力降低，所以保持心情舒畅很关键。

（4）饮食失衡、饮食混乱、进食时间不规律、挑食等都会使提供人体免疫系统所需的营养不足，从而造成免疫力下降。

（5）运动不足导致体力下降，体力欠佳就难以抵抗劳累，进而造成免疫力下降。

（6）过度清洁和过度抗菌药物造成免疫力下降。因为人体的免疫系统一旦适应了过于清洁的环境，那么免疫力就会下降。

（7）随着年龄的增长，身体会逐渐老化，人体的免疫系统亦随之老化。

二、有助于增强免疫力保健食品的开发

（一）有助于增强免疫力保健食品的一般要求

开发增强免疫力保健食品应考虑免疫力低下人群的状态与营养情况。营养与免疫息息相关，供应免疫系统足够的营养对维持良好的健康状况、防御疾病具有十分重要的意义。许多天然物质具有良好的增强人体免疫力的功能，利用这些物质开发有助于增强免疫力的保健食品是主流。此外，缓解精神紧张、缓解肌体疲劳、调整情绪状态、抗菌消毒、抗衰老的物质对增强免疫力和改善免疫力低下人群的状态也具有十分重要的意义。开发增强免疫力保健食品，要针对免疫力下降人群的不同状态分别提供必要的物质，从而达到维持良好的健康和防御疾病的目的。

（二）营养与免疫力的关系

1. 蛋白质与免疫力

蛋白质是机体免疫防御功能的物质基础，如上皮、黏膜、胸腺、肝脏和白细胞等组织器官以及血清中的抗体和补体等，主要都是由蛋白质参与构成的。当蛋白质营养不良时，可导致

淋巴器官发育缓慢，胸腺、脾脏重量减轻，淋巴组织器官中淋巴细胞数量减少，外周巨噬细胞数量和吞噬细胞活力显著降低，淋巴细胞对丝裂原的反应性降低。同时，细胞免疫和体液免疫能力也随之下降，使机体对传染病的抵抗力降低。哺乳期妇女蛋白质营养不足则影响泌乳力及乳汁品质，乳中蛋白质的含量尤其是初乳中免疫球蛋白的含量可影响幼儿的免疫抗病力。对免疫力低下的少年儿童更要考虑补充蛋白质的必要。

2. 维生素与免疫力

(1)维生素 A 可增加绵羊红细胞或蛋白质免疫小鼠的脾脏 PFC 数目，增强非 T 细胞依赖抗原所导致抗体的产生。它还可增强人外周血淋巴细胞对 PHA 的反应和 NK 细胞活性，提高巨噬细胞活性，刺激 T 细胞增殖和 IL-2 产生。

(2)维生素 C 可以制造大量免疫球蛋白，使淋巴细胞抗癌效率提高。英国科学家研究发现，人的白细胞中维生素 C 的含量与年龄成反比，也许这是老年人免疫功能较差、癌症易于在老年人中发生的因素之一。

(3)维生素 E 可增加对抗原的免疫反应，改善宿主对微生物的抵抗力。维生素 E 除有增强中性粒细胞抗感染的作用外，还能改变免疫应答反应。维生素 E 对 T 细胞和 B 细胞均有作用；维生素 E 的缺乏可引起免疫功能低下，可能是由于血清中体液因子引起免疫抑制；口服维生素 E 后则使该体液因子失活，从而增强了免疫反应，提高机体的抵抗力。

3. 矿物质与微量元素对增强免疫力的重要性

(1)锌在免疫方面，参与核酸、蛋白质和能量的代谢及氧化还原过程，有利于免疫细胞的分裂、繁殖；适量的锌可维持胸腺和外周淋巴细胞正常功能而增强机体免疫功能；人体锌不足会导致胸腺及外周淋巴结萎缩、淋巴细胞数量低落、血中免疫球蛋白降低、人体免疫功能紊乱，临床表现为肺炎、念珠球菌感染、感冒等疾病反复发作。

(2)铁是血红蛋白、细胞色素酶及氧化酶体系的重要组成成分，参与机体免疫功能的调节。缺铁直接影响淋巴细胞合成，抑制抗体产生，干扰溶菌酶的活性，使白细胞杀菌功能减弱，降低对感染的应答效能；铁能促进吞噬细胞过氧化物酶的合成，缺铁会使该酶合成减少，造成吞噬细胞杀菌能力降低。铁是造血系统的重要原料，铁摄入不足会引起缺铁性贫血，使细胞功能受到抑制，中性粒细胞杀菌能力减弱，细胞活性降低，导致机体免疫功能下降，易感染多种疾病。

(3)铜参与多种酶的组成、活化及生物转化，是免疫系统必不可少的微量元素。铜与白细胞的吞噬作用及网状内皮系统的功能密切相关，能强化机体的免疫力；铜可加强皮肤黏膜的防御功能，缺铜可使机体的免疫力下降；铜是赖氨酸氧化酶的金属辅酶，可催化弹性蛋白中该酶的残基和胶原肽基-赖氨酸残基的形成，故缺铜的人常因免疫细胞的减少，抗病力降低而患病。

(4)硒可促进体内细胞和自然杀伤细胞活性明显增强，是免疫功能的增强剂；硒刺激免疫球蛋白及抗体产生，提高免疫球蛋白等的抗体能力；硒具有抗氧化作用，可清除自由基和修复生物膜的损伤，防止细胞畸变，有防癌、抗癌作用；缺硒会导致免疫细胞组织内抗氧化损伤能力减弱；缺硒还会对免疫系统趋化、吞噬、杀伤三大过程有不同程度的影响，使机体免疫应答下降，使机体易感染病症。

(5)钙在免疫细胞内信息传递、调节细胞膜的通透性和参与细胞分裂、增殖、代谢等方面起着重要作用；免疫球蛋白生成，细胞因子释放，中性粒细胞及巨噬细胞的游动、吞噬、消化都离不开钙离子的释放作用;缺钙会引起免疫器官发生萎缩,使免疫功能降低,机体易感染性增大而致病。

(6)镁是细胞的激活剂和细胞线粒体的必要组分,能维持胸腺的形态功能,使嗜酸性粒细胞在正常范围内运作;缺镁会导致嗜酸性粒细胞增多,肥大细胞脱颗粒及胸腺萎缩变异,使淋巴细胞对各种抗原刺激、免疫反应性显著减少,尤其是免疫球蛋白、补体及血清杀菌素降低,机体抗病力减弱,易感染病症。

4. 抗氧化物与免疫力

抗氧化物通过消灭自由基来保证人体的免疫系统不受侵害,从而提高人体的免疫力。如维生素 A、维生素 E、维生素 C 具有较好的抗氧化特性,适量补充以上 3 种维生素可从不同层面上调节机体的免疫力。

常见的抗氧化物质还包括 β-胡萝卜素、超氧化物歧化酶、微量元素锌、微量元素硒和其他有抗氧化作用的天然物质。

(三)常见的增强免疫力的物质

1. 免疫活性肽

免疫活性肽是能刺激巨噬细胞的吞噬能力、抑制肿瘤细胞生长的物质,它分为内源免疫活性肽和外源免疫活性肽。内源免疫活性肽包括干扰素、白细胞介素和 β-内啡肽,它们是激活和调节机体免疫应答的物质;外源免疫活性肽主要来自于动植物。免疫活性肽具有多方面的生理功能,它不仅能增强机体的免疫能力,在动物体内起重要的免疫调节作用,而且能刺激机体淋巴细胞的增殖和增强巨噬细胞的吞噬能力,提高机体对外界病原物质的抵抗能力。已经被应用的免疫活性肽有:①从小牛胸腺中发现并提纯的胸腺素,是有非特异性免疫效应的小分子多肽;②利用猪血或牛血为原料,通过生物酶解,进而分离纯化得到的高浓度氨基酸-高免疫活性多肽产品;③从大豆蛋白中分离出的免疫调节肽。

2. 超氧化物歧化酶(SOD)

超氧化物歧化酶可清除人体内多余的自由基,提高机体免疫力。

3. 蜂胶

蜂胶能提高人体的体液免疫和细胞免疫功能,显著增强巨噬细胞的吞噬能力和自然杀伤细胞的活性;蜂胶黄酮可明显增强过氧化氢酶(CAT)及超氧化物歧化酶的活性,从而清除体内大量自由基,减少组织细胞的损伤,缓解肿瘤、炎症。

4. 灵芝

灵芝可增强人体的免疫力,这是因为灵芝含有抗癌效能的多糖体。此外,灵芝还含有丰富的锗元素,锗能加速身体的新陈代谢,延缓细胞的衰老,能通过诱导人体产生干扰素而发挥其抗癌作用。

5. 蜂王浆

蜂王浆含有免疫球蛋白,并能够激发免疫细胞活力,明显提高人体免疫力。

6. 香菇

香菇含有香菇多糖,具有激活细胞免疫、调节多种体液免疫因子、诱导 α-干扰素生成、调节机体免疫应答反应、诱导白细胞对肿瘤浸润等活性,可导致肿瘤部位血管扩张、出血、坏死,阻止病毒与宿主细胞的结合,提高超氧化物歧化酶活性。

7. 灰树花

灰树花属担子菌纲多孔菌科的一种药食兼用的珍稀食用菌，含有灰树花多糖，是一种有效的生物免疫调节剂，它能极大地激活细胞免疫功能，从而提高机体免疫力。此外，灰树花多糖的抗肿瘤机制与其他真菌多糖相似，即通过激活机体免疫系统来防止正常细胞癌变，抑制肿瘤生长和转移。灰树花多糖具有直接抑制艾滋病病毒（HIV）、刺激机体免疫系统抵抗HIV 并增强机体抵御续发疾病的能力。国际癌症协会进行的体外研究表明，硫酸化灰树花多糖的抗病毒活性具有明显的量效关系。

8. 蝉花

麦角菌科的蝉花有显著促进正常小鼠体液免疫功能和提高巨噬细胞吞噬功能的作用。蝉拟青霉也有增强免疫功能的作用，能激活肺巨噬细胞，使大鼠肺巨噬细胞内乳酸脱氢酶和酸性磷酸酶的活性显著升高。

9. 海藻

海藻多糖能提高脾细胞 DHA 合成活性，对小鼠的抗金黄色葡萄球菌的吞噬细胞的消化活性具有促进作用，对胞质分裂和肿瘤坏死因子也有相同的促进作用。此外，海藻多糖对脾细胞多克隆抗体（IgM 和 IgG）的生成也有促进作用。总之，海藻多糖能增强特异性免疫功能和非特异性免疫功能。海藻多糖对单核巨噬细胞的吞噬功能、小鼠免疫器官重量、脾淋巴细胞增殖、血清溶血素的生成均有明显的提高作用，对小鼠腹腔巨噬细胞有较强的免疫调节作用，且具有抗肿瘤作用。

另外，大蒜具有抗氧化的作用，有提升免疫力及抗病毒的功能，对于巨细胞病毒有抑制作用，可促进 T 淋巴细胞转化，增加白细胞及巨噬细胞的活性。还有的研究者认为补充左旋肉碱不但能提供足够的能量，而且能保持免疫系统的强壮，从而避免一些疾病的侵袭。

三、中医理论与中草药在增强免疫力方面的应用

（一）免疫力低下的中医学辨证

免疫力低下的人群一般处于亚健康状态。中医学一般辨证为肾精亏损、气血不足之证，增强免疫力以补气血方剂应用较多。目前市场上增强免疫力功能的保健食品属于此类的比较多见。

（二）常见的具有增强免疫力功能的中药材

当前，中药现代药理学对大部分中药材的药理作用，包括免疫机理进行了比较全面的研究，出现了许多新成果，筛选出各类增强免疫力的药物。这些药材在开发保健食品方面可以单独使用，亦可组方应用。按照中药材及中药成方对免疫影响的不同，常见的增强免疫力的中药材可划分为以下几类：

1. 改善免疫器官功能，促进免疫细胞发育分化的药物

中枢免疫器官骨髓、胸腺是免疫细胞的发源地，造血干细胞在此发育分化为各类成熟的免疫细胞。实验证明：人参、黄芪、当归、阿胶、鹿茸、党参、淫羊藿等均能刺激骨髓造血功能的发挥；何首乌能明显延缓性成熟后胸腺的退化萎缩，增强胸腺和脾脏重量，显著增强胸腺和脾脏 T 细胞的增殖反应；枸杞多糖、淫羊藿多糖能激活胸腺细胞的增殖能力及产生 IL-2 的能力，并能促进胸腺细胞向脾脏转移，长期口服可使老龄动物胸腺重量明显增加，有利于增强免疫功能、延缓衰老。一些具有滋阴补阳、补益气血、滋补肝肾、益气健脾的中药名方，

如六味地黄汤、四君子汤、金匮肾气汤、生脉散、理中汤等均可逆转环磷酰胺引起的骨髓及胸腺细胞增殖抑制，使细胞增殖活性达到正常水平或增强。

2. 促进机体非特异性免疫功能的药物

(1)增强屏障防御功能的药物。五味子、山萸肉、乌梅、金樱子、诃子等均有不同程度的收敛功效，其中所含的成分鞣质与肠黏膜接触后，能在肠黏膜表面形成保护层，从而减少有害物质对肠黏膜的激惹。鞣质与出血创面接触，可使血液内蛋白质凝固，堵塞创面小血管而发挥止血之效。因而酸味药对于皮肤、黏膜的屏障防御功能具有促进和修复作用。

(2)提高单核或中性粒细胞的吞噬功能的药物。多种虚证如肺虚、脾虚、肾虚等皆可伴有单核吞噬活性降低的表现。人参、党参、黄芪、白术、刺五加、当归、何首乌、菟丝子、杜仲、冬虫夏草等均有提高单核吞噬功能的作用。非补益类药如柴胡、鱼腥草、板蓝根、金银花、猪苓、茯苓、丹参、桔梗等也能增强各类吞噬细胞的吞噬功能，它们均对机体的免疫功能有增强作用。

(3)促进 NK 细胞杀伤作用的药物。NK 细胞可直接杀伤或介导 ADCC 效应(抗体依赖细胞介导的细胞毒性作用)杀伤肿瘤和病毒感染的靶细胞，在机体早期抗感染及抗肿瘤过程中发挥重要作用，并具有免疫调节功能。人参、黄芪、阿胶、灵芝多糖、淫羊藿总黄酮、当归、川芎嗪、天花粉、柴胡、仙鹤草、薏苡仁油等都能明显增强 NK 细胞活性，提高机体免疫力，从而增强机体抗感染及抗肿瘤能力。

(4)促进溶菌酶的分泌及活性提高的药物。溶菌酶是一种黏肽溶解酶，可作用于革兰阳性菌细胞壁的肽聚糖，使细胞壁破坏，导致细菌发生渗透性溶解。清热解毒及化痰止咳平喘类中药多能增强溶菌酶的分泌和活性。如由苏子、黄芩、甘草、桑白皮、杏仁、半夏、白果等组成的定喘汤，制成雾化吸入剂后使用，能明显提高急性咽炎患者唾液中溶菌酶的水平，对口腔中微生态的失衡有显著的调节作用。

(5)调节正常菌群、恢复微环境生态平衡的药物。扶正及祛邪类中药对调整和恢复失调的正常菌群均有明显的作用。如由人参、白术、茯苓、炙甘草组成的四君子汤，对抗生素所致小鼠肠道菌群失调有良好的恢复作用，并能促进肠道黏膜的修复。地黄寡糖可使糖尿病小鼠肠道中双歧杆菌类杆菌、乳杆菌等优势菌群的数量明显增加，改善糖尿病所致的菌群失调，具有调节肠道微生态平衡的作用；黄柏、黄连合剂能促进小鼠阴道黏膜的修复，促进阴道乳杆菌的生长。川芎、大黄、黄芩、三七等对口腔内内氏放线菌的异常增长及产酸均有一定的抑制作用，防止龋齿的发生。

(6)促进补体、细胞因子产生的药物。补体、细胞因子等免疫分子不仅发挥非特异性免疫效应，而且参与特异性免疫应答，并在特异性免疫调节中发挥重要作用。许多中药可对机体不同细胞因子的分泌水平进行调节，如白术、当归、人参皂苷、黄芪多糖、白芍总苷、枸杞等对 IL-2 的产生具有促进作用；黄芪、人参、何首乌、穿心莲内酯等能促进 IFN 的产生；人参、穿心莲内酯等可促进肿瘤坏死因子产生。许多中药可通过对细胞因子的调节，进而通过细胞因子网络对机体整体免疫功能发挥调节作用。如三七提取物人参二醇苷对血清补体 C3、C4 水平升高有促进作用；黄芪能明显增加单核巨噬细胞分泌；金银花、连翘及黄芩可促进血清补体总量升高，并明显提高补体介导的免疫复合物溶解能力。

(7)促进红细胞免疫功能的药物。多种补益气血、滋阴助阳的补益类药或方剂对红细胞免疫功能有促进作用。如黄芪提取物黄芪多糖，药食同源的灵芝、何首乌、麦冬、枸杞、鹿茸、淫羊藿等，以及一些传统的补益良方如四君子汤、补中益气汤、四物汤、当归补血汤、六味地黄汤、金匮肾气丸等，可促进免疫功能低下或衰老机体红细胞免疫功能的提高。活血化瘀药三棱、姜黄、牛膝在改善与血液循环障碍相关的血瘀症的同时，大多对红细胞免疫功能具有良好的调节作用。清热类药如板蓝根、天花粉，利水渗湿药如猪苓、薏苡仁，都能从不同方面提高免疫功能低下机体的红细胞免疫状态。

3. 增强机体特异性免疫功能的药物

特异性免疫在机体清除病原体、促进疾病治愈及防止再感染中发挥主要作用，是机体“正气”的主要方面。多种补益类中药都有促进体液免疫和细胞免疫的功效。而一些清热解毒药如板蓝根、白花蛇舌草，也可从祛邪的角度通过不同环节刺激免疫应答机制以补正虚。

(1)促进 T 淋巴细胞的免疫功能的药物。许多中药或其有效成分对 T 细胞的活化、增殖、分化显示出不同的促进作用。如灵芝多糖可激活 T 细胞；白术及葛根等能促进 ConA 诱导的 T 细胞的活化增殖反应；刺五加、人参、麦冬可使老年慢性支气管炎患者的免疫力低下状态恢复正常；冬虫夏草可改善细胞的免疫功能状态。

(2)促进 B 淋巴细胞发育、增殖、分化及抗体产生的药物。很多补益类药如人参、当归、淫羊藿多糖、菟丝子黄酮、刺五加等及清热解毒药如金银花、侧柏叶等都具有促进抗体生成的作用；六味地黄汤中提取的酸性多糖 CA4-3 可明显改善脾细胞抗体生成低下的状态，体外应用可直接促进 B 细胞增殖分化，产生 IgG 类抗体；柴胡多糖可通过诱导 PTK 的磷酸、PLC 和 PKC 的启动、膜转移，促进各细胞周期调节蛋白及激酶的产生，从而诱导 B 细胞增殖、成熟。

第二节　有助于抗氧化的保健食品

一、人体衰老概述

（一）人体衰老的含义

从生物学上讲，衰老是生物随着时间的推移自发的必然过程。它是复杂的自然现象，表现为结构和机能衰退、适应性和抵抗力减退。从病理学上看，衰老是应激和劳损、损伤和感染、免疫反应衰退，以及营养不足、代谢障碍的结果。从社会学上看，衰老的表现是个体对新鲜事物失去兴趣，表现出固执沉闷、消极的心理反应。

（二）人体衰老的机制

关于人体衰老的机制，自 19 世纪末应用实验方法研究衰老以来，先后提出的学说不下 20 种，有些学说已被否定，其中衰老的免疫学说和自由基学说在人体衰老机制学说中占有重要地位，特别是自由基学说已被国际学术界所公认。

1. 自由基学说

自由基是在原子轨道或分子轨道上含有未成对电子的原子、原子团或分子。氢原子可被视为最简单的自由基。所有化合物或单质都含有两个或两个以上的电子，电子的排列方式决定了分子的稳定性。早在 20 世纪中期就有人对几乎所有的动、植物组织和器官作了电子核磁共振(ESR)波谱检测，证明了自由基在生物体内普遍存在，并发现自由基的水平与某些生物体的代谢活跃程度紧密相关。自由基的生成或消失，涉及电子在原子或分子间的传递或转移，往往还伴随着物质的氧化和还原。自由基是有益于健康还是有损于健康，这是一个十分复杂的问题。一方面，体内物质和能量的代谢与转化都必须有自由基的参与，例如氨基酸的氧化，前列腺素的合成，线粒体内的营养成分的氧化、磷酸化，以及吞噬细胞杀灭细菌等均依靠自由基的活性，可以说没有自由基就没有生命。但另一方面，自由基又可导致心脑血管、肿瘤等上百种严重疾病的发生，并促进衰老。生物体系的自由基可分为半醌类自由基、氧中心自由基和其他碳、氮、硫中心自由基三种。

活性氧自由基对健康的危害最大。活性氧自由基所引发的生物大分子的过氧化，导致整个细胞结构的破坏，生物功能丧失。近年来，许多实验均证明氧化应激是引起细胞凋亡的重要原因。细胞凋亡主要表现为细胞膜出现囊泡、细胞体积皱缩、核固缩，非随机性降解，而且与肿瘤、动脉粥样硬化、白内障、关节炎、肾炎、肝病、免疫功能低下等许多疾病的发生有密切的关系。

2. 免疫学说

衰老的免疫学说可以分为两种观点：第一，免疫功能的衰老是造成机体衰老的原因；第二，自身免疫学说认为与自身抗体有关的自身免疫在导致衰老的过程中起着决定性的作用。衰老并非是细胞死亡和脱落的被动过程，而是最为积极的自身破坏过程。

机体在衰老的过程中与免疫功能的改变关系密切，主要体现在以下三个方面：

一是从个体水平分析，伴随衰老，免疫功能改变的特点是对外源性抗原的免疫应答降低，而对自身抗原免疫应答增强。实验证明，用抗原免疫后，老年人抗体效价比年轻人低下。伴随衰老，自身抗体的检出率升高，细胞免疫也随着年龄的增长而降低。

二是从器官、组织水平分析，伴随衰老，人体免疫器官、组织的功能均呈退化趋势，如人类的胸腺出生后随着年龄的增长逐渐变大，13～14 岁时达到顶峰，之后开始萎缩，功能退化，25 岁以后明显缩小。

三是从细胞、分子水平分析，老年人的 T 细胞功能下降，数量也减少。如随年龄的增长，机体对有丝分裂原刀豆蛋白 A、植物血凝素（PHA）及抗 CD3 抗体的增殖反应能力下降。

此外，自身免疫观点认为，免疫系统在任何水平上的失控都可以导致自身免疫反应的过高表达，从而表现出加速衰老的现象。

（三）人体衰老的表现

人体衰老的表现是多方面的，可简要概括为生理和心理两个方面。

1. 生理衰老的表现

生理衰老的表现复杂多样，按人体各系统机能变化情况归纳如下：

（1）人体组成成分发生改变。表现为体内脂肪增多，易患动脉硬化、冠心病等心脑血管疾病；体内蛋白质减少，肌肉无力、水肿，免疫力降低等；体内总液量减少，易发生脱水症等。

（2）消化系统衰退。表现为胃肠运动能力差，消化液分泌少，小肠壁功能降低，大肠运动功能下降；消化、吸收功能减弱，导致消化系统疾病，如停食、便秘等。

（3）呼吸系统衰退。表现为胸椎后凸、胸廓变形呈桶形，肺弹性降低，气管、支气管内纤毛数减少，活性降低，吸进呼出气量减少，肺活量降低，易形成肺气肿。

（4）心血管衰退。表现为血管壁增厚、血管弹性降低、血管阻力增加、心脏肥大，可使血压升高，引起冠状动脉粥样硬化，易发心律失常。

(5)泌尿系统衰退。表现为肾功能减退，除排尿困难外，还会引起其他全身性疾病。

(6)神经系统衰退。出现脑萎缩、记忆力减退、反应迟钝等，引发痴呆、失眠。

(7)内分泌系统衰退。表现为激素分泌减少，易患更年期疾病、前列腺肥大、糖尿病等。

(8)肝脏衰退。表现为肝细胞缩小、变硬，解毒功能、蛋白合成能力下降。

2. 心理衰老的表现

(1)感知能力下降，视觉、听觉减弱，反应迟钝、智力衰退、记忆力下降；自我感到衰老，易感受到死亡的威胁，引起抑郁、冷漠、孤独、多疑、恐惧等一系列心理反应。

(2)情绪处于应激状态，退休后由于社会地位的变化，难以适应孤寂无聊的忧郁情绪，产生老而无用的心理，进而有自卑失落感，面对新生事物难以适应，自尊心受到不同程度的伤害，表现出固执沉闷、消极的心理反应。

二、有助于抗氧化保健食品的开发

(一)有助于抗氧化保健食品开发的一般要求

引发人体衰老的机制及人体衰老的表现是多方面的，因此延缓衰老的方法也是多方面的。从生物学上讲，主要是维护人体结构的稳定和机能的回复；从病理学上讲，主要是防止损伤和感染；从社会学上讲，则是调整消极的心理反应，还以积极的生活态度。达到这一目的应从以下几个方面考虑：

(1)保护机体的稳定和组织器官功能的正常，即调整人体生理指标和功能物质的应用，特别是调整血脂、血压、血糖和促进免疫功能物质的应用。

(2)补充营养，促进消化、吸收，防止停食、便秘等消化系统疾病。

(3)调整内分泌功能，降低更年期反应与内分泌失调引发的对机体的损害。

(4)维护大脑功能，防止记忆力减退、痴呆、失眠等。

(5)调整情绪，改善情绪应激状态，防止抑郁、冷漠、孤独、多疑、恐惧心理反应发生。

此外，应注意抗氧化剂和自由基清除剂用于延缓衰老的安全性。食品和药物中的抗氧化成分称之为抗氧化剂。以清除自由基为机制实现抗氧化作用而使用的抗氧化剂称为自由基清除剂。服用抗氧化剂可使体内自由基或活性氧的攻击目标由生物大分子转向抗氧化剂分子。选用的抗氧化剂是否能起到这个作用，就在于它是否有与生物分子竞争的活性。虽然抗氧化剂的抗氧化能力愈强愈好，但太强了会有较大的毒性，因为抗氧化能力过强会使生物分子受到抗氧化剂的损伤而产生毒副作用。

(二)常用的抗氧化物质的作用

1. 维生素 C 和维生素 E

维生素 C 是生物体必不可少的自由基清除剂，它可以引发或传播脂质过氧化链反应，也可直接进攻任何生物大分子。在没有损伤生物分子之前，维生素 C 分子上的一个活泼氢原子与自由基作用变成无活性的稳定分子，即维生素 C 分子变成无毒性自由基维生素 C，其自由基可继续向第二个有害自由基再提供一个氢原子而变成脱氢抗坏血酸，因此一个维生素 C 分子可连续消灭两个自由基。

维生素 E 也是一种很重要的自由基清除剂，对超氧阴离子自由基、羟自由基、脂质过氧自由基及其他自由基和单线态氧均有清除作用。一个维生素 E 分子亦可清除两个自由基。与水溶性的维生素 C 不同，维生素 E 为脂溶性化合物，主要存在于细胞膜中，特别是内质网和线粒体的膜中，因此在保护细胞膜免受自由基损伤方面具有重要作用。许多实验证明，维生素 E 缺乏的动物机体易受脂质过氧化反应的损伤。

2. 胡萝卜素、类胡萝卜素

胡萝卜素在人体内可以分解为维生素 A(又称视黄醇)，维生素 A 也有一定的抗氧化作用，可以中和有害的游离基。类胡萝卜素是一类脂溶性抗氧化剂，能直接与活性氧起反应。β-胡萝卜素是维生素 A 的前体，具有清除自由基的功能，所以 β-胡萝卜素对运动时的氧化应激有保护作用。

3. 机体内源性抗氧化防御系统物质——抗氧化酶

(1)超氧化物歧化酶(SOD)是生物体内清除自由基的首要物质。SOD 按金属辅基成分的不同又分为 Cu、Zn-SOD，Mn-SOD，Fe-SOD。Cu、Zn-SOD 性质稳定，易分离纯化，可溶于氯仿、乙醇和丙酮中，较耐热，不受蛋白酶水解。Mn-SOD 对热和化学试剂均较 Cu、Zn-SOD 敏感，用氯仿和乙醇处理均遭破坏。SOD 已开始用于临床治疗某些疾病或作为抗氧化剂用作化妆品、保健品和饮料的添加剂。由于天然 SOD 生物制品的半衰期极短且具有免疫性，因此其应用受到一定限制。目前相关人员正从不同的方面进行制剂的药理学控制，包括对酶的修饰。

(2)过氧化氢酶(CAT)。动物各器官都含有 CAT，肝和红细胞的含量较高，脑、心和骨骼肌的含量较低，各肌肉间和同一肌肉的不同区域 CAT 活性不同。CAT 有利于清除体内的氧自由基。

(3)每分子谷胱甘肽过氧化物酶(GSH-Px)含有 4 个硒原子，辅酶为 NADPH，为生物体中清除过氧化氢和其他有机过氧化物的脱毒酶，主要生物学作用是清除脂类氢过氧化物，在过氧化氢酶含量很少或 H_2O_2 产量很低的组织中，可代替过氧化氢酶清除 H_2O_2。

(4)谷胱甘肽转硫酶又名不含硒的谷胱甘肽过氧化物酶，它是一种多功能的酶，有减轻脂类过氧化的作用。

此外，还有细胞色素 C、过氧化物酶、抗坏血酸过氧化物酶等，均具有抗氧化功能。

4. 具有抗氧化功能的中草药

近几年来的实验证明，红参、当归、生地、酸枣仁、阿魏等中草药及其有效成分均有抗脂质过氧化的作用，抑制丙二醛的生成。阿魏、川芎等植物中所含有的阿魏酸是一种抗氧化剂，其苯环上的羟基是抗氧化的活性基团，可消除自由基，抑制氧化反应和自由基反应。阿魏酸还能抑制 OH·诱导的脂质过氧化反应，保护生物膜的结构和功能。天然化合物人参皂苷具有显著的抗脂质过氧化作用；它不仅可以抑制自由基反应，还可以通过间接过程消除自由基。

日本、韩国等国的一些学者对 195 种中草药的研究表明，其中 22 种的抗氧化能力强于等重量的生育酚。目前研究得比较多的类黄酮有银杏叶类黄酮、甘草类黄酮、大豆异黄酮、竹叶类黄酮、葛根异黄酮等，它们通过各自的作用机制发挥抗氧化作用，如消除超氧阴离子等自由基的作用。这种抗氧化能力来自于其酚性羟基的供氢或供电子能力。

还有学者从药食同源中药材中筛选出丁香、小茴香、生姜、藿香、香橼、芝麻、薄荷等中草药，它们的抗氧化活性较高。

5. 新型抗氧化剂食品

(1)茶多酚，是从茶叶中提取的抗氧化物质，它的抗氧化能力比维生素 E、维生素 C 强几倍。生产茶多酚的主要原料是粗老茶叶、茶叶末或修剪后的茶树枝。茶多酚类抗氧化剂在日本的应用较普遍，近几年在我国亦较普遍。

(2)番茄红素，是番茄中的红色素，是胡萝卜素的母体化合物，主要存在于茄科植物西红柿的成熟果实中，是目前自然界中发现的最强抗氧化剂之一。番茄红素清除自由基的功效远胜于其他类胡萝卜素和维生素E，其淬灭单线态氧速率常数是维生素E的100倍。它可以有效地防治因衰老、免疫力下降而引起的各种疾病。

(3)葡萄籽提取物，是从葡萄籽中提取的一种人体内不能合成的新型高效天然抗氧化剂物质，主要成分为原花青素，是目前自然界中发现的抗氧化、清除自由基能力最强的物质之一，其抗氧化活性为维生素E的50倍、维生素C的20倍。它能有效清除人体内多余的自由基，具有超强的延缓衰老和增强免疫力的作用。葡萄籽提取物在抗过敏，抗疲劳，增强体质，改善烦躁易怒、头昏乏力、记忆力减退、睡眠障碍等亚健康状态方面的效果显著；在改善皮肤衰老方面，既可促进胶原蛋白形成适度交联，又可预防胶原蛋白“过度交联”起到增加皮肤弹性的作用，还有减少皱纹、祛斑、美白肌肤、肌肤保湿等作用。

(4)虾青素，是从虾外壳、牡蛎和鲑鱼中发现的一种红色类胡萝卜素，在体内可与蛋白质结合而呈青、蓝色，是迄今为止人类发现的自然界中最强的抗氧化剂之一，其抗氧化活性远远超过现有的抗氧化剂；其清除自由基的能力是天然维生素E的1000倍、天然β-胡萝卜素的10倍、葡萄籽的17倍、辅酶Q10的60倍、茶多酚的200倍；还具有预防、缓解运动疲劳，增强机体能量代谢，抗炎、抗感染，抑制肿瘤等作用。

(5)蜂胶，具有抗氧化作用，可升高SOD活性、降低过氧化脂质活性及降低血黏度，从而清除体内大量自由基，减少组织细胞的损伤，缓解肿瘤、炎症、心血管等疾病。蜂胶抗氧化作用的主要成分之一是黄酮类化合物，通过自身供氢氧化实现，其他成分为不饱和脂肪酸、阿魏酸、咖啡酸等。

6. 增强免疫力物质与大脑功能促进剂

机体免疫力低下最直接的表现就是容易生病，因经常患病，加重了机体的消耗，造成机体代谢失调，也加速了人体衰老。增强免疫力、促进新陈代谢、调节机体组织器官功能、促进食欲、安睡眠是延年益寿的主要法则之一。此外调整免疫功能也是防止机体免受损害的重要措施。

增强免疫力、调整免疫力和参与免疫功能的物质较多，如蛋白质是机体免疫防御功能的物质基础；维生素、矿物质和微量元素也是构成和参与免疫功能作用的重要物质；免疫活性肽、蜂胶等一些新型的增强免疫活性物质被保健食品行业广泛应用；药食同源中草药及可用于保健食品的中药材中，具有增强免疫力的药味已被广泛用于抗衰老保健食品之中。

大脑功能促进剂是能增强大脑高级神经活动功能的物质，对某些脑高级神经功能紊乱及老年性脑功能衰退有一定的改善及恢复作用。增强脑功能的药物包括促智药和脑代谢激活药。促智药能促进或改善智力，对实验动物和人体具有行为促进效应和某些生化效应，而没有其他精神药物的不良反应。脑代谢激活药能增强脑代谢，主要促进脑组织酶的活性，激活脑代谢及对氧的利用，减少脑组织损伤，恢复突触的传递功能及脑功能。

某些药食同源物质对脑高级神经功能某些紊乱及老年性脑功能衰退有一定的改善及恢复作用，在延缓大脑衰老方面占有重要的地位，常见的有人参、西洋参、黄芪、党参、山药、灵芝、红景天、何首乌、当归、地黄、阿胶、枸杞子、黄精、鹿茸、刺五加、冬虫夏草、五味子、三七、天麻、山楂、银杏、丹参等。

此外，松果菊(亦称紫锥花、紫锥菊，原产北美的杂草)在免疫调节和提高记忆力与神经保护、抗肿瘤、保护肝脏等方面的药理作用显著；大蒜有提升免疫力及抗病毒的功能，对于巨细胞病毒有抑制作用，可促进T淋巴细胞转化，增加白细胞及巨噬细胞的活性；左旋肉碱能保持免疫系统的强壮，还具有抗氧化作用。

近年来大脑功能促进物质的开发进展迅速，用于保健食品具有广阔的市场前景。

7. 微量元素、矿物质

许多微量元素、矿物质是生物酶重要的组成部分，也是影响人体免疫力的重要角色之一。因此，微量元素、矿物质的不足、缺乏或过量均可直接或间接影响体内自由基的清除和平衡，从而导致疾病状态，并且加速衰老的进程。如硒元素对维护人体免受 H_2O_2 的损害具有重要作用，是谷胱甘肽过氧化物酶(GSH-Px)的组成成分，可发挥抗氧化作用，是重要的自由基清除剂(是维生素E的50～500倍)。缺乏铁会降低吞噬细胞的能力及活性；缺乏锌会造成胸腺萎缩，降低免疫能力；缺乏铜会影响抗体的产生；镁可以改善T细胞及B细胞的功能；钙能促进体内多种酶的活动，缺钙时腺细胞的分泌作用减弱，钙还是酶的激活剂，是防止老年骨质疏松的重要物质。

三、中医药理论在延缓衰老保健食品方面的应用

(一)延缓衰老与中医理论学说

人体的衰老虽然与内因、外因都有关系，但主要是内因起决定性作用。延缓衰老、祛病益寿的妙诀也重在内因即自身的保养。

与衰老相关的中医脏腑学说包括肾精虚衰学说、脾胃虚衰学说、心力减退学说、脏虚腑滞学说、阴阳失调学说、气血学说和精气神学说等。肾、脾、心功能减退学说解释了人体衰老原理，其他学说对人体的衰老从中医学不同角度给予阐述，使中医理论在人体衰老机制与延缓衰老法则范畴形成了比较完整的理论学说，对开发有延缓衰老功能的保健食品具有一定的指导意义。

1. 肾精虚衰学说

中医学认为，肾为先天之本，是人体生命活动的根本；肾藏精，主孕育生殖和生长发育；肾中元气关系着人的寿夭和生命安危。如果肾气衰弱，衰老就会提前，寿命也就短促。肾气又包括元阴和元阳两种物质，因此在探讨肾虚致衰老时又有肾阴虚和肾阳虚之别。张景岳将早衰归之于肾阳虚，认为“肾阳衰为亡身之渐”。不仅肾阳虚弱可引起衰老，肾阴虚弱同样也可导致衰老，人之一生“阳常有余，阴常不足”，阴亡则衰老渐至。

肾之根本称作命门，内寄元阴、元阳，肾之精藏于此。命门之元阴元阳的协调，是维护人体正常生命活动的根本，否则正常的生理活动难以进行，就易发生疾病，引起衰老，导致死亡。中医学的这一理论也被现代医学研究所证实，肾阳虚患者有下丘脑—垂体—肾上腺皮质系统的功能异常。垂体—肾上腺皮质系统是机体的调节轴心，与中医所说命门极为相似。老年人的肾上腺对促肾上腺皮质激素反应性降低，肾上腺重量减少，尿中17-酮皮质类固醇排泄量比青壮年低，说明衰老与内分泌系统功能以及与中医的肾有密切关系。据新近的研究指出，神经内分泌的功能降低与个体衰老有密切关系。

肾不仅与内分泌有关，而且与机体的免疫功能亦有关。肾之元气属正气范畴，中医认为

“肾主骨生髓”，髓系肾之精气所化生，能滋养骨骼。现代医学表明，免疫活性细胞的主要组成部分，特别是在细胞免疫中起主要作用的T淋巴细胞，正是由骨髓的造血细胞衍生而来，为肾气与免疫之间的关系提供了依据。

肾虚引起人体衰老，还因为肾的强弱与遗传有关，而遗传可影响寿命的长短。中医认为禀赋强者多寿，弱者多夭。

因肾气虚衰引起的衰老表现有：①头发变白。因中老年人肾中精气不足，精虚血少，不能给毛发以充足的营养，以至毛发逐渐失去润泽光亮，由黑而灰成白，甚至脱落、秃顶。②牙齿松动。齿为骨之余，齿与骨同出一源，同为肾中精气所充养，中老年人肾气日衰，加之脾胃虚弱，消化能力低下，营养不足，故牙齿稀疏，容易松动、脱落，牙根外露等。③形体改变。人体骨的生长发育有赖于骨髓的充盈及其所提供的营养。筋骨失养，就会出现骨肉萎缩消瘦、弯腰驼背等“人老倒缩”的现象。老年人骨质脆弱、易于骨折等，都与肾中精气不足、骨髓空虚有关。④耳聋耳鸣。肾开窍于耳，听觉灵敏与否与肾中精气的盈亏有密切关系，肾中精气虚衰时，则髓海失养，故听力减退，耳聋耳鸣。⑤排泄生殖失常。尿液的排泄虽在膀胱，但须依赖肾的气化才能完成。随着年龄的增长，肾的气化功能逐渐减退，气化失常、固摄无权，则膀胱之开合失度，人到老年就常出现尿频、遗尿、尿少和尿失禁等症状。至于生殖机能，随着机体变老而生殖机能显著衰退，从而出现生殖器官萎缩、生殖机能减退的现象。⑥精神语言异常。人到老年，肾精不足，精不足则髓海失养，故精力日衰，常出现思维迟钝、健忘、语言善误、少寐多梦、喜怒无常、淡漠孤僻、自言自语，甚至可以出现痴呆、妄想、多疑等精神异常状态。

2. 脾胃虚衰学说

中医学认为脾胃为后天之本，胃主受纳，脾主运化，为气血生化之源，具有运化水谷、输布精微、灌溉经络、长养百骸、营养五脏六腑皮毛的作用，是人体生长发育维持生命所需物质的供给库。若脾胃虚弱，饮食水谷不能被消化吸收，人体所需要的营养得不到及时补充，生长发育、生命活动都将受到影响，便会影响机体健康从而加速衰老，甚至导致死亡。

虽然肾衰与脾虚都能导致人体的衰老，但却是密不可分的。因为作为先天之本的肾与后天之本的脾，二者是互相补济、互相影响的。一般来说，人之衰老，肾精先枯，全仗脾胃运化受纳，吸收精微，以滋荣全身，抵抗外邪。肾衰则脾失所本，肾阳不温则脾之功能降低，肾精亏损则脾失濡润；反过来，脾虚则肾精不能补养，久之肾功能必衰。所以，肾衰与脾虚先后发生，共同导致人体的衰老。“脾胃弱而百病生，脾阴足而万病息”之语强调了脾胃在抗老延寿中的意义。

3. 心力减退学说

主要是指具有宁静端正的胸怀，使心境保持安定，有益于延年益寿。强调“心正则神调”，神调则气道足，使精气得以下归于肾，上达泥丸（脑），从而调节脏腑、平秘阴阳、强身健体。人年五十以后因心力减退，出现忘前失后现象，尤其性情发生变化，是老化的重要特征。

4. 脏虚腑滞学说

“所谓五脏者，藏精气而不泻也，故满而不能实；六腑者，传化物而不藏，故实而不能满也”。五脏以固藏精气为健，六腑以通降水谷为用。泻则精气虚，故五脏以虚为多；藏则糟粕实，故六腑以实为多。因各种因素长期损伤，可致脏气虚衰，从而影响腑之通降；腑道阻滞，糟粕不能排出，水谷不得传化，必然脏气精微不满，而致脏气虚衰。故脏腑虚衰的结果常常导致脏虚腑滞的病理状态。最常见的如老年人小腹胀满，欲溺而不畅或余沥不净，即是肾虚膀胱气滞的表现;老年人食欲减退,大便不畅或便秘不通,即是脾胃虚滞的表现。

5. 阴阳失调学说

阴阳的盛衰是决定寿命长短的关键,保持阴阳动态平衡是延年益寿的根本。随着年龄的增长,体内阴阳逐渐失于平衡,出现衰老征象。人到中年以后,由于阴阳平衡失调,出现阴阳偏盛或偏衰,机体即可受到各种致病因素的侵袭,从而疾病丛生,出现衰老。调节阴阳有防衰抗老的作用,而平调阴阳自然是延缓衰老的重要法则。

6. 气血学说

在中医学中,气指能量,代表人体机能活动;血指物质,代表人体物质基础。气血都是构成人体的最基本物质,是脏腑经络等组织器官进行生理活动的物质基础和原动力。故生命的本质在于气血,离开气血就无所谓生命。在正常情况下,气血是相生相依的,气化血生,气行则血行;血以载气,血失则气耗。血液循环于脉管之中,流布全身,环周不休,而气则升降出入,无器不有,两者并行给人体各脏腑组织提供营养。人体生长、发育、壮盛以至衰老的过程,从中医学角度看,不仅与脏腑虚衰、阴阳失调有关,而且也是气血由强转弱、由盛转衰的过程。人的生、长、壮、老、病、死,尽管其表现形式很多,归根到底,都离不开气血的变化。

7. 精气神学说

该学说认为,精气神对于人身而言,犹如灯中之"膏",生命活动如同灯火之光辉,若灯芯用"大柱",则油尽灯熄较快,人寿即短;若灯芯用"小柱",则油尽灯熄较慢,人寿自长。尤其是老人,其精唯恐竭,其气唯恐泄,成为维持和延长寿命的重要物质基础。三者之中,精系于肾,气源于脾肺,神归于心,因此,临床采用补益五脏、聚精养气存神之剂,如琼玉膏等,常对延缓衰老有益。

(二)延缓衰老的原则

中医药在延缓衰老方面基于业已形成的学说确立了以下几个方面的原则:

(1)未病先治、未老养生。

(2)未盛防盛、已盛防逆。

(3)整体调节、辨证施治。

(4)调整阴阳、精气互生。

(5)注重先天之本与后天之本,调养脾、胃、肾。

(6)形神共养、动静兼修。

(7)虚实兼顾、攻补适当。

以人体衰老的不同表现确定不同的延缓衰老原则,选取传统经典的方药或科学组方,是以中医理论为基础开发保健食品的显著特点。

(三)常见的抗衰老中药复方与药材

1. 常见的抗衰老中药复方

中医延缓衰老的方药诸多,常见的有抗衰老作用的中药复方如补中益气汤、四君子汤、地黄饮子、益龄精、二仙汤、金匮肾气丸、六味地黄汤、七宝美髯丹、杞菊地黄丸、还精煎、归脾汤、龟龄集、十全大补汤等,它们改善衰老状态的效果显著且没有副作用。以常见的有抗衰老作用的中药复方为基础,开发延缓衰老的保健食品是一个较好的途径。

2. 常见的具有抗衰老作用的药食同源中药材

具有改善胃肠道功能、改善睡眠、调节免疫力、调节内分泌、抗氧化等作用的中药材,在补益气血、平衡阴阳方面功能明确，常用于延缓衰老的保健食品的开发：

(1)补气类，有人参、西洋参、黄芪、党参、灵芝、山药、红景天、绞股蓝等。

(2)补血类，有何首乌、当归、地黄、阿胶等。

(3)滋阴类，有枸杞、黄精、龟甲、女贞子等。

(4)补阳类，有鹿茸、刺五加、冬虫夏草、紫河车等。

此外，还有五味子、三七、天麻、山楂、银杏、丹参等消食类和活血类中药材，均对抗衰老有显著效果。

本章小结

本章重点介绍了免疫学的基本原理，指出了有助于增强免疫力保健食品的一般要求，阐述了有助于增强免疫力保健食品原料的作用原理与特点，分析了中医药理论在增强免疫力方面所具有的特色和优势。本章在阐述人体衰老机制方面，重点介绍了自由基学说和免疫学说，分析了保护机体的稳定和组织器官功能的正常，即调整人体生理指标和调整人体功能物质的应用，特别是调整血脂、血压、血糖和促进免疫功能物质的应用对延缓衰老的意义；分析了补充营养，促进消化、吸收，防止停食、便秘等消化系统疾病对延缓衰老的意义；分析了调整内分泌功能、降低更年期反应对延缓衰老的意义；分析了维护大脑功能，防止记忆力减退、痴呆、失眠等状况发生对延缓衰老的意义；分析了调整情绪，改善情绪应激状态，防止抑郁、冷漠、孤独、多疑、恐惧心理反应发生对延缓衰老的意义；强调了抗氧化与增强免疫力对延缓衰老的意义；指出了有助于抗氧化保健食品的一般要求；阐述了中医药理论在延缓衰老方面所具有的特色和优势。

复习思考题

1. 免疫学的基本原理是什么？
2. 人体衰老机制有哪些学说？
3. 抗氧化物质对延缓衰老有哪些意义？
4. 中医药理论在增强免疫力和延缓衰老方面具有怎样的优势？
5. 开发有助于增强免疫力和抗氧化的保健食品的一般要求是什么？
6. 常见的增强免疫力的药食同源物质有哪些？
7. 在延缓衰老方面，如何正确运用抗氧化物质？

实验实训

1. 为免疫力低下者或延缓衰老需求者推荐正确的保健食品。
2. 根据延缓衰老人群的不同特点，以中医理论辨证施治的原则拟定保健食品配方。
3. 针对免疫力低下人群的不同特点拟定保健食品配方。

第六章　有助于改善睡眠和辅助改善记忆的保健食品

知识目标

通过本章的学习，了解睡眠的意义、失眠的危害与引发失眠的因素；掌握睡眠的机制与常见的改善睡眠物质的作用。了解引发记忆力衰退的因素和学习记忆的机制，理解营养与记忆的关系，熟悉常见保健食品原材料在改善记忆方面的作用特点；正确理解中医药理论在改善睡眠和改善记忆方面具有的优势；掌握中医药理论在改善睡眠和改善记忆方面的应用。

技能目标

通过本章的学习，学生能够根据失眠人群的临床表现，对失眠类型做出正确的判断；能够利用相应的保健食品（原料），针对失眠人群的不同特点，使用或开发具有特色的保健食品；能够正确运用学习记忆的机制，开发出适宜于不同人群的保健食品。

第一节　有助于改善睡眠的保健食品

一、睡眠与失眠

(一)睡眠

1. 睡眠的概念与意义

睡眠是由于身体内部的需要，使感觉活动和运动性活动暂时停止，给予适当刺激就能使其立即觉醒的状态。睡眠是一种主动过程，是恢复精力所必需的休息，人一生有 1/3 的时间在睡眠中度过。有专门的中枢管理睡眠与觉醒，睡眠时人脑只是换了一个工作方式，使能量得到贮存，有利于精神和体力的恢复；而适当的睡眠是最好的休息，既是维护健康和体力的基础，也是取得高效生产能力的保证。

2. 睡眠的机制

一般认为睡眠是中枢神经系统产生的一种主动过程，与中枢神经系统内某些特定结构有关，也与某些递质的作用有关。中枢递质的研究表明，调节睡眠与觉醒的神经活动与中枢递质的动态变化有关，其中 5-羟色胺与诱导并维持睡眠有关，而去甲肾上腺素则与觉醒维持有关。在睡眠时，机体基本上阻断了与周围环境的联系，身体许多系统的活动在睡眠时都会减缓，心率缓慢而血压下降，新陈代谢降低，全身肌肉渐渐松弛，但此时机体内清除受阻细胞、制造新细胞、修复自身的活动并不减弱。研究发现，睡眠时，人体血液中的免疫细胞显著增加，尤其是淋巴细胞，由此可以看出，睡眠具有保持能量、修复自身的作用；通过睡眠可以使精力和体力得到恢复，以便睡眠后保持良好的觉醒状态。

（二）失眠的含义与类型

失眠是指无法入睡或无法保持睡眠状态，导致睡眠不足，又称入睡和维持睡眠障碍。世界上有将近50%的人患不同程度的失眠，其中将近20%的人成为慢性失眠者或严重失眠者。我国有近1/3的人存在着不同程度的失眠现象。

失眠的分类较多，按发生的时间特点可分为两类：

1. 暂时性失眠

暂时性失眠指突然发生的短暂失眠，失眠的时间通常不超过3周。暂时性失眠通常是由时差、暂时的压力、兴奋、疾病或睡眠时间表的变化所引起的。

2. 慢性失眠

慢性失眠即长期失眠，持续3周以上，在每晚或大多数晚上或每月的若干个晚上发生。临床将慢性失眠分为原发性失眠和继发性失眠。

（1）原发性失眠是一种无法解释的、长期或终生存在的频繁的睡眠中断、短睡，伴日间疲劳、紧张、压抑和困倦。除内在原因和环境干扰的因素之外，部分患者可能有失眠的家族史，或病因不详但渐渐产生慢性精神性心理失眠。

（2）继发性失眠是由疼痛、咳嗽、呼吸困难、夜尿多、心绞痛、躯体疲劳等引起的失眠。许多新陈代谢疾病可以引起睡眠结构的改变，干扰正常的睡眠。

慢性失眠根据失眠发生的时间先后可区分为3种失眠症：一是发生在睡眠初期，表现为很难入睡，也是最常见的失眠症。二是表现为全夜时醒时睡。三是发生在睡眠终期，患者过早苏醒，不能再入睡。改善慢性失眠状态是保健食品应用的重点。

二、失眠的病因病理及其危害

（一）引发失眠的因素

引发失眠的因素较多，主要可归纳为以下几个方面：

（1）睡眠环境的突然改变会引发失眠，包括睡前饮茶、饮咖啡、吸烟等；

（2）任何躯体的不适导致失眠；

（3）特别事件引起兴奋、忧虑可导致机会性失眠；

（4）情绪失控可引起心境上的改变而导致失眠；

（5）药物或嗜酒者的戒断反应也会导致失眠。

（二）失眠的病理

失眠的病理因引发失眠的因素不同一般分为以下几个方面：

1. 因生理反应造成的失眠

环境的改变会使人产生生理上的反应，如乘坐车、船、飞机时睡眠环境的变化；卧室内强光、噪声、过冷或过热都可能使人失眠。有的人对环境的适应性强，有的人则非常敏感、适应性差，环境一改变就睡不好。

2. 因心理、精神因素导致的失眠

如焦虑、烦躁不安、情绪低落或心情不愉快等，都是引起失眠的重要原因。生活的打击、工作与学习的压力、未遂的意愿及社会环境的变化等，会使人产生心理和生理反应，导致神经系统的功能异常，造成大脑的功能障碍，从而引起失眠。

3. 因身体疾病造成的失眠

如心脏病、肾病、哮喘、溃疡病、关节炎、骨关节病、肠胃病、高血压、睡眠呼吸暂停综合征、甲状腺功能亢进、夜间肌阵挛综合征、脑疾病等均可造成身体不适而导致失眠。

4. 服用药物和其他物质引起的失眠

如服用中枢兴奋药物、茶、咖啡、可乐类饮料等含有中枢神经兴奋剂的物质可导致失眠。

5. 对失眠的恐惧引起的失眠

有的人对睡眠的期望过高，认为睡得好身体就百病不侵，睡得不好身体上易出各种毛病，这样便增加了睡眠的压力，容易引起失眠。

(三)睡眠不足的危害

长期缺乏睡眠极易引起疲劳、注意力不集中以及视、触觉的错乱等，少数人还会产生短暂幻觉和荒诞行为。睡眠不足的危害主要体现在以下几个方面：

1. 影响大脑的创造性思维

科研人员研究认为，人的大脑要思维清晰、反应灵敏，必须要有充足的睡眠，如果长期睡眠不足，大脑得不到充分的休息，就会影响大脑的创造性思维和处理事物的能力。

2. 影响青少年的生长发育

青少年的生长发育除了遗传、营养、锻炼等因素外，还与生长素的分泌有一定关系。生长素是下丘脑分泌的一种激素，它能促进骨骼、肌肉、脏器的发育。由于生长素的分泌与睡眠密切相关，即在人熟睡后有一个大的分泌高峰，随后又有几个小的分泌高峰，而在非睡眠状态生长素分泌减少，所以，青少年要发育好、长得高，睡眠必须充足。

3. 影响皮肤的健康

人的皮肤之所以柔润而有光泽，主要是依靠皮下组织的毛细血管来提供充足的营养。睡眠不足会引起皮肤毛细血管瘀滞，循环受阻，使得皮肤的细胞得不到充足的营养，因而影响皮肤的新陈代谢，加速皮肤的老化，使皮肤颜色显得晦暗而苍白，尤其眼圈发黑，且易生皱纹。

4. 导致疾病发生

经常睡眠不足，会使人心情忧虑焦急，免疫力降低，由此会导致种种疾病发生，如神经衰弱、感冒、胃肠疾病等。睡眠不足还会引起血中胆固醇含量增高，使得发生心脏病的概率增加。人体的细胞分裂多在睡眠中进行，睡眠不足或睡眠紊乱，会影响细胞的正常分裂，由此有可能产生癌细胞的突变而导致癌症的发生。一般来说，不同年龄的人每天所需的睡眠时间不同。中学生每天应睡 8～9h，成年人每天需睡 7～8h。

5. 引起肥胖

有关研究表明，睡眠不足可以导致人体内消脂蛋白浓度的下降。消脂蛋白是在血液系统中活动的一种物质，具有抑制食欲的功能，能够影响大脑做出是否需要进食的决定。睡眠不足同时能引起人体内食欲激素浓度的上升而引起人的进食欲望，最终导致肥胖。

三、有助于改善睡眠的保健食品开发

(一)有助于改善睡眠的保健食品的一般要求

根据睡眠的机制和导致失眠发生的影响因素，改善睡眠的保健食品应具有调节睡眠与觉醒的神经活动作用，或改善中枢递质的动态变化；也可以对心理、情绪等精神因素加以调节。

(二)常见的改善睡眠物质的保健作用

1. 褪黑素

褪黑素即松果体素，主要由松果体产生，对神经中枢有抑制作用，它的产生表现出明显的昼夜节律波动，其在夜间产生的数量是白天的 50～100 倍。夜幕降临后，光刺激减弱，松果体合成褪黑素的酶类活性增强，体内褪黑素的分泌水平也相应增高，在凌晨 2～3 点达到高峰，夜间褪黑素水平的高低直接影响到睡眠的质量。随着年龄的增长，松果体萎缩直至钙化，特别是 35 岁以后，体内自身分泌的褪黑素明显下降，平均每 10 年降低 10%～15%，导致睡眠紊乱以及一系列功能失调。褪黑素水平降低、睡眠减少是人类脑衰老的重要标志之一。从体外补充褪黑素，可使体内的褪黑素水平维持在年轻状态，调整和恢复昼夜节律，提高睡眠质量，延缓衰老的进程。

褪黑素是一种诱导自然睡眠的体内激素，它通过调节人的自然睡眠来克服睡眠障碍，在提高睡眠质量方面，它与其他安眠药的最大区别在于，褪黑素无成瘾性，无明显副作用，晚上睡前口服褪黑素 1.5～3mg，一般二三十分钟内就能产生睡意，而早晨天亮后腿黑素自动失去效能，起床后也不会有疲倦、困顿性的感觉。

由于褪黑素对神经系统抑制和镇静作用的特点及安全性，1994 年美国允许褪黑素作为辅助食品上市。

褪黑素虽然是内源性物质，但应用于改善睡眠的保健食品还应注意以下几点：一是失眠有多种原因，如对心理因素造成的失眠应用褪黑素，其改善睡眠的效果不佳。二是褪黑素对性激素及其他内分泌有抑制作用。性激素分泌的减少，不仅仅对性功能有影响，还因为性激素参与造血、骨钙吸收等生命过程，所以也有人认为学生不宜服用褪黑素，它对学生的生长发育会产生危害，而且还会影响记忆力。

2. 富含锌、铜、钙等矿物质的食物

锌、铜都是人体必需的微量元素，在体内主要是以酶的形式发挥其生理作用，与神经系统关系密切。研究发现，神经衰弱者血清中的锌、铜元素的含量明显低于正常人。缺锌会影响脑细胞的能量代谢及氧化还原过程，缺铜会使神经系统的内抑失调，使内分泌系统处于兴奋状态而导致失眠，久而久之可发生神经衰弱。由此可见，血清中的锌、铜元素的含量明显低于正常人的失眠患者应补充锌和铜以改善睡眠。

富含锌的食物如牡蛎、鱼类、瘦肉、动物肝肾、奶及奶制品和富含铜的食品如乌贼、鱿鱼、虾、蟹、黄鳝、羊肉、蘑菇、豌豆、蚕豆以及玉米均可用于改善睡眠的保健食品的开发。

在一部分失眠以及醒后难以入睡的人中，其症状是因血糖水平降低所引起的。钙元素对人体有镇静、安眠作用。对这部分失眠人群，保健食品中应考虑加入钙元素。

3. 色氨酸

5-羟色胺是神经递质，主要分布于松果体和下丘脑，可能参与痛觉、睡眠和体温等生理功能的调节。色氨酸是 5-羟色胺的前体，体内 5-羟色胺的合成需要食物提供色氨酸作为原料。筛选富含色氨酸的食物用于保健食品是当前的一个方向。已知富含色氨酸的食物有海蟹、豆腐皮、生西瓜子、黄豆、黑芝麻、生葵花子等，这些物质可考虑应用于改善睡眠的保健食品中。

4. 酸枣仁

酸枣仁的主要有效药理成分是枣仁皂苷和黄酮，其改善睡眠的作用以增加慢波睡眠为主，并对学习记忆无明显干扰作用。酸枣仁改善睡眠与小鼠脑中 5-羟色胺含量具有相关性。以酸枣仁为主要成分的酸枣仁汤在治疗失眠方面的效果显著。

四、中医药理论在改善睡眠方面的应用

(一)中医对失眠的认识

历代医学家认为失眠以七情内伤为主要病因，其涉及的脏腑不外乎心、脾、肝、胆、肾，其病机总属营卫失和，阴阳失调为病之本，或阴虚不能纳阳，或阳盛不得入阴。睡眠可看作是阴阳消长平衡的一个过程。人的正常睡眠是阴阳之气自然而有规律地转化的结果，如果这种规律被破坏，就可以导致不寐的发生，而这种规律被破坏的原因主要是外邪如火、热、气、血之壅塞，干扰卫气的正常运行，内伤情志使五脏气机失常、气血不和及阴阳失调；病理因素多为气、血、痰、瘀、火、郁、湿、食等。七情所伤之失眠尤为重要，心是人体情志的发生之处和主宰者，心主神志、肝主情志、脾志为思，若情志不舒、思虑过度，不仅影响肝之疏泄，出现肝郁气滞、化火扰神，而且进一步耗伤心血、损伤脾运，最后还会出现耗尽真阴真元，心肾失交、神志不宁，致使五脏俱虚、病情虚实胶结、缠绵难愈。可以将失眠概括为：

(1)气不足则阳不守阴，神失其守，故为失眠或多梦；

(2)情志损伤，伤及脏腑，耗损精气，令神魂不安，则失眠多梦；

(3)阴血亏虚，不能奉养心神、潜涵肝魂以制约相火，而使神魂浮游，则失眠多梦；

(4)痰热内扰肝胆，魂不得宁则失眠多梦；

(5)劳欲过度、水火不济导致心肾不交，则心神不宁而发生失眠多梦；

(6)饮食失节，使土虚木郁，造成神魂不宁而失眠多梦。

(二)中医对失眠的辨证论治

中医对失眠多梦的辨证论治效果一般较好，以此指导保健食品的开发具有一定意义。临床一般多见如下辨证与用药：

1. 心气不足证

症状为多梦易惊、失眠、神疲困倦、短气，或喜悲善哭、精神恍惚、舌质淡苔薄白、脉细弱；调理之法宜益气养血、宁心安神；选方多见参香散加减；药物为人参、黄芪、茯苓、白术、山药、莲肉、砂仁、沉香、檀香、甘草等。

2. 心血不足证

症状为心悸怔忡、心烦失眠、多梦易惊、健忘头昏、面色不华、舌淡、脉细；调理之法宜养血安神；选方多见四物汤合茸砂丹加减；药物采用熟地、当归、白芍、川芎、鹿茸、朱砂(朱砂有毒性，保健食品中禁用)、枣仁等。

3. 心阴不足证

症状为心悸怔忡、失眠多梦、五心烦热、咽干舌燥、舌红少津、脉细数；调理之法宜养阴补心安神；选方多见益气安神汤加减；药物为当归、茯神、麦冬、生地、黄连、远志、竹叶、人参、黄芪、胆星、莲子心、酸枣仁、朱砂等。

4. 心肾不交证

症状为心烦、失眠、多梦、遗精、腰酸腿软、潮热盗汗、舌红无苔、脉细数；调理之法宜交通心肾；选方多见黄连阿胶汤加减；药物为黄连、黄芩、白芍、阿胶、鸡子黄、龙骨等。

5. 心胆气虚证

症状为惊悸不宁、胆怯善恐、夜寐多梦、胸闷气短、舌质淡苔薄白、脉细弦无力；调理之法宜养心益气、壮胆镇惊；选方多见平补镇心丹加减；药物为酸枣仁、龙齿、车前子、茯苓、麦冬、茯神、天冬、熟地、山药、五味子、远志、人参、肉桂、朱砂、甘草等。

6. 心脾两虚证

症状为心悸健忘、少寐多梦、气短神疲、面色萎黄、食少倦怠、腹胀便溏、舌质淡嫩苔白、脉细弱；调理之法宜补益心脾；选方多见归脾汤；药物为人参、远志、木香、黄芪、白术、当归、茯神、酸枣仁、龙眼肉、炙甘草等。

7. 痰火内扰证

症状为梦扰纷纭、头晕心悸、急躁易怒、痰多胸闷、舌质红苔黄腻、脉滑数；调理之法宜清热化痰；选方多见黄连温胆汤加减；药物为黄连、半夏、陈皮、茯神、竹茹、枳实、甘草、生姜、大枣、珍珠母等。

（三）常见的镇静、益脑、安神中药材

中医学认为，肾气衰退是慢性失眠发生的主要因素。慢性失眠多发生于老年人和更年期妇女。人的发育成长和衰老是由肾气的盛衰所支配的，故老年人全身和大脑的构造形态及生理功能都会受到肾气衰退的影响，老年性失眠不过是其中的一种表现而已。由于“肾藏精生髓，通于脑”，肾精不足则致脑髓失养，生理功能紊乱而致失眠，故补肾填精应是改善老年失眠症的基本法则。

脑动脉硬化与慢性失眠关系密切。肾气衰退导致老年人多有脑动脉硬化存在，动脉硬化易致血瘀，而血瘀对脑供血的影响造成慢性失眠发生。即老年失眠症的致病之本在于肾虚，致病之标在于血瘀。故其治疗和改善应补肾填精治本以养脑，活血化瘀治标以滋脑。

现代药理试验证实，在中医补肾药中有不少药物具有调血脂、抗动脉硬化的作用，对改善睡眠有一定意义，如制首乌、桑寄生、杜仲、枸杞、菊花、决明子、黄精、玉竹、生熟地、山萸肉、灵芝、冬虫夏草、绞股蓝、黄芪、淫羊藿、葛根、鹿衔草、菟丝子等。在活血化瘀药中，也有一些药物兼有镇静催眠作用，如丹参、当归、川芎、地龙、元胡等。在镇静安神药中有部分药材具有补肾益脑安神的作用，如合欢花、夜交藤、五味子、天麻、益智仁等。它们的药理机制举例如下：

1. 制首乌

制首乌的醇提取物可显著降低老年鹌鹑的血浆甘油三酯（TG）和游离胆固醇（FC）水平，抑制血浆总胆固醇和胆固醇脂的升高；制首乌的水提取物可明显提高小鼠血清高密度脂蛋白胆固醇（HDL-C）水平，降低甘油三酯水平，延缓动脉粥样硬化的发展。

2. 丹参

丹参可使大脑皮层自发活动减少，有明显的镇静作用。其对中枢神经系统的抑制作用与异戊巴比妥钠比较，作用温和，类似生理睡眠。临床治疗神经衰弱患者的大量统计证明，丹参明显地改善了睡眠情况。

3. 合欢花

合欢花能明显减少小鼠的自发活动及被动活动，明显协同巴比妥类药物的中枢抑制作用，延长戊巴比妥钠、苯巴比妥钠所致的小鼠麻醉时间。

4. 夜交藤

夜交藤的主要成分为夜交藤苷、夜交藤蒽醌以及夜交藤黄酮，具有改善人体睡眠等功效。按照国标(改善睡眠功能检验标准)方法，采用高、中、低三个剂量组分别进行改善睡眠功能实验，结果表明三种成分均有改善动物睡眠的功效。

5. 五味子

五味子的主要成分为五味子素，有广泛的中枢抑制作用，并且有安定作用的特点；五味子醇提取物可减少小鼠自发活动，协同戊巴比妥钠对小鼠的睡眠作用，对抗苯丙胺引起的小鼠兴奋，对抗咖啡因、烟碱引起的小鼠惊厥。

6. 天麻

天麻有一定的镇静作用，天麻素可以抑制自发活动，正常成人服用天麻素或天麻苷元后出现嗜睡感，脑电图的 α-波指数减低，出现睡眠波型。

7. 灵芝

灵芝制剂能显著地抑制小白鼠的自发性活动，表现为小白鼠活动减少，肌肉轻度松弛，并能增强巴比妥类药物的中枢抑制作用。

8. 当归

当归有一定的镇静作用，当归提取物可延长戊巴比妥所致的睡眠。

9. 川芎

川芎挥发油、煎剂均能抑制小鼠的自发活动，使戊巴比妥钠引起的睡眠时间延长，并能对抗咖啡因的兴奋作用。有人认为川芎的镇静作用是其所含阿魏酸所致。

10. 元胡

元胡有一定的催眠、镇静与安定作用；经兔、鼠、犬、猴等试验，较大剂量的元胡有明显的催眠作用，能明显降低小鼠的自发活动与被动活动。

第二节 辅助改善记忆的保健食品

一、记忆概述

(一)记忆的定义及类型

记忆是指习得的行为(经验)的保持和再现，或习得的行为(经验或信息)并不随时间的流逝而消失，却保留在人的头脑中，且在一定条件下能重现出来。按照信息论的观点，记忆是大脑对信息的接收、加工、储存和提取的过程，故把记忆分为识记或获得、贮存和巩固及再现或再认三个阶段。也有学者把记忆过程分为四个阶段，即感觉的登记或获得、储存或巩固、维持或保持、提取或再现。

根据记忆的内容，记忆可分为形象记忆(表象记忆)、逻辑记忆(思想记忆、语义记忆)、情绪记忆(性感记忆)和运动记忆(动作记忆)。根据记忆中信息贮存持续时间的长短，又可将记忆分为感觉记忆、短时记忆(又称第一级记忆)和长时记忆(又分为第二级记忆和第三级记忆)。人类的记忆是一个相当复杂的过程，完成这一过程既离不开知觉、情绪、注意、意图等心理功能，也离不开早已贮存的知识和经验。

(二)学习记忆的神经生理、生化和分子机制

1. 神经回路学说

该学说认为，学习过程是由许多神经元群参加的，神经元往往是以一定时空模式相互联结起来以形成回路。在中枢神经系统特别是大脑皮层中存在大量闭合回路，它是实现学习记忆的最简单的神经回路。当这种回路中有神经冲动反复运行时，便向四周传递兴奋信息，从而形成反响回路。该回路的形成对学习记忆起着决定性作用。

神经回路学说强调神经元在中枢神经系统特别是大脑皮层中存在大量闭合回路，强调该回路的形成对保护和激活学习记忆功能起着决定性作用。此类药物的研究进展较快，保健食品开发数量也较多，如何筛选出安全性高、作用较强的物质是此类药物和保健食品研发的关键。

2. 突触效能改变学说

在学习过程中，突触的效能发生了改变，换句话说，产生了突触传递的易化作用。研究最多的是突触传递的长期强化，是突触可塑性的表现形式之一，它反映了突触水平上信息的储存过程，是记忆巩固过程中的神经生理活动的客观指标。突触效能改变学说强调突触传递的长期强化对记忆的作用，如谷氨酸作为锥体神经元的主要兴奋性神经递质，在学习记忆、神经可塑性及脑发育等方面均起着重要作用。

3. 记忆的生化机制

神经递质在学习记忆中的作用为：短时记忆与长时记忆除与脑神经细胞的突触变化有关外，也与脑的许多化学变化有关。其中，神经递质是神经元之间传递信息的化学物质，对维持正常的学习记忆是十分重要的。许多药物和酶类可以改变神经递质的量，可以增强记忆。近年来，人们从中药材和一些动植物中提取出改变神经递质的物质，帮助实现增强记忆。突触后膜内游离钙升高、逆行性信使物质（NO、CO）产生、蛋白激酶的活化均有利于增强记忆。

4. 学习记忆的结构基础

大脑皮层含有100亿个神经元，皮层与皮层下、脑干、丘脑之间有直接传入和传出联系。如果皮层大面积（50%以上）受损，无疑地会造成遗忘症，如果损毁面积仅在10%以下，则记忆几乎不受影响。人脑边缘系统的主要结构——海马、乳头体受到损伤，可导致一种极为明显的记忆障碍。小脑是运动和平衡调节中枢，现证实小脑也是经典运动反射的学习和记忆中枢。以上结构的损伤或发达与记忆功能关系密切。

(三)引发记忆力衰退的因素与记忆衰退对生活的影响

1. 引发记忆力衰退的因素

引发记忆力衰退的因素较多且复杂，从学习记忆的神经生理、生化和分子机制、记忆增强与大脑和神经系统的生长发育的原理，以及记忆衰退的临床调查分析，可以将引发记忆力衰退的因素归纳如下：①年龄增大，整体素质下降；②痴呆病的早期症状；③脑力劳动过度；④贫血；⑤先天发育不良；⑥脑外伤后遗症等。

2. 记忆衰退对生活的影响

记忆衰退的人一般表现为精神不振、易疲劳、免疫功能低、性功能减退、生活兴趣不高、关节或肌肉痛、怕冷、怕风、怕热、怕事、怕烦、孤僻、固执等，记忆衰退者自身感到痛苦。

二、辅助改善记忆保健食品的开发

(一)营养与记忆的关系和辅助改善记忆保健食品的一般要求

从学习记忆的神经生理、生化和分子机制学说可以看出，决定大脑记忆功能优劣的因素很多，但营养与记忆的关系十分密切。许多营养素对学习和记忆的影响，在于其是某些神经递质的前体，或是神经系统发育的必需物质，或直接参与生物活性物质的组成。其中蛋白质、氨基酸、脂类、碳水化合物、维生素、微量元素等均是影响记忆的基本物质。研究人员对其他改善记忆的物质也进行了比较深入的研究，这些物质的合理运用对改善记忆具有十分重要的意义。

(二)常见的改善记忆的保健物质

1. 蛋白质、氨基酸对记忆的影响

蛋白质是重要的营养素，脑细胞约有35%由蛋白质构成，大脑的兴奋和抑制以及记忆思考、语言表达等都靠蛋白质来完成。脑中的氨基酸平衡有助于脑神经细胞和大脑细胞的新陈代谢，向大脑提供氨基酸比例平衡的优质蛋白质可使大脑智能活动活跃，因此它对生长发育的人群及老年人特别重要。动物实验表明，小鼠出生早期蛋白质供应不足，会使小鼠脑重减轻；怀孕母鼠蛋白质缺乏，可使仔鼠神经系统发育不良。又如核苷酸是大脑细胞新陈代谢的基础物质，参与细胞分裂与更新，对婴幼儿脑细胞形成及生长发育至关重要。牛磺酸对人脑神经细胞微管蛋白质的合成具有明显的促进作用，在神经细胞增殖的高峰时尤为突出，在人脑神经细胞的分化成熟过程中发挥重要作用，是促进婴幼儿脑组织和智力发育的重要物质。人体合成牛磺酸的半胱氨酸亚硫酸羧酶(CSAD)活性较低，主要依靠摄取食物中的牛磺酸来满足机体需要。牛磺酸作为一种保健品还是比较安全的。母乳中含有尿苷酸(UMP)、胞苷酸(CMP)、腺苷酸(AMP)、鸟苷酸(GMP)、肌苷酸(IMP)等多种核苷酸，为提高婴儿的免疫调节功能和记忆力发挥着作用。在欧美、日本等国家生产的婴儿奶粉中，均按照母乳中的含量添加微量核苷酸。氨基酸可作为神经递质或神经递质的前体直接参与神经活动，影响学习记忆功能。已被认为是神经递质的氨基酸有谷氨酸、甘氨酸和γ-氨基丁酸(GABA)等。

2. 脂类对记忆的影响

脑细胞的60%由类脂组成，因此类脂是大脑的物质基础。卵磷脂是人体内每一个活细胞均需要的物质，主要构成细胞膜。大脑外部围绕的保护鞘膜是由卵磷脂组成的，如果缺乏卵磷脂，细胞膜会硬化。类脂合成的中枢神经传递物质乙酰胆碱，是大脑思维、记忆及其他智能活动所必需的物质。一般认为人脑在25岁前的记忆力处于最高峰，从45岁开始大脑发生变异和萎缩，65岁以上尤为明显，这是自然的生理现象，随着脑部的萎缩，记忆力也逐步减退。人在中年后，脑内与记忆有关的物质乙酰胆碱会逐渐减少，这是利用胆碱制造乙酰胆碱的能力下降所致。老年性痴呆患者乙酰胆碱的合成能力比正常人下降50%。

由于磷脂和胆碱的代谢产物就是乙酰胆碱，因此富含磷脂和胆碱的食物可促进大脑组织和神经系统的健康完善，提高记忆力，增强智力。卵磷脂可以从大豆中提取；鸡蛋蛋黄中的卵磷脂含量较高；蜂蜜、蜂王浆含有多种营养物质及乙酰胆碱、激素等成分；含磷脂和胆碱丰富的食物还有动物脑、动物心脏、动物肝脏、绿叶蔬菜、酵母、麦芽等，均被广泛地应用于保

健食品之中。

DHA 为二十二碳六烯酸，俗称脑黄金，是大脑及视网膜中脂肪酸的主要成分，在大脑中主要存在于脑细胞膜及突起和连接脑细胞之间网膜的轴突与树突等重要部分，担负信息接收、处理、传递及反应的重任，对脑神经功能的发育有促进作用。目前 DHA 主要来源于深海鱼油。

3. 碳水化合物对记忆的影响

人体总能量的 20%被大脑消耗，糖类是为大脑供能的基础物质。由于脑中储存的葡萄糖有限，因此必须由血液不断补充。当糖供给不足时，人体会出现头昏乏力、注意力不集中、烦躁不安及学习效率下降等现象。研究人员表示，低碳水化合物和非碳水化合物食物最有可能给思维和认知造成负面影响。

4. 维生素对记忆的影响

(1)维生素 A 可增强大脑判断力，缺乏维生素 A 可影响包括脑在内的许多器官的发育，在胚胎期和哺乳期，脑的生长发育和蛋白质代谢与维生素 A 的获得量成正相关。

(2)维生素 E 可有效抑制脑中必需脂肪酸的氧化，维护大脑健康旺盛的工作活力。

(3)B 族维生素可促进糖代谢以保证大脑能量供给，有利于克服倦怠疲劳，使人思维敏捷。大鼠喂饲缺乏维生素 B_1 的饲料，会使被动回避反应能力丧失，50%的大鼠丧失学习能力，补充后即可恢复。维生素 B_1 是体内代谢反应的辅酶，缺乏时使丙酮酸合成乙酰辅酶 A 减少，从而抑制脑乙酰胆碱合成，影响学习记忆功能。维生素 B_3 缺乏会导致记忆丧失，补充后记忆恢复。维生素 B_6 作为辅酶参与多种氨基酸的合成，长期缺乏会导致脑功能不可逆性损伤与智力发育迟缓。

5. 微量元素与矿物质对记忆的影响

微量元素参与生物活性分子的组成，许多生命必需酶的活性与微量元素密切相关，缺乏某些微量元素可妨碍学习记忆功能。

(1)钙能抑制脑神经的异常兴奋性，使大脑思维敏捷、注意力持久。缺钙时会造成情绪不稳定，易因小事受刺激，使大脑疲劳；严重缺钙会使骨钙溶出增加，引起脑细胞及末梢神经出现钙沉着，破坏和干扰脑功能，引起痴呆。缺钙还会导致铝在脑细胞内沉着，直接破坏神经细胞，引起细胞萎缩导致神经间连接断裂，从而造成记忆损伤。

(2)铁影响血红蛋白的合成，从而影响智力及脑功能。缺铁可使婴儿神经发育迟缓，降低凝视时间、注意广度和完成任务的能力。学龄前缺铁性贫血儿童的智力明显出现障碍，出现注意力不集中，经常产生无目的的活动。缺铁儿童由于鉴别和复述能力降低，从而影响长期记忆。

(3)碘缺乏可导致胎儿和婴幼儿中枢神经系统分化及发育障碍、感知障碍、运动障碍等。严重碘缺乏所导致的地方性甲状腺肿大常伴有智力发育迟缓。轻中度碘缺乏所致的甲状腺肿大儿童的智商亦明显降低。碘缺乏还影响识别功能。

(4)缺锌可导致儿童生长发育障碍和智力发育不良等。孕期和哺乳期的母鼠缺锌，其仔鼠主动避免刺激的应答能力降低。大鼠出生早期缺锌则影响脑组织正常发育，可损害短期记忆和长期记忆，额外补充锌能防止或延缓遗传性痴呆症的发生。

三、中医药理论在辅助改善记忆方面的应用

1. 中医学理论对记忆的认识

中医学理论认为"心主神志"，其含义为心血是否充盈与记忆有密切的关系，即机体健康，特别是气血充足则头脑清醒、记忆力强；"肾主骨生髓，髓养脑"，其含义为肾精是否充盈与记忆关系密切，即肾精充盈髓，则脑发达而记忆力强。肾精是否充盈与先天禀赋关系密切，后天的营养亦是关键。记忆衰退的迟早、快慢或程度与先天禀赋关系密切，特别是与后天营养，是否伴有气血亏虚、肾精虚损症状的关系更加密切。

2. 中医药理论在辅助改善记忆方面的应用原则

平补气血、涵养肾阴是中医药理论在辅助改善记忆方面的一般应用原则，还应该考虑年龄增大身体整体素质下降、脑力劳动过度、贫血、先天发育不良等因素，对症下药。此外，应对记忆衰退的人所表现的精神不振、易疲劳、免疫功能低、性功能减退、生活兴趣不高、关节或肌肉痛、怕冷、怕风、怕热、怕事、怕烦、孤僻、固执等现象给以适宜的调节。一些中药材能够改变神经递质物质，具有增强记忆作用，亦可用于辅助改善记忆的保健食品开发。

3. 常见的改善记忆的方药与中草药

现代医学理论研究证明，许多中药方剂具有增强记忆的功能。如生脉饮具有促进生长发育和学习记忆的作用；地黄饮子对东莨菪碱所致记忆获得性障碍模型和亚硝酸钠所致记忆巩固性障碍模型小鼠，均有明显的改善记忆作用；六味地黄丸对动脉粥样硬化和糖尿病有预防作用，可改善脑部功能与记忆，对预防老化和早衰有一定作用。

中药的现代医学研究证明，许多药物在大脑皮层神经元的保护和神经回路的激活、突触传递的长期强化方面具有明显的作用，如：

(1)天麻可明显改善老龄鼠的学习记忆功能，降低血清脂质过氧化物(LPO)的含量。

(2)菟丝子、益智仁可显著提高脑组织中 SOD 和 GSH-PX 的活性，降低 MDA 的含量，提高小鼠的学习记忆能力。

(3)党参提取物可拮抗东莨菪碱造成的小鼠记忆获得不良，改善亚硝酸钠造成的小鼠记忆巩固障碍、小鼠记忆再现缺损，可使中枢 M 胆碱受体密度显著增高。党参对学习记忆的改善作用还表现为能增进和改善小鼠学习记忆过程，并能改善樟柳碱引起的记忆获得障碍的影响。

(4)刺五加对中枢神经的兴奋和抑制过程均有影响，具有抗疲劳作用，能增强持久力和能力，增加机敏和学习能力。

(5)枸杞味甘、性平，主要归肝、肾、肺经，其甘补平和，质润多液，入肾可益精充髓助阳。有人用小鼠进行实验，小鼠去胸腺后其学习记忆能力下降，给小鼠应用枸杞后，其记忆能力明显提高，即枸杞有提高学习记忆功能的作用。

(6)葛根总黄酮或醇提取物能提高大鼠大脑皮层和海马乙酰胆碱含量，并降低海马乙酰胆碱转移酶活性，对抗东莨碱所致的大鼠记忆获得性障碍，有一定的改善学习记忆的能力。

(7)灵芝醇提取物可显著提高小鼠脑内乙酰胆碱的水平，即灵芝醇提取物有明显改善记忆障碍模型动物学习记忆能力的作用。

(8)人参对多种化学药物造成的实验动物记忆获得、巩固和再现障碍均有改善作用。人参益智作用机制可能是：促进脑内 RNA 和蛋白质的合成；促进脑内神经递质 Ach 的合成和

释放，提高脑内 DA 和 NA 的含量；促进脑神经细胞发育，增加脑重量及大脑皮层厚度，增加海马 CA3 区锥体细胞上层的突触数目，提高海马区神经元功能；保护神经细胞，降低体外培养神经细胞的死亡率，延长其存活时间；增加脑的供血、供氧及改善能量代谢。

(9)当归提取物可减轻东莨菪碱所致的记忆缺失，其机制是通过降低海马区乙酰胆碱酯酶的活性而实现的。

四、辅助改善记忆保健食品的功能性评价与适宜人群

（一）辅助改善记忆保健食品功能性评价的内容与标准

辅助改善记忆的保健食品产品开发功能性评价动物试验需做跳台试验、避暗试验、穿梭箱试验和水迷宫试验四项；人体试食试验需做韦氏记忆量表、临订记忆量表进行评价。除上述试验项目外，还可以选用嗅觉厌恶试验、味觉厌恶试验、操作式条件反射试验、连续强化程序试验、比率程序试验、间隔程序试验等。动物试验两项或两项以上的指标为阳性，且两次或两次以上的重复测试结果一致，可以认为该受试物具有改善该类动物记忆的作用；若人体试食试验结果呈阳性，则可认为该受试物具有改善人体记忆的作用。

（二）辅助改善记忆保健食品的适宜人群与不适宜人群

1. 适宜人群

国家规定的适宜人群是“需要改善记忆者”，包括记忆力减退的中老年人、脑力劳动者和少年儿童。辅助改善记忆的保健食品多有健脑作用，对维护大脑的正常功能有着积极的意义。

2. 不适宜人群

国家没有规定不适宜人群，这要根据该保健食品的成分来确定。例如，普通深海鱼油不适合儿童服用，因为某些鱼类含有汞，会损害儿童正在发育的神经系统。另外，含有影响少年儿童生长发育的原料的保健食品不适合少年儿童服用。

本章小结

本章重点介绍了人体睡眠的机制和引发失眠的因素，指出了有助于改善睡眠保健食品的一般要求，阐述了具有改善睡眠功能保健食品原料的作用原理与特点，分析了中医药理论在改善睡眠方面所具有的特色和优势。本章在阐述辅助改善记忆保健食品方面，重点介绍了神经回路学说、突触效能改变学说、记忆的生化机制和学习记忆的结构基础，分析了营养与记忆的关系，指出了营养基础物质、维生素、微量元素、中草药和其他天然物质对开发辅助改善记忆保健食品的意义，强调了辅助改善记忆保健食品的适宜人群。

复习思考题

1. 引发失眠的因素有哪些？
2. 人体睡眠的机制是怎样的？
3. 请举例说明常见的三种有助于改善睡眠物质的作用。
4. 开发有助于改善睡眠保健食品的一般要求有哪些？
5. 引发记忆力衰退的因素有哪些？

6. 如何理解学习记忆的机制、营养与记忆的关系？
7. 开发辅助改善记忆功能保健食品的一般要求有哪些？
8. 中医药理论在改善睡眠和改善记忆方面具有怎样的优势？

实验实训

1. 为失眠患者或记忆力衰退者推荐正确的保健食品。
2. 根据失眠患者或记忆力衰退者的不同特点拟定保健食品配方。

第七章 耐缺氧与缓解体力疲劳的保健食品

知识目标

通过本章的学习，了解缺氧的概念与危害，掌握耐缺氧保健食品开发的一般要求和常见的能提高缺氧耐受力物质的作用；理解体力疲劳的特点与缓解体力疲劳保健食品的本质，掌握缓解体力疲劳保健食品开发的一般要求和缓解体力疲劳主要物质的作用特点。正确理解中医药理论在缓解体力疲劳方面具有的优势；掌握中医药理论在缓解体力疲劳方面的应用。

技能目标

通过本章的学习，学生能够正确使用耐缺氧保健食品，能够针对体力疲劳人群的不同特点，开发具有特色的保健食品；懂得中医药理论在缓解体力疲劳方面的应用。

第一节 耐缺氧的保健食品

一、缺氧的一般知识

(一)缺氧的含义

氧是人体生理代谢的基本物质，在生命活动中不可缺少。成人在静息状态下每分钟耗氧 250mL，活动时耗氧量增加。人体内氧储量极少，依赖于空气中的氧通过呼吸进入血液，再经血液循环传输到全身组织，这种不断地摄取和运输氧的活动保证生命的需要。人或动物在生长、发育过程中，当组织细胞得不到代谢活动所必需的氧时，便会产生缺氧症，简称缺氧。这是由于氧气的摄入不足以供给机体所需，导致肺泡氧分压和血氧饱和度降低，组织细胞不能从血液获得所需的氧进行正常氧化代谢而出现的一系列症状。

缺氧广泛存在于人类的生活与工作中，尤其在高原环境、高空或剧烈的运动过程中，以及呼吸和循环系统的某些疾病或急性失血等不同情况下。

根据引起缺氧的原因不同可将其分为缺氧性缺氧症、贫血性缺氧症、局部缺氧性缺氧症和组织中毒性缺氧症。若按缺氧发生速度分类，则分为暴发性缺氧症、急性缺氧症、亚急性缺氧症和慢性缺氧症。

(二)缺氧症状的一般表现与危害

1. 缺氧症状的一般表现

引起缺氧的原因和发生的部位不同，其表现有一定的差别：

(1)心缺氧，表现为心悸、胸闷、气促、口干、嘴唇发紫，甚至出现恶心、呕吐等。

(2)脑缺氧，表现为头晕、目眩、失眠、记忆障碍、神志不清等。

(3)躯体缺氧，表现为机体反应迟钝、酸痛乏力、手脚发麻等。

但不论是哪一类缺氧症，共同的基本特征是：对机体的危害视缺氧程度而定，一般短暂而且程度轻的缺氧，可刺激机体从外界获得更多的氧气以满足体内氧气的不足；如果长时间或急剧的缺氧，则可由于机体氧化代谢受阻，能量产生不足甚至耗竭，引起严重的功能障碍或病理性改变，出现许多相关性的疾病，并可能最终导致生命活动的终止。

2. 缺氧对机体生理功能的影响

(1)对神经系统的影响。在机体所有组织中，神经系统特别是大脑皮层对缺氧最为敏感。每克脑组织在每分钟内需要氧 0.09～0.10mL，几乎是肌肉组织需要量的 20 倍。因此，缺氧条件下高级神经活动的改变出现较早。当轻度缺氧时，皮层下中枢损害较轻，兴奋过程占优势，交感神经、肾上腺髓质系统处于兴奋状态，化学感受器对缺氧刺激的冲动能够做出一系列适应代偿性反应，如通气量增加、心跳加速、心输出量增多、血流加快，在心理活动上有情绪不稳和兴奋现象等。如果这种适应性超过一定限度，某些器官的负担过重，则给机体带来不良影响。当中度缺氧时，某些皮层中枢内的抑制过程进一步破坏，对一些与机体适应有关的器官的调节作用加强。当严重缺氧时，由于皮层细胞发生严重营养代谢障碍，则兴奋过程和条件反射逐渐减弱，抑制过程逐渐加深，从皮层向皮层下中枢扩散，导致生理功能调节障碍。

缺氧对自主神经系统也有明显的影响。轻度缺氧时，感受器神经紧张性增强，如眼皮颤抖、头痛、易怒。严重缺氧时，出现副交感神经紧张力增强和迷走神经过敏综合征，如恶心、呕吐、头痛等；同时感受器官功能也发生改变，如出现味觉、视觉和触觉等的敏感性降低。

(2)对消化系统的影响。缺氧状态下，动物或人对食物的摄取减少，出现食欲下降、恶心、呕吐，各类消化腺的分泌量均有所下降，消化功能减弱，胃的排空时间延长，肠的活动受到抑制、张力减弱、蠕动速度和幅度减小，多有消化不良。胃肠黏膜血管扩张、血流瘀滞、血栓形成，易引起消化道出血。肠道的吸收功能在轻度缺氧时没有大的影响，但随着缺氧程度的加重，肠道的吸收功能也逐渐减弱。严重缺氧时肝细胞坏死，出现黄疸。

(3)对呼吸系统的影响。缺氧开始时，呼吸系统改变明显，呼吸频率加快，肺活量加大，肺通气量增加，肺泡内氧分压增高，同时肺泡开放，肺表面积增大，肺泡表面活性物质增多，肺动脉压增高，这些改变有利于向组织供氧；而缺氧及迷走神经反射性兴奋会引起支气管平滑肌收缩，使肺非弹性阻力增加。中度缺氧时，肺表面活性物质减少，弹性回缩力下降。过度换气能使二氧化碳排出过多，血液 pH 值升高，出现碱血症；肺动脉高压又常导致右心室肥大和高原性心脏病的发生。

(4)对循环系统的影响。缺氧时，首先出现心跳加快，其适应意义是力图增加心输出量以利于组织供氧；中度缺氧时，心率增加但每搏输出量逐渐呈进行性下降；严重缺氧时，心率减慢；极度缺氧时，心率可再次增加或伴有心律不齐，随后极度减慢直到脉搏停止。而在急性缺氧时，脑的血流增加以提高血液运氧能力，但持续性增加可能导致脑水肿的发生，冠状血流增加或减少，肾血流不变或稍有增加，皮肤血流减少。

(5)对泌尿系统的影响。机体处于缺氧状态时，肾血流量、肾血浆流量均减少，而缺氧引起的大脑垂体后叶抗利尿素分泌增加，故出现少尿现象；时间越长，体力负荷越大，出现蛋白尿的概率越大。

(6)缺氧对机体物质代谢的影响。

①对碳水化合物代谢的影响。缺氧时，消化功能下降，胃张力降低，排空时间长，消化液

分泌量减少，食欲和口渴感下降，食物和水摄入量减少，不能满足机体生理上的需要。同时，葡萄糖吸收速度减慢，血糖降低，糖原分解加强，合成酶活力下降，糖原异生受阻，糖原储备量减少。此外，有氧代谢下降，无氧酵解加强，血液乳酸含量升高并在体内积留。

②对蛋白质代谢的影响。缺氧时，蛋白质和氨基酸分解代谢加强，氮的排出量增加；蛋白质合成率下降；血清中必需氨基酸/非必需氨基酸的比值下降。

③对脂类代谢的影响。机体在缺氧条件下，血浆游离脂肪酸、甘油三酯、胆固醇、磷脂等的含量均增高。由于脂蛋白脂肪酶活力减弱和激素敏感脂肪酶活力增强，脂肪分解的速度大于合成的速度。脂肪储量减少而对急性缺氧的适应不力，可能由于脂肪覆盖红细胞表面，影响血红蛋白与氧的结合和携带，导致动脉血氧含量和血氧浓度的下降。

④对水和电解质代谢的影响。急性缺氧时，水代谢呈现负平衡，电解质代谢出现紊乱，体液从细胞外进入细胞内，细胞外液减少而细胞内液增加导致细胞水肿。同时血液氧分压和二氧化碳分压的降低，导致血液浓度上升和碱贮备减少。

⑤对微量元素代谢的影响。在缺氧的条件下，微量元素在体内的分布有明显的改变，可动用的微量元素被释放进入血液，形成恢复组织呼吸及消除代谢紊乱产物所必需的酶分子或其他金属蛋白化合物。所以血液、脑、肾、肝脏和心肌中铜、锌、铁等微量元素的含量增加，细胞色素氧化酶、过氧化氢酶等金属酶的活性升高。但在机体微量元素不断消耗而供给量不足的情况下，代谢负平衡将导致血液及组织中这些元素含量减少，发生“习惯性微量元素缺乏”。

另外，缺氧对维生素和核苷酸的代谢也会有一些影响。

二、耐缺氧保健食品的开发

（一）耐缺氧保健食品开发的一般要求

开发耐缺氧保健食品，目的是使机体在低氧分压下不发生或少发生病理改变，以增强机体的缺氧耐力，维持组织能量代谢接近于正常从而维持心、脑等器官的正常功能。该类保健食品的研究，对在高原环境、高空或剧烈的运动过程中缺氧人群增强机体的缺氧耐力有着十分重要的意义。目前耐缺氧保健食品的研究尚不够深入，好的产品并不多见。

（二）常见的能提高缺氧耐受力的物质

1. 维生素

此应用比较普遍，如维生素 C 可改善低氧时的氧化过程和氧的利用，延长动物的寿命；维生素 B_1、维生素 B_2、烟酰胺等是机体能量代谢中辅酶的辅助因子，这些维生素的缺乏将导致组织细胞对氧利用和 ATP 生成发生障碍。

2. 微量元素

此方法已得到药理学实验证实并在保健食品中普遍应用。由于铜、铁、锰等离子是细胞内多种金属酶的组成成分和激活因子，如铜和铁的含量与细胞色素氧化酶、琥珀酸脱氢酶、过氧化氢酶及铜蓝蛋白有密切关系，运动员的运动能力与细胞中这些元素的含量有关。有研究指出，在有训练经历的运动员血细胞中，这些元素的含量比新运动员高。细胞内铜、锌、铁、锰含量的增加和血液运氧能力的增强，可以看作是机体对运动负荷适应的表现。适量地补充这些微量元素，能明显改善机体对低氧环境的适应能力，增加机体外呼吸功能，并使多种在造血功能方面有重要作用的金属酶的活性增强。

3. 海藻硫酸多糖

近年来学者们发现海藻硫酸多糖可显著地抑制运动性及其他缺氧所致的心肌和肝组织自由基增加，降低血、骨骼肌、心肌、肝组织脂质过氧化物（MDA）水平，具有很好的提高缺氧耐受力、缓解体力疲劳的作用。

4. 红景天

红景天是景天科植物，是生长在海拔 800～2500m 高寒无污染地带的珍稀野生植物。在抗疲劳作用方面，红景天有适应原样作用，能恢复运动疲劳，提高运动成绩。其影响运动员生理机能及运动能力的机理是能改善运动员的心肺机能，显著提高运动时的最大耗氧量和分钟通气量，增加血红蛋白含量等，从而提高比赛成绩。藏药狭叶红景天提高缺氧耐力的作用相近或略优于刺五加，优于红参水煎剂。目前提高缺氧耐受力的保健食品以红景天为原料的较多，国产、进口均有。以红景天冠名的保健食品也较多，剂型也较多，如红景天口服液、红景天保健茶、红景天酒等。

5. 人参

人参在祖国医学中被列为补气养阴、扶正固本药。现代药理研究证明，人参能增强机体非特异性抵抗力，对高温、低温、超重、电离辐射、缺氧、有毒物质等对机体的损害有保护作用，并具有缓解体力疲劳、抗衰老的功效。它对中枢神经系统特别是高级部位有特殊作用，能最优地调节其兴奋和抑制过程，从而提高功效并减少能量的消耗。人参皂苷在 7000m 高空缺氧条件下，对脑皮层神经元细胞器的超微结构有明显的保护作用，而且还可抑制内源性糖原的利用，增强组织呼吸，促进无氧糖酵解，在缺氧条件下提高产能水平；一方面降低能耗，另一方面提高产能，所以能保护神经元免受缺氧损害。另外，人参皂苷可以增加红细胞的 2,3-二磷酸甘油酸的浓度，降低血红蛋白对氧的亲和力，从而向组织释放更多的氧，满足其对氧的需要；此外人参还有清除自由基的作用。

6. 茶多酚

茶多酚是从茶树或茶叶中提取的天然抗氧化物质，对脑缺血有优良的保护作用。

7. 角鲨烯

角鲨烯最初是从鲨鱼的肝油中发现的，属开链三萜，又称鱼肝油萜，具有提高体内超氧化物歧化酶（SOD）活性、增强机体免疫能力、改善性功能、抗衰老、抗疲劳、抗肿瘤等多种生理功能。角鲨烯广泛分布在人体内膜、皮肤、皮下脂肪、肝脏、指甲、脑等组织和器官内，其促进血液循环和活化身体机能细胞的功能可预防及治疗因机能细胞缺氧而引致的病变，如胃溃疡、十二指肠溃疡、肠炎、肝炎、肝硬化、肺炎等。角鲨烯有良好的供氧机能，尤其是身体组织缺氧时更容易供给氧气，具有类似红细胞摄氧的功能，生成活化的氧化鲨烯，随血液循环运输到机体末端细胞以释放出氧，从而增加了机体组织对氧的利用效率和能力。

8. 其他常用的提高缺氧耐受力的原料

枸杞多糖能显著地增加小鼠肌糖原、肝糖原储备量，提高运动前后血液乳酸脱氢酶总活力，降低小鼠剧烈运动后血尿素氮的增加量，加快运动后血尿素氮的清除速率，这就表明枸杞多糖对提高负荷运动的适应能力较强，对抗疲劳和加速消除疲劳的作用十分明显。黄精提高缺氧耐受力的作用显著，肌体缺血/缺氧会引发急性期神经元坏死及慢性期神经元凋亡的损伤，黄精可抑制神经细胞凋亡的发生，有利于防止缺血性脑血管疾病的发生。冬虫夏草的抗疲劳、耐缺氧作用显著，通过对小鼠负重游泳实验得出冬虫夏草可延长小鼠负重游泳时间，可明显降低游泳后血的乳酸含量，可降低游泳后血清的尿素含量。虫草水提取物在体外对剧烈运动后红细胞的变形有明显的改善作用，可增强机体对运动耐力的适应性和保护作用。虫草还具有抗心肌缺血、缺氧，扩张冠状动脉增加心输出量和冠脉流量，增加心脑组织对氧的摄取利用率，改善心肌缺血，降低心肌耗氧量及抗氧化的作用。绞股蓝对犬的脑干缺血有较好的保护作用，其机制可能与升高 SOD 活性有关。此外党参、川芎、当归、刺五加、灵芝、黄芪、三七、银杏叶、红花等均有对抗肌体缺血/缺氧的功能，可改善肌体缺血/缺氧条件下的肌体状况，从而达到保护肌体的目的。

提高缺氧耐受力的保健食品较多，至 2016 年 6 月底，国家食品药品监督管理局批准的此类保健食品多达 149 种，但仍缺乏处于霸主地位的提高缺氧耐受力的保健食品。市场上对提高缺氧耐受力保健食品的需求较高，特别是体育界。开发出既不是兴奋剂又能提高缺氧耐受力的保健食品对提高比赛成绩很有帮助。寻找提高缺氧耐受力的新物质一直是药理研究工作者的科研热点之一。

三、中医药理论在提高缺氧耐受力方面的应用

根据祖国医学整体观念和辨证论治的理论观点，从益气养阴、活血补血、泻肺利水等原则的角度出发，筛选出提高缺氧耐受力的天然药物，研究开发出安全、有效、低廉的保健食品是供需双方的理想追求。药食同源中药材中的益气药为首选药，如人参、党参、刺五加、当归、熟地、龙眼肉、沙参、三七、麦冬、红景天、茯苓、葶苈子、半夏等，这些药食同源中药材的价格低廉，应用安全有效，已被广泛应用。

第二节　缓解体力疲劳的保健食品

一、疲劳的基本概念与缓解体力疲劳保健食品的本质

（一）疲劳的基本概念与分类

疲劳是人们连续学习或工作以后效率下降的一种现象，可以分为生理疲劳与心理疲劳两种。临床上一般将疲劳分为体力疲劳、脑力疲劳、心理疲劳、病理疲劳和综合性疲劳。

体力疲劳又叫躯体性疲劳。人持续长时间、高强度的体力活动、运动时，体内会产生大量的代谢物，如乳酸、二氧化碳、血清尿素等，这类物质在体内积聚，刺激人体的组织细胞和神经系统，就会使人产生疲劳感。

脑力疲劳是人们长时间用脑后引起大脑血液和氧气供应不足导致的，具体可出现注意力不集中、头昏眼花、反应迟钝、四肢乏力或嗜睡等症状，严重的可引起失眠、多梦、恶心、呕吐、性格改变等诸多问题。

心理疲劳是现代生活中最常见和较复杂的一种疲劳，其产生与心理、社会环境及生活方式等因素有密切关系。如精神紧张和学习工作过量、繁杂的信息轰击、住房拥挤、噪声、工作条件恶劣、疾病、家庭不和、人际关系紧张、事业遭到挫折等，均是诱发心理疲劳的重要因素。人长期从事一些单调、机械的工作、学习活动，中枢局部神经细胞由于持续紧张而出现抑制，致使人对工作、生活的热情和兴趣明显降低，直至产生厌倦情绪。产生心理疲劳的人，轻者出现厌恶、逃避工作、学习及生活的症状，重者还可出现抑郁症、神经衰弱、强迫行为以及诸

如开始吸烟、酗酒等生活习惯改变的现象。长年累月便在心理上造成心理障碍、心理失控甚至心理危机，在精神上造成精神萎靡、精神恍惚甚至精神失常，引发多种心身疾患，如紧张不安、动作失调、失眠多梦、记忆力减退、注意力涣散、工作效率下降等，以及引起诸如偏头痛、荨麻疹、高血压、缺血性心脏病、消化性溃疡、支气管哮喘、月经失调、性欲减退等疾病。

病理疲劳是某些疾病所造成的人体虚弱、无力等症状。疲劳是这些病的先兆之一，比如病毒性肝炎、肺结核、糖尿病、心肌梗死、贫血、血液病和癌症等都可使患者感到莫名其妙的疲劳。这种疲劳与体力、脑力、心理性疲劳性质完全不同，它有三个特点：一是在健康人不应该出现疲劳时出现；二是疲劳的程度严重，消除得也慢；三是这种疲劳常伴有其他症状，如低热、全身不适、食欲不振或亢进等，只有在疾病治愈后，疲劳才会消除。

综合性疲劳往往不是单一原因引起的，它既有体力、脑力的原因，也有心理、社交的原因，也可能还夹杂着疾病的原因，使各种单一疲劳的“症状”不很突出和典型，这种非单一因素引起的疲劳称为“综合性疲劳”。

(二)体力疲劳的特点与缓解体力疲劳保健食品的本质

1. 体力疲劳的特点

体力疲劳是生理疲劳。在机体复杂的生理生化变化过程中，体内会产生大量的代谢物如乳酸、二氧化碳、血清尿素等，这些物质通过刺激人体组织细胞和神经系统而使人产生疲劳感。由于运动引起机体生理生化功能改变而导致机体运动能力暂时降低的现象被称为运动性疲劳。疲劳是防止机体发生威胁生命的过度机能衰竭而产生的一种保护性反应，它的产生提醒工作者应降低工作强度或终止运动以免机体损伤。当肌肉和器官完全不可能维持其运动机能时，即精疲力竭。

2. 缓解体力疲劳保健食品的本质

国家规定“缓解体力疲劳”功能的检验方法是结合两项运动试验和三项生化指标的结果判定。两项运动试验是小鼠负重游泳试验和小鼠爬高试验，三项生化指标是血乳酸、血清尿素和肝糖原。从这些试验和生化指标可以看出，“缓解体力疲劳”功能是指缓解运动后的体力疲劳即运动性疲劳。

国家规定缓解体力疲劳保健食品的适宜人群是“易疲劳者”，这主要是指以下人群：

(1)运动员及爱好运动、健身的人群；

(2)高温作业人员；

(3)军事活动人员；

(4)高原地区作业人员；

(5)其他人员，包括夜班工作人员、长途司机等。

此外，短暂剧烈运动、旅游引起的疲劳人员也都属于易疲劳人群。

国家规定的不适宜人群是“少年儿童”，这是由于很多可以缓解体力疲劳的成分会影响少年儿童的生长发育。

【小资料】 脑力疲劳、心理疲劳、病理疲劳和综合性疲劳的特点与改善

脑力疲劳因用脑过度而出现，适当的休息或适当的体育锻炼是更积极、更有效的消除疲劳的方法，选择缓解体力疲劳的保健食品一般不能起到预防作用。如选取具有“改善记忆”功能的保健食品，对缓解脑力疲劳是有帮助的。

心理疲劳的成因比较复杂，它与因连续工作而致使机体能量消耗的生理疲劳不同，它是指人长期从事一些单调、机械的工作活动，伴随着机体生化方面的变化，中枢局部神经细胞由于持续紧张而出现抑制，致使人对工作、生活的热情和兴趣明显降低，直至产生厌倦情绪，是因心理因素引起的不良情绪，使大脑皮层受到抑制而出现的心理现象，常常带有主观体验的性质，并不完全是客观生理指标变化的反映。消除心理疲劳一般采用激发自信心、正确对待社会舆论或环境、改善营养、保证睡眠、劳逸结合、磨炼意志等措施。找到原因进行必要的心理疏导是其主要解决方法。

病理疲劳由疾病引发，需要到医院查明原因，进行对症治疗。

综合性疲劳应详细准确地分析产生原因，采取综合性措施。

目前的缓解疲劳保健食品的开发正在趋向于向缓解体力疲劳以外的功能拓展。

二、体力疲劳的机理

根据疲劳发生的部位可将体力疲劳分为中枢疲劳和外周疲劳。

(一)中枢疲劳及其机理

中枢疲劳是指发生在脑至脊髓部位的疲劳。其特点是：

(1)由于中枢神经系统发生功能紊乱，改变了运动神经元的兴奋性。疲劳时神经冲动的频率减慢，使肌肉工作能力下降。

(2)中枢内代谢功能失调，表现为大脑细胞中腺嘌呤核苷三磷酸(ATP)水平明显降低，血糖含量减少，γ-氨基丁酸含量升高，特别是5-羟色胺和脑氨升高，引起多种酶活性下降，ATP再合成速率下降，从而使肌肉工作能力下降导致疲劳。

(二)外周疲劳及其机理

外周疲劳主要指运动器官肌肉的疲劳。其主要表现：一是肌肉中供能物质输出的功率下降，使机体不能继续保持原来的劳动强度；二是肌肉力量下降。肌肉中供能物质的变化机制与疲劳的发生可理解为以下几个方面：

1. 磷酸原贮备减少而发生疲劳

研究发现当机体进行短时间极限强度的运动时，由于肌肉中ATP含量极少，仅够维持1～2s的肌肉收缩。当肌肉中ATP含量减少后，磷酸肌酸将所贮存的能量随磷酸基团迅速转移给二磷酸腺苷(ADP)，以重新合成ATP。肌肉中磷酸肌酸的含量尽管比ATP高3～4倍，但也只能使剧烈运动持续约10s。可见短时间的极限强度的运动导致的疲劳与ATP、磷酸肌酸的大量消耗有关。

2. 糖贮备减少而发生疲劳

糖是肌肉活动时能量的重要来源，在超过10s的高强度运动中，糖是主要的供能物质。当肌肉中的糖原被大量消耗时，机体活动能力降低，出现疲劳。长时间运动时肌肉不仅消耗

糖原,同时还大量摄取血糖。当摄取速度大于肝糖原的分解速度时,血糖水平降低。由于中枢神经系统主要靠血糖供能,血糖降低引起中枢神经系统供能不足,从而导致全身性疲劳的发生。在正常情况下,机体内糖的合成与代谢是在动态平衡下进行的。血糖水平降低导致疲劳的产生,致使运动成绩下降,严重的时候,如马拉松赛跑,由于体内肝糖原几乎耗尽,会引发运动员晕厥甚至昏迷等现象。

3. 乳酸与肌肉疲劳的发生

机体进行超过10s的剧烈运动,其肌肉不能得到充足的氧气时,主要靠糖原的无氧酵解来获得能量。乳酸是在缺氧条件下糖酵解的产物,随着糖酵解速度的增加,肌肉中的乳酸量不断增加。在剧烈的运动时,肌肉中乳酸含量可比安静时增加30倍。尽管机体对于堆积的乳酸经三条代谢途径清除,但由于这三条代谢途径起始时都要经过将乳酸氧化成丙酮酸的过程,这一过程在缺氧时是不能进行的,因此在剧烈的运动或劳动中,肌肉中的乳酸量将逐渐积累,解离的氢离子使肌细胞pH值下降,进而引起一系列生化变化。其变化使ATP酶活性下降,不利于ATP的恢复;使磷酸果糖激酶活力下降,磷酸果糖激酶是糖酵解反应的限速酶,其活力下降将使糖酵解供能过程减慢,当pH值下降到6.3~6.4时,该酶活性几乎完全丧失,使糖酵解过程中断,这一原因也使机体内的乳酸不能无限地积累;影响肌浆网中钙离子的释放及其与肌钙蛋白的偶联调节,降低了肌球、肌动蛋白的连接收缩过程,从而使肌力下降;破坏了细胞内外离子平衡,使肌细胞膜电位下降,导致肌力下降;使解脂作用降低,脂肪供能减少,导致肌力下降。实验证明,快肌的乳酸堆积的速度要高于慢肌,故快肌容易疲劳。可见体育工作者肌细胞中乳酸堆积和肌肉工作能力有关。

4. 脂肪动用与疲劳

体内脂肪的贮备量较多,在理论上可供120h以上的中强度的运动。但实际上在脂肪尚未大量动用之前,机体已因疲劳而停止运动。当运动员将脂肪作为能源时,糖的动用会减少,但利用脂肪供能时由于其输出功率仅是糖有氧氧化供能的一半,仅是糖酵解的1/4,因而运动的力量和速度都会降低,意味着疲劳出现。

由此可见,运动性疲劳的产生大致可归纳为如下几点:

(1)能源物质过度消耗。如ATP、肌糖原和肝糖原过度消耗。

(2)内环境的紊乱。除了乳酸堆积外,机体渗透压、离子分布、pH值、水分、温度等内环境条件的变化,使体内酸碱平衡、渗透平衡、水平衡等失调,导致工作能力下降而发生疲劳。

(3)神经系统、酶、激素对运动时的代谢调控失调等。

三、缓解体力疲劳保健食品的开发

(一)缓解体力疲劳保健食品开发的一般要求

保健食品缓解体力疲劳的重要手段是补充能源和纠正机体内环境,特别是体液系统的不平衡。另外,通过提高机体器官的功能,特别是循环系统的功能,加速体内代谢物质的清除、排出,来达到缓解体力疲劳的目的具有重要意义。目前市场上的缓解体力疲劳的产品大致可以分为补充能量型、补充人体必需的维生素和微量元素型、提高机体器官的功能型及综合型。

(二)营养素与运动能力的关系

良好的体能是运动员在比赛中充分发挥潜能的重要保证,超量的训练负荷依赖于长期的营养供给，为此体育界将营养学运动能力恢复作为训练计划的一个重要组成部分放在仅次于训练的重要位置。通过营养手段来提高运动员的运动能力，促进其体力恢复，预防运动性疾病是运动营养学的重要内容。合理的营养有助于内环境的稳定，全面调节器官的功能，并使代谢过程顺利进行，有利于运动能力的提高。运动员营养不足或过剩不但会降低运动能力，甚至会产生某些运动性疾病。

1. 糖与运动能力

糖是人体主要的供能物质，糖容易被肠道吸收并易于氧化，糖的热价最高，它代谢的终产物二氧化碳和水不增加体液的酸碱度。因而随着运动员运动强度的增加，参与代谢的糖的比例也增加。

人体内的糖有三种，即存在血液中的葡萄糖、存在肝脏中的糖原和肌肉中的糖原。肝糖原可以由葡萄糖、半乳糖、果糖等单糖生成，也可由甘油、乳酸和成糖氨基酸等非糖物质生成，它不仅可以氧化以满足肝脏本身活动的需要，还可分解成葡萄糖进入血液，通过血液循环供其他组织利用，故肝糖原对于血糖水平的维持有重要作用。肌糖原只能由葡萄糖合成。当肌肉活动时，肌糖原分解可以产生大量能量供给肌肉活动需要，但由于肌肉中缺乏葡萄糖-6-磷酸酶，因此肌糖原不能直接分解成血糖供给其他组织利用。运动员由于肌肉发达，单位肌肉质量的糖原含量也高，因此运动员体内的肌糖原贮备较正常人高。

一般认为体内糖原的贮备和运动耐力呈正相关。如在赛跑中的前1h，肌糖原的含量与运动能力无关，但在1h后肌糖原含量高的受试者可保持其运动能力，因此可用肝糖原和肌糖原贮备为指标来评价机体缓解体力疲劳的能力。

2. 脂肪与运动能力

正常成人的脂肪含量占体重的10%～20%，肥胖者可达20%～30%。体脂是人体主要的能量贮备，因为贮存脂肪比贮存糖更为经济。在供氧充足时，脂肪是人体主要的能量来源。如安静时，85%的能量供应是氧化来自动脉血的游离脂肪酸，仅15%来自血糖。在进行轻微活动时，脂肪供能大约占总能量供应的60%。长时间的活动，如马拉松、越野跑时，体内氧供应充足，脂肪仍为主要能源，特别是马拉松至后半程，其脂肪供能可达90%，可见脂肪是长时间运动的主要能源。对于长时间供氧充足的运动，增强脂肪分解，充分动员脂肪供能，无疑会提高机体的缓解体力疲劳能力。

脂肪在体内氧化供能时需要充足的氧的供应，如果运动时体内处在缺氧状态，脂肪得不到彻底氧化，其中间产物——酮体就会在血液及组织中堆积起来。另外，由于脂肪动员受脂肪酶活力的影响，而在长时间运动时，由于ATP大量分解生成ADP和AMP，AMP进一步分解为腺苷，积聚的腺苷与脂肪细胞上A1受体结合，会抑制脂肪细胞内激素敏感型脂肪酶的活性，从而抑制了脂肪的动员和利用。

3. 蛋白质与运动能力

蛋白质的生理活性对提高机体在运动中的生理功能具有重要意义，如通过提高线粒体中氧化酶的活性、提高血液中血红蛋白与肌肉中肌红蛋白的含量，在剧烈运动中机体能够更好地利用有氧代谢途径供能，从而降低疲劳程度。实验证明，在运动训练中有针对性地供给必需的蛋白质不仅可预防运动性贫血，而且可以提高训练效果。在考虑蛋白质供给量时，机体热能需要量必须充分满足。如果热能供给不足，则摄入的蛋白质就不能有效地被利用，甚至不能维持氮平衡。所以对人体而言，只有供给充足的能量才能发挥蛋白质应有的作用。

随着运动强度的增加，热能消耗增加，人体对热能和蛋白质的需要都有所增加，适应运动型的保健食品要保证热能和蛋白质的补充。但由于蛋白质分解代谢的产物及其排泄会增加肝脏和肾脏的负担，因此蛋白质补充也要适量。

4. 维生素与运动能力

机体中缺少维生素 B_1 会影响一些氨基酸的转氨作用，破坏机体氮平衡。资料表明，缺乏维生素 B_1 时机体水分和盐的代谢也会发生失常，这些都直接影响机体的活动能力。机体缺乏维生素 B_2 将直接影响氧化供能系统，使机体在活动中由于得不到充足的能量而产生疲劳感。维生素 B_6 是转氨酶的辅酶，其缺乏将影响蛋白质的活力。维生素 C 能够加强氧化-还原过程，提高组织的吸氧能力，使组织的代谢营养功能加强，从而增强机体耐力，使之不易产生疲劳感。维生素 E 具有抗氧化作用，可以增强人体对缺氧的抵抗力，使机体耗氧减少，提高缓解体力疲劳的能力。

5. 无机盐与运动能力

无机盐是构成机体组织的重要成分，也是很多酶系的激活剂或组成成分。无机盐与蛋白质协同维持着组织细胞的渗透压，在体液移动和贮备过程中起重要作用。酸性、碱性无机盐离子及其原子团的相互配合维持着机体的酸碱平衡。各种无机离子在机体中保持一定比例是维持神经肌肉兴奋性和细胞膜通透性的必要条件。其中钙离子与运动能力的表现为：肌肉神经正常兴奋性及其兴奋传导都必须有一定的钙离子存在，血清钙量下降可使神经和肌肉的兴奋性增高而引起抽搐；钙还是许多酶的激活剂，如钙能激活肌细胞的 ATP 酶，促进肌肉收缩。镁在细胞内集中于线粒体中，对许多酶系统，特别是对与糖代谢及氧化磷酸化有关的酶系统起促进作用；镁与钙、钾、钠一起共同维持神经肌肉的兴奋性，并参与维持心脏正常功能的作用。磷除了是构成骨骼的原料之外，还是构成核酸、磷脂和许多辅酶的材料，磷参与许多与劳动能力有直接关系的生理功能，如糖和脂肪的代谢过程中需要有磷酸化合物的存在，三磷酸腺苷和磷酸肌酸中的磷起着贮存和转移能量的作用；磷酸盐从尿中排出的数量和形式有助于机体酸碱平衡的调节。铁在成人体内的含量约为 5g，其中血红蛋白里含有 73%，肌红蛋白里含有 3%，0.2%存在于细胞色素酶、过氧化氢酶、过氧化物酶等一些酶系中。铁在机体中的主要作用是参与氧的转运、交换和组织呼吸过程。

（三）缓解体力疲劳的主要物质

1. 营养素

营养素的补充是缓解体力疲劳的重要方法，主要补充糖、脂肪、蛋白质、维生素和微量元素等。

2. 碱性食物、碱性无机盐

长期剧烈的运动会产生大量乳酸，从而降低血中的 pH 值，因此碱性食物或饮料则能起缓冲作用，保持内环境的稳定及与肌肉运动有关的酶的功能正常。如枸橼酸钠或枸橼酸钾、碳酸氢钠能起缓冲作用；天冬氨酸的钾盐与镁盐有防止疲劳的作用，能消除一般的疲劳症状与长途行军中的疲劳。服用天冬氨酸盐能防止疲劳的积累，特别是能延缓运动到衰竭的时间。此外，天冬氨酸能转变为谷氨酸，加强中枢神经系统，增强运动员的意志。

3. 抗自由基及抗脂质过氧化物质

自由基与体力、脑力活动也有密切关系。可利用抗自由基与抗脂质过氧化的原理来防止在长期和过量的体育运动中肌肉细胞的损伤，如服用人体内固有的酶，包括超氧化物歧化酶、过氧化氢酶、谷胱甘肽过氧化物酶、谷胱甘肽转硫酶和葡萄糖磷酸脱氢酶，或服用营养素和生化物质，如维生素、胡萝卜素、谷胱甘肽、辅酶 Q10 及微量元素锌、硒、锰和金属硫蛋白等。

4. 麦芽油

麦芽油是从小麦胚芽中提取的油类，含有胆碱、植物固醇等营养物质，还有二十八碳醇、谷胱甘肽及多种微量元素，是国际公认的抗疲劳物质，是美国最流行的缓解体力疲劳的物质之一。运动员在训练时服用麦芽油，能明显改善训练效果，增加机体的活动能力，增进机体对糖原的代谢。

5. 红景天

小鼠服食红景天提取物后，能明显延长长途游泳时间，刺激细胞内线粒体中 ATP 的合成或再合成，说明红景天有助于增强体能以及促进剧烈运动后身体的恢复。服用红景天提升或保持运动员的比赛或训练期间的耐力在体育界较为普遍。

6. 林蛙油

林蛙油能延长小鼠负重游泳时间、减少小鼠游泳时血清尿素的含量、增加肝糖原含量、减少血乳酸的浓度，这也说明林蛙油是较好的抗体力疲劳物质。

7. 具有抗疲劳作用的中药材

人参、刺五加等许多中药材具有适应原样作用，它们有双向调节功能，与人体本身产生的应激反应不同，能增强机体对外界刺激的抵抗能力，使反应向着有利机体的方向进行；能改善神经系统功能，减轻疲劳，加速疲劳的恢复。如刺五加苷可提高敏锐度和物理耐力，可改善运动肌肉对氧的使用，可维持更久的有氧运动并更快地从运动疲劳中恢复。人参水煎液和人参皂苷具有明显的抗疲劳作用，可延长小鼠游泳时间，抑制游泳大鼠肌糖原含量的降低；可减轻疲劳大鼠的肾上腺皮质超微结构的病理变化；对疲劳大鼠的活动减少、运动能力下降、记忆力下降等各项指标均有改善作用；还可提高小鼠耐缺氧、抗寒冷、抗高温的能力。

常用的缓解体力疲劳的中药材还有三七、灵芝、五味子、麦冬、西洋参、黄精、黄芪、枸杞、淫羊藿、巴戟天、补骨脂、桑葚、当归、山药、百合、绞股蓝等。

此外蝙蝠蛾拟青霉菌粉、拟黑多刺蚁、牡蛎提取物、L-盐酸赖氨酸、牛磺酸、烟酰胺等也被广泛用于缓解体力疲劳的保健食品中。

本章小结

本章重点介绍了人体缺氧的含义与危害，指出了耐缺氧保健食品的一般要求，阐述了耐缺氧保健食品原料的作用原理与特点。本章在阐述缓解体力疲劳保健食品方面，重点介绍了缓解体力疲劳保健食品的本质、体力疲劳的机制和能缓解体力疲劳保健食品原料的作用原理与特点。

复习思考题

1. 什么是人体缺氧？有哪些危害？
2. 体力疲劳的特点与缓解体力疲劳保健食品的本质是什么？

3. 请举例说明常见的耐缺氧保健食品的作用。

4. 缓解体力疲劳保健食品开发的一般要求和缓解体力疲劳主要物质的作用特点有哪些？

5. 运动员应如何选用缓解体力疲劳的保健食品？

实验实训

为运动员推荐合适的保健食品。

第八章 有助于调节体内脂肪和改善骨密度的保健食品

知识目标

通过本章的学习，了解肥胖的含义、种类和计量方法，懂得肥胖对健康的影响与危害，掌握有助于调节体内脂肪保健食品的应用原则与方法以及常见的调节体内脂肪物质的作用特点，能够正确理解中医药理论在调节体内脂肪保健方面的优势，掌握中医药理论在调节体内脂肪保健方面的应用。了解骨质疏松症的概念与骨质疏松症的临床表现，掌握有助于改善骨密度的保健食品的一般要求，正确理解中医学的“肾主骨生髓”理论，掌握中医药理论在改善骨密度方面的应用。

技能目标

通过本章的学习，学生能够正确运用有助于调节体内脂肪的保健食品，能够结合肥胖人群的不同特点及中医药理论在调节体内脂肪方面的优势，开发适宜的保健食品；正确使用有助于改善骨密度的保健食品，运用中医药补肾的方法改善人体骨密度。

第一节 有助于调节体内脂肪的保健食品

一、肥胖概述

（一）肥胖的含义

肥胖是指一定程度的超重与脂肪层过厚，是体内脂肪，尤其是甘油三酯积聚过多而导致的一种状态，一般是由于食物摄入过多或机体代谢改变而导致体内脂肪积聚过多，从而造成体重过度增加并引起人体病理或生理改变。

（二）肥胖的判断方法

肥胖的判断方法较多，以下几种判断方法具有一定的代表性。

(1)以偏离标准体重的程度来判断肥胖与否。男性与女性标准体重的计算公式分别为：

$$男性标准体重=(身高-80)\times 70\%$$

$$女性标准体重=(身高-70)\times 60\%$$

其中，身高的单位为厘米。

在标准体重上下10%范围内的为正常体重；在标准体重上下10%～20%范围内的为过重或过轻体重；高于或低于标准体重20%以上的为肥胖或体重不足。

(2)以体质指数(BMI)来衡量肥胖与否，其计算公式为：

$$体质指数=(体重/身高的平方)$$

其中，体重的单位为千克，身高的单位为米。

一般来说，BMI小于18，体重偏轻；BMI在18～25之间，体重正常；BMI在25～30之间，体重超重；BMI在30～35之间，轻度肥胖；BMI在35～40之间，中度肥胖；BMI高于40，重度肥胖。

当然，上述标准在不同地区会有差异性，而且不同机构的BIM参考标准也有所不同，表8-1列出了不同的BIM参考标准和相关疾病发病的危险性估计。

表8-1　BMI的参考标准与相关疾病发病的危险性估计

BMI分类	WHO标准	亚洲标准	中国参考标准	相关疾病发病的危险性
偏瘦	＜18.5	＜18.5	＜18.5	低
正常	18.5～24.9	18.5～22.9	18.5～23.9	平均水平
偏胖	25.0～29.9	23～24.9	24～26.9	增加
肥胖	30.0～34.9	25～29.9	27～29.9	中度增加
重度肥胖	35.0～39.9	≥30	≥30	严重增加
极重度肥胖	≥40.0			非常严重地增加

（三）肥胖的类型与成因

肥胖有单纯性肥胖和病理性肥胖之分。

1.单纯性肥胖的特点与成因

单纯性肥胖没有明显的内分泌或代谢性病因，属于非病理性肥胖。单纯性肥胖与年龄、遗传、生活习惯及脂肪组织特征有关。常见的肥胖者大多数属于这种肥胖类型。这类肥胖又可分为体质性肥胖和获得性肥胖两类。

（1）体质性肥胖。其一般为先天性肥胖，成因为体内物质代谢较慢，物质合成的速度大于分解的速度；表现为脂肪细胞大而多，遍布全身。

（2）获得性肥胖。其一般由饮食过量，甜食、油腻食物食用过多等引起；表现为脂肪主要分布于躯干。

2.病理性肥胖的特点与成因

病理性肥胖一般由下列疾病引起：

（1）柯兴综合症。成因系肾上腺皮质功能亢进，皮质醇分泌过多；表现为脸、脖子和身体肥大，但四肢脂肪不多。

（2）胰源性肥胖症。成因系胰岛素分泌过多，代谢率降低，使脂肪分解减少而合成增加；表现为全身肥胖。

（3）性功能降低型肥胖症。系脑性肥胖病，伴有性功能丧失或性欲减退；表现为乳房、下腹部、生殖器附近肥胖。

（4）垂体性肥胖症。系脑垂体病变导致垂体前叶分泌过多的生长激素；表现为全身骨头、软组织、内脏组织增生和肥大。

（5）甲状腺功能减退型肥胖。成因为甲状腺功能减退；表现为肥胖和黏液型水肿。

（6）药源性肥胖。系药物的副作用引起，表现为在服药一段时间后出现肥胖，如有些患有过敏性疾病、类风湿病、哮喘病的病人使用某些药物后引起的肥胖。

（四）肥胖对健康的影响

肥胖对健康的影响是多方面的，主要表现在：

1. 引发糖尿病

肥胖会造成血中的胰岛素过度分泌。严重的肥胖者，其空腹时胰岛素浓度较高，而进食后胰岛素的分泌无法相应地提高，导致血糖升高。实验证明，肥胖者细胞中胰岛素的受体较少，在接受胰岛素时容易出现问题，增加了患糖尿病的风险。

2. 增加患高血压的风险

肥胖导致胰岛素过度分泌及胰岛素作用减弱，高浓度的胰岛素促使钠离子的回收及交感神经的频度增加，导致高血压的形成。

3. 患继发性心血管疾病的风险提高

肥胖者大多有血脂肪浓度过高的情形，因此容易发生血管栓塞，加速血管的粥状变化，容易产生包括冠状动脉心脏病、心肌梗塞、缺血性心脏病在内的疾病。肥胖导致血脂代谢异常，使血脂过高，影响身体运送胆固醇至肝脏的速率，增加心脏患病的危险。

4. 导致关节疾病出现

肥胖者的骨关节所需承受的重量较大，较易使关节老化、损伤，从而增加了患关节疾病的风险。

5. 增加胆囊与胰脏的患病风险

肥胖者体内脂肪过剩，胆固醇合成增加，易呈过饱和状态，导致胆固醇性结石的形成，从而增加了患胆结石的风险。

6. 出现呼吸功能低下(气喘)现象

肥胖易造成胸壁与腹腔脂肪增厚，使肺容量下降，肺活量减少，从而影响肺部的正常换气。换气不足，易引发肺性高血压、心脏扩大及梗塞性心衰竭等。

二、有助于调节体内脂肪保健食品的开发

单纯性肥胖发生率较高，特别是获得性肥胖。病理性肥胖一般由疾病引起，需借助医疗手段来调节体内脂肪。

(一)有助于调节体内脂肪保健食品开发的一般要求

利用保健食品调节体内脂肪的方法一般以减少热量摄入和调整机体状态为主。

1. 减少热量摄入

减少热量摄入最直接的做法是减少食物食用量，限制总能量，特别是含糖量高、脂肪含量高的食物；过多食用蛋白质也会使人发胖。降低热量的摄入要采取渐进的方法，同时辅以适量的体力活动。成年的轻度肥胖者，每月体重减轻 0.5～1.0kg 为宜，即每天减少 125～250kcal 的能量摄入。成年中度以上的肥胖者每月体重减轻 2～5.0kg 为宜，每天减少 510～1280kcal 的能量摄入。减少食物食用量应注意以下几个方面：

(1)适量控制蛋白质的摄入。蛋白质的供给量应该占总能量供给的 20%～30%，如果过多地摄入蛋白质，会造成肝肾功能的损害。

(2)限制脂肪过多摄入。脂肪过多摄入可导致酮症，尤其是动物性脂肪的过多摄入。脂肪容易沉积在皮下组织和内脏器官周围，从而导致脂肪肝和一些心脑血管疾病的发生。肥胖者的脂肪摄入量应控制在总摄入能量的 25%～30%。

(3)限制糖类的摄入。糖类的供给应控制在饮食总能量的 40%～55%，减少食用蔗糖、麦芽糖等含单糖类的食物。

(4)增加食物纤维的摄入。可食用高纤维食物或膳食纤维。

(5)限制食盐和嘌呤的摄入。食盐会导致口渴和增加食欲,过多地食用食盐不利于调节体内脂肪;嘌呤会加重肝肾的负担,动物的肝、心等嘌呤含量高,应限量食用。

2. 调整机体状态

改善机体能量转化和内分泌是调节体内脂肪保健食品的作用方式。

(1)改善机体能量转化。左旋肉碱非常有助于改善机体的能量转化,其有三个方面的作用:①作为长链脂肪酰基的载体将长链脂肪酸从线粒体膜外运送到膜内,起到促进脂肪酸氧化的作用;②作为短链脂肪酰基的载体将短链脂肪酸(乙酰基、丙酰基、支链酰基)从线粒体膜内运送到膜外,起到调节线粒体 CoA/乙酰 CoA 比率的作用;③网罗过量的和非生理性的酰基团,将它们排出体外,起到排除机体因酰基积累而造成的代谢毒性,还能促进乙酰乙酸和 β—羟丁酸的氧化,在酮体的消除和利用中起促进作用。总体来说,左旋肉碱是脂肪代谢过程中的一种关键物质,能够促进脂肪酸进入线粒体氧化分解,提高脂肪的氧化速率,减少糖原的消耗,延缓疲劳。在某种程度上,左旋肉碱可以视作脂肪酸到线粒体的“搬运工”,它好像一部铲车,铲起脂肪进入燃料炉中燃烧。

(2)改善内分泌。内分泌紊乱是导致女性肥胖的原因之一,调节体内脂肪的保健食品可在改善内分泌方面发挥重要作用。许多中药材和天然食品具有调整内分泌紊乱的功能,可作为调节女性体内脂肪保健食品的原料。

(二)常见调节体内脂肪食品原料的应用

1. 膳食纤维

膳食纤维被营养学界称为“第七营养素”,系低热型调节体内脂肪食品原料,对调节体内脂肪具有积极意义。

2. 左旋肉碱

左旋肉碱又称 L—肉碱,用以调整机体状态,是从酵母、曲霉等微生物的发酵培养液中分离提取的。红色肉类也是左旋肉碱的主要来源。其对人体无毒副作用。一般人每天只能从膳食中摄入约 50mg 的左旋肉碱,素食者摄入量更少。服用左旋肉碱,能够在减少身体脂肪、降低体重的同时,不减少水分和肌肉,且效果非常明显,被认为具有安全性和无副作用的调节体内脂肪营养补充品。

3. 低聚异麦芽糖

低聚异麦芽糖是一种低热量甜味剂,具有降脂、通便、利尿等作用,对人体无任何副作用,适宜作为糖尿病、高血压、高血脂、高血糖、冠心病、便秘、龋齿、肥胖症等患者和中老年人的保健食品。

4. 山药

山药能供给人体大量的黏液蛋白,预防心血管系统的脂肪沉积,保持血管的弹性,防止动脉粥样硬化过早发生,减少皮下脂肪沉积,避免出现肥胖。山药含有足够的纤维,食用后易产生饱胀感,从而控制进食。

5. 具有降脂、通便、利尿作用的中药材和天然食品

这类中药材和天然食品包括荷叶、绞股蓝、决明子、何首乌、泽泻、茯苓、薏苡仁、葛根、螺旋藻、稻米胚芽、大豆卵磷脂、乌龙茶、葡萄籽提取物、亚麻籽油、黑木耳、苦瓜等。

第二节　有助于改善骨密度的保健食品

一、骨质疏松症概述

骨质疏松症的发病率高，且老年人骨质疏松症的发病率更高。全球有2亿骨质疏松症患者，并且女性多于男性；在50岁以上人群中，有1/2的女性、1/5的男性存在骨质疏松性骨折的风险；一旦患者经历了第一次骨质疏松性骨折，继发性骨折的危险明显加大。我国老年人口居世界首位，现有骨质疏松症患者超过9000万，占总人口的7.1%。

（一）骨质疏松症的含义与诊断

骨质疏松症是骨组织显微结构受损、骨矿成分和骨基质等比例不断减少、骨质变薄、骨小梁数量减少、骨脆性增加和骨折危险度升高的一种全身骨代谢障碍的疾病。

骨质疏松症的诊断应从以下几个方面考虑：

1. 病史与临床特点

女性患者应注意询问妊娠哺乳及月经情况。患者因病因不同可有其相应的症状及体征，但其共同点为周身骨痛以脊椎、骨盆区及骨折处为主，呈持续性痛且与骨质疏松程度相平行，蹬楼梯或体位改变时尤甚，久病下肢肌肉萎缩，或有脊椎压缩性骨折，致身长缩短、胸廓畸形、肺活量减少，可影响心肺功能。

2. 实验室检查

血钙、血磷、血碱性磷酸酶（AKP）及尿磷皆正常，血浆骨钙素升高、尿钙可偏高，尿羟脯氨酸可能升高；如伴有软骨病，血、尿生化指标可能有相应变化。

3. X线检查

当X线呈现骨质疏松时，骨矿物质的减少已在30%甚至50%以上。主要改变为皮质菲薄，骨小梁减少、变细或稀疏萎缩，类骨质层不厚，以脊椎和骨盆较为明显。早期表现为骨密度降低、透明度加大，水平方向的骨小梁呈垂直的栅状排列。后期时纵行骨小梁也被吸收，抗压能力减退，胸椎呈楔状畸形。由于海绵疏松骨较致密骨更易脱钙，故椎体受椎间盘压迫而形成双面凹陷，也可见脊椎压缩性骨折或其他部位的病理骨折。X线检查的结果有时不易与软骨病相区别。近年来，多种新技术已应用于骨质疏松症的检测，如中子激活分析法测定全身体钙、单光束骨密度仪测定前臂骨密度、双能X线骨密度仪测定脊柱骨密度等。必要时施行骨活检对于早期诊断和随访骨质疏松具有重要的意义。

（二）骨质疏松症的临床表现与危害

1. 骨质疏松症的临床表现

骨质疏松症的临床表现主要为：

（1）疼痛。半数以上患者有疼痛，主要为多发性和全身性，最常见的是腰背酸疼，其次是肩背、颈部或腕、踝部疼痛。患者不易说清引起疼痛的原因，疼痛可发生于坐位、立位、卧位或翻身时，症状时轻时重。

（2）骨骼变形，弯腰驼背，身材变矮。

（3）脊椎、腕部（桡骨远端）和髋部（股骨颈）骨折常见。脊椎骨折中常是压缩性、楔形骨折，使整个脊椎骨变扁，这也是老年人身材变矮的原因之一。

(4)胸廓畸形,肺活量减少可影响心肺功能。患者往往可出现胸闷、气短、呼吸困难等症状及肺上叶前区小叶型肺气肿。

另外骨质疏松症患者比较容易出现抽筋和乏力现象。一般认为抽筋是急性血钙降低的反映;乏力是指患了骨质疏松症以后,骨骼系统的功能下降,患者可能出现站时想坐、坐时想躺的感觉。

2. 骨质疏松症的危害

骨质疏松症对患者的生活和健康危害较大,一般会出现:

(1)骨受力不均或骨质脆弱,机体产生修复性反应而形成骨刺,引起椎间盘突出;

(2)骨折、骨坏死、骨折不愈合;

(3)产生骨痛、驼背、身材变矮、形体改变;

(4)使椎体骨畸形,腹部受压引发胃肠道疾病;

(5)脊柱骨脆弱,胸廓变形,引发肺部感染;

(6)牙齿松动,脱落较早。

(三)骨质疏松症的分类和起因

骨质疏松症一般分为原发性骨质疏松症、继发性骨质疏松症和原因不明特发性骨质疏松症,每种骨质疏松症都有其发病的原因。

1. 原发性骨质疏松症

老年性骨质疏松症、绝经后骨质疏松症等均属于原发性骨质疏松症,其发生原因一般与内分泌紊乱有关。

男性55岁后,女性绝经期后,性激素水平低下,蛋白质合成能力减弱,成骨细胞功能减退,骨质形成减少。雌激素有抑制破骨细胞活性、减少骨吸收和促进成骨细胞活性及骨质形成作用,并有拮抗皮质醇和甲状腺激素的作用。绝经期后雌激素减低,故骨吸收加速而逐渐发生骨质疏松。

2. 继发性骨质疏松症

(1)营养性骨质疏松症。缺乏蛋白质、维生素C、维生素D或低钙饮食、酒精中毒等引起。蛋白质缺乏可导致骨有机基质生成不良,维生素C缺乏会影响基质形成,并使胶原组织的成熟发生障碍;饮食中长期缺钙者可发生继发性甲状旁腺功能亢进症促进骨质吸收,也可导致骨质疏松。

(2)废用性骨质疏松症。由于各种原因的废用少动、不负重等,对骨骼的机械刺激减弱可造成肌肉萎缩、骨形成作用减少,骨吸收作用增强形成骨质疏松。

(3)内分泌性骨质疏松症。主要由皮质醇增多症和甲状腺功能亢进症引起。由于糖皮质激素抑制成骨细胞活动影响骨基质的形成,抑制肠钙吸收,增加尿钙排出量,同时蛋白质合成抑制、分解增加导致负钙及负氮平衡使骨质生成障碍,但主要是骨质吸收增加。甲状腺功能亢进使大量甲状腺激素对骨骼有直接作用,使骨吸收和骨形成同时加强,但以骨的吸收更为突出,致骨量减少。

此外,糖尿病、遗传性疾病、类风湿性关节炎、消化系统疾病、服用某些药物(如长期服用皮质类固醇激素)等均可导致骨质疏松。

3. 青少年特发性骨质疏松症

青少年骨质疏松症的发生率远低于老年人,造成青少年骨质疏松有许多的特殊原因:如佝偻病即骨骺闭合以前的骨缺钙疾病，是由于母体在怀孕期间摄取钙质过少及维生素D缺乏引发。值得注意的是哺乳期喂养方法不当，或由其他原因导致钙、磷比例失调而继发的骨质疏松是青少年特发性骨质疏松症的主要因素。

二、有助于改善骨密度的保健食品开发

（一）有助于改善骨密度保健食品的一般要求

骨质疏松是以骨量减少为主要特征的，即骨质疏松时，骨量减少是骨矿物质（钙、磷等）和骨基质（骨胶原、蛋白质、无机盐等）比例的降低，表现为骨密度降低。以补钙为主的有助于改善骨密度的保健食品，必须具有促进机体及骨骼生长发育、增加骨矿物质含量和增加骨密度的功能。对不含钙或不以补钙为主的有助于改善骨密度的保健食品，应具有对骨密度降低模型发挥抑制破骨或促进成骨细胞活性等骨代谢调节作用，而具有增加骨密度及骨钙含量的功能。

（二）增加骨密度的方法与常见原料

1. 骨矿化促进剂

本品促进骨钙沉着，增加骨量，如碳酸钙、磷酸钙、乳酸钙、葡萄糖酸钙、酪蛋白钙（酪朊钙）等各种钙剂。同时补充维生素D可提高机体对钙、磷的吸收，从而促进生长和骨骼钙化。

2. 骨形成促进剂

本品可增加骨量。如淫羊藿提取物可增强成骨细胞活性，促进骨形成；大豆黄酮属异黄酮植物雌激素，具有雌激素样作用防止骨质疏松症；葛根富含高活性的异黄酮，能有效调节内分泌；酪蛋白磷酸肽是以牛乳酪蛋白为原料，通过生物技术制得的具有生物活性的多肽，可促进骨骼及牙齿对钙的利用，促进小肠对钙的吸收；D-氨基葡萄糖盐酸盐通过刺激黏多糖的生化合成及增加钙质的摄取，提高骨与软骨组织的代谢功能与营养，亦能改善及增强滑膜液的黏稠度，增加滑膜液合成，提供关节润滑功能。

3. 骨吸收抑制剂

本品可以减少骨量的进一步丢失，主要为雌激素及具有雌激素样作用的物质，如大豆异黄酮等。

此外，硫酸软骨素（以猪、牛、马、羊、鲨鱼等的软骨、气管或骨腱、韧带等为原料制取的一种重要的糖胺聚糖类药物）、海洋鱼骨胶原低聚肽、鱼骨粉、鲨鱼软骨粉、黄瓜籽粉、黄芪、杜仲等亦是增加骨密度保健食品的常见原料。

（三）增加骨密度，防止老年骨质疏松症的三大误区

1. 单纯补钙能治好骨质疏松

骨质疏松症是一种全身性的代谢性骨骼疾病，是人体衰老的表现。老年人单纯大量补钙并不能逆转骨量减少的趋势，也不可能治愈骨质疏松症。

2. 治骨质疏松症不辨病因

常见的骨质疏松症为原发性骨质疏松症和继发性骨质疏松症，针对不同类型的骨质疏松症，应采取不同的治疗手段。继发性的骨质疏松症，如钙营养不良等引起的骨质疏松，补充钙剂一般会有效果；而对于原发性的骨质疏松症，单纯补钙的效果并不明显，应考虑服用骨形成促进剂和骨吸收抑制剂等骨代谢调节物质。

3. 钙补得越多越好

通常年龄在60岁以上的老年人每天需要摄取钙800mg左右，过量补钙不能增加骨量；血液中钙含量过高会导致高钙血症，并会引起并发症，如肾结石、血管钙化等危害老年人身体健康。

三、中医理论“肾主骨生髓”与增加骨密度物质的保健作用

中医学认为“肾主骨生髓”，用中药补肾的方法可以增加骨密度。如滋阴补肾药六味地黄汤对切除双侧卵巢而导致的大鼠骨质疏松症的防治作用表明，六味地黄汤能减少尿钙、尿羟脯氨酸的排泄，提高血清骨钙素含量，增加股骨骨矿物质及骨中的钙、磷含量，减少破骨细胞数，提示六味地黄汤能拮抗骨质丢失、抑制骨吸收、促进骨形成；含有茯苓、熟地、山药、肉桂、泽泻等的补肾中药复方可使绝经妇女的血清雌酮下降，雌二醇升高；含附子、肉桂、补骨脂、仙灵脾、菟丝子、黄精、熟地等的补肾中药复方可使经丙酸睾酮处理的雌性大鼠的卵巢间质腺增多，雌激素及孕激素增加；含附片、生地、黄芪、首乌、黄精、仙灵脾、菟丝子、枸杞等的中药补肾复方可明显改善老年人及老龄鼠的肾上腺皮质功能；含有补骨脂、肉苁蓉、淫羊藿、黄芪、熟地、白芍等的中药补肾复方治疗绝经后骨质疏松症可提高骨密度等。

本章小结

本章重点介绍了肥胖的类型与成因，指出了有助于调节体内脂肪保健食品开发的一般要求，阐述了有助于调节体内脂肪保健食品原料的作用原理与特点。在有助于改善骨密度的保健食品方面，重点介绍了骨质疏松症的含义、临床表现及其危害，指出了有助于改善骨密度的保健食品的一般要求，阐述了有助于改善骨密度的方法与常见原料的作用原理和特点，以及中医理论“肾主骨生髓”对增加骨密度的意义。

复习思考题

1. 简述肥胖的种类和判断方法。
2. 简述三种常见的调节体内脂肪保健食品原料的作用特点。
3. 简述中医药理论在调节体内脂肪方面的优势与应用。
4. 骨质疏松症的含义是什么？其临床表现与危害有哪些？
5. 有助于改善骨密度保健食品的一般要求有哪些？
6. 常见的有助于改善骨密度保健食品的作用与特点有哪些？
7. 如何运用中医药理论开发有助于改善骨密度的保健食品？

实验实训

1. 为内分泌紊乱引起的肥胖者推荐保健食品。
2. 为中老年人推荐适合的有助于改善骨密度的保健食品。
3. 针对患有骨质疏松症人群的不同特点拟定保健食品配方。

第九章 有助于改善痤疮、黄褐斑、皮肤水分的保健食品

知识目标

通过本章的学习，了解人体皮肤的结构与皮肤的类型，掌握皮肤健康的一般要求，掌握常见的改善痤疮、黄褐斑、皮肤水分的保健食品的作用特点；正确理解中医药理论在改善痤疮、黄褐斑、皮肤水分方面具有的优势；掌握中医药理论在改善痤疮、黄褐斑、皮肤水分方面的应用。

技能目标

通过本章的学习，学生能够正确使用改善痤疮、黄褐斑、皮肤水分的保健食品，懂得开发有助于改善痤疮、黄褐斑、皮肤水分保健食品的要求；懂得中医药理论在改善痤疮、黄褐斑、皮肤水分方面的应用。

第一节 皮肤健康的基础知识

一、皮肤的结构、作用与类型

皮肤是人体最大的器官，具有保护作用，使身体免受细菌、化学成分及外来物质的侵犯。皮肤能呼吸，内含丰富的血管、皮脂腺导管、神经和毛囊等。健康的皮肤红润、细腻，有光泽，富有弹性。

(一)皮肤的结构

人和高等动物的皮肤由表皮、真皮、皮下组织三层组成，并含有附属器官(汗腺、皮脂腺、指甲、趾甲)以及血管、淋巴管、神经和肌肉等。

1. 表皮

表皮是皮肤最外面的一层，平均厚度为0.2mm，根据细胞的不同发展阶段和形态特点由外向内可分为5层。

(1)角质层：由数层角化细胞组成，含有角蛋白。它能抵抗摩擦，防止体液外渗和化学物质内侵。角蛋白吸水性较强，一般含水量不低于10%，以维持皮肤的柔润。如含水量低于10%，皮肤则干燥，出现鳞屑或皲裂。

(2)透明层：由2～3层核已消失的扁平透明细胞组成，含有角母蛋白，能防止水分、电解质和化学物质的透过，故又称屏障带。此层于掌、跖部位最明显。

(3)颗粒层：由2～4层扁平梭形细胞组成，含有大量嗜碱性透明角质颗粒。

(4)棘细胞层：由4～8层多角形的棘细胞组成，细胞间借桥粒互相连接，形成所谓的细胞间桥。

(5)基底层:由一层排列呈栅状的圆柱细胞组成。此层细胞不断分裂(经常有3%~5%的细胞进行分裂),逐渐向上推移、角化、变形,形成表皮其他各层,最后角化脱落。基底细胞从分裂至脱落一般须经历28d,称为更替时间,其中自基底细胞分裂后到颗粒层最上层为14d,形成角质层到最后脱落为14d。基底细胞间夹杂着一种来源于神经嵴的黑色素细胞(又称树枝状细胞),占整个基底细胞的4%~10%,能产生黑色素(色素颗粒),决定着皮肤颜色的深浅。

表皮的主体细胞由角质形成细胞构成。角质形成细胞的主要作用是形成角蛋白,其含有很高比例的甘氨酸、丝氨酸和胱氨酸,通过胱氨酸交联的蛋白质链保证表皮的高强度和低溶解度特性。

2. 真皮

真皮位于表皮深层,向下与皮下组织相连,且与皮下组织无明显界限,厚1~2mm,主要由胶原纤维、弹力纤维、网状纤维和无定型基质等结缔组织构成,其中还有神经和神经末梢、血管、淋巴管、肌肉以及皮肤的附属器。其内各种结缔组织细胞和大量的胶原纤维使皮肤既有弹性又有韧性。真皮中含有约75%的水分。

(1)胶原纤维是真皮结缔组织中最为丰富的成分。胶原纤维约占真皮结缔组织的95%,由胶原蛋白组成。在表皮下,表皮附属器和血管附近的胶原纤维细小且无一定走向,真皮其他部位的胶原纤维均结合成束,真皮上部的胶原纤维较细,下部较粗。在真皮中部和下部,胶原束的方向几乎与皮面平行,并互相交织在一起,在一个水平面上向各种方向延伸。胶原纤维是目前被认为的与皮肤老化关系最为密切的真皮有形成分。

(2)网状纤维可以看作是新生的纤细的胶原纤维。在胚胎时期,网状纤维出现最早。在正常成人皮肤中,网状纤维稀少,仅见于表皮下、汗腺、皮脂腺、毛囊和毛细血管周围。表皮下网状纤维排列呈网状,每个脂肪周围也有网状纤维围绕,在创伤愈合或成纤维细胞增生活跃的病变而有新胶原形成等情况下,网状纤维可以大量增生。

(3)弹力纤维较胶原纤维细得多,呈波浪状。弹性纤维在真皮部最粗,其排列方向和胶原束相同,可以缠绕在胶原束之间,与表皮平行。在表皮下的乳头体中,细小的弹性纤维几乎呈垂直方向上升至表皮下,终止于表皮与真皮交界的下方。弹性纤维主要与皮肤的弹性关系密切。

(4)基质为一种无定型物质,充满于胶原纤维和胶原束之间的间隙内。正常真皮内的基质主要含非硫酸盐酸性黏多糖,如玻璃酸(又称透明质酸)。在正常皮肤中基质的含量虽然很少,但由于其可以吸收1000倍的水,因此在皮肤抗皱、抗老化方面具有重要意义。

(5)细胞。真皮中含有成纤维细胞、肥大细胞、组织细胞、淋巴细胞及少量真树皮突状细胞、噬黑素细胞、朗格汉斯细胞等。成纤维细胞能产生胶原纤维、弹力纤维、网状纤维和基质。在皮肤组织深层损伤后,成纤维细胞是主要的组织修复细胞。

3. 皮下组织

皮下组织由真皮下层延续而来,使皮肤与深层组织相连,保护神经、血管和汗腺等组织免受机械性损伤。皮下组织参与体内脂肪代谢,即脂肪氧化分解能产生大量能量,而且皮下组织属不良热导体,可防止体温逸散。

4. 皮肤附属器官

皮肤的附属器官包括汗腺、皮脂腺、毛发和指(趾)甲等。皮脂腺遍布全身,以全浆分泌形式排出皮脂。皮脂能柔润皮肤和毛发，对皮肤起保护作用。皮脂腺的分泌以面部居多，受雄性激素和肾上腺皮脂激素调节，青春期的皮脂分泌活跃。分布在皮肤上的主要是小汗腺，汗腺分泌的汗液不仅可以湿润皮肤，还能调节体温。体内新陈代谢的部分产物也能通过汗液排出。

5. 皮肤的血管、淋巴管和神经

皮肤内小动脉先在真皮网状层内分支，形成真皮下血管丛，给汗腺、汗管、毛乳头和皮脂腺提供营养。皮肤内淋巴管较少，淋巴液循环于表皮细胞间隙和真皮胶原纤维之间，淋巴管参与皮肤增强免疫力。皮肤内有丰富的神经末梢，多为脑神经或脊神经等有髓神经纤维的感觉末梢。正常皮肤能感受触、痛、冷、热、压和痒等 6 种基本感觉，能感知单一刺激引起的单一感觉和几种不同感受器或神经末梢共同感知的复合感觉。

(二)皮肤的作用

皮肤是人体的重要组成部分，它覆盖全身，参与机体的各种生理活动，保护体内组织免受外界机械性、物理性、化学性和生理性的侵害。皮肤的功能正常对于人体健康至关重要。

1. 保护和感觉作用

皮肤对致病性微生物的侵袭发挥防御作用；对光、电、热来说是不良导体，能够阻止或延缓水分、物理性或化学性物质的进入和刺激；能缓冲外来压力，保护深层组织和器官。另外，黑色素也是防御紫外线的天然屏障。皮肤含有丰富的神经纤维网和各种神经末梢，感受各种外界刺激，产生痛、痒、麻、冷、热等感觉。

2. 调节体温作用

皮肤在保持体温恒定方面发挥着重要作用。皮肤通过毛细血管的扩张或收缩来增加或减少热量的散失，从而调节体温以适应外界环境气温的变化。

3. 吸收作用

正常皮肤通过毛囊口选择性地吸收一些物质(如脂类、醇类等)进入血液循环。固体物质或水溶性物质通常很难通过皮肤吸收。

4. 代谢作用

皮肤参与全身的代谢过程，维持机体内外生理的动态平衡。整个机体中有 10%～20% 的水分贮存于皮肤中，这些水分不仅保证皮肤的新陈代谢，而且对全身的水分代谢都有重要的调节作用。此外，皮肤还贮存着大量的脂肪、蛋白质、碳水化合物等，供机体代谢使用。皮肤含有脱氢胆固醇，经阳光中紫外线照射后可转变为维生素。

5. 免疫作用

皮肤是测定免疫状况和接受免疫的重要器官之一，皮肤的免疫作用是机体抵抗外界抗原物质的天然屏障。当皮肤生理功能衰退或处于病理状态的情况下，会引起感染、发炎、红肿和各种皮肤疾病或全身疾病。

6. 分泌与排泄作用

皮脂腺的分泌不仅能润湿皮肤和毛发、保护角质层、防止水和化学物质的渗入，还起到抑菌、排除体内某些代谢产物的作用。汗腺的排泄可以调节体温，维持皮肤表面酸碱度，协助肾脏排泄代谢废物等。

(三)皮肤的类型

根据皮肤中油脂、水分的含量和酸碱度处于的状态，可将皮肤分为中性皮肤、干性皮肤、油性皮肤、混合型皮肤和脱水性皮肤等类型。

1. 中性皮肤

中性皮肤是最理想的皮肤,其油脂、水分含量和酸碱度处于均衡状态,既不油腻又不干燥。中性皮肤红润、有光泽,细腻、柔软且富有弹性,毛孔细小、不明显,无任何瑕疵。

2. 干性皮肤

干性皮肤的肤质细腻、较薄,毛孔不明显,皮脂分泌少而均匀,没有油腻的感觉。因皮肤比较干燥,看起来显得清洁、细腻而美观。其皮肤角质层水分低于10%,皮脂分泌量少,表现为多皱、无光泽。干性皮肤最明显的特征是:皮脂分泌少,皮肤干燥、白皙、缺少光泽,毛孔细小而不明显,并容易产生细小皱纹,但不易长粉刺、面疤等。毛细血管表浅,易破裂,对外界刺激比较敏感,皮肤易生红斑,其 pH 值为 5.5～6.0,主要是缺水、油脂分泌不足以及衰老等因素造成的。干性皮肤又可分为干性缺水和干性缺油两种。皮肤较白的女性中约有85%的为干性皮肤,其形成原因有内因和外因两个方面:

(1)内因方面。与先天性皮脂腺活动力弱、后天性皮脂腺和汗腺活动衰退、维生素 A 缺乏、偏吃少脂肪食物、有关激素分泌减少、皮肤血液循环状况及营养不良、疲劳等因素有关。

(2)外因方面。与烈日曝晒、寒风吹袭、皮肤不洁、乱用化妆品以及洗脸或洗澡次数过多等有关。

3. 油性皮肤

油性皮肤分为普通油性皮肤、超油性皮肤两种,是皮脂腺分泌过多皮脂而致。这种皮肤毛孔粗糙,偏碱性,弹性好,不易衰老,但易长粉刺,易吸收紫外线而使皮肤变黑。

4. 混合型皮肤

混合型皮肤是指一部分皮肤呈一种特征,而另一部分皮肤又呈另外一种特征。通常是前额、鼻部和下巴的皮肤呈油性,眼眶周围、两颊和颈部的皮肤呈中性或干性。

5. 脱水性皮肤

脱水性皮肤分为干性脱水、油性缺水两种,皮肤因严重缺水而丧失润湿性。干性脱水皮肤水分散失严重,对物理、化学和气候变化等因素影响敏感;油性缺水皮肤毛孔粗糙,颌部下层脂肪浸润。

二、影响皮肤色泽、功能的主要物质与皮肤健康的一般要求

机体正常的肤色是由氧化血红蛋白、还原血红蛋白、胡萝卜素和黑色素等 4 种色素引起的,通常取决于表皮黑色素的含量和分布、真皮血液循环情况以及角质层厚度等。黑色素由表皮基底层细胞产生,来源于酪氨酸。在黑色素细胞内,黑素体上的酪氨酸经酪氨酸酶催化合成,再与蛋白质结合形成黑色素颗粒并贮存于皮肤中。人体皮肤中约有 400 万个黑色素细胞,其中生发层平均每 10 个细胞中就有一个黑色素细胞。肤色还与日照程度、气候和地理位置有关,阳光中的紫外线能够促进黑色素生成。另外,黑色素代谢异常,如后天色素代谢失调而使黑色素细胞受到破坏,就会出现白癜风。

皮肤外表面覆盖着一层酸性膜,由皮脂腺分泌的皮脂、汗液等物质混合而成。因此,健康皮肤偏酸性,pH 值介于 5～5.6 之间,这层酸性膜具有杀菌、消毒和抵抗传染病等功能。油性皮肤的 pH 值介于 5.7～6.5 之间,该 pH 值范围利于微生物生长,因此易长粉刺、暗疮等。影响皮肤 pH 值的因素很多,包括内分泌、消化、阳光、环境、营养和卫生等。

(一)皮肤健康的一般要求

人体是一个有机的整体，需通过调节机体内分泌和免疫功能，改善新陈代谢，增加细胞活力，改善皮肤血液循环，才能达到皮肤健康的效果。皮肤健康要从营养上着手，调节生理机能，合理摄取营养素，特别是摄取有益于皮肤健康的营养素，使身体组织处于良好状态。

(二)影响皮肤色泽、功能的主要物质

1. 水分

一般正常皮肤的含水量为10%～20%。如果水分含量降低到10%以下，皮肤就会失去光泽和弹性，变得干燥、粗糙。

2. 蛋白质

蛋白质不仅维持皮肤组织的生长发育，对皮肤修补和更新具有重要作用，而且参与合成人体内的抗体、白细胞和吞噬细胞等。胶原蛋白的多肽链中含有较多氨基、羧基和羟基等亲水基团，对皮肤具有良好的保湿作用，提供组织细胞储水功能，促进皮肤水分代谢。蛋白质组成中的甲硫氨基酸参与脂类代谢，可使皮肤富有光泽，保持皮肤细腻、有弹性。缺乏蛋白质，尤其缺乏足够的必需氨基酸，必然导致营养不良性贫血和全身免疫功能下降，人体皮肤就会失去原有弹性和光泽，头发干枯脱落，容貌易于衰老。如果真皮中胶原蛋白数量减少，皮肤将失去韧性和弹性。

因此合理补充必要的蛋白质是皮肤美容的重要手段。相反，在一定条件下某些蛋白质会引起皮肤过敏。如少数人吃了蛋、奶、鱼、虾、蟹等高蛋白食品后，很快发生荨麻疹或其他皮肤损害，包括某些婴儿湿疹。因此蛋白质的选择与应用应考虑敏感体质人群的特点。

3. 脂肪

适量的皮下脂肪能使皮肤保持柔软、丰满而有弹性。正常皮肤的皮脂腺每天分泌一定量的皮脂。皮脂分泌亢进将会引起皮肤病变，如皮脂堆积则压迫毛囊，影响毛囊血液供应，从而引起脱发或形成痤疮。

青春期机体内雄性激素分泌增多，导致皮脂腺肥大、皮脂分泌量增加、毛囊皮脂腺导管角化栓塞，使皮脂积聚在毛囊内形成脂栓。在一定条件下，毛囊内粉刺棒状杆菌产生溶脂酶，分解皮脂中的甘油三酯，产生游离脂肪酸，破坏毛囊壁，刺激真皮，引起毛囊炎，形成痤疮。

改善皮脂分泌和及时清除表皮皮脂是祛痤疮的关键。

4. 碳水化合物

碳水化合物供应不足时，人体易产生疲劳而影响皮肤健康。膳食纤维能吸收大量水分，促进肠道蠕动，预防便秘，对皮肤具有一定的美容作用。许多黏多糖是构成皮肤的重要物质，如硫酸软骨素参与形成真皮弹性纤维，透明质酸能够保持组织中的水分，具有皮肤保湿和润滑作用。

5. 维生素

缺乏维生素A时，皮肤会出现上皮角化(即毛囊角化症)，表现为皮肤异常粗糙，有棘状丘疹。维生素C是维持胶原组织完好的重要因素，缺乏维生素C，胶原单体无法实现羟基化而导致胶原生物合成失败，创伤面难以愈合，毛细血管破裂。维生素C还能增强皮肤紧张和抵抗能力，防止色素沉着。维生素E可防止细胞组织老化，抑制体内脂质的过氧化反应，减少过氧化反应所导致的生物大分子交联和脂褐质堆积现象，延缓机体衰老，减少或阻止老年斑的出现。维生素B_2可强化皮肤新陈代谢，改善毛细血管微循环，使眼、口唇变得光润、亮丽。维生素 B_5 缺乏时会引起癞皮病，皮肤逐渐转为红棕色。维生素 B_6 具有抑制皮脂腺活动、减少皮脂分泌、改善脂溢性皮炎和粉刺等功能。缺乏维生素 B_6 时，皮肤会出现湿疹和脂溢性皮炎等。

6. 矿物元素

含金属元素钾、钙、钠、镁较多的水果、蔬菜、豆类等属于碱性食品。含非金属元素磷、硫、氯较多的肉、鱼、蛋、米、面等属于酸性食品。人体摄入的酸性食品和碱性食品的比例以1∶4为宜。食用酸性食品过多，会导致皮肤粗糙，弹性下降，色素沉着。碱性食品能中和酸性体液，促进血液循环，祛除黑斑和皱纹，防止皮肤老化。针对部分人群摄入较多酸性食品的习惯，适当补充碱性保健食品可保持体液酸碱平衡，促进皮肤健康。

锌和铜是与皮肤健康关系最密切的矿物元素。锌主要存在于皮肤中，占人体锌总量的20%。锌缺乏时皮肤受损害，发生如秃发，皮肤干燥、粗糙，脂溢性皮炎，痤疮和脱毛症。铜与皮肤结缔组织的代谢有关，缺铜将影响胶原的正常结构，从而影响皮肤功能。铜还与黑色素的形成有关，白化病可能是体内铜含量不足，而使酪氨酸酶先天缺乏，黑色素合成受阻，导致全身皮肤、头发、视网膜都呈白色。另外，在表皮的角化过程中，铜催化巯基成为二硫键。

第二节　有助于改善痤疮的保健食品

一、痤疮概述

(一)痤疮的概念与特点

痤疮是美容皮肤科的最常见的病种之一，又叫青春痘、面皰或粉刺、毛囊炎等，总发病率占人群的20%～24%，好发于青春期。据统计，30%～50%的青年患有不同程度的痤疮。痤疮多见于青年人的面部及胸、背、肩等部位，通常是圆锥形的小红疙瘩，有的有黑头，临床以白头粉刺、黑头粉刺、炎性丘疹、脓疱、结节、囊肿等为主要表现。

(二)现代医学对痤疮病理病因的认识

痤疮的发生多由皮脂腺分泌过多、消化不良、便秘等引起，其形成一般与内分泌失调、雄性激素分泌旺盛相关。病理病因可归纳为以下几个方面：

1. 内在因素

(1)内分泌功能失调、雄性激素分泌相对增高是痤疮发生的重要因素，表现为雄性激素刺激皮脂腺肥大、增生，分泌油脂量增多。

(2)油性皮肤使皮脂腺分泌旺盛，易成为痤疮杆菌、毛囊虫、螨虫等的营养环境，发生感染。

(3)疾病与病原菌感染也可导致痤疮。现已证实痤疮的发生与丙酸痤疮棒状杆菌感染有关，这种痤疮棒状杆菌寄生于青春期的毛囊皮脂腺里，通过脂酶的作用，水解甘油三酯，产生较多的游离脂肪酸，使毛囊及毛囊周围发生非特异性炎症反应。

2. 诱发因素

精神因素、饮食因素、便秘、失眠、烟酒嗜好、药物因素、化妆品及皮肤护理等均可诱发痤疮。

(1)大便干燥、皮肤油腻可诱发痤疮、脂溢性皮炎，还可以诱发脂溢性脱发。

(2)偏嗜麻辣、油腻、海鲜、油炸等类食品及烟草者，均可刺激皮脂腺肥大、增生，分泌大量皮脂，诱发痤疮。

(3)长期滥用化妆品，刺激皮脂腺、加速毛囊角化和堵塞，从而诱发痤疮。

(4)长期口服避孕药、药物性雄激素或类激素等从而诱发痤疮。

(5)环境因素包括空气、土壤、水、食物、噪声、射线等污染，经常使皮肤处于一种紧张的防御状态，皮肤新陈代谢减慢，造成皮肤抵抗力下降，易诱发痤疮。

(6)神经精神因素如情绪亢奋、精神紧张，易导致皮脂腺分泌旺盛，从而诱发痤疮。

(7)个体因素如月经不调、工作劳累、休息欠佳、青春期以及不注意皮肤生理卫生等均是痤疮的诱因。

二、有助于改善痤疮保健食品的开发

(一)有助于改善痤疮保健食品的一般要求

根据痤疮发生的内外因素，保健食品应具有以下几方面的功能作用：①调整内分泌功能；②适当抑制皮脂腺分泌；③杀灭潜藏在皮下的致病菌；④解除便秘状态与情绪紧张；⑤补充人体适量的营养物质。根据痤疮发生的因素可单一给予改善或综合运用，以改善受试人体痤疮的数量、皮损的状况、皮脂的分泌状况。

(二)常见的改善痤疮保健食品的原料

1. 维生素与微量元素

具体内容见本章第一节。

2. 卡拉胶、壳聚糖、左旋肉碱

卡拉胶又称为鹿角菜胶、角叉菜胶，是从某些红藻类海草中提炼出来的亲水性胶体，它的化学结构是由半乳糖及脱水半乳糖所组成的多糖类硫酸酯的钙、钾、钠、铵盐。卡拉胶具有可溶性膳食纤维的基本特性，在体内降解后的卡拉胶能与血纤维蛋白形成可溶性的络合物，被大肠细菌酵解成二氧化碳、氢气、沼气及甲酸、乙酸、丙酸等短链脂肪酸，成为益生菌的能量源。壳聚糖具有抑制脂肪吸收和改善便秘的效果，为祛痤疮提供帮助。服用左旋肉碱配合有氧运动，能提高脂肪的消耗率，改善皮肤的油分，抑制痤疮的发生。

3. 植物花粉、蜂胶

金相伴花花粉含有200多种营养成分，有利于增强人体的新陈代谢，促进青春痘的消除，特别是金相伴花花粉中含有多种改善青春痘症状的有效成分，如维生素A、维生素B_2、维生素B_6、钾和磷脂等，其综合作用的发挥有利于阻止青春痘的发生。蜂胶的抗炎作用和促进组织细胞再生作用可为祛痤疮提供帮助。

4. 芦荟、大豆纤维

芦荟提取物含蒽醌衍化物，尤其是芦荟大黄素苷，这些含蒽配糖体在肠管中释放出大黄素等能发挥刺激性泻下作用，也有轻度促进皮肤或其他组织创伤愈合的作用。大豆膳食纤维可影响大肠功能，其作用包括缩短食物在大肠中的通过时间、增加粪便量及排便次数、稀释大肠内容物质以及为正常存在于大肠内的菌群提供可发酵的底物，可促进肠道蠕动，减少有害物质与肠的接触时间，有效防治结肠癌，对祛痤疮保健具有积极意义。

5. 其他有改善痤疮保健作用的中药材

一些具有清热解毒、补血活血、滋阴润燥、利尿消食功效的中药材如丹参、金银花、牡丹

皮、栀子、制大黄、珍珠、蒲公英、野菊花、桑白皮、桃仁、广藿香、葛根、川芎、桔梗、玄参、益母草、当归、红花、白芷、三七、苦丁茶、浙贝母、莱菔子、陈皮、桑叶、赤小豆、薏苡仁、茯苓、山楂、马齿苋、鱼腥草、鲜白茅根、赤芍、甘草、决明子、薄荷、玫瑰花、桑葚、火麻仁等，分别具有调节内分泌、抑制皮脂腺分泌、杀灭潜藏在皮下的致病菌、解除便秘状态与情绪紧张、改善微循环等作用，是国家食品药品监管局已批准的改善痤疮保健食品中常用的原料。

有助于改善痤疮的保健食品市场十分火热，但效果令人特别满意的不多，合理组方是关键。

三、中医理论对痤疮病理病因的认识与改善方法

中医理论认为皮肤的状态是五脏功能的表现，痤疮的产生主要与五脏六腑的功能关系密切。依据中医学的辨证原理，痤疮的病理原因分析与治疗方法选择应从以下几个方面考虑：

1. 肺热引起痤疮，宜用清泄肺热法

肺热型痤疮，由肺有宿热、复感风邪、遂使肺热不得外泄引起。其痤疮状似丘疹、形如粟米，可挤出白粉色油状物，皮疹以鼻周围为多，亦可见于前额，间或有黑头粉刺，且伴口鼻干燥、大便干结、苔黄舌红、脉细数之症状。宜用泻白散（桑皮、地骨皮、粳米、甘草）合枇杷清肺饮（人参、枇杷叶、黄连、黄柏、桑皮、甘草）化裁治之。目前多由原方去掉人参，加上黄芩和栀子，共同发挥清泄肺胃之热的功效。当肺胃热清、脏腑通利、痰湿化散，则粉刺得以消除。

2. 血热引起痤疮，宜用凉血清热法

血热型痤疮，多由情志内伤、气分瘀滞、日久化热、热伏营血所致。其症为颜面丘疹以口鼻及两眉间为多，面部潮热明显，妇女尚有月经前后丘疹增多、舌红、脉细数等症状。宜用凉血五花汤（红花、玫瑰花、鸡冠花、野菊花、凌霄花）合桃红四物汤（桃仁、红花、当归、熟地、白芍、川芎）加减治之，效果令人满意。

3. 胃热引起痤疮，宜用清泻胃肠法

胃热型痤疮，多由饮食不节、过食肥甘之物，使肠胃燥结、中焦积热，郁于面部皮肤而致。其症为面部丘疹，状如粟米，能挤出白粉样油状物，间有黑头粉刺，以口周为多，亦可见于背部与前胸，且常伴有口干口臭、饮食较多、舌燥喜冷饮、大便秘结、脉沉实有力等症状。宜用清胃散（黄连、升麻、当归、生地、丹皮、石膏）加减治之，效果令人满意。

4. 热毒引起痤疮，宜用清热解毒法

此痤疮多由肺胃蕴热上炎，复感外界毒邪，热毒相结，蕴于面部皮肤引起。其症为面部有散在丘疹，以小脓疱为主，周围常有红晕，自觉疼痛，严重时可火欣红肿痛，伴有发热、舌红苔燥、脉实数等症状。宜用五味消毒饮（金银花、野菊花、蒲公英、紫花地丁、紫背天葵）随症加减治之，效果令人满意。

5. 湿毒血瘀引起痤疮，宜用除湿化瘀法

这种类型的痤疮，多由素体蕴湿，郁于肌肤，复感外界毒邪，致湿毒凝聚、阻滞经络、气血不和而成。其症除丘疹、脓疱外，常以结节囊肿为主，皮肤出油较多。宜用除湿解毒汤（土茯苓、薏苡仁、萆薢、车前子、大豆黄卷、泽泻、板蓝根、赤芍）加减治之，效果令人满意。

6. 血虚风燥症型的痤疮，适用养血疏风、止痒润燥之法

这种类型的痤疮是由血虚肝旺引起，在饮食方面应以清淡为主，多吃青菜，避免烟酒，同时用调理气血的药物，止痒润燥、清热利湿以利于皮损的改善。

7. 肝气郁结型、肝肾阴虚型方面的痤疮，宜用疏肝解郁或平补肝肾之法

肝气郁结证引发的痤疮多见于女子，皮疹反复发作，与月经周期有明显关联，改善宜疏肝解郁之法；肝肾阴虚证引发的痤疮多见于30岁以上的成年人，皮疹色红不鲜，常见面色晦暗，色素沉着，神疲乏力，苔薄白，脉濡滑等症状，改善宜平补肝肾。

第三节　有助于改善黄褐斑的保健食品

一、黄褐斑概述

(一)黄褐斑的概念与特点

黄褐斑也称为肝斑和蝴蝶斑，是面部黑变病的一种，是发生在颜面的色素沉着斑。临床表现为皮损为淡褐色或黄褐色斑，边界较清，形状不规则，对称分布于眼眶附近、额部、眉弓、鼻部、两颊、唇及口周等处，无自觉症状及全身不适。

黄褐斑是世界疑难杂症，较难治愈。积极预防妇科疾病等是预防黄褐斑的有效手段。治疗黄褐斑分为食调、药疗、物理治疗等方法，目前认为最有效的方法是激光和中药结合调理。

【小资料】　　目前流行的几种祛斑方法

1. 激光祛斑——用先进的激光仪器除去色斑。激光祛除黄褐斑安全、痛苦少、不留疤痕并有嫩肤作用，是目前祛除黄褐斑最理想的方法。

2. 彩光祛斑——利用宽光谱直接作用于肌肤表层，祛除面部黄褐斑，并刺激皮肤胶原蛋白增生。经过彩光嫩肤治疗后，面部雀斑、黄褐斑很快消退。彩光祛斑的治疗过程轻松、舒适，是目前祛除黄褐斑的新方法，祛除黄褐斑的效果明显。

3. 果酸祛斑——用高浓度果酸剥脱表皮，较以往的化学剥脱安全、可靠，达到“换肤”目的。

4. 磨削祛斑——用机械磨削的方法祛除表层色斑。

5. 针灸祛斑——属中医范畴，调节经络，改善人体内分泌。

6. 药物祛斑——口服维生素C，并结合静脉注射维生素C等。

7. 中草药祛斑——遵循中医原理，服用具相应功能的中草药制剂，外加敷中草药面膜，由内而外治愈色斑。

目前最安全、有效的消除妊娠黄褐斑的方法还是中医范畴的中草药祛斑和黑色素递减技术祛斑的结合，这两种方法治疗黄褐斑安全、可靠，治标治本，不易反弹。

(二)现代医学对黄褐斑病理病因的认识

现代医学对黄褐斑病理病因的研究较为深入，一般认为黄褐斑的发生与微循环障碍、内分泌功能改变、药物因素及饮食因素和疾病因素有关。

1. 微循环障碍

脸部的表皮层最薄，毛细血管最丰富，也最易形成色素沉着；色素沉着部位主要在表皮基底层，黑色素颗粒明显增多，较为严重者真皮层的噬黑素细胞内也有较多黑色素。如果组织细胞间的微细循环受瘀阻，细胞溶解死亡，与正常相比，色素细胞的数目、黑色素形成以及黑色素颗粒的活性都有不同的增长。

2. 内分泌功能改变

一般见于情志因素导致的内分泌紊乱，也见于妇女妊娠期或口服避孕药导致的内分泌紊乱。机制可能是雌激素与黄体酮联合作用，刺激黑色素细胞；而孕激素促使黑素体的转运和扩散，增加了黑色素的生成，促使色素沉着。怀孕后胎盘分泌孕激素增多，所以孕期女性面颊部常见对称分布的黄褐斑，生产后体内孕激素分泌恢复正常状态后，大部分人的斑会自然减轻或消失。黄褐斑也见于未婚、未孕的正常女性或男性，其原因不明，可能与内分泌有关。

3. 药物因素和饮食因素

长期口服避孕药的女性 9%～20% 易发黄褐斑，有人甚至在口服避孕药一个月后便出现面部斑点。此外服用治疗高血压、糖尿病的药物和多食感光性较强的食物，如芹菜、香菜、胡萝卜等也容易引起黄褐斑。

4. 疾病因素

一些慢性疾病如慢性肝炎、结核病、胃肠疾病、癌瘤、恶性淋巴瘤和慢性酒精中毒等，会导致酪氢酸酶活性增强，黑色素产生增加，而机体自身排除黑色素的能力却随之减弱，黑色素一旦不能及时排出体外，就会在面部沉积产生黄褐斑。

此外，精神刺激、紫外线照射、不良化妆品的使用等都可导致黄褐斑的产生。

二、有助于改善黄褐斑保健食品的开发

(一)有助于改善黄褐斑保健食品的一般要求

根据黄褐斑发生的病理病因的认识，保健食品应具有以下几方面的功能：

(1)调整内分泌功能；

(2)改善微循环功能；

(3)改善细胞功能防止色素沉着；

(4)解除便秘状态与情绪紧张等；

(5)补血养颜等。

根据黄褐斑发生的因素可单一给予改善或综合运用，一般以综合运用为主，使受试人体黄褐斑的数量减少、色泽均匀等。

(二)常见的有助于改善黄褐斑保健食品原料

有助于改善黄褐斑保健食品的原料较多，如葡萄籽提取物、玫瑰花提取物、芦荟提取物、维生素 C、天然维生素 E、大豆异黄酮、茶多酚、甲壳素、蜂胶提取物、蜂王浆冻干粉、蜂蜡、蜂蜜、蜂花粉、茶花花粉、荞麦花粉、油菜花粉、人参、党参、黄芪、枸杞、当归、丹参、葛根、白芍、女贞子、红景天、珍珠粉、川芎、桃仁、红花、白芷、香附、黄精、桑葚、茯苓、阿胶、山楂、大枣、制首乌、薏苡仁、蚂蚁、银杏叶、羊胎粉、马鹿胎冻干粉、月见草油、蛤蟆油、麻油、紫苏油、乌骨鸡、羊胎盘等，这些原料分别具有一项或多项祛黄褐斑的功能，合理配伍保健作用会更好。

三、中医理论对黄褐斑病理病因的认识与改善方法

中医理论认为皮肤上的变化都和脏腑有着必然的联系。五脏六腑之精气充盈，皮肤则细嫩光泽；五脏六腑之精气匮乏，皮肤则萎靡枯黄。“斑”实质上是五脏六腑功能紊乱、气血不和、肝郁气滞、气滞血瘀、气血津液流通不畅及内分泌失调等在面部的反映。治斑祛斑应

调理五脏、调节气血津液以求阴阳平衡、标本兼治，达到祛斑养颜、阻止复发的目的。

依据中医学辨证施治理论，应针对黄褐斑发生的病因病机正确划分黄褐斑发生的类型和正确使用改善黄褐斑的方法。以下为常见的辨证和改善黄褐斑的方法：

1. 肝气郁结致使血瘀颜面型

肝失条达、气机郁结、郁久化火、灼伤阴血、血行不畅，可导致颜面气血失和或气血痰瘀积滞皮下、色素沉着。患者常伴有急躁易怒、胸胁胀痛、痛经或经期延后、经血紫暗有块、舌有紫斑、脉弦涩（面斑呈青褐色）等。宜用疏肝理气方剂调整，如逍遥散、柴胡疏肝散加减等。

2. 脾胃虚弱气血不能润泽颜面型

因脾气虚弱、运化失健、精血不足、不能上荣于面，或因脾虚生湿、湿热蕴结、湿热上升至颜面形成斑点。宜用化湿和胃方剂调整，如二陈汤、四君子汤加减等。

3. 肾阳（阴）不足型

阳气弥散、血瘀颜面；精血亏虚、肾阴不足等病理变化均可导致颜面发生黄褐斑，多由久病失调、房事不节、产育过多、情志内伤引起。临床可见眩晕、耳鸣、健忘、失眠、咽干口燥、五心烦热、颧红盗汗、女子经少、男子遗精等肝肾阴虚的症状。宜用六味地黄丸、杞菊地黄丸加减调整。

【小资料】 雀斑与黄褐斑的区别

雀斑的特点如下：

(1)针尖至米粒大的褐色小斑点，因其形状、颜色如雀卵，故名雀斑。

(2)雀斑好发于颜面、颈部、手臂等日晒部位，面部多散布在两颊及鼻梁。

(3)雀斑数量多少不定，各个之间互不融合。

(4)一般幼年时就有，女性多于男性，常伴有家族史，无其他症状。

雀斑是一种发生在面部的皮肤损害，呈斑点状，或芝麻状褐色或浅褐色的小斑点。最好发的部位是双颊部和鼻梁部，也可泛发至整个面部甚至颈部。其是影响面部美观的最为常见的因素之一。大多数是后天发生的，也有部分患者是先天发生的。但是不论先天或后天，均与遗传因素有密切的关系。也就是说，雀斑患者具有一定的体质，具有这种体质的人在外界的一些因素的作用下（如日晒、皮肤干燥等）便会发生雀斑。

黄褐斑的特点如下：

(1)发于面部的颧骨、额及口周围，多对称呈蝴蝶状，故又名“蝴蝶斑”。

(2)初色如尘垢，日久加深，变为浅灰褐色或深褐色，枯暗不泽。

(3)大小不定，斑点边缘清晰，表面光滑，无炎症反应，无痛痒。

(4)经常使用口服避孕药及妊娠女性，面部会出现“妊娠斑”，也属于黄褐斑的一种。

(5)女性有黄褐斑者多伴有月经紊乱、经前乳胀，或慢性病症。

(6)男性黄褐斑患者多伴有阳痿、早泄、胃肠功能紊乱等。

(7)经常日晒形成的日晒斑也是黄褐斑的一种。

第四节　有助于改善皮肤水分的保健食品

一、皮肤干燥概述

(一)皮肤干燥的概念与症状

目前医学界对皮肤干燥并没有明确概念，一般是指季节变化、缺水、贫血或其他因素引起的皮肤变厚、粗糙，甚至干裂、脱皮、干痒的现象。

皮肤干燥症状一般表现为整张脸感到紧绷；用手掌轻触皮肤时，没有湿润感；皮肤呈现出干巴巴的无润泽状态；有的部位有干燥脱皮现象，甚至出现干痒的感觉。

(二)皮肤干燥的原因与皮肤保湿

表皮位于皮肤的最表层，其角质层是由无生命活性的角朊细胞构成的。角朊细胞宽 30μm，厚 0.8μm，呈六角形，它们紧密相连，层叠交错，有 10～20 层，构成了厚 10～25μm 的角质层。角朊细胞间隙在 0.02～0.2μm 之间，其中充满了层状结构的脂类物质。角质层中角朊细胞的细胞膜、细胞内容物及细胞间基质的结合水量决定了皮肤的柔软性。

真皮位于表皮下方，由胶原纤维、网状纤维和弹力纤维等组成，真皮中含有约 75%的水分。皮肤的附属器官——汗腺和皮脂腺的功能与皮肤保湿存在一定的联系(见本章第一节)。

1. 皮肤干燥的原因

(1)年龄增长。随着体内雌激素水平的降低，皮脂分泌减少，皮肤保存水分的能力会下降，从而使皮肤变得越来越干。干性皮肤和脱水性皮肤这两种体质表现得较明显。

(2)环境因素。冬季寒冷干燥，会导致皮脂腺和汗腺分泌异常，薄薄的皮脂已经控制不住水分的散失。

(3)个体因素。睡眠不足、疲劳、过度减肥、便秘、偏食等，会使身体受到相当大的伤害，皮肤血液循环变差，肌肤就会失去活力，容易干燥及粗糙。

(4)疾病因素。由于疾病的原因，皮肤自身不能产生足够多的保湿物质，水—吡咯烷酮羟酸-PCA—脂质平衡状态遭到破坏，造成皮肤干燥、粗糙，甚至产生皮屑。

此外，经常用碱性比较大的洗涤剂洗脸，也会使水—吡咯烷酮羟酸-PCA—脂质的平衡状态遭到破坏。

2. 皮肤保湿即保持皮肤弹性的三种重要物质

(1)水。正常皮肤的含水量为 10%～20%，如果水分含量降低到 10%以下，皮肤就会失去光泽和弹性，变得干燥、粗糙。

(2)天然保湿因子。即皮肤中保持水分的水溶性物质，包括糖类、有机酸、氨基酸、矿物元素(如钠、钾、钙、镁)等，其中起关键作用的是乳酸盐和吡咯烷酮羟酸-PCA，它们的分子结构中含有羟基，这些羟基具有与水分子的结合力，从而把水分子留在角质层中。适时给皮肤补充天然润湿因子，可有效改善和提高皮肤水分的含量，维持皮肤的柔软性和弹性。

(3)皮肤中的脂质。脂质薄薄地覆盖在皮肤表面，防止水分蒸发，还能通过影响角质层细胞的粘连而对皮肤保湿产生影响。当水—吡咯烷酮羟酸-PCA—脂质处于平衡状态时，皮肤会变得光滑、细嫩、富有弹性。

二、有助于改善皮肤水分保健食品的开发

（一）有助于改善皮肤水分保健食品的一般要求

有助于改善皮肤水分的保健食品一般从单纯改善皮肤水分和改善皮肤水分与改善黄褐斑功能并举两个方面考虑。单纯改善皮肤水分的保健食品一般通过对抗皮肤干燥因素，即补充维生素、补充和改善皮肤保湿因子、补充胶原蛋白和改善胶原蛋白功能、补充天然植物雌激素和改善睡眠、便秘，调整微循环等达到保健目的；改善皮肤水分与改善黄褐斑并举的保健食品，既能改善皮肤水分又能满足其改善黄褐斑功能的需求，这类保健食品在国产美容保健食品中的比重逐年增加，并不断进行市场细分，其主要以维生素、微量元素、氨基酸等营养素为原料。

（二）常见的单纯改善皮肤水分保健食品的原料

(1)维生素、微量元素、氨基酸等营养素。如维生素 A、β-胡萝卜素、维生素 B_1、维生素 B_2、维生素 B_6、维生素 C、维生素 E、叶酸、牛磺酸、乳酸锌、丙酮酸钙、葡萄糖酸亚铁、葡萄糖酸锌、L-苯丙氨酸、磷脂等，它们是通过调整人体机能或补充该类物质，以使体内保湿因子达到较高水平。

(2)富含维生素、微量元素、氨基酸等营养素食物的提取物。如苹果、猕猴桃、海藻等。

(3)改善皮肤水分的功能因子。如胶原蛋白、透明质酸、植物性神经酰胺、多肽等。

(4)天然植物雌激素。如大豆异黄酮能够改善皮肤质量，可使女性皮肤光润、细腻、柔滑、富有弹性。

(5)药食同源中药材。常见的有蜂蜜、芦荟、白芷、葛根、杏仁、高山红景天提取物、丹参提取物等。如芦荟中的氨基酸和复合多糖物质构成了天然保湿因素，它可以补充水分，恢复胶原蛋白的功能，防止面部皱纹，保持皮肤柔润、光滑、富有弹性。

(6)其他，如海洋鱼皮胶原低聚肽粉、鱼蛋白粉、鱼油、左旋肉碱、核酸（脱氧核糖核酸、核糖核酸）、生物活菌（乳杆菌、双歧杆菌）、超氧化物歧化酶（SOD）、茶多酚等。

（三）改善皮肤水分与其他功能并举的保健食品开发

根据皮肤干燥者表现出的不同体质“对症下药”，如：

(1)以胶原蛋白粉、大米米胚粉、芦荟全叶干粉、荷叶、玫瑰花及其他降血脂物质为原料，开发适宜血脂偏高且皮肤干燥者的保健食品；

(2)以全鳖、黄芪、当归、珍珠和其他改善失眠物质为原料，开发适宜睡眠状况不佳且皮肤干燥者的保健食品；

(3)以羊胚胎、白毛乌骨鸡、桃仁、红花、甘草、抗坏血酸等为原料，加入有祛黄褐斑功能的其他原料，开发适宜有黄褐斑且皮肤干燥者的保健食品；

(4)以有改善皮肤水分功能的原料，加入有祛黄褐斑功能和增强免疫功能的其他原料，开发适宜有黄褐斑、皮肤干燥且免疫力低下者的保健食品。

（四）中医药在改善皮肤水分方面的应用

中医学认为，皮肤干燥、面色无华与气血不足关系密切，因此补益气血的中药材和复方具有一定意义。按现代药理学解释，皮肤干燥、面色无华与面部微循环障碍有一定关系，这与中医理论的气血不足极为相似，因此改善微循环的中药材对改善皮肤水分具有一定作用。常见的可用于改善皮肤水分的保健食品的中药材有当归、三七、阿胶、红景天、丹参、刺五加、

芦荟、当归、马鹿胎、马鹿血粉、珍珠、白芷、葛根、杏仁、全鳖、黄芪、红花、甘草、蜂王浆等。一些补气养血、滋阴润燥的方剂对改善皮肤水分也具有一定意义，如人参养荣丸等。

本章小结

本章重点介绍了人体皮肤的结构与类型，痤疮、黄褐斑的发病机制，分析了引发皮肤干燥的因素和保持皮肤湿润的三种重要物质的作用特点，指出了改善痤疮、黄褐斑和皮肤水分保健食品的一般要求，阐述了改善痤疮、黄褐斑和皮肤水分功能保健食品原料的作用原理与特点，以及中医药理论在改善痤疮、黄褐斑和皮肤水分保健食品方面的应用。

复习思考题

1. 人体皮肤主要分为哪几种类型？
2. 痤疮、黄褐斑的发病机制是怎样的？
3. 开发具有皮肤美容功能的保健食品的一般要求有哪些？
4. 中医学对痤疮和黄褐斑的病理病因有怎样的认识？
5. 简述具有改善皮肤水分功能的保健食品的一般要求。
6. 常见的改善皮肤水分保健食品的作用特点有哪些？
7. 如何运用中医药理论开发具有美容功能的保健食品？

实验实训

1. 为有痤疮、黄褐斑及皮肤干燥的人推荐正确的保健食品。
2. 针对有痤疮、黄褐斑及皮肤干燥的人所表现出的不同特点拟定保健食品配方。

第十章 清咽润喉、缓解视觉疲劳、改善缺铁性贫血的保健食品

知识目标

通过本章的学习，了解人体咽部不适的表现与危害，理解中医药学理论对咽喉的认识，掌握中医药学在清咽润喉保健方面的原则与方法；清楚中医药理论在清咽润喉保健方面具有的优势；了解眼睛的组织结构与功能，熟悉视觉疲劳的原因与表现，掌握缓解视觉疲劳的原则与缓解视觉疲劳保健食品的一般要求，掌握常见的用于缓解视觉疲劳中药材的作用特点；理解缺铁性贫血的概念，熟悉缺铁性贫血的发生因素与临床表现，掌握改善缺铁性贫血保健食品的一般要求，正确理解中医药理论在改善缺铁性贫血保健方面的优势，掌握中医药理论在改善缺铁性贫血方面的应用。

技能目标

通过本章的学习，学生能够正确使用清咽润喉、缓解视觉疲劳和改善缺铁性贫血的保健食品，懂得开发具有清咽润喉、缓解视觉疲劳和改善缺铁性贫血功能保健食品的要求；懂得中医药理论在清咽润喉、缓解视觉疲劳和改善缺铁性贫血方面的应用。

第一节 清咽润喉保健食品

一、咽部不适概述

(一)咽的结构与功能

1. 咽的结构

咽，上起自颅，下达第6颈椎水平线，在环状软骨下缘，上部与食道上口相连，前面与后鼻孔、口腔和喉相接。咽长12cm，分为鼻咽、口咽和喉咽三段。上咽部称鼻咽，顶壁有咽扁桃体，左右侧壁有咽鼓管开口及咽鼓管扁桃体。中咽部又称口咽，后壁有咽后淋巴结，舌两侧有舌扁桃体。下咽部称喉咽。

2. 咽的主要功能

(1)吞咽功能。当吞咽的食团接触舌根及咽峡黏膜时即引起吞咽反射。

(2)呼吸功能。咽喉不单只是呼吸时气流出入的通道，它对吸入的空气还有温湿度调节和清洁作用，在大脑的调节下可根据人体生命活动需氧量的增减而发生宽窄变化，以便满足肺部气体交换。

(3)发声功能。气流自肺部呼出冲击声带，使之振动而发出声音。经过咽腔、口腔、鼻腔与胸腔的共同参与，产生共鸣，使声音清晰、和谐悦耳；并有软腭、口、舌、唇、齿等协同作用，形成各种语音。当咽部不适时，发声功能被抑制。

(4)免疫和保护功能。咽部的扁桃体是个活跃的免疫器官，对从血液、淋巴或其他组织侵入机体的有害物质具有积极的防御作用。小儿扁桃体肥大常常是生理现象，是免疫活动正在增长的表现，青春期后，扁桃体的免疫活动趋于减退，组织本身也逐渐缩小。

(二)咽部不适的表现与危害

1. 咽部不适的表现

咽部与鼻腔、口腔相连，外界空气和食物对其影响较大，极易造成咽部不适现象。处于咽部不适的亚健康状态人群，一般有咽部燥热、咽痛、咽痒、干咳少痰、吞咽困难、发音异常和咽部有异物感等表现。

2. 咽部不适的危害

咽部不适一般伴有咽部黏膜水肿、黏膜充血，咽后壁淋巴滤泡增生，分泌物附着等。不注意改善极易转化为慢性咽炎急性发作或其他咽部疾病。

(三)咽部不适的诱发因素与易发人群

咽部不适的诱发因素较多，有个体因素和环境因素等方面，主要可归纳为以下几点：

(1)发声过度或发声不当。常见于教师、演唱人员、纱厂女工或非职业用声音者过强或过多用声，如长期持续演讲或过高、过长时间的演唱。

(2)吸入有害气体。如污染气体、烟、化学粉尘等均可使声带增厚，长期接触和短期接触的人群均会引起咽部不适的症状。

(3)鼻、鼻窦、咽部及下呼吸道的感染产生咽部慢性刺激。

(4)精神因素及其他不明原因。如咽部异物感的机理相当复杂，目前尚未完全清楚，多数学者认为其与局部病变、全身疾病和精神因素有关。

二、清咽润喉保健食品的开发

目前市场上清咽润喉的保健食品主要以中药材为主要原料，特别是药食同源中药材。中医药在清咽养咽方面有悠久的历史，并形成了一系列理论和治疗方法，成方颇多。

(一)中医药学理论对咽喉的认识

中医学认为咽喉与五脏精气有密切的关系，咽喉必须得到五脏精气的滋养才能发挥其正常功能，即“声音出于脏气，凡脏实则声洪，脏虚则声怯”。而发声与心、肺、肾三脏的关系最为密切。“心为声音之主，肺为声音之足，肾为声音之根。”肺主气、主声、开窍于喉，司呼吸和发声。喉为气息出入之道和发声之器官，下连气道以通肺气，是肺系所属，肺气充足，则呼吸通畅，言语洪亮；肺气耗伤，或肺为邪扰，均可致发声异常。肾为先天之本，既是藏精之所在，又能上输精气于肺以养喉气，故肾之功能正常则身强体壮，喉咽和润而声必洪亮；反之，喉失所养则为病。

(二)中医药学的清咽保健原则与方法

中医药学理论以整体观念、辨证施治的原则出发正确处理咽喉与脏腑的关系。对中医辨证属于肺肾阴虚，或兼有阴虚夹热征象等不同表现，需要不同的改善方法和方药。咽喉主要由肺肾的精气来滋养，所以清咽的保健方法主要是通过滋养肺肾的阴津来达到润养咽喉的目的，一般分为以下几种形式：

1. 甘凉生津润喉法

适用于热病初期或中期，邪热渐解、肺胃津伤，症见咽喉干痛、声嘶，或喉痒、干咳少痰，或有身热、舌燥乏津、脉细或数。一般以甘凉生津润喉法，使阴津来复，咽喉得润，如以沙参麦冬汤、养阴清肺汤加减等。药材一般选用沙参、玉竹、麦冬、芦根、石斛、梨汁等甘凉之品。

2. 滋阴降火养喉法

适用于邪热久稽不解、久病伤肾，或过服温燥药物、耗伤肾阴；甚至阴不敛阳、阴虚火旺；病见咽干声嘶、腰膝酸软、五心烦热、舌红少苔、脉细数等。一般以滋阴降火养喉法，使阴精上承咽喉部，如知柏地黄丸加减等。药材一般选用玄参、天冬、生地、丹皮、山萸肉、女贞子、旱莲草、知母、黄柏等，滋阴降火以填补阴精，壮水制火以养阴润喉。

3. 酸甘化阴润喉法

适用于各种原因或无明显原因的阴血不足，以咽喉干燥为主要表现者，酸甘化阴润喉法起到酸甘化阴润喉的功效，如芍药甘草汤、生脉散加减等。药材可选用白芍、乌梅、五味子、山茱萸、甘草、麦冬、地黄等酸味和甘味药。

4. "辛以润之"的间接润喉法

适用于因气化不利、痰饮、瘀血阻络、津失敷布、鼻干咽燥、口唇干裂、渴欲饮水、二便不利、舌干苔少、脉细数等伤阴化燥病症。"辛以润之"的间接润喉法使津液得以正常敷布而解除"燥"证，间接起到"润"的作用，如旋复花汤加减等。此法为变通之法，多与其他滋养阴津法同用。一般选用桂花、细辛、薄荷、川芎、当归等辛味药物，以宣通气机，促进气化。

5. 开音法

适用于外感风寒、风热，肺气闭塞，声音不出的所谓"金实不鸣"之证，或久咳伤肺或发音过度而出现的气阴两伤而致的所谓"金破不鸣"之证。针对不同病因，一般以胖大海、橄榄、蝉衣、诃子、薄荷、桔梗等配伍，宜肺利喉以恢复发音功能的保健方法。此法属于治标之法，多与其他治本法同用。

其他方剂如肺肾阴虚者，用百合固金汤；气阴两虚者，可选用八珍汤；兼夹气滞、血瘀、痰凝者，可适当参以行气、活血、祛痰等相应药物，如金嗓音丸等方药。选用中药成方化裁开发清咽保健食品较为多见，但须做严格的安全性评价。

需要注意的是一些甘淡之物如绿豆、苹果、生藕、扁豆、山药等，因甘味能生津，淡为平和之味，有濡润咽喉之功，开发成保健食品更易被接受；而凡姜、椒、芥、蒜及一切辛辣热物极易伤阴，一般不可采用。

第二节　缓解视觉疲劳的保健食品

一、视觉疲劳概述

（一）眼睛的组织结构与功能

眼睛为人体的视觉器官，用来接收外来的光信号，然后借助视神经的传导，将光的冲动传送到脑中枢而引起视觉。眼由眼球、视路及眼附属器三部分组成。

1. 眼球

眼球略成圆形，位于眼眶内，眼球的前面是暴露的。正常成人眼球前后直径为22～27mm，外界的可见物体在眼内（视网膜上）结成清晰的物像而产生视觉。眼球分为眼球壁和眼球内容物。眼球壁由外层、中层、内层三层膜组成，外层为纤维膜，由透明的角膜和不透明的巩膜组成，其组织坚韧，可维持眼球的正常形态并保护眼内组织；中层分为虹膜、睫状体和脉络膜三个部分，此层富含色素细胞与血管，主要功能是供给眼内组织的营养；内层为视网膜，是感受光线和传导神经冲动的重要组织。眼球内容物包括房水、晶状体及玻璃体等透明组织，它们同角膜构成眼的屈光系统，具有通过和屈折光线的作用。

2. 视路

视路为视觉传导的神经通路，当视网膜上的视细胞受到刺激后发出的冲动经过视神经、视交叉、视束、视放线至大脑枕叶视中枢而形成视觉。

3. 眼附属器

眼附属器位于眼的周围，包括眼眶、眼外肌、眼睑、结膜和泪器。除眼外肌主管眼球运动外，其他组织均以不同方式保护眼球。眼眶是容纳眼球的空腔，眶缘周围厚度增加，组织坚牢，对眼球起保护作用；眼外肌主管眼球运功；眼睑分上下两部，覆盖于眼球的前面，主要功能是保护眼球前部，防止外力的损害，通过眨眼运动还可清洁和润滑结膜，防止角膜干燥；结膜是一层透明的黏膜，连接眼睑的后面和眼球的前面，二者之间成平滑的接触面，以减少相互摩擦；结膜腺体分泌黏液，保护眼球表面润滑状态；泪器由泪腺和泪道组成，泪腺的功能是分泌泪液，以保持眼球表面正常湿润，并排出结膜囊内异物，有一定的抑菌能力，泪道的功能是排泄泪液。

（二）视觉疲劳的原因与表现

1. 视觉疲劳的原因

视觉疲劳又称眼疲劳，是目前常见的一种眼科疾病。眼球的内外眼肌同人体的其他肌肉一样，持续地收缩就会紧张、疲劳、酸胀、麻木，造成血液流动滞缓、瘀血和神经紧张。神经紧张反射到中枢神经引起中枢神经的抑制，造成视觉疲劳。视觉疲劳的发生往往和身体的健康状况、工作负荷有关。一般情况下，尽管有屈光不正和眼肌不平衡因素，但由于机体的代偿功能作用，视觉疲劳不会表现出来；一旦健康状况发生问题或工作负担超过了胜任能力，即会发生视觉疲劳的症状。其发生原因也是多种多样的，常见的有：

(1)眼睛本身的原因。近视、远视、散光等屈光不正未戴适度的矫正眼镜或近视眼戴过度矫正眼镜，均会造成调节性视觉疲劳；眼肌集合功能不全、隐斜或眼外肌麻痹可引起眼肌性视觉疲劳；青光眼早期可出现视觉疲劳的全身症状；结膜炎、角膜炎、虹膜睫状体炎等均可引起视觉疲劳。

(2)全身因素。如营养不良、年老、体弱、高血压、内分泌紊乱、焦虑、神经衰弱、身体过劳，有全身性疾病，贫血、病后恢复、分娩或哺乳等，均可使眼的耐受压降低，导致视觉疲劳。

(3)环境因素。光线过强或光线太弱均会导致视觉疲劳。光源分布不均匀或闪烁不定，注视的目标过小、过细或不稳定，温度高、噪声大、生活节奏紧张、在行进的车船上阅读，均可引起视觉疲劳。

2. 视觉疲劳的主要症状

视觉疲劳的主要症状表现为视力工作不能持久、视物模糊、看书复视串行、眼睛干涩、流泪等，严重者头痛、恶心、眩晕、眼睑沉重难睁开、眼球或眼眶酸胀或疼痛、记忆力减退、颈肩酸疼、有阅读恐惧感，有的人还有胃肠道功能紊乱现象，如食欲不振、消化不良、便秘等。

【小提示】

每个人都可以自己判断是否患有视觉疲劳，即头痛、流泪、眼刺痛、视物模糊、复视、眼痛、畏光、眨眼、恶心、眼沉重10个症状中有两个或两个以上者，即可诊断为视觉疲劳。

二、缓解视觉疲劳保健食品的开发

(一)缓解视觉疲劳保健食品的一般要求

缓解视觉疲劳应遵循三个原则：一是矫正各方面的缺陷；二是消除引起视觉疲劳的各种因素；三是增强体质，避免超负荷工作。视觉疲劳不是独立的疾病，而是由于各种原因引起的一组疲劳综合征，因此应综合考虑。

从眼睛的组织结构和视觉疲劳的原因可以看出，营养与视觉疲劳关系密切，保健食品缓解视觉疲劳应从补充人体的营养物质和改善高血压、内分泌紊乱、焦虑、神经衰弱等因素出发，消除引起视觉疲劳的相关因素，通过增强体质达到缓解视觉疲劳的目的。

(二)常用的缓解视觉疲劳的物质

1. 维生素

维生素A又名视黄醇，是构成视觉细胞中感受弱光的视紫红质的组成成分，与暗视觉有关。人体缺乏维生素A会影响暗适应能力，导致儿童发育不良、皮肤干燥、眼干燥症、夜盲症等。鱼肝油的主要成分是维生素A和维生素D，其中起保护视觉作用的成分是维生素A。各种动物肝脏、鱼卵、全奶、奶油和禽蛋等均是良好的天然维生素A源。菠菜、豌豆、红瓤甜薯、胡萝卜、辣椒、冬苋菜、杏子和柿子等食物中的胡萝卜素含量较为丰富，以这类蔬菜或水果开发缓解视觉疲劳的保健食品，已经是业内人士关注的方向。维生素C可减弱光线对眼睛晶状体的损害，维生素C的抗氧化作用是缓解视觉疲劳的主要机制；以富含维生素C的食物开发的缓解视觉疲劳的保健食品在市场上出现得较多。维生素E具有较好的抗氧化作用，对视力有较好的保护作用。缺乏维生素B_2会使眼睛充血、易流泪；其他B族维生素也被广泛用于缓解视觉疲劳的保健食品中。

2. 牛磺酸

实验证明猫缺少牛磺酸会导致其视网膜变性，长期缺乏，终至失明；婴幼儿如果缺乏牛磺酸，会发生视网膜功能紊乱；长期静脉营养输液的病人，若输液中没有牛磺酸，会使病人视网膜电流图发生变化，补充大剂量的牛磺酸可纠正这一变化。

3. 钙、铬、锌、硒、钼等微量元素

钙与眼睛的构成有关，缺钙不仅会影响骨骼发育，而且会使眼球壁—巩膜的弹性降低、晶状体内压上升，致使眼球的前后径拉长而导致近视或老花。铬可以激活胰岛素，铬的缺乏会导致胰岛素功能发生障碍，血浆渗透压增高，进而改变眼球的渗透压，诱发近视。锌参与维生素A的代谢和运输，对维持视网膜色素上皮组织的正常组织状态、维持正常视力有重要作用。硒可保护视网膜，增强玻璃体的光洁度，提高视力，有防止白内障的作用。钼是组成虹膜的重要成分，富含钼的食物有大豆、扁豆等。

4. 叶黄素

叶黄素又名“植物黄体素”，不能在体内合成，在自然界中与玉米黄素共同存在，属于“类胡萝卜类”族物质，是眼睛黄斑的主要成分，可预防视网膜黄斑的老化。眼睛中的叶黄素可以抵抗日光、电脑等发出的紫外线对眼睛和视力的损害。天然叶黄素是一种性能优异的抗氧化剂，可预防细胞衰老和机体器官衰老，同时还可预防老年性眼球视网膜黄斑退化引起的视力下降与失明，保护眼睛不受光线损害，延缓眼睛的老化及防止病变。

5. 越橘提取物

据报道，越橘提取物作为有力的抗氧化剂可保护眼睛免受自由基伤害。研究显示健康人使用越橘提取物会改善夜间视力敏锐度；越橘提取物对眼部胶原质结构的作用可能同样在青光眼的预防和治疗中起着重要作用；越橘花青素可能对抵抗黄斑退化的发展具有重要的保护作用，对白内障亦有改善作用。

6. 葡萄籽提取物

据报道，葡萄籽提取物作为有力的抗氧化剂可降低眼部退化性斑点和白内障的发病率。

三、中医理论在开发缓解视觉疲劳保健食品方面的应用

（一）中医理论对视觉疲劳的认识

中医理论认为，肝开窍于目，肝血是否充盈是眼目能否正常发挥功能的关键；此外肝与五脏六腑的关系是否协调也是问题的关键之一，特别是肾、心、脾的功能表现。视觉疲劳可源于先天禀赋不足或疾病耗伤，引起肝肾不足、气血虚弱，使目失所养而成，因而缓解视觉疲劳关键在于滋补肝肾、益气养血。

（二）中医理论对视觉疲劳的辨证

视觉疲劳人群的发病机制辨证如下：

1. 心阳衰弱型

心主血脉、目为心使，目受血之荣养方能视天下万物。若心阳衰弱，则视物不清、易于疲劳。宜选用培补心气、滋养肝血的药物给予调整。

2. 肝血虚滞型

肝开窍于目、目受血而能视，肝血对于目的营养尤为重要；肝气不舒、肝血瘀滞、血虚失养均会出现眼部不适，甚或导致眼疾。肝血虚滞型视觉疲劳主要表现为视物模糊、眼目干涩、头晕心悸、失眠多梦、舌淡红苔薄白、脉细弱等。宜选用疏肝理气、养血补肝的药物给予调整。一般选用羊肝丸、当归养血膏、阿胶补血膏、复方阿胶浆等药物。以此类药方开发的缓解视觉疲劳的保健食品在功能方面将有很好的体现。

3. 脾胃虚弱型

脾为气血生化之源，脾主升清、胃主降浊则目窍通利。脾胃功能正常则眼睑开合自如、视物清晰；反之，目失所养，易于疲劳。宜选用补中益气、滋养气血的药物给予调整。

4. 肝肾阴虚型

肝藏血、血生精；肾藏精、精生髓；精血可以互生。肝肾功能正常则目能辨五色、识万物、不易疲劳。肝肾阴虚型视觉疲劳主要表现为视物模糊、眼目干涩、耳鸣健忘、失眠多梦、五心烦热、咽干颧红、腰膝酸软，甚或遗精、舌红苔少、脉细数。宜以滋补肝肾、养阴明目为主。一般选用杞菊地黄丸、首乌片等方剂调整。

(三)常见的用于缓解视觉疲劳保健食品的中药材

1. 菊花

具有散风清热、平肝明目的功效；对头痛、眩晕、目赤具有治疗作用。

2. 决明子

具有清热明目、润肠通便的功效；用于目赤涩痛、畏光多泪、头痛眩晕、目暗不明等。

3. 枸杞

具有滋补肝肾、益精明目的功效；用于眩晕耳鸣、目昏不明等。

4. 珍珠粉

具有清热滋阴、明目、解毒的功效，用于目赤肿痛、翳膜遮睛等眼科疾病。研究发现，珍珠粉中的硒可以强化视觉神经的传导，改善视力状况，其含有的微量元素锌可促进视神经的轴浆运输，改善视网膜及视网膜色素上皮细胞的代谢与功能。

5. 葛根

葛根黄酮对因视网膜血管痉挛引起的中央性视网膜炎的疗效比较显著；葛根素还能改善视网膜血管末梢单位的阻滞状态，从而提高视功能。

此外，能补肝肾的五味子、山茱萸、桑葚、熟地、黄精、沙棘粉等，补中健脾的白芍、白芷、党参、山药、红枣、山楂等，补血活血的川芎、当归等均被较多地用作缓解视觉疲劳保健食品的原料。

第三节　改善缺铁性贫血的保健食品

一、缺铁性贫血概述

(一)缺铁性贫血的概念

贫血是指单位容积血液内红细胞数和血红蛋白含量低于正常。正常成人血红蛋白含量男性为 12.5g/dL，女性为 11.0g/dL；凡低于以上指标的成人，或 12 岁以下儿童比成年男子的血红蛋白正常值低 15%左右即是贫血。临床表现为面色苍白，伴有头昏、乏力、心悸、气急等症状。按引起贫血的原因，将贫血分为失血性贫血、溶血性贫血、营养性贫血及再生障碍性贫血四种类型。营养性贫血是指因机体生血所必需的营养物质，如铁、叶酸、维生素等物质相对或绝对地减少，使血红蛋白的形成或红细胞的生成不足，以致造血功能低下的一种疾病。现代医学把营养性贫血分为小细胞性贫血及大细胞性贫血两种。前者又称缺铁性贫血，后者又称巨幼红细胞性贫血。

人类个体发育的不同阶段对铁的需求不同。胎儿期体内铁含量比较恒定，约为 75mg/kg 体重，这个比值从胚胎期可以维持到出生后体重达 5kg 时。此时胎儿或新生儿可以经由胎盘或乳汁从母体获取足够的自身所需的铁，而不受母体营养水平的影响。出生后婴儿不仅有足够的铁储备而且血红蛋白浓度也很高。至于出生体重低或不足月的婴儿，出生后发育快，故较早消耗铁储备而血红蛋白低，所需外源铁比正常足月儿多。但如适当补充铁，则血红蛋白浓度可逐渐赶上足月儿，到 9 个月龄时可望二者相同。一般 6 个月至 2 岁幼儿阶段，缺铁性贫血发病率较高。所以缺铁也是儿童中常见的问题。

目前缺铁性贫血患者在全世界约有 5 亿之多，我国有 1 亿多人有不同程度的贫血，其中孕妇占 40%,儿童占 50%。

(二)缺铁性贫血的发生因素与危害

缺铁性贫血是体内铁的储存不能满足正常红细胞生成的需要而发生的贫血,是由铁摄入量不足、吸收量减少、需要量增加、铁利用障碍或丢失过多和缺乏叶酸与维生素 B_{12} 等个别 B 族维生素所引起的贫血。形态学表现为小细胞低色素性贫血。缺铁性贫血不是一种疾病,而是疾病的症状,症状与贫血程度和起病的缓急相关。缺铁性贫血的发生是在较长时间内逐渐形成的。铁耗竭期,贮存铁临近耗尽,血清铁蛋白减低,此时并无贫血,若缺铁进一步加重,血清铁蛋白和血清铁下降,总铁结合力增高,则出现缺铁性贫血。习惯上并不严格区分缺铁性贫血与营养性贫血。

1. 缺铁性贫血的发生因素

(1)铁的需要量增加而摄入不足。在快速生长期的婴幼儿、儿童,月经过多、妊娠期或哺乳期的妇女,铁的需要量增多,如果饮食中缺少铁的摄入则易导致缺铁性贫血。

(2)铁的吸收不良。因铁的吸收障碍而发生的缺铁性贫血占缺铁性贫血的比例较小。

(3)失血。失血,尤其是慢性失血,是缺铁性贫血最多见、最重要的原因。临床上常可见到:一个是消化道出血,如溃疡病、癌、钩虫病、食道静脉曲张出血、痔出血、服用水杨酸盐后发生胃窦炎以及其他可引起慢性出血的疾病;另一个是妇女月经过多,或溶血性贫血伴含铁血黄素尿或血红蛋白尿等,因此女性比较容易患上缺铁性贫血,大约有 20%的女性、50%的孕妇会有贫血的情形。

2. 缺铁性贫血的临床表现与危害

缺铁性贫血的临床表现比较鲜明,危害较为严重,但仍需仔细判断。其表现与危害可归纳为以下几个方面:

(1)上皮组织损害症状。因细胞内含铁酶减少,引起上皮组织变化,可见口角炎与舌炎(10%~70%的患者有口角炎、舌面光滑与舌乳头萎缩,老年人尤其明显),食道蹼,萎缩性胃炎与胃酸缺乏,皮肤与指甲变化(如皮肤干燥、角化和萎缩,毛发易折、易脱落,指甲不光整,扁平甲、反甲和灰甲等)。

(2)神经系统方面症状。15%~30%的患者表现为神经痛(以头痛为主),感觉异常,严重者可有颅内压增高和视盘水肿;少数患者有精神、行为方面的异常,例如注意力不集中、易激动、精神迟滞和异食癖。原因是缺铁不仅影响脑组织的氧化代谢与神经传导,也能导致与行为有关的线粒体单胺酸氧化酶的活性降低。

(3)脾肿大。其原因与红细胞寿命缩短有关。

(4)可出现头晕、头痛、面色苍白、乏力、易倦、心悸、活动后气短、眼花及耳鸣等。症状与贫血的严重程度相关。

(5)儿童、青少年可出现发育迟缓、体力下降、智商低、容易兴奋、注意力不集中、烦躁、易怒或淡漠、异食癖和吞咽困难等。

3. 缺铁性贫血的发病机制

(1)缺铁对铁代谢的影响。当体内贮铁减少到不足以补偿功能状态铁时,铁蛋白、含铁血黄素、血清铁和转铁蛋白饱和度降低,总铁结合力与未结合铁的转铁蛋白量增高,组织内缺铁,红细胞内缺铁。转铁蛋白受体表达于红系造血细胞膜表面,当红细胞内缺乏铁时,转铁蛋白受体脱落进入血液,血清可溶性转铁蛋白受体升高。

（2）红细胞内缺铁对造血系统的影响。缺铁可导致血红素合成障碍，大量原卟啉不能与铁结合生成血红素，而以游离原卟啉（FER）的形式积累在红细胞内或与锌原子结合成为锌原卟啉（ZPP），这时血红蛋白生成减少，红细胞胞质少、体积小，从而发生小细胞低色素性贫血。严重时粒细胞、血小板的生成也受到影响。

（3）组织缺铁对组织细胞代谢的影响。缺铁时细胞中含铁酶和铁依赖酶的活性降低，进而影响患者的精神、行为、体力、免疫功能及患儿的生长发育和智力，缺铁还可引起黏膜组织病变和外胚叶组织营养障碍。

【小资料】

1. 再生障碍性贫血

再生障碍性贫血是骨髓造血干细胞和/或造血微环境损伤性血液病。可能的原因如下：①多种病因导致造血干细胞或基质细胞损伤；②造血调控因子功能异常；③造血干细胞表面死亡受体表达增强或对致凋亡作用敏感性升高；④机体产生针对造血干细胞的异常自身免疫。主要表现为骨髓造血功能低下、全血细胞减少和贫血、出血、感染。免疫抑制治疗有效。根据患者的病情、血象、骨髓象及预后，再生障碍性贫血可分为重型（SAA）和非重型（NSAA）。

依据发病特点，再生障碍性贫血分先天性和获得性两大类，以获得性的居绝大多数，先天性的比较罕见。先天性再生障碍性贫血多发生于婴幼儿，多数患儿出生后2周～2年后发病，男性多于女性（约1.3∶1），患者从小智力低下，体格发育较差，随着年龄增长逐渐出现发育停滞现象；多数病儿有家族史，属常染色体隐性遗传。获得性再生障碍性贫血是一种获得性骨髓造血功能衰竭症，主要表现为骨髓造血功能低下，全血细胞减少和贫血、出血、感染综合征。

2. 急性和慢性再生障碍性贫血

（1）急性再生障碍性贫血起病急，进展迅速，常以出血和感染发热为首起及主要表现。病初贫血常不明显，但随着病程发展呈进行性进展；几乎均有出血倾向，60%以上有内脏出血，主要表现为消化道出血、血尿、眼底出血（常伴有视力障碍）和颅内出血，皮肤、黏膜出血广泛而严重，且不易控制。感染和出血互为因果，使病情日益恶化，必须使用药物治疗。

（2）慢性再生障碍性贫血起病缓慢，以出血为首起和主要表现；出血多限于皮肤黏膜，且不严重；可并发感染，但常以呼吸道为主，容易控制。若治疗得当，坚持不懈，不少患者可获得长期缓解并可痊愈，但也有部分病人迁延多年不愈，甚至病程长达数十年，少数到后期出现急性再生障碍性贫血的临床表现，称为慢性再生障碍性贫血急变型。

3. 溶血性贫血

溶血性贫血是指红细胞破坏加速，而骨髓造血功能代偿不足时发生的一类贫血，必须以药物治疗。

二、改善缺铁性贫血保健食品的开发

(一)改善缺铁性贫血保健食品的一般要求

缺铁性贫血由铁的需要量增加而摄入不足、铁的吸收不良,维生素 B_{12}、叶酸摄入不足和维生素 C 缺乏等因素引发。改善缺铁性贫血一般以增加上述营养素为手段,但应根据营养素缺乏的具体情况给予补充。缺铁性贫血必须补铁,如铁负荷过重将影响重要器官(如心、肝、胰等)的功能。补铁或补充维生素 B_{12}、叶酸时,应考虑影响这些营养素吸收的因素,如胃酸减少或维生素 C 缺乏皆可影响维生素 B_{12} 与叶酸的代谢和利用,维生素 C 缺乏也会影响人体对铁的吸收。

(二)改善缺铁性贫血保健食品开发应注意的问题

1. 膳食中铁的含量、存在形式(血红素铁与非血红素铁)与吸收

(1)膳食中的铁含量。食物中的含铁量有较大差异。部分食品的约略含铁量(mg%)如下:人奶和牛、羊奶为 0.1 以下,多数瓜茄与水果为 0.5,叶菜类、畜禽肉与鱼类为 1～2,大米、玉米等粮谷为 2～3,面粉与鲜蛋类为 2～5,肝、肾与酱菜类为 5～8,黄豆为 10 上下,大豆分离蛋白为 15,蘑菇、木耳与某些坚果可达几十,海带、紫菜等为几百。多数膳食调查结果表明,我国居民每日膳食铁的摄入量为十几至几十毫克,变动范围较宽泛,而典型的西方人膳食含铁量为 6mg,变动范围很小。混入或溶入食物中的外来铁,如由炊具或饮食机械进入食物中的铁,虽可使食物膳食铁含量有所增加,但因人体对其吸收利用程度往往很差,以至实际营养意义不大。

(2)膳食中铁的吸收。食物中铁的人体吸收利用程度高低受铁的存在形式和食物种类的影响;进食中同时摄取的食物也影响人体对铁的吸收利用程度。从影响食物铁的吸收利用角度考虑,可将食物铁分为血红素铁和非血红素铁两类。两类铁在代谢中分别归入各自的代谢池而不相互交换,所以用两种放射性同位素铁分别标记血红素铁与非血红素铁,则可同时分别研究两种来源铁在人体内的动力学,包括它们各自的吸收率。

①血红素铁是与血红蛋白及肌红蛋白中的卟啉结合的铁,它以卟啉铁的形式直接被肠黏膜上皮细胞吸收,一般不受植酸根等抑制因素或促进因素的影响。血红素铁主要来自于动物蛋白质,如瘦肉、动物肝脏、动物血和鱼等,这些食物不仅含铁量高,而且在吸收过程中不受膳食中其他食物的影响,也不受小肠的 pH 值影响。这些食品中血红素铁的人体吸收率为 12%～20%。血红素铁虽然占膳食铁的比例不大,但却是可吸收铁中很可观的一部分。

②非血红素铁指存在于蛋白质或蛋白质复合体中血红素形态以外的铁离子,是作为区别于血红素铁而命名的。铁氧还蛋白是一种含有非血红素铁的小分子蛋白。现已证明黄嘌呤氧化酶、氢化酶或呼吸链上的 NADH 脱氢酶等也含有这种非血红素铁,有时亦称这种蛋白质为铁硫蛋白质。非血红素铁主要来源于植物性食品及奶、蛋等食品,占食物膳食铁含量的绝大部分,其吸收率的高低对营养性贫血起重要作用。人体摄入的所有非血红素铁在代谢中进入一个共同池,统一受铁吸收促进剂与抑制剂的影响,有共同一致的吸收率。

2. 铁吸收的抑制剂与促进剂

非血红素铁的吸收受多种因素影响,主要因素为非血红素铁吸收的抑制剂和促进剂。

(1)铁吸收的抑制剂即抑制人体对铁吸收的一类物质,主要分为两种:①一类为植酸、草酸、碳酸和磷酸等及其盐类。据体外试验显示,这些物质与铁形成大分子的不溶性化

合物而很难被吸收，如磷酸盐、碳酸盐可与铁形成难溶性沉淀。蛋黄中的磷蛋白、蛋清中的卵白蛋白均影响铁的吸收，所以虽然蛋类的含铁量不低，但并非是可吸收铁的良好来源。②另一类为膳食纤维、含有鞣质的茶叶、含多酚类成分的食物。它们均影响膳食铁的吸收。因此植物食品中铁的吸收率较低，如稻米为1%、小麦为5%、玉米为3%、大豆为7.5%、菠菜为2%。

此外，食物中铁的化学性质及其在加工、储存和各种食物相互作用等所发生的变化，都可影响膳食中铁的吸收利用程度，包括pH值、还原能力、溶解性、二价铁或三价铁（二价铁较三价铁易于被吸收）等。

(2)铁吸收的促进剂主要有肉类和抗坏血酸。肉类不仅本身所含的血红素铁的吸收率高，其所含的肉因子还可促进共同摄入的非血红素铁的吸收，其作用机制可能与肉类中所含半胱氨酸有关。抗坏血酸有促进非血红素铁吸收的作用，其机制可能是抗坏血酸降低了环境的pH值，与铁结合成易溶性抗坏血酸盐，有较强的还原能力等。膳食中抗坏血酸与铁的摩尔比例为0.7(质量比为40∶18)就有明显的促进铁吸收的作用，摩尔比例为1.0～1.5时(质量比为3∶1～5∶1)可能更有效。此外其他有机酸如柠檬酸、苹果酸、乳酸、琥珀酸和酒石酸等，可使三价铁还原成二价铁，有利于铁的吸收。胃液中的盐酸能使铁离子化而促进其吸收。

3. 机体铁储备水平对铁吸收的影响与铁吸收率参考剂量

机体铁储备水平对铁的吸收有明显影响。吸收铁的小肠黏膜有使体内铁维持稳定的作用。机体铁储备水平量高则吸收率下降，反之则吸收率增高。一般正常成人男女，虽然每日膳食铁摄入量可达十几至几十毫克，但其吸收量也只能满足铁的基础损失。铁持续负平衡的人，体内铁储备量将逐渐下降，血清铁蛋白较敏感地、早期地反映这种营养水平低下情况，促进小肠黏膜对铁的吸收。正常成年男子体内有500～1000mg储备铁，铁含量降至300mg以下时为不足。研究人体静脉血的结果表明，1μg/L血清铁蛋白约相当于10mg储备铁。正常人血清铁蛋白的变化范围为9～125μg/L，通常男为(70±5)μg/L，女为(35±5)μg/L。

食物铁在人体内的可利用程度受食物种类、食物相互间的作用以及人体状态等许多因素影响，这些因素不一致，测定结果就带有较大的相对性，缺少代表性，各测定数值间也难以比较。为此，人们提出一个参考剂量的概念，即对处于临界状态或称标准铁饥饿状态（尚未出现明显症状的铁缺乏）下的人，给予硫酸亚铁（世界卫生组织推荐为抗坏血酸铁）的铁3mg，并测定其铁吸收率，一般为40%。在各种不同条件下的铁吸收率与铁营养水平及其他指标间有对应关系，如对于体内有储备铁500mg的人，当给予其3mg参考剂量铁时，吸收率为20%，血清铁蛋白为60μg/L；当储备铁明显不足，在300mg以下，当给予其3mg参考剂量铁时，吸收率为40%，血清铁蛋白为30μg/L；当储备铁基本耗竭，给予其3mg参考剂量铁时，吸收率为60%，血清铁蛋白为12μg/L；当血清铁蛋白更低时，参考剂量铁的吸收率可达70%～80%。

【小资料】　　铁吸收率测定

(1)化学法。早年曾用,误差较大。

(2)放射性铁标记法。本法可以准确测知膳食吸收率,但有向人体引入放射性物质的问题。

(3)膳食铁吸收利用程度的体外法。即将待测膳食在仿胃肠条件下在体外消化,然后用一定滤孔的透析袋透析出相对分子质量较小(6000～8000)的组分。透析出的铁即视为在人体内可吸收的铁,从而计算其吸收率。

(4)同位素58Fe中子活化法。是膳食铁人体利用率最理想的测定法。原理为:给实验对象一次口服一定量的58Fe,其在体内的不吸收部分5d内可排出99%,所以连续收集实验对象服用58Fe后5d的大便,经在反应堆中中子活化后测其放射性便可得到吸收率。用此法测人体铁吸收率准确、可靠,又无须向人体内引入放射性物质。

4. 改善缺铁性保健食品原料的选择

孕产妇、婴幼儿、儿童及其他一些贫血的人,是改善缺铁性保健食品的主要消费者,因此改善缺铁性保健食品在满足安全、稳定、有效的前提下,还应考虑色泽、气味等因素。

改善缺铁性保健食品开发可以从强化可吸收铁量、强化铁吸收的促进剂角度考虑。含铁化合物应是易吸收、不使食品发生感官不愉快变化、长期存放(保质期内)质量不发生变化的物质。含铁化合物的选择应遵循国家的有关规定,其中从硫酸亚铁、乳酸亚铁、葡萄糖酸亚铁、柠檬酸亚铁、富马酸(延胡索酸)亚铁、柠檬酸铁铵中选择较为普遍。动物血中提出的血色素或血红蛋白、骨髓等所含的血红素铁被称为生物铁,极易被吸收,在改善缺铁性保健食品中的应用前景较好,且因其属于天然食品范畴而易于被接受。对其他若干含铁化合物适用性的估计见表10-1。

表10-1　对国家食品药品监督管理局公布的补铁原料的适用性的估计

	名　称	含铁率(%)	人体利用程度	谷类加工品	食盐	糖	婴儿食品(奶)	饮料
可溶性铁类	硫酸亚铁	32.1	好	不定	不定	可用	不定	可用
	柠檬酸亚铁	22.3	好	不定	不定	可用	不定	可用
	葡萄糖酸亚铁	12.5	好	不定	不定	可用	可用	可用
	乳酸亚铁	23.9	好	—	不用	不用	不定	可用
可电离的高铁化合物	氯化高铁	34.4	好	不用	不用	不用	不用	不用
	柠檬酸铁铵	17.0	好	不定	不用	不用	不用	可用
	碳酸亚铁	35.0	中	不用	不用	不用	不用	不用
	聚磷酸高铁	30.0	中	可用	可用	可用	可用	不定
	焦磷酸铁	16.0	中	可用	可用	可用	可用	不定

选用强化铁时要和所强化的食物性质结合起来考虑,应注意以下几个方面:①二价铁吸收利用较好,但易氧化成黄绿或黑色氧化高铁;②铁盐与酚类(如鞣质)反应呈蓝黑色,与硫

化物反应呈黑色；③铁能增强氧化酶活性；④还原铁粉密度大，若使其稳定且均匀分布须采用适当的措施；⑤铁化合物本身的不快色、味对食品特别是饮料的影响须特别注意；⑥不同的强化铁和不同状态的保健食品（如液体或固体）也要考虑加工、贮存条件。

5. 补铁过量的危害

缺铁性贫血可以应用补铁给予改善，补铁剂量应从每日膳食摄入的铁量和保健食品中铁的供给量两个方面考虑。补铁过量会对机体产生危害，出现恶心、上胃部疼痛、呕吐、腹泻、便秘等症状。补铁标准为国家市场监管总局、国家卫生健康委员会和国家中医药管理局三部门在2020年11月发布的《保健食品原料目录 营养素补充剂（2020年版）》和中国营养学会组织编写的《中国居民膳食指南科学研究报告（2021）》。

三、中医理论在开发改善缺铁性贫血保健食品方面的应用

（一）中医学对贫血的认识

中医学中没有贫血的名称，但从患者临床所呈现的症候，如面色苍白、身倦无力、心悸、气短、眩晕、精神不振等现象分析，贫血则相似于“血虚”、“阴虚”症候；一般可将贫血划入“血虚”或“虚劳亡血”的范畴，而虚劳是脏腑亏损、元气虚弱所致多种慢性疾病的表现。

中医认为，心主血、肝藏血、脾统血、肾中先天之精生髓化血；血的生成来源于水谷之精气，人摄取水谷营养物质，由中焦（脾胃）吸收了饮食物的精微，通过气化作用，变成营气。食物的精微在脾得心火宣降之助，转化为精、津液，精之一部分贮于肾中，以待生化之用；另一部分得心火之助转化为血，以荣养五脏六腑。肾中先天之精得后天水谷之精气，转化为髓。髓能化为血，输之于机体，以为生理之用。可见血的生成和调节与心、肝、脾、肾等脏腑关系密切，而这些脏腑功能的充分发挥又有赖于肾之命火温照。因此，心、肝、脾、肾功能衰弱均可导致血虚。

中医认为，血虚之形成不外乎内外因素。外邪六淫侵入机体导致新血无生，这一致病因素与现代医学所说的“细菌感染、原虫、毒素发生溶血为病”有吻合之处。在内因上，引起血虚的因素有：①七情失节；②饮食失宜；③失血过多；④先天禀赋不足；⑤病后房劳过甚；⑥妊娠失调引起造血之机受阻；⑦消化功能紊乱，水谷不化、精微不成。可见内因方面与现代医学所说的“缺乏造血原料或造血器官功能障碍，或慢性失血而成贫血”基本上是一致的。

（二）中医补血的原则与方法

中医认为，血为有形之物，气属无形之用。血之生成与运行皆有赖于气，故有“气为血之帅，气行则血行；气为血之母，血为气之海”的理论。即血由气而生，而气也必须有血为依附，才能发挥其生化、运动的作用。二者互相依赖，又互相促进，保持相对平衡。如果气血失和就会致病。因此，血虚患者一般均有气虚症候，一般补血先补气。

（三）常见的补气补血方剂

1. 补血剂

四物汤是中医补血、养血的经典药方，方由当归、川芎、白芍、熟地四味药组成，具有补血调血的功效。

（1）中医理论对四物汤的方解为方中当归补血养肝、和血调经为君药；熟地滋阴补血为臣药；白芍药养血柔肝和营为佐药；川芎活血行气、畅通气血为使药。四味合用，补而不滞，滋而不腻，养血活血，可使营血调和。

(2)四物汤的现代药理作用主要有纠正贫血、抗放射线损伤、抗血小板聚集、抗血栓形成、抗缺氧、抗自由基损伤、调节免疫功能、补充微量元素、补充磷脂、补充维生素等。①在纠正贫血方面,本方提取物能降低实验性贫血模型小鼠的死亡率,血液学观察也表明有抗贫血作用;对苯肼所致溶血性贫血有抑制作用;对放血所致小鼠急性失血性贫血,可使骨髓的造血机能改善,促进贫血的恢复;对实验性急性失血性贫血动物的红细胞、血红蛋白、网织红细胞等血液有形成分,均有不同程度的增加,以血红蛋白增加显著。②在抗放射线的损伤方面,在给正常小鼠致死量放射线照射前,腹腔注射 200mg/kg 四物汤甲醇提取物,可获得较好的防护效果;而在放射线照射后给予该方则无此作用。③在抗血小板聚集、抗血栓形成方面,对 ADP 诱导家兔的血小板聚集有明显的抑制作用。④在抗缺氧方面,四物汤可延长小鼠在常压下整体缺氧的存活时间。⑤在抗自由基损伤方面,四物汤对衰老模型(体力、御寒能力和对缺氧耐受力下降等)出现的指标有明显的改善作用。⑥在调节免疫功能方面,通过淋巴细胞转化试验及活性斑试验,表明本方对细胞免疫反应有较明显的促进作用。⑦在补充微量元素方面,铁和锌在四物汤中的含量均较高,为 18μg/mL,这和现代医学用铁化合物治疗贫血的理论相一致;四物汤中亦含有铜、铁、锌、锰、镍、镉、锶、铬等 8 种微量元素,这几种元素对人体血液代谢起着重要作用;因铁、铜、锰、锌、镍、铬是元素周期表中第四周期的元素,该周期的多数元素都具有不同程度的生血刺激作用。⑧在补充磷脂和维生素方面,四物汤中总磷脂为 0.025mg/g、维生素 C 为 61.20mg/g,叶酸含量较高。

2. 补气剂

四君子汤是以党参、白术、茯苓、甘草四味中草药组成的补气剂,主治脾胃气虚证,症见面色萎白、语声低微、气短乏力等。

(1)中医对四君子汤的方解为脾胃为后天之本、气血生化之源,脾胃气虚则受纳与健运乏力,气血生化不足,血不足不荣于面,而见面色萎白;脾为肺之母,脾胃一虚,肺气先绝,故见气短、语声低微、舌淡苔白、脉虚弱等气虚之象。因而宜补益脾胃之气,以复其运化受纳之功。方中党参甘温益气、健脾养胃;白术健脾燥湿,加强益气助运之力;茯苓健脾渗湿,苓术相配,则健脾祛湿之功益著;炙甘草益气和中、调和诸药,四药配伍,共奏益气健脾之功。

(2)现代药理作用主要为:①在调整胃肠功能方面,通过调节自主神经系统,拮抗乙酰胆碱和组织胺等作用,使处于紊乱状态的胃肠分泌、消化、运动及营养功能恢复正常,并可减少胃液分泌,降低其 pH 值,因而亦有利于胃肠溃疡的愈合。②在增强机体免疫机能方面,方中党参、白术、茯苓都能提高小白鼠腹腔巨噬细胞的吞噬功能以增强机体免疫机能,单味党参作用最显著;四君子汤在体外能够较明显地促进淋巴细胞转化及活性花斑形成;该方去甘草后煎汤内服,可使人体血清 IgG 含量较显著地上升,使自然玫瑰花瓣形成率及淋巴细胞转化率显著上升;对营养不良所致小鼠胸腺萎缩和功能降低者可促使其恢复。以上结果证明四君子汤能够增强机体的细胞免疫和体液免疫机能,为该方扶正御邪的理论提供了实验依据。③在促进骨髓造血功能方面,四君子汤能使失血动物血象中的网织红细胞明显增多,并可促进网织红细胞转化为红细胞。④在保护肝脏方面,四君子汤能使服药小鼠肝细胞内的肝糖原含量显著增加,因而有利于肝组织的修复。

3. 气血双补剂

当归补血汤是金元时代李东垣所创造的益气补血方剂,由黄芪和当归两味药组成,具有益气生血功效。

(1)中医对当归补血汤的方解为补血宜补气生血，方中重用黄芪，有形之血生于无形之气，用黄芪大补脾肺之气以资化源，配以少量当归养血和营，阳生阴长使气旺血生。

(2)现代主要药理作用为：①在提高非特异性免疫功能方面，可以改善免疫功能低下的小鼠腹腔巨噬细胞吞噬功能，提高血清中溶血素的含量，增强对免疫抑制剂的拮抗作用，显著提高小鼠溶菌酶含量，有显著促进血虚小鼠脾淋巴细胞产生 IL-2 的作用进而改善小鼠免疫功能低下状态，对免疫细胞的功能有明显增强作用；当归补血汤加味能提高小鼠腹腔巨噬细胞吞噬白色念珠菌的吞噬率(PP)和吞噬指数(PI)，有延长发生深部感染白色念珠菌后的小鼠存活时间的作用，并可增强小鼠的免疫功能，对小鼠具有全身保护作用。②在刺激造血多能干细胞(CFUS)、造血主细胞增殖分化方面，能增加正常小鼠的白细胞、网织红细胞、血红蛋白、白细胞和股骨有核细胞数，拮抗有害物质对它们的损害。③其所含的阿魏酸能直接减少 H_2O_2 的含量，并与膜磷脂酰乙醇胺结合，通过直接清除自由基，抑制氧化反应和自由基反应，从而拮抗自由基对红细胞的损害。④加味当归补血汤具有明显促进外周血细胞回升及骨髓造血功能的作用，能显著增加模型小鼠的红细胞、白细胞、骨髓有核细胞的数量，改善网织红细胞在外周血中的比例及骨髓超微结构。

4. 其他常见的补气剂

其他常见的补气剂有保元汤、补中益气汤、参苓白术散、举元煎、六君子汤、七味白术散、升陷汤、升阳益胃汤、生脉散、完带汤等。保元汤由黄芪、人参、炙甘草、肉桂等组成；补中益气汤由黄芪、炙甘草、人参、当归、橘皮、升麻、柴胡、白术等组成；参苓白术散由莲子肉、薏苡仁、砂仁、桔梗、白扁豆、白茯苓、人参、炙甘草、白术、山药等组成；举元煎由人参、炙黄芪、炙甘草、升麻、白术等组成；六君子汤由人参、白术、茯苓、炙甘草、陈皮、半夏等组成；七味白术散由人参、茯苓、白术(炒)、甘草、藿香叶、木香、葛根等组成；升陷汤由生黄芪、知母、柴胡、桔梗、升麻等组成；升阳益胃汤由黄芪、半夏、人参、炙甘草、独活、防风、白芍药、羌活、橘皮、茯苓、柴胡、泽泻、白术、黄连等组成；生脉散由人参、麦门冬、五味子等组成；完带汤由白术、山药、人参、白芍、车前子、苍术、甘草、陈皮、黑芥穗、柴胡等组成。

5. 其他常见的补血剂

其他常见的补血剂有归脾汤、胶艾汤、圣愈汤等。归脾汤由白术、当归、白茯苓、黄芪(炒)、远志、龙眼肉、酸枣仁(炒)、人参、木香、炙甘草等组成；胶艾汤由川芎、阿胶、甘草、艾叶、当归、芍药、干地黄等组成；圣愈汤由熟地、白芍、川芎、人参(一般用潞党参)、当归、黄芪等组成。

6. 其他常见的气血双补剂

其他常见的气血双补剂有八珍汤、人参养荣汤、十全大补汤、泰山磐石散、炙甘草汤等。八珍汤由人参、白术、白茯苓、当归、川芎、白芍药、熟地、炙甘草等组成；人参养荣汤由黄芪、当归、桂心、炙甘草、橘皮、白术、人参、白芍药、熟地、五味子、茯苓、远志等组成；十全大补汤由人参、肉桂、川芎、干地黄、熟地、茯苓、甘草、黄芪、当归、白芍药等组成；泰山磐石散由人参、黄芪、白术、炙甘草、当归、川芎、白芍药、熟地、川续断、糯米、黄芩、砂仁等组成；炙甘草汤由炙甘草、生姜、桂枝、人参、生地、阿胶、麦门冬、麻仁、大枣等组成。

以上补气、补血和气血双补剂可根据气血虚弱的不同表现对症应用。如四物汤加四君子汤后名“八珍汤”，能气血双补；在八珍汤的基础上再加上黄芪、肉桂，则成为十全大补汤，可温补气血，兼有补肾阳的作用，而偏向于补气血。

（四）常见的补气补血中药材的药理作用

1. 阿胶

阿胶具有抗贫血作用。用放血法使犬贫血，用铁剂和阿胶对比实验观察血红蛋白和红细胞的增长速度，结果证实阿胶有强大的补血作用，疗效优于铁剂；用同法致家兔贫血，灌服阿胶补血冲剂，结果使贫血家兔血红蛋白、红细胞、白细胞等项均显著增加；阿胶能使末梢血中血小板数增多，具有促进凝血的作用；以阿胶为主药制成的阿胶当归补血精，用于失血性血虚小鼠及对环磷酰胺所致骨髓造血功能损伤的小鼠和对由苯引起的再生障碍性贫血小鼠均可升高其外周血液的白细胞、红细胞和血红蛋白的值，有拮抗骨髓造血功能损伤小鼠骨髓有核细胞数下降的作用；阿胶作用于造血系统可能是其含胶原蛋白对造血干细胞的有益作用，所含糖胺多糖与细胞增生、造血系统的组织分化之间存在着密切关系。阿胶在治疗晚期肿瘤患者化疗后引起的外周血小板减少症中有明显的刺激血小板再生的功能，并能提高骨髓髓外造血功能。阿胶能提高机体特异玫瑰花率和单核吞噬细胞功能，能对抗氢化可的松所致的细胞免疫抑制作用，对 NK 细胞有促进作用；对脾脏有明显的增重作用，可明显提高小鼠腹腔巨噬细胞的吞噬能力，提高衰老小鼠血 SOD、CAT、GSH-Px 活力，降低血浆、脑匀浆及肝匀浆过氧化脂质水平，明显拮抗衰老模型小鼠胸腺及脾脏的萎缩，使皮质厚度增加，皮质细胞数增加，脾小节增大及淋巴细胞数增加，促进脑神经细胞的发育。阿胶对小鼠进行抗疲劳效果的实验研究显示其能明显提高机体有氧和无氧耐力，增强机体对疼痛反应的抑制能力，促进运动性疲劳的消除。阿胶补血膏有抗疲劳、耐缺氧、耐严寒、抗辐射损伤等作用。此外，阿胶可加强巨核细胞的聚集及增强其活性，并可促进软骨细胞、成骨细胞的增殖及合成活性，加快软骨内骨化，促进骨愈合作用。

2. 黄芪

黄芪能增强网状内皮系统的吞噬功能，使血白细胞及多核白细胞数量显著增加，巨噬细胞吞噬百分率及吞噬指数显著上升，对体液免疫、细胞免疫均有促进作用；黄芪具有显著的抗氧化活性，能抑制自由基的产生和消除体内过剩的自由基，保护细胞免受自由基产生的过度氧化作用的影响，进而延长细胞寿命。其明显的抗疲劳作用，能显著延长小鼠的游泳时间，增加小鼠肾上腺重量，改善全身性耗氧及增强组织耐缺氧能力。黄芪有增强肾上腺皮质功能、增强心肌收缩力、改善心脏功能的作用，表现为明显的抗应激及抗疲劳作用。

3. 人参

人参总皂苷可通过诱导细胞培养液的集落刺激因子（CSF）和白细胞介素-6（IL-6）等造血生长因子的产生，刺激小鼠血细胞生成。人参皂苷能刺激人骨髓造血祖细胞的增殖，对再生障碍性贫血病人亦有同样作用，并对 CD34 造血/祖细胞集落形成具有促进效应，并刺激其增殖。对于骨髓移植和化疗后的患者，人参皂苷可与造血生长因子起协同作用。人参单体皂苷 Re 可促进小鼠骨髓细胞集落形成，显示 Re 外源性促进小鼠骨髓细胞增殖作用；人参对骨髓造血功能有刺激作用，对骨髓细胞的 DNA、RNA 及蛋白质合成有促进作用，可使正常动物或贫血动物的红细胞数、白细胞数和血红蛋白含量增加。人参皂苷对小鼠骨髓多能干细胞具有显著的促进作用，主要表现为促进红系血细胞的分化及红系、粒系、巨核系组成的混合集落形成。

4. 当归

当归多糖是当归中促进造血的有效成分之一，能刺激造血多能干细胞（CFU-S）、造血祖细胞增殖、分化。小鼠体内扩散盒法证明当归多糖对小鼠粒-单系祖细胞（CFU-GM）和晚期红系祖细胞（CFU-E）的产率均有明显的升高作用。当归多糖通过诱导造血微环境的成纤维细胞分泌某些造血生长因子，从而促进造血细胞增殖分化，这或许是当归补血的生物学机制之一。

5. 熟地

熟地对造血干细胞亦有一定的增殖、分化作用，可说明熟地的补血作用与造血干细胞促进血细胞的产生有关。

6. 大枣

甘麦大枣汤对环磷酰胺所致小白鼠白细胞减少有明显的改善作用，其作用强度存在明显的量效关系。

本章小结

本章重点介绍了人体咽部不适的表现与危害、视觉疲劳的原因与表现、缺铁性贫血的发生因素和一般表现，指出了清咽润喉保健食品、缓解视觉疲劳保健食品和改善缺铁性贫血保健食品的一般要求，阐述了具有清咽润喉、缓解视觉疲劳和改善缺铁性贫血功能的保健食品原料的作用原理与特点，以及中医药理论在开发清咽润喉、缓解视觉疲劳和改善缺铁性贫血保健食品方面的应用，明晰了中医药理论在开发该三种保健食品方面的优势。

复习思考题

1. 人体咽部不适的表现与危害有哪些？
2. 中医药学在清咽润喉保健方面的特点是怎样的？
3. 视觉疲劳的原因与表现是怎样的？
4. 缓解视觉疲劳保健食品有哪些一般要求？
5. 简述常见的用于缓解视觉疲劳中药材的作用特点。
6. 缺铁性贫血的发生因素与临床表现是怎样的？
7. 改善缺铁性贫血保健食品的一般要求有哪些？
8. 如何运用中医药理论开发具有清咽润喉、缓解视觉疲劳和改善缺铁性贫血功能的保健食品？

实验实训

1. 为咽部不适、视觉疲劳或缺铁性贫血患者推荐适合的保健食品。
2. 针对咽部不适、视觉疲劳或缺铁性贫血患者所表现出的不同特点拟定保健食品配方。

第十一章　对电离辐射危害、化学性肝损伤有辅助保护功能和有助于排铅的保健食品

知识目标

通过本章的学习，了解电离辐射的概念，熟悉电离辐射污染源的种类，掌握对电离辐射危害有辅助保护功能的保健食品的作用特点，正确理解中医药理论在防电离辐射保健方面的优势。了解化学性肝损伤的概念与损伤肝脏的机理，理解肝脏解毒机制，掌握常见的增强肝脏解毒物质的特点和有保护肝脏作用物质的特点。掌握开发对电离辐射危害化学性肝损伤有辅助保护功能的保健食品的一般要求。了解人体铅蓄积的来源、铅的毒性和铅中毒的诊断依据，熟悉人体驱铅的原则，掌握有助于排铅保健食品的开发要求和有助于排铅物质的作用特点。

技能目标

通过本章的学习，学生能够应用相关知识使用和开发对电离辐射危害、化学性肝损伤有辅助保护作用和有助于排铅的保健食品。

第一节　对电离辐射危害有辅助保护功能的保健食品

一、电离辐射的概念与辐射污染

(一)电离辐射的概念与特点

辐射一般是指热、光、声、电磁波等物质向四周传播的一种状态。电离辐射是指携带足以使物质原子或分子中的电子成为自由态，从而使这些原子或分子发生电离现象的能量的辐射，其波长一般小于100nm。电离辐射是一切能引起物质电离的辐射的总称，其种类很多，包括宇宙射线、X射线和来自放射性物质的辐射。电离辐射的特点是波长短、频率高、能量高。2017年10月27日，世界卫生组织国际癌症研究机构公布的致癌物清单显示，电离辐射(所有类型)在一类致癌物清单中。

(二)电离辐射污染源的种类

电离辐射污染源在我们的生产、生活中广泛存在，种类复杂，包括：核工业系统的核原料勘探、开采、冶炼与精加工，核燃料及反应堆的生产、使用及研究；农业的照射培育新品种，蔬菜水果保鲜，粮食贮存；医学上的X射线透视，照相诊断，放射性核素对人体脏器的测定、对肿瘤的照射治疗等；工业部门的各种加速器、射线发生器及电子显微镜、电子速焊机、彩电显像管、高压电子管，广播电视发射设备、通信雷达及导航发射设备等。

(三)高速带电粒子与电离辐射的危害

1. 高速带电粒子

α射线、β射线、X射线和γ射线为常见的高速带电粒子。

α射线自身带有一定的电，其所到之处很容易引发电离。α射线的电离本领非常强大，这种性质既可以被人们所利用，也会对人体内部组织造成一定的破坏。受质量大的影响，α射线的穿透能力比较弱，在空气中只有几厘米的射程，只需要一张纸便可以将其挡住。

β射线的电离性比α射线弱得多，但是却拥有比α射线更强的穿透性，β射线很容易被铝箔、有机玻璃等材料所吸收。

X射线和γ射线的性质大致相同，是波长短的电磁波，可将其统称为光子。两者都具有极强的穿透能力，要特别注意意外辐射防护。

辐射防护有三个要点：时间，距离，屏蔽。在辐射源附近时，尽可能留驻较短的时间，以减少辐射；离辐射源越远，受到的辐射越少；在辐射源周围增加屏蔽，有助于减少辐射。

2. 电离辐射的危害

在接触电离辐射的工作中，如果防护措施不当，违反操作规程，人体受照射的剂量超过一定限度，会发生危害作用。

电离辐射对机体的损伤可分为急性放射性损伤和慢性放射性损伤。短时间内接受一定剂量的照射，可引起机体的急性损伤。而较长时间内分散接受一定剂量的照射，可引起慢性放射性损伤，如皮肤损伤、造血障碍、白细胞减少、生育力受损等。另外，电离辐射还会致癌和导致胎儿的死亡与畸形。

二、对电离辐射危害有辅助保护功能的保健食品开发

(一)营养素的补充

葡萄糖、蔗糖、果糖等可以使辐射损伤大鼠白细胞回升，血红蛋白不下降或下降程度减轻。

脂类有助于脂溶性维生素的吸收，对防止辐射危害有积极意义。实验证明，含有亚油酸、亚油酸乙酯、花生四烯酸的脂类对防止实验性动物辐射损伤、提高辐射的耐受性、促进恢复、降低死亡率均有不同程度的效果。

胱氨酸、半胱氨酸、组氨酸等具有预防辐射损伤的作用，牛磺酸和精氨酸在减轻放射性肝纤维化病变方面的效果显著。

维生素A、D可防止辐射皮肤局部损伤；维生素C在防止辐射的抗氧化、保护生物膜方面的作用显著；维生素B_1、B_2、B_6等对提高照射动物的存活率、改善代谢紊乱和功能障碍、减轻辐射损伤症状等都有积极的效果；维生素E能够减少过氧化脂质的生成，保护机体细胞免受自由基的毒害，充分发挥被保护物质的特定生理功能。

此外，微量元素铜、锌、铁、硒在辐射防护中的作用也已经被人们所重视。

(二)中药材提取物及多糖类物质的抗辐射损伤作用

1. 人参多糖

人参多糖通过促进骨髓造血干/祖细胞的分化和增殖，可以减轻造血系统损伤，增强造血功能，提高抗辐射损伤的能力，对X射线照射小鼠骨髓多能造血干细胞(CFU-S)和粒-单系祖细胞(CFU-GM)均有明显的保护作用，对X射线诱发的染色体畸变率也有明显的降低

作用，并可促进外周血白细胞的恢复。人参多糖还可增强细胞免疫功能，对由X射线照射引起的小鼠T淋巴细胞损害具有一定的保护作用。人参皂苷对机体的许多功能起到调节作用，同时也具有辐射防护作用。人参三醇组苷的作用：对X射线所致的免疫损伤有保护作用，有助于损伤机体免疫功能的恢复；可显著增加受照大鼠外周血白细胞数，其主要是作用于骨髓造血组织，减轻辐射损伤，促进造血功能的恢复及白细胞从骨髓向外周的释放；可减轻受照大鼠胸腺、脾脏重量的降低，明显提高受照大鼠胸腺和脾脏的有核细胞数；对X射线照射后胰腺的辐射损伤具有治疗和预防作用。人参皂苷对骨髓细胞染色体具有保护作用，对X射线诱发小鼠骨髓细胞染色体畸变具有明显的防护作用，可使X射线诱发的染色体畸变率、细胞畸变率明显降低。

2. 鹿茸多糖

鹿茸多糖对受照射小鼠脾脏损伤的恢复作用研究表明，鹿茸多糖对因辐射所导致的脾脏损伤有显著的修复作用，并可提早恢复辐射对脾脏功能的抑制作用。

3. 云芝提取液

云芝提取液对60Co-γ射线照射的小鼠有显著的保护作用。20世纪80年代，日本科学家已成功地在云芝提取液中找到了它的有效成分——一种含蛋白质及多糖的物质。

4. 枸杞

枸杞可以升高外周血白细胞数，降低微核率，提高骨髓细胞增殖活性；枸杞多糖可促进IL-2产生及IL-2R表达，并可促进60Co-γ射线照射小鼠免疫功能的恢复，照射后小鼠胸腺指数、脾细胞对刀豆蛋白A、细菌脂多糖的增殖反应、脾细胞混合淋巴细胞反应均已接近正常。枸杞多糖还能使照射所造成的小鼠T、B淋巴细胞对有丝分裂原的反应性恢复，对异型抗原的特异性反应以及对胸腺依赖抗原的特异性抗体反应都有明显的恢复作用。

5. 其他多糖类物质

(1)猪苓多糖对受辐射损伤的大鼠造血功能及免疫功能的影响研究表明，猪苓多糖对大鼠的造血功能和免疫功能抑制具有逆转的作用，并且使因受辐射损伤的大鼠的有核细胞数、脾指数及NK细胞活性有明显提高。猪苓多糖还可以明显促进60Co-γ射线照射后细胞免疫功能的恢复，而且可以提高受照小鼠血浆皮质酮含量和体液免疫力。

(2)刺五加多糖、亮菌多糖、海带多糖等可明显升高放射线引起的白细胞降低；亮菌多糖还可以显著提高小鼠的存活率。

(3)酸枣仁多糖、酸枣肉多糖通过活化造血系统和增强免疫力提高机体对辐射的防护能力，对60Co-γ射线引起的白细胞降低具有保护作用，能延长被照射小鼠的存活时间，尤以酸枣肉多糖更明显。紫苏多糖对小鼠60Co-γ射线照射损伤有预防作用，能提高小鼠骨髓造血干细胞的辐射耐受性，降低对辐射的敏感性。

(4)地黄多糖对60Co-γ射线损伤有一定的保护和促进恢复作用，可促进骨髓造血干细胞的增殖和向单系祖细胞分化，照射前及照射后的脾结节数均比单纯照射组明显增高。

(5)毛木耳多糖对60Co-γ射线照射小鼠的损伤有保护作用，其平均存活时间明显延长。银耳孢子多糖可加速辐射损伤造血细胞的修复，明显提高60Co-γ射线照射小鼠的存活率，还可以兴奋骨髓的造血功能，明显提高照射小鼠的骨髓有核细胞数。黑木耳多糖对60Co-γ射线照射所致的放射损伤有一定的保护作用，可以提高受照小鼠的存活率。

(6)当归多糖能显著增加60Co-γ射线照射小鼠脾表面内源性造血灶的形成，提高受照小鼠骨髓有核细胞计数，增强造血功能，提高脾脏重量。

(7)柴胡多糖对造血组织具有保护作用，可恢复 60Co-γ 射线照射小鼠的脾脏重量、骨髓 DNA 含量、内源性和外源性脾结节数等，显著提高受照小鼠的存活率。

(8)红景天多糖对造血组织有较好的保护作用，可显著提高 60Co-γ 射线照射小鼠的存活率，对造血指标如脾重、外周血白细胞数、CFU-GM 等均有明显的保护作用。

(9)南沙参多糖可以保护免疫器官，明显改善 60Co-γ 射线照射小鼠的外周血白细胞总数降低和胸腺、脾脏重量减轻状况，使受照小鼠外周血淋巴细胞比率升高、腹腔巨噬细胞吞噬功能明显增强，从而提高照射小鼠的存活率。

(10)茶叶多糖有显著的防辐射作用，可提高 60Co-γ 射线照射小鼠的存活率。

(11)猴菇多糖、蜜环菌多糖、石松多糖对造血组织有明显的保护作用，可以增加小鼠骨髓 DNA 含量以及骨髓粒系定向干细胞生成单位(CFU-C)的数量，并可提高受致死剂量 60Co-γ 射线照射小鼠的存活率。

6. 其他中药材提取物

(1)补骨脂素对辐射引起的白细胞降低具有提升作用，可以防止骨髓 DNA 的照射损伤，提高受照小鼠的存活率。

(2)茵陈素对造血器官及造血功能有良好的保护效果，可以提高受照鼠的脾重、白细胞变化指数、骨髓有核细胞总数及内源性脾集落数，显著提高 60Co-γ 射线照射鼠的存活率。

(3)黄芪总黄酮可以通过消除氧自由基而起到抗辐射损伤的作用，能够有效地防止辐射所致的组织细胞损伤，使照射后组织的丙二醛含量下降，超氧化物歧化酶的活性受到保护。

(4)川芎嗪可以通过改善微循环，增加放射损伤部位的血供和氧供，抑制亢进的成纤维细胞的胶原合成作用，从而减轻从早期到晚期的放射性病理变化，达到预防和治疗放射性损伤的目的。

(三)对辐射危害有辅助保护功能的研究新成果

1. 沙棘(沙棘油)

有学者探讨了沙棘蜂王浆口服液抗辐射损伤的作用，从抗自由基损伤角度阐述了其作用机制，并与维生素 E 抗辐射作用进行了对比性研究，结果显示小鼠经 60Co-γ 射线一次性全身照射后，口服液小组鼠肝线粒体脂质过氧化物含量明显低于辐射损伤组和维生素 E 对照组。

2. 海藻多糖

海藻多糖能促进受到辐射损伤的小鼠造血系统的恢复，增强小鼠的抗辐射能力，提高小鼠全血中超氧化物歧化酶的活性，降低肝组织中过氧化物的含量。

3. 螺旋藻

螺旋藻能提高受照射动物的存活率，使照射小鼠的胸腺重量、骨髓 DNA 含量高于对照组，表明螺旋藻对免疫器官和造血组织有保护作用，这可能是螺旋藻抗辐射损伤作用机制之一。钝顶螺旋藻多糖可促进 60Co-γ 射线照射小鼠造血功能的恢复，可促进照射 CFU-GM 和 CFU-S 的增殖和分化，并防止骨髓有核细胞(BMC)的损伤，对白细胞也具有防护和加速恢复的作用，可提高受致死剂量照射小鼠的存活率。

4. 黑蜂蜂胶

黑蜂蜂胶对 60Co-γ 射线照射大鼠血清超氧化物歧化酶活性和丙二醛含量的影响显示，

照射前、后给予蜂胶均能明显减轻辐射所致血清超氧化物歧化酶活性的下降，并且抑制丙二醛含量的升高，即蜂胶具有一定的抗辐射损伤作用。

5. 茶多酚

茶多酚有较强的抗氧化能力及消除自由基作用，可减轻 60Co-γ 射线辐射诱发体外细胞转化程度，提高细胞存活率，增强细胞增殖能力。

6. 原花青素、番茄红素

原花青素、番茄红素抗氧化活性较强，用于辐射防护的效果令人十分满意，如葡萄籽提取物可抑制辐照引发的脂质过氧化，番茄红素能对抗紫外线损伤等。

7. 葡萄籽提取物

葡萄籽提取物抗 γ 射电离辐射结果为：外周血白细胞计数和骨髓有核细胞明显高于辐射模型对照组，而骨髓细胞微核率明显低于模型对照组，外周血白细胞计数明显高于对照组，小鼠的血清 SOD 活性明显高于对照组，说明该葡萄籽提取物对辐射危害具有一定的辅助保护功能。

8. 海洋蛋白肽(MPP)及其与灵芝多糖(GLP)配伍剂

海洋蛋白肽(MPP)及其与灵芝多糖(GLP)的配伍剂可显著提高辐射小鼠的 30 天存活率和存活时间，促进外周血白细胞和 DNA 损伤的恢复，提高血清抗氧化酶 SOD 的活性，并提高辐射引起的受抑制的 T、B 淋巴细胞的增殖能力，对细胞免疫和体液免疫功能均有一定的恢复作用，对辐射危害有辅助保护功能。

9. 王浆酸

王浆酸可增加照射后小鼠的白细胞总数，血清半数溶血值[HC_{50}]均高于模型对照组，对辐射危害有辅助保护功能。

10. 鱼腥草

鱼腥草能明显增加白细胞的数量和血清溶血素的含量，对辐射危害有辅助保护作用。

11. 松茸多糖

松茸多糖能够显著拮抗由于辐射损伤引起的体液免疫、细胞免疫和非特异性免疫功能下降，促进机体免疫功能恢复，缩短免疫功能恢复时间；增强辐射损伤小鼠 SOD、GSH-Px 和 CAT 抗氧化酶的活力，减少细胞受辐射引起的脂质过氧化反应，减轻自由基对机体的损伤，增强机体清除自由基的能力；保护造血干细胞、骨髓基质细胞，促进造血功能的增强。

12. 超氧化物歧化酶(SOD)

超氧化物歧化酶抗辐射效果较好，可用于治疗因放疗引起的膀胱炎、皮肌炎、红斑狼疮及白细胞减少等疾病，对有可能受到电离辐射的人员，可起到预防作用。

近年来的研究证实藻蓝蛋白、蜂蜜、鲜皇浆、蜂花粉、玉米花粉、拟黑刺蚂蚁、绿茶等对辐射危害有保护功能，已广泛用于对辐射危害有辅助保护功能的保健食品中。当前，对辐射危害的研究较多，新的对辐射危害有保护作用的物质报道较多，对此类保健食品的开发应积极关注。

三、中医理论在开发抗辐射保健食品方面的应用

中医理论认为辐射损伤属于热毒过盛，其发病机制为热毒蕴结阴分，脾肾虚化不及、气血受损。以此从清热解毒、补益气血、活血化瘀入手，采用相应而适宜的药食同源或其他中

药材辨证施治，可收到令人比较满意的效果。现代药理研究已经证实一些具有滋补作用的中药材能提高机体免疫力、消除自由基、抑制肿瘤和防治辐射，这些中药材已成为多种抗辐射保健食品的常见原料，如菊花、蒲公英、马齿苋、阿胶、山药、茯苓、党参、人参、陈皮、甘草、当归、鱼腥草、黄芪、茜草、刺五加、红景天、川芎、女贞子、五味子、西洋参、枸杞、白术、远志、酸枣仁、乌梅、桑葚、麦冬等。清热解毒、补益气血、活血化瘀的方剂对辐射后出现的临床症状有不同的改善作用，可以考虑用于该类保健食品的开发研究。

第二节　对化学性肝损伤有辅助保护功能的保健食品

一、化学性肝损伤概述

（一）化学性肝损伤与化学性肝毒性物质

化学性肝损伤是由化学性肝毒性物质所造成的肝损伤。这些化学物质包括酒精、环境中的化学毒物及某些药物。肝脏是人体的重要解毒器官，化学物质可通过胃肠道门静脉或体循环进入肝脏进行转化，因此肝脏容易受到化学物中的毒性物质损害。大自然和人类工业生产过程中均存在一些对肝脏有毒性的物质，称为“亲肝毒物”，这些毒物在人群中普遍易感，潜伏期短，病变的过程与感染的剂量直接相关，可引起肝脏不同程度的肝细胞坏死、脂肪变形、肝硬化和肝癌。

根据对肝损伤毒性的强弱，常见的亲肝毒物一般包括以下五类物质：

(1)剧毒类，包括无机磷、三硝基甲苯、四氯化碳、丙烯醛等。

(2)高毒类，包括砷、汞、锑、苯胺、氯仿、砷化氢、二甲基甲酰胺等。

(3)低毒类，包括二硝基酚、乙醛、有机磷、丙烯腈、铅等。

(4)亲肝毒物与其他非毒性化学物质的结合物质。这些非毒性化学物可增加亲肝毒物的毒性，如脂肪醇类(甲醇、乙醇、异丙醇等)能增强卤代烃类(四氯化碳、氯仿等)的毒性。

(5)医药品、饮酒中的酒精和避孕药等。

（二）化学毒物损伤肝脏的机理

化学毒物损伤肝脏的机理研究比较深入，其作用机制为：

(1)脂肪变性。四氯化碳、黄磷等可干扰脂蛋白的合成与转运，形成脂肪肝。

(2)脂质过氧化反应。这是中毒性肝损伤的特殊表现形式，如四氯化碳在体内代谢产生一种氧化能力很强的中间产物，导致生物膜上的脂质过氧化，破坏膜的磷脂，改变细胞的结构与功能。

(3)胆汁郁积反应。主要为肝细胞膜和微绒毛受损，引起胆汁酸排泄障碍等。

（三）化学性肝损伤与临床上常见的肝脏疾病的正确诊断与二者的区别

化学性肝损伤与临床上常见的肝脏疾病的正确诊断，对保健食品应用的意义重大。临床上常见的肝脏疾病主要有急性肝炎与慢性肝炎、中毒性肝炎与药物性肝炎、肝功能障碍与肝衰竭、肝肿大、肝硬化与肝肿瘤等，应进行必要的医疗。化学性肝损伤则是指与化学物质接触而患有肝病。

对化学性肝损伤，可应用有辅助保护功能的保健食品，辅助改善急性中毒性肝炎和急性药物性肝炎的医疗效果；也可以对接触“亲肝毒物”的人群给予预防和保护。

二、对化学性肝损伤有辅助保护功能保健食品的开发

(一)肝脏解毒机制

一般情况下,肝脏对外来化学毒物有很强的生物转化即解毒功能。解毒机制绝大多数遵循以下四种方式:①氧化解毒。如乙醇是酒中的主要有害化学物,它在肝中经乙醇脱氢酶顺次氧化成醛和酸,其他醇类、醛类也按这个模式转化成酸。酸类极性强、水溶性大,而且易与其他物质结合成盐类从而毒性消失,排出体外。②还原解毒。例如工业毒物硝基苯,其苯环上的硝基可在肝内还原为氨基(成为苯胺);有催眠作用的三氯乙醛,在肝内被还原为三氯乙醇而失去催眠作用,也意味着解毒;临床上惯用的氯霉素、曾大量应用过的有机氯农药也都是在肝中脱氧还原实现解毒的。③水解解毒。许多有害化学物质在肝中经水解酶的作用发生分解而改变了物质结构,失去或破坏有毒化学基团而消除或减轻了毒性。例如体内过氧化物(如 H_2O_2、自由基、过氧化脂质)溶解后均可失去其有害作用。④结合解毒。是肝脏中毒物解毒最主要的方式,往往是结合一些极性基团,形成水溶性较大的物质,减轻或消除了毒性而排出体外。例如有机物与羧基(—COOH)、硫酸根(SO_4^{2-})、磺酸基(HSO_3)、葡萄糖醛酸、甘氨酸、谷胱甘肽等相结合,都是肝脏解毒性生物转化的重要形式。

(二)常见的增强肝脏解毒作用和保护肝脏作用的物质

开发保健食品的目的是发挥增强个体体质、提高抵抗力,加速化学毒物的代谢解毒与解酒方面的作用,减少或减轻化学性肝损伤。

(1)具有抗氧化、促进细胞增殖、提高免疫能力的营养物质对化学性肝损伤有辅助保护功能,如牛磺酸、硒、维生素 C、维生素 E 等。维生素 C 和维生素 E 能显著降低血清中谷丙转氨酶和谷草转氨酶以及肝细胞中脂质过氧化物丙二醛的含量,镜下观察肝损伤明显减轻,体外抗氧化实验能显著性地抑制脂质过氧化物丙二醛的生成,联合应用有协同效应,证明维生素 C 和维生素 E 对化学性肝损伤有预防性保护作用。

(2)富含维生素及微量元素,特别是硒、锌、锗等微量元素含量丰富的食物,以及富含脯氨酸、丙氨酸、谷氨酸和丝氨酸等多种氨基酸的一些特殊动物,如牡蛎、毛蚶、甲鱼、蚂蚁等,均对化学性肝损伤有辅助保护功能。

(3)一些特殊生物因子。如胎盘因子、肝细胞生长因子、多肽等,这些物质一般是通过抗脂质过氧化来保护细胞结构而保护肝脏;也可通过增强肝脏的解毒功能及促进肝脏对毒物的排泄作用而减少毒物对肝细胞的损害;还可以通过对代谢的调整作用促进 DNA、蛋白质的合成,有利于肝功能恢复。

(三)中草药及其他物质提取物对化学性肝损伤的保健作用

人参、灵芝、茶、当归、黄芪、芦笋、银杏、香菇等是较多用于化学性肝损伤保健的物质。从中医角度来讲,这类植物具有活血化瘀、清肝解毒、强肝益肝的作用。从有效成分来看,这些物质中含有多糖、黄酮类、苷类及萜类等化合物,如银杏黄酮类、香菇多糖、黄芪多糖等,具有提高免疫能力、抗脂质过氧化、抗肿瘤、抗衰老等生物功能,对化学性肝损伤有保护作用。

1. 人参

人参皂苷对苯所致小鼠骨髓损伤有促进恢复作用。人参提取物能抑制 X 射线照射引起的小鼠、大鼠、豚鼠血小板数减少和骨髓多功能干细胞损伤,并降低动物死亡率。

2. 灵芝孢子(油)

灵芝孢子(油)对四氯化碳化学性肝损伤具有保护作用，可使四氯化碳化学性肝损伤小鼠的血清谷丙转氨酶、谷草转氨酶水平降低，肝细胞坏死的动物例数明显减少，病变程度减轻。

3. 三七

三七对四氯化碳所致大鼠肝组织损伤具有一定的辅助保护作用，其肝细胞坏死较模型对照组明显减轻。

4. 水飞蓟素

水飞蓟素对化学性肝损伤的保护作用研究显示，其能明显降低急性肝损伤小鼠血清谷丙转氨酶和谷草转氨酶活性，以及慢性肝损伤大鼠血清谷丙转氨酶和谷草转氨酶活性；升高白蛋白和白蛋白/球蛋白比值；明显减轻肝纤维组织增生程度，即对急性和慢性化学性肝损伤均具有明显的保护作用；还可直接清除活性氧，对抗脂质过氧化，维持细胞膜的流动性。

5. 葡萄籽提取物

葡萄籽提取物对四氯化碳所导致的急性化学性肝损伤具有保护作用，能使急性化学性肝损伤小鼠的血清谷丙转氨酶、谷草转氨酶水平降低，升高肝组织超氧化物歧化酶活性，降低丙二醛含量，并能不同程度地改善肝脏病理组织损伤。

6. 刺玫果提取物

刺玫果提取物对实验性酒精、四氯化碳引起的小鼠肝损伤均有显著拮抗作用，能抑制这些肝损伤剂对小鼠谷丙转氨酶的增高及肝细胞的纤维化转变。此作用可能与刺玫果富含齐墩果酸及维生素 C 有关。

7. 香菇提取物

香菇提取物能降低四氯化碳、硫化乙酰胺和氢化泼尼松所致的动物肝损害引起的谷丙转氨酶升高，有促进肝糖原合成的作用，可使四氯化碳肝损害引起的肝糖原含量降低明显恢复；可使小鼠肝匀浆细胞色素 P450 含量增加。肝匀浆细胞色素 P450 与体内多种活性物质的合成、活化、灭活以及外源性亲脂性物质的生物转化有关，故有利于调节体内某些活性物质的代谢，从而对肝有保护作用。

8. 膳食性螺旋藻及其酶解液

膳食性螺旋藻及其酶解液能够有效地抑制 D-氨基半乳糖(D-GalN)和醋氨酚(APAP)引起的急性肝损害。

9. 榄仁叶提取物

榄仁叶提取物能有效抑制 D-氨基半乳糖(D-GalN)引起的小鼠血清谷丙转氨酶和谷草转氨酶活性的显著上升，明显减轻 D-氨基半乳糖(D-GalN)引起的化学性肝损伤。

10. 蜂胶

蜂胶对乙醇所导致的化学性肝损伤有保护作用，其能通过增强肝组织清除氧自由基的能力，降低肝组织脂质过氧化反应而对慢性酒精性肝损伤产生保护作用。蜂胶对四氯化碳所导致的动物肝损伤也有明显的保护作用。

11. 茶多酚

茶多酚能抑制酒精引起的小鼠肝组织丙二醛水平和血清谷丙转氨酶活性的升高，可能具有防治酒精性肝损伤的作用。有实验证明茶多酚具有降低乙醇性肝损伤大鼠全血内毒素水平作用，其可能的机制是抑制肠道菌群异位和维持胃、肠黏膜的正常功能。

当前对化学性肝损伤的研究较多，新的对化学性肝损伤有保护作用的物质报道也较多，在此类保健食品开发中应积极关注。

第三节　有助于排铅的保健食品

一、铅中毒的概念与铅的毒性

(一)铅中毒的概念

铅及其化合物对人体各组织均有毒性，中毒途径为：呼吸道吸入含有铅的蒸气或粉尘，然后呼吸道中的吞噬细胞将其迅速带至血液；或经消化道吸收，进入血循环而发生中毒。中毒者一般有铅或铅化物接触史。铅中毒的人体效应与铅的剂量有一定关系，急性铅中毒起病急骤，出现腹绞痛、肝病、溶血性贫血、周围神经病、中毒性脑病等，慢性铅中毒可分轻度、中度、重度三级。

慢性铅中毒是由于铅的累计吸收而导致的，儿童铅中毒的典型性症状并不常见，多数儿童虽然没有出现大脑病变的体征，却存在着持久的行为和认知问题，严重地影响健康和学习。出现易怒、没有食欲、性格改变、腹绞痛等症状时，其血铅含量一般在 50μg/dL 左右，已经属于重度铅中毒。

铅是一种重要的工业原料，与我们的日常生活息息相关。人处在铅化物的包围之中。据调查，我国儿童和少年中有不小的比例处于轻度铅中毒状态。所以，有人把铅称为“儿童健康的杀手”。铅主要通过消化道、呼吸道和皮肤进入人体。正常人每日由饮食进入 300μg 铅，其中约有 10%可被吸收，由呼吸道吸入的铅约有 40%可被吸收。铅吸收后进入血液，分布于软组织(如肝、脾、肾、脑等)中，之后铅在体内重新分布，90%～95%的铅贮存于骨骼，吸收到体内的铅主要由肾排出，一小部分由粪便、唾液、汗、乳汁等排出。每日铅吸收量超过 0.5mg 可发生蓄积并出现毒性。血液、软组织中的铅为可转运性铅，具有生物活性，其量超过正常，但尚无中毒症状时为铅吸收，过量铅可产生毒性。骨骼内的铅为贮存铅，无生物活性。血铅、软组织铅与骨骼铅处于动态平衡状态，在感染、饮酒、酸中毒等情况下，骨骼中的铅转运到血液和软组织后可引起中毒。

(二)铅的毒性与危害特点

铅与钙、铁、锌等物质不同，不是人体需要的营养物质，对健康绝对有害无益。铅是原浆毒，能引起代谢过程的高度障碍。铅中毒有以下几个特点：

1. 广泛性

铅中毒累及血液、神经、消化系统、肝、肾和脑等，可引起贫血、溶血、高血压、肝肾器官功能损伤、生殖功能低下或不育。史料记载，古罗马人把使用含铅制品作为文明和高贵的象征，但却造成了古罗马帝国公爵无子嗣，即使有子女，许多也是低能儿。所以历史学家推测罗马帝国的灭亡与铅中毒有关。

2. 蓄积性

铅在体内的半减期很长，大约为 1400d 以上，因此摄入较多的铅就会引起铅的蓄积性中毒。

3. 隐匿性

铅中毒的开始症状轻微，缺乏特性，常不为人们所注意。当慢性中毒急性发作时，常出现食欲不振、消瘦、贫血、失眠、头痛、腹泻或便秘，容易误诊。严重的铅中毒者口腔有金属味，齿龈缘上出现蓝色“铅线”。

另外，儿童肠道对铅的吸收率大大高于成人。研究表明成人的铅吸收率为5%～10%，而2～3岁幼儿的铅吸收率为40%～50%。儿童的血-脑屏障尚未健全，铅容易透过血-脑屏障进入中枢神经系统，并引起脑损伤，使智商下降和身体生长产生障碍。还有研究认为，儿童血铅每上升100μg/L，智商值下降7～8分，身高降低1～3cm。

铅中毒造成的损伤具有不可逆性，无特效药治疗。

（三）铅中毒诊断的主要依据

有铅接触史、血铅含量大于400μg/L、尿铅含量大于80μg/L、血红蛋白合成障碍、血红蛋白降低、卟啉代谢异常、血红细胞点彩、神经及消化系统异常等可作为铅中毒的诊断依据。头发中的铅含量可指示体内的铅蓄积，发铅正常值应为20μg/g以下。

二、有助于排铅保健食品的开发

（一）驱铅的原则

驱铅的原则是缓慢动员体内蓄积铅（主要是骨铅）入血后经尿排出。血铅浓度不高甚至下降，尿铅大量增加，甚至增高数倍至数十倍是最理想的驱铅指征。有效地阻止铅的吸收是排铅（降低铅蓄积）的好方法。

美国疾病预防控制中心（CDC）明确指出，100μg/L不应被视为造成有害影响的下限。世界卫生组织认为，血液中的铅浓度达到50μg/L就有可能引起智商下降；部分研究人员呼吁，儿童血液中的铅浓度达到20μg/L就应采取行动，尽早为孩子排铅，以避免对孩子生长发育及智力发育的损害。

（二）有助于排铅的物质

通过摄入营养物质、膳食纤维和适宜的物质，可以阻止铅在消化道内被吸收，降低人体内血铅的浓度。

1. 钙、铁、锌、硒

钙、铁、锌、硒与铅有拮抗作用，铅是人体钙、铁、锌、硒不足的元凶，合理地补充锌、铁等能竞争性地抑制铅在胃肠道的吸收和转运，促进铅排泄。

2. 蛋白质

蛋白质可与铅结合成可溶性络合物，促进铅从尿中排出。蛋白质不足会降低机体排铅的能力，蛋氨酸、胱氨酸等优质蛋白质对降低人体内的铅浓度十分有利。

3. 纤维、植物粗多糖

纤维可有效地阻止铅的吸收，高亲和力植物粗多糖可与铅结合形成凝胶，促进铅从粪便中排泄；膳食纤维可以阻止铅在消化道内被吸收，降低人体内血铅的浓度，适合血铅含量在200μg/L以下时使用，膳食纤维直接通过粪便排出体外，没有毒副作用。

4. 维生素C

维生素C有助于排铅。给予铅中毒的人大量的维生素C，可以延缓中毒症状的出现或使其症状减轻。我国建议铅作业人员每天应补充125mg维生素C。

5. 果胶

果胶可使肠道中的铅沉淀，减少铅的吸收。

(1)褐藻胶对人体内的铅、铬、锶等有毒重金属具有结合后阻止吸收的作用，对体内沉积的铅也有促进排出的功效，因此可使人体对铅的吸收减少。其作用是褐藻胶分子中的甘露糖醛酸能增强对重金属的选择性，使海藻酸成为海藻酸铅等从而排出体外。

(2)低酯果胶排铅效果显著，如以向日葵盘和杆为原料用稀酸加热萃取精制而成的低酯果胶，能明显降低血铅含量，增加粪铅的排出量。其作用为低酯果胶在小肠中能平衡并吸收血液中过高的铅，从而降低血铅水平，同时降低骨铅水平，使粪铅含量增加并随之排出体外。受试者除血铅水平下降外，骨痛等自我感觉亦明显改善。

(3)麻籽胶由油料作物亚麻(亦称胡麻)种子的胚乳精制而成，主要成分为L-鼠李糖、D-木糖、D-半乳糖等所构成的多糖类物质，另含14%蛋白质及果胶酸等，是黄色颗粒状结晶或白色至浅黄色粉末，无臭无味，可溶于水，呈黏稠状，不溶于乙醇。麻籽胶促进排铅效果明显，其作用为能有效吸附铅、砷等重金属及有毒物如敌杀死、氧化汞、氟乙酰胺、敌百虫等，然后排出体外，从而起到显著的解毒作用。

6. 中药和其他药物

如土茯苓、枸杞提取物均有排铅作用。海带是食用褐藻，研究发现，海带具有降血脂、降血糖、调节免疫、抗凝血、抗肿瘤、排铅解毒和抗氧化等多种生物功能。从天然药物和食物中筛选有排铅作用的有效物质是排铅药物和保健食品研究的重要方向。

本章小结

本章重点介绍了电离辐射危害的特点，指出了发生电离辐射危害的一般临床表现，阐述了对辐射危害有辅助保护功能的保健食品原料的作用原理与特点，以及中医药理论在开发对电离辐射危害有辅助保护功能的保健食品方面的应用，明晰了中医药理论在开发对电离辐射危害有辅助保护功能的保健食品方面的优势；介绍了常见的化学性肝毒性物质及化学毒物损伤肝脏的机理，指出了化学性肝损伤与临床上常见的肝脏疾病在诊断上的区别，阐述了肝脏解毒机制与常见的增强肝脏解毒物质和有保护肝脏作用物质的特点；介绍了人体铅蓄积的来源与铅的毒性危害特点，指出了驱铅的原则和促进排铅保健食品原料的作用原理与特点。

复习思考题

1. 简述电离辐射的概念与特点。
2. 常见的电离辐射污染源有哪些？
3. 电离辐射的危害是怎样的？
4. 简述常见的对辐射危害有辅助保护功能的保健食品原料的作用特点。
5. 简述化学性肝损伤的概念和化学毒物损伤肝脏的机理。
6. 肝脏解毒机制是怎样的？
7. 简述常见的增强肝脏解毒物质的特点和有保护肝脏作用物质的特点。

8. 中医药理论在化学性肝损伤方面与防辐射方面的保健作用有哪些优势？

9. 人体驱铅的原则是怎样的？

10. 简述常见的具有促进排铅功能物质的作用特点。

实验实训

1. 为易受电离辐射的人群和化学性肝损伤患者推荐合适的保健食品。

2. 针对易受电离辐射的人群和化学性肝损伤患者，或铅蓄积人群的不同特点拟定保健食品配方。

第十二章　保健食品的生产技术简介

知识目标

通过本章的学习，了解保健食品的生产要求，熟悉保健食品剂型的种类，理解各类剂型的作用特点，理解保健食品各剂型中使用的辅料的作用，熟悉保健食品各类剂型生产的工艺、设备和质量要求。

技能目标

通过本章的学习，学生能够清楚保健食品的生产要求，根据保健食品原料的特点或不同人群对保健食品剂型的要求设计出适宜的保健产品生产工艺。

第一节　粉碎、筛析与混合

一、粉碎

(一)粉碎的含义与目的

粉碎是指借机械力将大块固体物质碎成适宜程度粒子的操作过程。在保健食品生产中，对于固体物料常需要粉碎成一定细度要求的粉末，以适应制备和使用的需要。粉碎的目的是增加原料的表面积，促进有效因子的溶解与吸收，提高生物利用度和便于将有效物质制成片剂、丸剂、胶囊剂、颗粒剂等现代剂型的保健食品。

(二)常用的粉碎方法

在保健食品生产中应根据被粉碎物料的性质、产品粒度的要求、物料多少等而采用不同的粉碎方法。

1. 循环粉碎与开路粉碎

粉碎时，当被粉碎物料移出粉碎机后，若含有尚未被充分粉碎的物料时，一般经筛选或分级后，将粗颗粒重新返回到粉碎机进行二次粉碎，称为循环粉碎，即物料→粉碎机→筛析→产品。开路粉碎是连续把需要粉碎的物料供给粉碎机，物料不断地被粉碎且通过粉碎机中的筛网或其他方式，将合格的细粉转移出粉碎机的操作，其物料只通过设备一次，即物料→粉碎机→产品。

2. 干法粉碎

干法粉碎是指将物料经适当干燥处理，使物料中的水分降低到一定限度(一般应少于5%)再粉碎的方法。由于某些物料含水较多时具有韧性或黏性，不易粉碎，因此常采用干法粉碎。干法粉碎一般分为单独粉碎和混合粉碎。单独粉碎是将一种原料单独进行粉碎，适用于须单独粉碎的物料和单一原料即可以实施粉碎的情况，如贵重细料等。混合粉碎是将两种或两种以上的物料混合后再粉碎的操作方法。因物质经过粉碎后表面积增加，引起了表面能的增加，故不稳定；因表面能都有趋于最小的倾向，已粉碎的粉末有重新聚集的趋势，使粉碎过程达到一种动态平衡，即粉碎与聚集同时进行，故常用混合粉碎的方法加以克服，因另一药物吸附于表面使表面能显著降低，阻止了聚集，可使粉碎继续进行。另外有些物料还需采取特殊粉碎即串料粉碎和串油粉碎。串料粉碎是因含黏液质、糖分、树脂、树胶等黏性成分较多的药材，如熟地、枸杞、大枣、桂圆肉、山萸肉、黄精、玉竹、天冬、麦冬等，难以单独粉碎，可先将处方中非黏性物料与之混合，再行粉碎，以得到满意的效果。串油粉碎即对于含有油脂较多的物料，可先将配方中其他含有油脂较少的物料细粉与之混合后再粉碎，如桃仁、柏子仁、酸枣仁、紫苏子、胡桃仁等物料的粉碎。

3. 湿法粉碎

湿法粉碎是指往需要粉碎的物料中加入适量水或其他液体并与之一起研磨粉碎的方法，又称加液研磨法。其目的是借液相分子渗入颗粒裂隙，减少分子间引力而利于粉碎，同时对于某些物料可避免粉尘飞扬。如"水飞法"是将珍珠等质地坚硬的物料放入研钵或球磨机中，加适量水研磨，当有部分细粉研成时便悬浮在液体中，再将液体倾泻出来，余下的粗粉再加水反复研磨、倾泻，直至全部研细为止，后将研得的混悬液合并、沉淀，得到的湿粉经干燥、过筛，即得极细粉末。

4. 低温粉碎

低温粉碎是将物料或粉碎机进行冷却的粉碎方法。这是一种新的粉碎方法，由于低温时物料脆性增加、韧性与延伸性降低而易于粉碎。其特点是适用于软化点低、熔点低及热可塑性物料，如树脂、树胶、干浸膏等在常温下粉碎困难的物料；对含水、含油较少，但富含糖分，具有一定黏性的物料也能进行低温粉碎；对含挥发性成分的物料有利于保护其功能性成分。低温粉碎一般有下列四种方法：一是将物料先行冷却或在低温条件下迅速通过高速撞击式粉碎机的粉碎方法；二是将粉碎机壳通入低温冷却水，在循环冷却下进行粉碎的方法；三是将物料与干冰或液化氮气混合后粉碎的方法；四是将上述冷却方法组合应用的粉碎方法。

(三)常用的粉碎设备

常用的粉碎设备包括万能粉碎机、球磨机、气流粉碎机、锤击式粉碎机等，现分别介绍其主要特点。

1. 万能粉碎机

万能粉碎机由机座、电机、粉碎室、转动齿盘、固定齿盘、加料斗、出料口、筛板组成，并配有粉料收集及捕尘设施。其工作原理是物料由加料斗进入粉碎室，固定齿盘与转动齿盘交错排列，转动齿盘高速旋转产生离心力使物料甩向外围，齿盘的撞击使物料粉碎成一定粒度穿过筛板。万能粉碎机是以冲击粉碎为主的粉碎设备，其结构简单，操作维护方便，适用于多种物料的粉碎，如中药材、天然物质提取物等干燥物料。

2. 球磨机

球磨机由机座、电机、减速器、球磨缸和研磨球构成。其工作原理是电机动力经涡轮减速箱传动，使球磨缸做回转运动，物料经研磨球的冲击和研磨被粉碎、磨细。此机比较适用于矿物质等质地坚硬的物料的粉碎。

3. 气流粉碎机

气流粉碎机由加料装置、粉碎室、叶轮分级器、旋风分离器、除尘器、排风机、电控系统组成。其工作原理是压缩空气经过喷嘴产生超音速气流带动物料，使物料与物料之间产生强烈的碰撞、剪切、研磨等作用，从而达到粉碎目的。被粉碎的物料经过叶轮分级和旋流离心器分级，从而得到多级不同粒度的产品，最后经除尘器和排风机净化空气。

4. 锤击式粉碎机

锤击式粉碎机是由高速旋转的活动锤击件(钢锤)与固定圈间的相对运动对物料进行粉碎的机械。粉碎机内，在高速旋转的圆盘上安装有数个钢锤，机壳上部装有牙板(又称衬板)，下部装有筛网。其粉碎原理是利用高速旋转的锤头对物料的冲击力作用，物料受到锤击、撞击、摩擦等而被粉碎。锤击式粉碎机粉碎纤维性药材时多选用圆孔形筛子；粉碎结晶物料时宜选用"人"字形开孔筛子。锤击式粉碎机适用于粉碎大多数干燥物料，不适用于高硬度物料及黏性物料。

二、筛析

(一)筛析的含义及目的

筛析是指粉碎后的物料粉末通过网孔性的工具，使粗粉与细粉分离的操作。筛析的目的是筛选粉末粒度(粗细)，以分离得到细度适宜的物料；便于粗粉可再行粉碎和利用适宜的粉末进行保健食品各种剂型的生产。

(二)常用的筛分设备

常用的筛分设备主要有旋振筛和往复振动筛两种。

1. 旋振筛

旋振筛由机架、电动机、筛网、上部重锤、下部重锤、弹簧、出料口组成。其工作原理是由普通电机所带振子的上下两端偏心重锤产生激振，可调节的偏心重锤经电机驱动传送到主轴中心线，在不平衡状态下产生离心力，使物料在筛内形成轨道旋涡，使筛及物料在水平、垂直、倾斜方向运动，对物料产生筛选作用。重锤调节器的振幅大小可根据不同物料和筛网进行调节，也可由立式振动电机轴的上下两端装有失衡的偏心重锤产生激振。

本机可用于单层或多层分级，具有结构紧凑、操作维修方便、运转平稳、噪声低、处理物料量大、细度小、适用性强等优点。

2. 往复振动筛

该机由机架、电机、减速器、偏心轮、连杆、往复筛体、出料口组成。其工作原理是物料由加料斗加入落入筛子上，借电机带动带轮，使偏心轮做往复运动，从而使筛体往复运动，对物料产生筛选作用。

(三)影响过筛的因素及提高过筛效率的方法

1. 粉体的性质

粉体的性质是决定过筛效率的主要因素，只有微粒松散、流动性好的粉体才易过筛。粉体黏性大、易结块会影响过筛效率。含水量较高和含油脂量较高均不利于过筛，可分别通过干燥或冷却后过筛的方法给予解决。油脂含量过多时应考虑脱脂后再过筛。粉粒表面粗糙，摩擦产生静电，易吸附在筛网上堵塞筛孔，应接导线入地解决。

2. 振动与筛网运动速度

粉体在存放过程中，由于表面能趋于降低易形成粉块，因此过筛时需要不断地振动才能提高效率。振动时微粒有滑动、滚动和跳动三种状态，其中跳动属于纵向运动，对过筛最为有利。粉末在筛网上的运动速度不宜太快也不宜太慢，否则也会影响过筛效率。

3. 载荷

粉体在筛网上的量应适宜，量太多或层太厚不利于接触界面的更新，粉粒间距不能拉开，易结块；量太小或层太薄不利于充分发挥过筛效率。

4. 过筛设备的类型及构造、筛孔形状

过筛设备的类型及构造、筛孔形状也影响过筛效率，应合理选用。

三、混合

（一）混合的含义及目的

混合是指将两种或两种以上固体粒子相互均匀分散的过程或操作。其目的是使物料各组分在制剂中的含量均匀一致。混合以细微粉体为主要对象，混匀时需要外加机械作用才能进行；固体粒子的形状、粒径、密度等各不相同，各成分间在混合的同时伴随着分离现象，这给混合操作带来一定难度；混合结果直接关系到制剂的外观及内在质量，意义非常重大，合理的混合操作是保证产品质量的重要措施之一。

（二）常用的混合设备

常用的混合机分为干混设备和湿混设备。干混设备包括旋转式干混机、二维运动混合机、三维多向运动混合机；旋转式干混机主要有 V 型干混机、双锥旋转干混机、立方旋转干混机等。湿混设备包括槽型混合机、双螺旋锥形混合机和快速混合制粒机等。

1. V 型干混机

V 型干混机由机座、电机、减速器、“V”字形混合筒组成。其工作原理是电机通过三角皮带带动减速器转动，继而带动 V 型混合筒旋转。装在筒内的干物料随着混合筒转动，“V”形结构使物料反复分离、合一，用较短时间即可混合均匀。

2. 二维运动混合机

二维运动混合机主要由转筒、摆动架、机架组成。其工作原理是转筒装在摆动架上，二维混合机的转筒进行自转和随摆动架而摆动两个运动。被混合的物料随转筒转动、滚动，又随筒的摆动发生左右的掺混运动，物料在短时间内得到充分混合。

3. 三维多向运动混合机

三维多向运动混合机主要由机座、传动系统、多向运动机构、混合筒、电器控制系统构成。其主要工作原理是三维多向运动混合机装料的筒体在主动轴的带动下做周而复始的平移、转动和翻滚等复合运动，促使物料沿着筒体做环向、径向和轴向的三向复合运动，从而实现多种物料的相互流动、扩散、积聚、掺杂，以达到均匀混合的目的。三维多向运动混合机的混合效率较高。

4. 槽型混合机

槽型混合机主要由机座、电机、减速器、混合槽、搅拌桨、控制面板组成。其工作原理是利用水平槽内的“S”形螺带所产生的纵向和横向运动使物料混合均匀。其相邻的两个螺带，一个在左，一个在右，可使槽内被混合物料均匀混合。槽可绕水平轴转动，以便卸料。此种混合机主要适用于湿法制粒中干物料与润湿剂和黏合剂的混合，以制备软材。

5. 双螺旋锥形混合机

双螺旋锥形混合机主要由机架、电机、减速器、传动系统、筒体、螺旋杆及出料阀组成。

其工作原理是此机在立式锥形容器内安装有螺旋提升机，可将锥形底部物料从容器底提升到上部，螺旋提升机既自转又绕锥形容器中心轴摆动旋转，故可使螺旋混合作用于全部物料。

第二节　功能成分的提取、过滤、浓缩、精制、干燥

一、功能成分的提取

(一)提取的含义及目的

提取又称浸提或浸出，是指用适宜的溶剂和方法从原料中提取功能成分的操作过程。用于浸提的溶剂称浸提溶剂或浸提溶媒。

提取是保健食品生产中最重要且基本的操作之一。除少数原料直接使用原粉外，绝大多数原料都需要通过提取这一基础操作以达到除去其中的非功能成分的目的。

(二)常用的提取溶剂

常用的提取溶剂主要有水、乙醇、酒等，也可以采用其他有机溶媒或酸、碱等。

1. 水

水是常用提取溶剂之一，经济易得，极性大，溶解范围广，可与乙醇、甘油及其他极性强的溶剂混合；生物碱盐、苷类、苦味质、有机酸盐、鞣质、蛋白质、糖、树胶、色素、多糖类(果胶、黏液质、菊糖、淀粉等)，以及酶和少量的挥发油都能被水浸出。其缺点是浸出范围广，选择性差，容易浸出大量非功能成分，给制剂带来困难；另外，其难以过滤、制剂色泽不佳、易于霉变、不易储存等，还能引起一些非功能成分(如某些苷类)的水解或促进某些化学变化。按规定，用做提取溶剂的水专指纯化水。

2. 乙醇

乙醇是半极性溶剂，溶解性能介于极性溶剂与非极性溶剂之间；可溶解水溶性的某些成分，如生物碱及其盐类、苷类、糖等；也能溶解树脂、挥发油、内酯、芳烃类化合物等非极性溶剂所能溶解的一些成分。乙醇能与水以任意比例混溶。乙醇含量在90%以上的溶剂适于浸取挥发油、树脂、叶绿素等；乙醇含量在50%～70%的溶剂适于浸取生物碱、苷类等；乙醇含量在50%以下的溶剂适于浸取苦味质、蒽醌苷类化合物等。乙醇含量达到40%的溶剂能延缓许多功能成分如酯类、苷类等的水解，增加制剂的稳定性；乙醇含量达20%以上的溶剂具有防腐作用。

与水相比，乙醇的比热容小、沸点低、气化潜热小，故在浸提液的蒸发浓缩等工艺过程中耗用的热量较水少。但乙醇具挥发性、易燃烧，在生产中应注意安全防护。此外，乙醇还具有一定的药理作用，价格较高。

3. 酒

通常选用饮用酒中的黄酒和白酒。黄酒含16%～20%(mL/mL)乙醇及糖类、酸类、酯类、矿物质等成分；白酒则含有50%～70%(mL/mL)乙醇以及少量酸类、酯类、醛类等成分，为无色澄明液体，气味为特异醇香而有较强的刺激性；醛类、酯类、杂醇油等对某些化合物和制剂的稳定性有影响，应用时应注意。酒能溶解和浸提出多种成分，是良好的浸提溶剂。酒有一定的药理作用和矫味、矫臭的作用，选择时应注意。

(三)常用的提取方法与设备

常用的浸提方法主要有煎煮法、回流法、浸渍法、渗漉法、水蒸气蒸馏法、超临界流体萃取法等；应根据物料的特性和所用溶剂的性质，以及所制剂型的要求和生产规模等，选用适宜的浸提方法和设备。

1. 煎煮法

煎煮法是用水作溶剂，将原料加热煮沸一定时间以提取其所含功能成分的一种常用方法。此法适用于功能成分能溶于水且对湿热稳定的原料。该法的特点为操作简单易行，能浸提大部分所需成分；煎出液的杂质多，尚有少量脂溶性成分，给精制带来不利；煎出液容易霉变和腐败，应及时处理；如含有不耐热成分或挥发性成分，在煎煮过程中其功能成分易破坏或逸散。煎煮法的操作方法是将原料的小段或粗粉置于适宜的煎煮容器中，加水浸没浸泡适宜时间后，加热至沸并保持微沸至一定时间，然后过滤，保存滤液，合并煎出液，供进一步制作使用。煎煮法常用设备有不锈钢敞口锅、多能式中药提取罐等。多能式中药提取罐是目前生产企业应用最广的提取设备，该设备可进行常温常压、高温高压或低温低压提取，应用范围广；水提、醇提、油提、回收溶剂等均适用；提取时间短，生产效率高；采用气压自动排渣，操作方便，安全可靠；各项操作设有集中控制台，便于实现机械自动化生产。

2. 回流法

回流法是用乙醇等易挥发的有机溶剂提取功能成分的方法。加热蒸馏时溶剂虽然蒸发，但遇冷凝装置后溶剂冷凝又流回提取器中，如此反复，直至功能成分提取完全为止。这样溶剂可循环使用，故可减少溶剂的消耗，提高浸提效率。

为充分提取原料中的功能成分，尚可采用循环回流冷浸法。小量原料可采用索氏提取装置，大量生产时则采用循环回流浸出装置。

3. 浸渍法

浸渍法是指用定量的溶剂，在一定温度下将原料浸泡一定时间，使原料有效成分浸出的一种操作方法。该法的操作特点：一是简单易行，浸渍液的澄明度比煎煮液好；二是所需时间较长，不宜用水作溶剂，通常选用不同浓度的乙醇或白酒；三是浸渍环境应密闭，防止溶剂的挥发损失；四是适用于黏性原料、无组织结构的原料、新鲜原料及易膨胀的原料、价格低廉的芳香性原料，不适用于贵重原料、功能成分含量低的原料或需制备高浓度的制剂。根据浸渍温度与浸渍次数的不同，浸渍法可分为冷浸渍法、热浸渍法和重浸渍法。冷浸渍法是在常温下进行的操作，又称常温浸渍法。其操作方法是：取原料置于有盖容器内，加入定量的浸提溶剂，加盖密闭，在室温下浸渍至规定时间，经常搅拌或振摇，使有效成分尽量多浸出。热浸渍法与冷浸渍法基本相同，不同之处在于浸渍温度较高，用水浴或水蒸气加热，一般在40～60℃进行浸提，以缩短浸提时间。因浸渍温度较高，浸出液冷却后常有沉淀析出，应分离除去。该法常用于酒剂的制备。重浸法即多次浸渍法，将全部浸提溶剂分为几份，先用其中一份浸渍原料后，收集浸渍液，渣料再用第二份溶剂浸渍，如此浸渍2～3次，最后将浸渍液合并处理。重浸法可将功能成分尽可能多地浸出，提高浸提效率。浸渍法所用的主要设备为浸渍器和压榨器。浸渍器为原料浸渍的盛器，压榨器用于挤压物料残留的浸出液。

4. 渗漉法

渗漉法是将原料粗末置于渗漉筒内，溶剂连续地从渗漉器上部添加，渗漉液不断地从下部流出，从而浸出原料中功能成分的一种方法。渗漉时浸提溶剂渗入原料细胞中溶解大量可溶性物质之后，浓度增高，浸提液相对密度增大而向下移动。上层的浸提溶剂或稀浸提液置换其位置，创造了比较大的浓度差，使扩散能自动连续进行，故浸出效果优于浸渍法。常用的渗漉法有单渗漉法、重渗漉法、加压渗漉法和逆流渗漉法。

单渗漉法的主要设备为渗漉筒，有圆锥形和圆柱形两种，易于膨胀的原料选用圆锥形为好，不易膨胀的原料宜选用圆柱形；选用时还应注意浸提溶剂的特性，如水易使原料膨胀，应采用圆锥形渗漉筒，而用乙醇作溶剂则以圆柱形的为宜。渗漉筒较大时，由于上部物料的挤压，底部的物料易被压紧，致使渗漉难以进行，因此可在渗漉筒中分层装上假底将物料分为多层。

重渗漉法是将渗漉液重复用做新原料的溶剂，进行多次渗漉以提高浸出液浓度的方法。操作时将物料分别装入三个渗漉筒内，将三个渗漉筒串联排列。由于重渗漉法中一份溶剂能多次利用，溶剂用量较单渗漉法少。同时渗漉液中功能成分浓度高，可不必再加热浓缩，可避免功能成分受热分解或挥发损失，成品质量较好。但重渗漉法占用的容器太多，操作麻烦，费时较多。

为了提高渗漉效果，可增加原料柱的长度，但随着长度的增加，溶剂通过的阻力也增加，要克服这种现象，可采用加压渗漉，加压可使溶剂及浸提液较快通过，使渗漉顺利进行。

逆流渗漉法是一种利用液柱静压使溶剂自渗漉器底部向上流，从上口流出渗漉液的方法。溶剂借助于毛细管虹吸和液体静压由下向上移动，故对原料浸润渗透比较彻底，浸提效果好。

5. 水蒸气蒸馏法

水蒸气蒸馏法是指将原料与水一起共沸，物料的挥发成分与水蒸气一起挥发、冷凝而分离有效成分的一种方法。此法的依据是道尔顿定律，即相互不溶也不起化学作用的液体混合物的蒸气总压，等于该温度下各组分饱和蒸气压（即分压）之和。因此尽管各组分本身的沸点高于混合液的沸点，但当分压总和等于大气压时，液体混合物即开始沸腾并被蒸馏出来。此法适用于具有挥发性、能随水蒸气一起蒸馏而不被破坏、与水不发生反应、难溶或不溶于水的功能成分的提取和分离，如挥发油的提取。玫瑰油等一些精油的制备多采用此法。

6. 超临界流体萃取法

超临界流体萃取法是利用超临界流体替代传统的有机溶剂，对混合物中各化学成分进行提取的技术。该技术是20世纪80年代发展起来的一项提取分离技术，在中药有效成分萃取领域取得了可喜的成果，如在中药生物碱、挥发油、黄酮、有机酸、萜类及天然色素等方面得到广泛的应用。该方法已用于保健食品功能成分的提取。

在一定温度和压力下，物质的气体密度与液体密度相近时也不液化，此时的温度称为该物质的临界温度（T_c），相应的压力称临界压力（p_c）。处于临界温度和临界压力以上的流体即为超临界流体。超临界流体的性质介于气体与液体之间，与常温、常压下的气体和液体相比，其密度接近于液体而黏度又接近于气体，因而可以溶解原料内的许多成分，并且随着压力的增加而改变超临界流体的极性，其溶解特性亦随之而改变。利用程序升压即可将不同极性的成分进行分步萃取。

可以用作超临界流体的气体很多，如二氧化碳、乙烯、氧化亚氮等。其中二氧化碳性质稳定，不易燃爆，无色、无味、无毒害，具有防止氧化及抑制细菌活性的作用，价廉易得，故最为常用。

超临界流体提取过程包括压缩→提取→减压→分离四个步骤。如二氧化碳以气态形式输入到压缩室升压和定温后成为超临界流体，再将该流体通入提取器中，原料中的可溶性组分即溶解在流体中，然后随同该流体一起经过减压阀降压后进入分离器。在分离器内，溶质(通常为液体或固体)从气体中分离出来。超临界流体与提取物分离后，经压缩机压缩可循环使用。

超临界流体提取应用的特点：一是利用气体溶剂处于超临界状态下具有高密度、低黏度的性质提取功能成分，然后应用减压的方法将溶解于流体中的溶质分离，起到提取与蒸馏的双重作用，提取速度快，生产周期短，效率高；二是萃取温度低，尤其适用于对热不稳定物质的提取，可防止其氧化和降解；三是萃取效率高，萃取介质可循环使用；四是操作方便，无传统溶剂法提取的易燃、易爆等危险，可减少环境污染；五是属于高压技术(通常在 7.15MPa 以上)，工艺技术要求高，设备投资费用较大，适用于含量低、产值高、高质量成分的提取。

二、过滤

(一)过滤的含义及目的

过滤是指混悬液通过多孔的介质(滤材)时，悬浮固体被截留在滤过介质上，液体经介质孔道流出，而实现固体与液体分离的一种固液分离技术。在制剂生产中，过滤被广泛用来分离悬浮液以获得澄明液体或固体物料。通常将待澄明的混悬液称为滤浆，滤浆中的固体微粒称为滤渣，积聚在滤过介质上的滤渣层称为滤饼，透过滤饼与滤过介质的澄明液体称为滤液，洗涤滤饼所得的溶液称为洗涤液。完整的过滤操作应包括滤过、洗涤、机械去湿和卸料四个步骤。

(二)影响过滤的因素

过滤速度是指单位时间内过滤液体的量。料液经一段时间的过滤操作后，由于“架桥”作用形成致密的滤渣层，液体由间隙过滤。影响过滤的因素有：

(1)通过过滤介质和滤饼的总压力差(p)。通过过滤介质和滤饼的总压力差越大，则滤速越快，故常用加压或减压过滤法。

(2)滤器的面积。在过滤的初期，过滤速度与滤器的面积成正比，故滤器的面积越大，滤速越快。

(3)滤渣层毛细管的半径(r)。滤速与滤渣层毛细管的半径成正比，对可压缩性滤渣，常在料液中加入助滤剂以减少滤饼的阻力。

(4)滤渣层毛细管聚束的长度(L)。滤速与滤渣层毛细管聚束的长度成反比，故沉积的滤渣层越厚则滤速越慢。常将料液进行预处理，减少滤渣层的厚度，采用随时除去滤渣层的效果较静态过滤好。

(5)滤浆黏度(η)。滤速与滤浆黏度成反比，黏稠性越大，滤速越慢，因此常采用趁热过滤或保温过滤；同时，应先滤清液，后滤稠液，对黏性物料常在滤浆中加助滤剂，以降低黏度。常用的助滤剂有硅藻土、活性炭、滑石粉等。

(三)常用的过滤方法

过滤的推动力是指滤饼和过滤介质两侧的压力差。通常根据推动力的不同，可将过滤方法分为以下三种。

1. 常压过滤

常压过滤是指利用混悬液本身的液位差所形成的压力作为过滤的推动力进行过滤

操作。

2. 减压过滤

减压过滤又称真空过滤，是利用在过滤介质下方抽真空的办法来增加推动力进行过滤的操作。

3. 加压过滤

加压过滤是利用压缩空气或往复泵、离心泵等输送混悬液所形成的压力作为过滤的推动力而进行的过滤操作。加压过滤的推动力大、滤速快，适用于黏度大、颗粒细、可压缩的各类物料的过滤。但滤饼的洗涤较慢，且滤布易被破坏。

(四)常用的加压过滤器

1. 板框压滤机

板框压滤机是一种在加压状态下间歇操作的滤过设备，适用于滤过黏性大、颗粒较小、可压缩的各类难滤过的物料，特别适用于含有少量固体的混悬液，亦可用于滤过温度较高(100℃或更高)的液体或接近饱和的溶液。

2. 加压叶滤机

加压叶滤机是由多个滤叶组成的过滤设备，滤叶的结构是在坚固的金属网上放上滤材(滤布)，上有出液口，每个滤叶类似一个大的滤棒。操作时，将滤叶装入密闭的机壳中，待滤液自进口进入叶滤机中，各滤叶分别进行各自的过滤，即将滤液压入滤布内部，微粒被滤布挡在进液侧，清液被压至滤布另一侧，汇集后从出口流出。该机过滤面积大，效率高，优于板框压滤机。

三、浓缩

(一)浓缩的含义及目的

浓缩是在沸腾状态下，经传热过程将挥发性大小不同的物质进行分离，是利用汽化作用从液体中除去溶剂得到浓缩液的操作。提取液经浓缩可制成一定规格的半成品，或进一步制成成品。

浓缩是制剂生产中重要的基本操作，常用于以乙醇等有机溶剂为浸提液的溶媒回收及溶媒与有效成分的分离。

(二)影响蒸发的因素

一般情况下，被蒸发液体的表面积越大，液体表面的压力越小，蒸发的效果就越好。故为了提高蒸发的效率，必须注意下列因素：

1. 足够的加热温度

依据热传导及分子动力学观点，气化是由于分子受热后分子动能克服分子内聚力而产生的逸出。要维持液体处于沸点温度，必须要有足够的加热温度。故当功能成分耐热时，可适当提高被蒸发液体的温度，利于加快蒸发的速度。

2. 被浓缩液蒸发面的面积

在一定温度下，单位时间内的蒸发量与蒸发面积成正比，故常采用直径大、锅底浅的广口蒸发锅，或其他扩大蒸发面积的方法。

3. 搅拌

由于液面液体的不断蒸发，液面的浓度逐渐增大，液面的黏度也增加，因而液面易产生结膜现象，不利于传热及蒸发，故常搅拌以维持良好的表面状态，克服结膜现象，使蒸气发散加快，提高蒸发速度。

4. 蒸气浓度

在其他因素不变的情况下，蒸发速度与蒸发时液面上的蒸气压（蒸气浓度）有关。蒸气浓度大，分子不易逸出，蒸发速度慢，反之则快。故在浓缩蒸发的车间里使用电扇、排风扇等通风设备，及时排除液面蒸气，以加速蒸发的进行。

5. 液面外蒸气的温度

在蒸发液面上部通入热风可促进蒸发，固体干燥也是如此，如片剂包衣时鼓入热风，可加速水分的蒸发。

6. 液体表面的压力

液体表面的压力越大，蒸发速度越慢。因此为了减小压力，可采用减压蒸发，既可提高蒸发效率，又可降低温度，以避免功能成分受热而破坏。

（三）常用的浓缩方法

1. 常压蒸发

常压蒸发是指液体在一个大气压下进行的蒸发。一般被蒸发浓缩液体中的有效成分是耐热的。常压蒸发的设备及操作较简单，一般多采用夹层锅，但浓缩速度慢，加热时间长，开放操作易受污染，操作场所湿度大。

2. 减压蒸馏

减压蒸馏即在密闭的容器内抽出液面上的空气使溶液沸点降低而进行浓缩的方法。减压蒸馏具有温度低、速度快、可防止受热后易分解成分被破坏等优点，适用于不耐热成分浸提液的浓缩。一般减压浓缩温度要求在40～60℃为宜。

3. 薄膜浓缩

薄膜浓缩是使液体在蒸发时形成薄膜，增加汽化表面积而进行蒸发的方法。增加液体的汽化表面积是加速蒸发的重要因素。液体形成薄膜时具有极大的汽化表面积，热的传播较快而均匀。它具有受热温度低、时间短、速度快、功能成分不易破坏、可连续操作和生产周期缩短等优点。薄膜浓缩可在常压和减压下进行，特别适用于含有不耐热功能成分的浸提液的浓缩。

4. 多效浓缩

多效浓缩一般采用三效浓缩器，主要由三个加热器和三个外循环浓缩器相连而成。多效浓缩设备属节能装置（可节约蒸气约48.2%），物料受热温度低，蒸发速度快。单效蒸发器每浓缩1000kg水耗蒸气1053kg，耗冷凝用水38000kg；而三效浓缩器每浓缩1000kg水耗蒸气376kg，耗冷凝用水12200kg。

四、精制

（一）精制的含义及目的

精制是将原料提取液中所含有的非功能成分及杂质除去的操作。其目的是提高产品的功能作用、便于制剂、美化产品、增加制剂稳定性等。

(二)常用的精制方法

1. 水提醇沉法

水提醇沉法是先以水为溶剂提取原料功能成分，再用不同浓度的乙醇沉淀去除提取液中杂质的方法。其原理是根据原料中各种成分在水和乙醇中的溶解性不同，通过水和不同浓度的乙醇交替处理，可保留生物碱盐类、苷类、氨基酸、有机酸等功能成分。此方法可去除蛋白质、糊化淀粉、黏液质、油脂、脂溶性色素、树脂、树胶、部分酶类等杂质。一般认为，料液中含乙醇量达到 50%～60%时，可去除淀粉等杂质；无机盐在 60%的乙醇中开始沉淀；当含醇量达 75%以上，除鞣质、水溶性色素、树脂等少数非功能成分外，其余大部分杂质均可沉淀而去除。该精制方法的一般操作过程是将原料先用水提取，再将提取液浓缩至相对密度为 1.1 左右，将提取液放冷，边搅拌边缓慢加入乙醇达规定含醇量，密闭冷藏 24～48h，滤过得醇沉精制液，回收乙醇后进入深加工。其生产流程一般为：提取液→浓缩→加乙醇→静置(沉淀)→取上清液→回收乙醇。操作中应注意以下几个问题：

(1)提取液浓度要适宜。因为提取液过稀，需用大量乙醇，造成浪费；过浓，醇沉时会迅速出现大量沉淀，易包裹功能成分，造成损失。

(2)加入乙醇的温度。应待提取液冷却后加乙醇，否则乙醇会受热挥发而损失。

(3)醇沉浓度。随着醇沉浓度的升高，在去除更多杂质的同时，有效成分也易被沉淀更多地包裹而损失。一般使含醇量达 60%～70%，可使澄明度满足要求。

(4)加乙醇方式。用分次加醇沉淀或以梯度递增方式逐步提高乙醇浓度的方式进行醇沉，有利于去除杂质。加乙醇时应“慢加快搅”，以避免局部醇浓度过大，造成功能成分被包裹而损失。

(5)密闭冷藏。降温促进沉淀沉降析出，并可防止乙醇挥发。一般于 5～10℃下静置 24～48h，若降温太快，微粒碰撞机会减少，沉淀颗粒较细，难以滤过。待充分静置冷藏后，先虹吸上清液，下层稠液再慢慢抽滤。

2. 醇提水沉法

本法是先以适宜浓度的乙醇提取原料功能成分，再向乙醇提取液加入纯化水，降低提取液乙醇浓度而除去提取液中杂质的方法。其基本原理及操作与水提醇沉法相类似。醇提水沉法适用于蛋白质、黏液质、多糖等杂质较多的原料的提取和精制，使它们不易被醇提出。由于先用乙醇提取，树脂、油脂、色素等杂质可溶于乙醇而被提取出来，故将醇提取液回收乙醇后，再加水搅拌，静置冷藏一定时间，待这些杂质完全沉淀后过滤去除。

3. 大孔树脂吸附法

大孔树脂是在离子交换树脂和其他吸附剂应用的基础上发展起来，用于分离、纯化提取液的一类新型树脂。大孔树脂一般为白色球形颗粒状，具有多孔立体结构，能吸附液体中的物质，故又称其为大孔吸附树脂。大孔吸附树脂理化性质稳定，不溶于水和有机溶剂，但可吸收溶剂而膨胀，在室温下耐稀酸、稀碱，因此在工业脱色、环境保护、制药工业等方面得到了广泛运用。其对有机化合物的选择性好，且不受无机盐类及强离子、低分子化合物存在的影响。

(1)大孔树脂吸附原理。大孔树脂通过物理吸附和树脂网状孔穴的分子筛作用达到分离提纯的目的。大孔树脂包含许多微观小球组成的网状孔穴结构，具有巨大的比表面积；加上大孔树脂中具有大量的极性基团，使其显示出良好的吸附性。大孔树脂的吸附性是范德华力或氢键形成的结果。分子筛性是由于大孔树脂多孔性网状孔穴的存在所决定的。因此，不同的有机化合物根据其与大孔树脂吸附效果的不同以及相对分子质量大小的差异，在树脂的吸附机制和筛分原理作用下实现分离。

(2)影响大孔树脂吸附的因素：

①树脂本身的性质。大孔树脂是一种表面吸附剂，其吸附性与其比表面积、表面电性能否与化合物形成氢键等有关。极性基团的引入使其表面电性发生改变或形成氢键的能力发生变化，影响吸附效果。其吸附性符合"相似相溶"原理。

②溶剂的性质。被吸附的化合物在溶剂中的溶解度对吸附性能也有很大的影响。通常一种物质在某种溶剂中的溶解度大，树脂对其吸附力就弱，反之则强。酸性物质的吸附在酸性溶液中进行，碱性物质的吸附在碱性溶液中进行较为适宜。

③被吸附的化合物的性质。根据被吸附化合物相对分子质量的大小选择合适孔径的树脂以达到有效分离的目的。在同一种树脂中，树脂对相对分子质量大、极性大的化合物的吸附作用较大。另外，能与树脂形成氢键的化合物易被吸附。

④上样溶液浓度。大孔树脂吸附量一般与上样溶液浓度成反比，通常以较低浓度进行吸附较为有利，如果上样溶液浓度偏高，则吸附量会显著减小。例如，用 NKA-9 树脂吸附绿茶浸提液中的茶多酚时，随上样溶液中茶多酚浓度的增加，吸附量反而降低。

此外吸附流速影响大孔树脂吸附。对于同一浓度的上样溶液，吸附流速过大，树脂的吸附量就会下降。但吸附流速过小，吸附时间就会延长。在实际应用时，为提高生产效率，应综合考虑来确定最佳吸附流速，既保证吸附效果，又保证较高的工作效率。

大孔树脂吸附在抗生素、维生素、氨基酸、蛋白质提纯，天然物质提纯（如苷类、黄酮类、生物碱类的提取分离和精制）方面早已得到应用。如对人参皂苷、甘草甜素、银杏黄酮内酯、山楂黄酮、橙皮苷、淫羊藿黄酮、茶多酚、红豆杉生物碱等化合物的分离和精制，其效果得到了充分的肯定。

4. 超滤

超滤是薄膜分离技术的一种，其以多孔薄膜作为分离介质，依靠薄膜两侧的压力差作推动力来分离溶液中不同相对分子质量的物质，从而满足脱盐、浓缩、分级和提纯等要求。超滤具有不存在相转换、不需加热、能量消耗少、操作条件温和、不必添加化学试剂、不损坏热敏性功能成分等优点，多用于滤除直径为 5～100nm 的颗粒。因此超滤是纳米数量级的滤过技术。超滤可用于分子的分离。

(1)超滤原理。含两种或多种溶质的溶液通过超滤膜时，溶剂和分子较小的溶质可以通过滤膜，而分子较大的溶质则被滤膜截留从而分离。

(2)超滤膜。超滤膜是超滤技术的关键。制膜的材料有醋酸纤维素、聚丙烯、聚砜、聚酰胺等。超滤膜按形态分为平膜、管膜、中空纤维膜等。超滤膜的孔径规格一般以分子量截留值为指标，而不以孔径尺寸来表示。例如分子量截留值为 1 万的膜，是指能将溶液中相对分子质量在 1 万以上的溶质绝大多数（＞90％）截留在膜前。

(3)影响超滤的因素：

①溶液浓度。浓度低的溶液较浓度高的溶液更不易形成凝胶层，因而低浓度溶液的超滤速度快。

②分子的形状和大小。相对分子质量小的溶质滤速较快，相对分子质量相同时珠状分

子比链状分子容易通过滤膜。

③溶液温度。温度低时溶液黏度增高，因而滤速较慢，反之较快。

④溶液黏度。液体黏度高时滤速慢，故在可能的范围内应升高温度、降低黏度，以提高滤速。

⑤搅拌程度。加强膜面液体的搅动能使液体与膜交界层中溶质的反扩散加快，有利于提高滤速。

⑥压力。增加压力不一定都能增加滤速，只有低浓度的溶液，增加压力才能提高滤速。

⑦溶液 pH 值。一些蛋白质溶液在其等电点时滤速低，应尽可能调节 pH 值使其偏离等电点。

⑧溶质的溶解度。溶解度低的溶质易生成凝胶层，因而滤速慢。

⑨溶质间的相互影响。溶液中的大分子物质可能形成次级膜而影响小分子物质通过。当溶液中含有表面活性物质时，可能使聚集的分子囊束分散，滤速提高。

超滤广泛应用于蛋白质、酶、核酸、多糖类物质的超滤浓缩，蛋白质和酶类制剂的超滤脱盐，不同相对分子质量的成分的分离和纯化，对于不能用高压方法消毒灭菌的制剂进行除菌等方面。

5. 透析法

透析法是利用小分子物质在溶液中可通过半透膜，而大分子物质不能通过半透膜的性质，达到分离大、小分子的目的的方法。提取液中的多糖、蛋白质、鞣质、树脂等高分子物质，其分子大小与胶体颗粒相仿，不能通过半透膜，而提取液中的低分子化合物，或能在水、乙醇中解离成离子的物质，能通过半透膜，这样可用透析法将它们分开。例如分离和纯化皂苷、蛋白质、多肽、多糖等物质时，可用透析法以除去无机盐、单糖、双糖等杂质。反之也可将大分子的杂质留在半透膜内，而将小分子的物质通过半透膜进入膜外溶液中加以分离精制。透析是否成功与透析膜的规格关系极大。透析膜的膜孔有大有小，要根据分离成分的具体情况进行选择。

6. 盐析法

盐析法是在含蛋白质等高分子物质的溶液中加入大量的无机盐，使其溶解度降低，沉淀析出，而与其他成分分离的一种方法。此法适用于提纯蛋白质成分，既能使蛋白质分离纯化，又不致使其变性。盐析法的基本原理是少量盐离子的加入，增加了水溶液的极性，减弱了蛋白质分子间的作用力，从而促使其溶解(盐溶作用)。只有高浓度的盐才能降低蛋白质的溶解度，并使之沉淀。高浓度的盐之所以能使蛋白质沉淀，其原因有两个：一是使蛋白质分子表面的电荷被中和；二是使蛋白质胶体的水化层脱水，使之易于凝聚沉淀。影响盐析作用的因素很多，除盐的浓度外，还有离子强度、氢离子浓度、蛋白质浓度、蛋白质性质和盐析蛋白质时的温度等几方面，一般可在室温下进行。

五、干燥

(一)干燥的含义及目的

干燥是利用热能除去湿物料中所含的水分或其他溶剂，从而获得干燥物品的操作过程。干燥在生产中常用于原辅料的除湿、新鲜原料的除水、颗粒的干燥。

干燥的目的有：①便于进一步加工处理。原料干燥后脆性增强有利于粉碎；粉末或颗粒干燥后流动性增强，便于充填或压制成片。②增加稳定性。原料或是成品干燥之后含水量降低，可减缓功能成分的分解；可形成不利于微生物生长和繁殖的环境，防止变质，延长保质期。

（二）影响干燥的因素

1. 水分的存在方式

水分在物料中的存在状态有三种，即表面的水、毛细管中的水和细胞内的水。物料表面的水通过一般的加热汽化即可除去。毛细管中的水与同温、同压下的表面水相比需要消耗较多的能量才能汽化。细胞内的水由于被细胞膜包围和封闭，需经缓慢的扩散作用，扩散至膜外才能汽化除去，所以细胞内的水较难干燥。

结合水是指存在于细小毛细管中的水分和渗透到物料细胞中的水分。此种水分与物料的结合力为物理化学结合力，其结合力较强，水分难以从物料中去除。

非结合水是指存在于物料表面、粗大毛细管中和物料孔隙中的水分。此种水分与物料的结合力弱，易于去除，因为它所产生的蒸气压等于同温度水的蒸汽压。

平衡水分是指某物料与一定温度、湿度的空气相接触时，将会发生排出水分或吸收水分的过程，直到物料表面所产生的蒸汽压与空气中的水蒸气分压相等，物料中的水分与空气处于动态平衡状态，此时物料中所含的水分称为该空气状态下物料的平衡水分。干燥不能去除平衡水分。

2. 物料的性质

物料的性质包括物料的形状、大小，料层的厚度及水分的结合方式。如颗粒状物料比粉末状、块状、膏状物料干燥速率快，因为粉末状、块状、膏状物料之间空隙小，内部水分扩散慢。物料堆积越厚，暴露的面积越小，干燥也越慢。故应将物料摊平、摊薄。

3. 干燥介质的温度、湿度与流速

在适当的范围内提高空气的温度，会加快蒸发速度，加大蒸发量，有利于干燥。但应根据物料的性质选择适宜的干燥温度，以防止功能成分被破坏。干燥时若用静态干燥法则温度宜由低到高缓缓升温，而流化操作则需较高温度方可达到干燥的目的。

物料本身湿度大，水气量大，则干燥空间的相对湿度也大，物料干燥时间长，因此密闭的烘房、烘箱为避免相对湿度饱和而停止蒸发，常采用排风、鼓风装置使空间气体流动更新；干燥介质的流速对烘房、烘箱内的相对湿度影响大。流化操作由于采用热气流干燥，因此常先将气流本身进行干燥或预热，通过提高干燥介质的温度和流速以达降低相对湿度的目的。

4. 干燥速度及干燥方法

在干燥的过程中，首先使物料表面水分蒸发，然后内部水分扩散至表面继续蒸发。若干燥速度过快，温度过高，则物料表面水分蒸发过快，内部的水分来不及扩散到物料表面，致使粉粒黏结，甚至熔化结壳，阻碍内部的水分扩散和蒸发，使干燥不完全，形成外干内湿的假干燥现象，不利于物料贮存，易造成霉变。

干燥的方法与干燥速率也有较大关系。静态干燥如烘房、烘箱等因物料处于静态、暴露面小，水蒸气散失慢，干燥效率低。沸腾干燥、喷雾干燥属流化操作，被干燥物料在动态情况下，粉粒彼此分开，不停地跳动，与干燥介质接触面大，干燥效率高。

5. 干燥的压力

压力与蒸发量成反比，因而减压是促进蒸发、加快干燥的有效手段。减压干燥能降低干燥温度、加快蒸发速度、提高干燥效率，使产品疏松易碎、制剂质量稳定。

(三)常用的干燥方法

1. 烘干

烘干一般分为常压气流干燥和减压干燥。

(1)常压气流干燥是利用热干燥气流或单纯的干燥空气进行干燥的方法。气流干燥的原理是通过控制气流的温度、湿度、速度来达到干燥的目的。其干燥效率与气流的温度、湿度和流速有关,温度越高、流速越快、相对湿度越低,越有利于干燥。烘干设备有烘箱、烘房、烘柜和隧道烘干箱等。烘箱是一种常用的干燥设备,主要由干燥室和加热装置组成,干燥室内有多层架子,供放置装物料的盛器;加热装置通常采用电热或蒸汽管道加热,空气经过加热装置升温,并在流动中将热能传递给被干燥的物料,同时也将湿物料蒸发的湿气带走。为了获得更好的干燥效果,可将烘箱内的自然气流改为强制气流,如可在烘箱内装鼓风装置,以利于将湿空气迅速排出。由于物料处于静止状态,所以干燥速度较慢。

(2)减压干燥又称真空干燥,是指在密闭的容器中抽去空气后进行干燥的方法。减压干燥器由干燥柜和真空装置组成,其特点是干燥温度低,速度快,物料呈疏松海绵状,易于粉碎,适用于不耐高温的物料干燥。

2. 喷雾干燥

喷雾干燥是流化技术用于液态物料干燥的一种较好方法。将被干燥的液体物料浓缩至一定浓度,利用雾化器将一定浓度的液态物料喷成雾状液滴,使总表面积增大(当雾滴直径为 10μm 时,每升液体所形成的雾滴总表面积可达 400～600m^2),当与干燥介质热空气相遇时,在数秒钟内即可完成水分蒸发,被干燥成松脆的极细粉末或颗粒。其优点是瞬间干燥,尤适用于含热敏性功能成分的物料。产品质量好,保持原来的色香味,成品溶解性能好。因成品干燥后粉末极细,无须再进行粉碎加工,从而缩短了生产工序。物料生产过程密闭、不受污染,控制系统一体化,操作方便。可根据需要控制和调节产品的粗细度及含水量等质量指标。

3. 沸腾干燥

沸腾干燥又称流化床干燥,是流化技术的新发展,它是利用热空气流使湿颗粒悬浮呈流态化,似“沸腾状”,热空气在湿颗粒间通过,在动态下进行热交换,带走水气而达到干燥目的的一种方法。其主要用于湿粒性物料(如片剂及颗粒剂的湿颗粒)干燥和水丸的干燥。该法的物料磨损较轻、干燥速度快、效率高、干燥均匀、产量高,热空气经过高效过滤器没有杂质和异物的带入,干燥时不需翻料且能自动出料,节省劳动力,操作方便,占地面积小,适于大规模生产。

4. 红外线干燥

红外线干燥是利用红外线辐射器产生的电磁波被含水物料吸收后,直接转变为热能,使物料中水分受热汽化而干燥的一种方法,属于辐射加热干燥。红外线辐射器所产生的电磁波以光的速度辐射到被干燥的物料上,由于红外线光子的能量较小,被物料吸收后,不能引起分子与原子的电离,只能增加分子热运动的动能,使物料中的分子强烈振动,温度迅速升高,将水等液体分子从物料中驱除而达到干燥的目的。红外线有近红外线和远红外线之分。很多物料尤其是有机物、高分子物料及水分等在远红外线区域有很宽的吸收带,远红外线的干燥速率是近红外线干燥速率的 2 倍,是热风干燥速率的 10 倍。远红外线干燥法具有干燥速度快、产品外观好、质量高、能量利用率高等优点,目前正被广泛应用。

5. 冷冻干燥

冷冻干燥是先将被干燥液态物料冷冻成固体，再在低温减压条件下使固态的冰直接升华为水蒸气排出而达到干燥目的的方法。其特点是物料在真空和低温条件下干燥，尤适用于热敏性物质的干燥。产品呈多孔疏松状，易于溶解和深加工。

第三节　细胞破壁、花粉破壁、孢子破壁技术

一、细胞破壁

（一）细胞破壁的含义与目的

细胞破壁超微粉碎加工技术可以把原料中的功能成分充分释放出来。细胞破壁后，细胞内的水分、油分迁出，使微粒子表面呈现出半湿润状态，粒子和粒子之间会形成稳定的粒子团，每个粒子团都包含相同比例的功能成分。该粒子团的物理结构随组分中各成分 HLB 值（亲水、亲油平衡值）、延展性、破碎性、相对密度等不同而不同。

细胞破壁的目的和作用主要是：①其功能成分利于人体的吸收和利用。经过超微处理后，摄入物能较好地分散、溶解在胃肠液里，且与胃肠黏膜的接触面积增大，更易被胃肠道吸收，从而大大提高了生物利用率（对于矿物类原料，相当于一部分为水不溶性物质，经超微处理后，由于其粒度大大减小，可加快其在体内的溶解、吸收速度，提高其吸收量）。②采用细胞破壁技术后，原料中的功能成分提取可以在常温或低温下进行，有利于保护不耐高温的生物活性成分及各种营养成分。如冬虫夏草口服液采用细胞破壁技术，促使细胞内有效活性物质溶出，易于被人体全面吸收。

（二）细胞破壁的方法

细胞破壁常用的设备为微粉机（又称振动磨），它具有粉碎效率高、细胞破壁率高、粉碎温度低与全密闭作业等特点；目前主要采用超微粉碎加工技术，属微（纳）米粉体制备的共性技术和微（纳）米级实用技术，所制粉体粒径可达 1～0.1μm，细胞破壁（膜）率达 95%以上。

微粉机按 GMP 设计，易于组装、拆卸与换料；可用水、压缩空气、酒精或蒸汽等清洗消毒；配备隔声罩降低生产噪声；粉碎过程全密闭，无粉尘溢出，充分改善作业环境，功能成分不损失、不偏析，特殊物料可用惰性气体进行保护；粉碎能力强，100%粉碎，无残渣废料；适合干式和湿式粉碎，湿式粉碎时可加入水、酒精或其他液体；适于中心粒径为 150～2000 目（5μm）的粉碎要求，使用特殊工艺时可达 1～0.1μm；对花粉等孢子类要求打破细胞壁的物料，其破壁率高于 95%；在精密包覆方面，可进行两种及两种以上物料的精密复合化及包覆、高固含量强力均质和超强乳化作业；在温度控制方面，通过调节冷却水温度和流量来控制温度，需低温粉碎时，配置制冷系统最低温度可至－45℃。

微粉机的工艺应用解决了天然物质强纤维性（如灵芝、甘草等）、高糖高黏性（如枸杞、麦冬等）不易粉碎的难题；也解决了树脂类、动物类、强韧性物质、矿物类不易粉碎的难题；还实现了生粉软胶囊制剂生产，如人参软胶囊、六味地黄软胶囊；同时可以制成高效喷雾制剂，实现无辅料或少辅料造粒、压片。

二、花粉破壁

(一)花粉破壁的含义与目的

花粉具有一层耐酸、耐碱、耐腐蚀的坚硬外壁,只有破壁才能被吸收利用。

【小资料】

学术界曾认为蜂花粉只有破壁才能被吸收利用,方可保证花粉的营养成分被提取出来。如加工花粉酒、花粉饮料、花粉口服液、花粉晶、花粉糖衣片、花粉胶囊等。但如今多项研究表明,蜂花粉作为食品可不破壁,因为花粉壁上存在萌发孔、萌发沟,在胃肠的酸性环境中和酶的作用下,花粉的营养成分能通过萌发孔、萌发沟渗透出来。

(二)花粉破壁的方法

花粉破壁的方法一般有三种:

1. 物理破壁

物理破壁就是通过机械磨的方式破壁,一般采用高频球磨粉碎机,特点是加工量大,但杂质残余问题突出,破壁率也不高。

2. 化学破壁

化学破壁就是通过微生物发酵的方式进行破壁,破壁率高,但营养成分会有所变化。

3. 低温气流破壁

低温气流破壁是把花粉放到低温高速气流环境,让高速气流带动花粉互相碰撞,产生破碎效果,特点是产能低,但破壁率高,营养无损失或变化,是目前最流行的破壁方法。

三、孢子破壁

(一)孢子破壁的含义与目的

灵芝孢子是常用的保健食品原料,其有一层极难被人体胃酸消化的几丁质构成的外壁,人体无法消化吸收不破壁的孢子粉,只有打开这层外壁,由外壁紧裹的有效成分才能最大限度地被人体吸收利用。破壁后人体对灵芝孢子粉的吸收率可提高 45 倍之多。破壁孢子粉比不破壁孢子粉具有更强的体外毒杀癌细胞的活性。

(二)孢子破壁方法

近年来,人们对灵芝孢子破壁方法的研究较多,主要有生物法、化学法、物理法、机械法和几种方法共同运用的综合法等。

1. 生物法

生物法包括酶解法、菌溶法和激活孢子法。酶解法是使用纤维素酶、半纤维素酶、蛋白酶、果胶酶、溶菌酶、蜗牛酶、几丁质酶等使灵芝孢子壁降解,达到破壁的目的;主要处理过程是在含有上述一种或者多种酶的溶液中浸泡灵芝孢子一定时间(通常是几天),然后过滤干燥即可。菌溶法是使用酵母菌等,通过对灵芝孢子的发酵处理破坏灵芝孢子壁。激活孢子法是利用孢子萌发力破坏灵芝孢子壁。这类方法的优点是能量消耗小、破碎效果好;缺点是作用时间很长,去除产品中的酶或菌十分困难。

2. 化学法

化学法包括溶剂浸泡、酸降解、碱降解等方法。处理方法类似于酶解法，只是浸泡使用的溶剂不同。这种方法的优点与生物法类似，缺点是往往导致有效成分变性，产品中的有害残留较高且难以去除。

3. 物理法

物理法是使用低温、冷冻(脆化)、超声波、微波等物理作用破坏灵芝孢子壁。低温和冷冻的基本原理是利用灵芝孢子中的水分在低温条件下结晶、冰晶长大等作用破坏灵芝孢子壁，或者利用低温条件下灵芝孢子壁的特殊力学性能进行破坏。超声波法是利用超声的机械振荡作用破坏灵芝孢子壁。微波法则是利用高频电磁波的作用破坏灵芝孢子壁。因工作原理不同，各种方法的优点与缺点也不同，一般来说，这类方法的破壁率不高。

4. 机械法

机械法是通过碾压、挤压、喷射粉碎、气流粉碎、撞击等机械作用破坏灵芝孢子壁。使用的设备有碾压机、挤压机、超微粉碎机、纳米超高压均质机等。超微粉碎机的工作原理有多种，比较常见的有球磨、喷射、气流。目前用这类方法使灵芝孢子破壁的最多，其优点是简单易行，缺点是机械设备结构复杂、价格高、运行成本高。

5. 综合法

综合法是指联合上述各种方法来破坏灵芝孢壁。目前灵芝孢子破壁技术和方法很少使用单一方法，绝大多数是同时或者先后使用几种方法。其原因主要是：灵芝孢子尺寸很小，孢子壁又十分坚韧，一种方法难以完全破坏灵芝孢子壁。如某大学的一个典型的专利中，为了使灵芝孢子破壁，先后要进行 4 种操作：步骤一为诱导催芽，使用生物培养液在 20～43℃浸泡 8h 诱导催芽。步骤二为萌动培养，在相对湿度 65%～98%、温度 20～48℃条件下培养 1～24h，萌动率可达 95%。步骤三为孢壁处理，采用几丁质酶、纤维素酶的酶降解作用使孢子壁失去韧性并脆化；或采用工业超微粉碎、碾压、磨碎机械进行超微粉碎破壁、碾压破壁、超高压微射流破壁，破壁率可达 99%。步骤四为干燥或者浸提，采用冷冻干燥、真空干燥、低温干燥，制成含水量小于 4%的干粉。水提、醇提或者薄膜浓缩工艺提取其生理活性成分可制成浸膏或口服液。

(三)灵芝孢子粉破壁常用的设备与方法

当前几种比较成熟的灵芝孢子粉破壁的方法，一般是采用多种破壁方法共同运用或采用先进的设备进行，简介如下：

1. 低温高速粉碎法

本法采用超细的粉碎机，机体中心有一玛瑙罐，外周有液氮层、冷冻层、冷冻管和保温层，玛瑙罐通过连接杆分别与高速振动机和超声波振动器连接，在－200～－20℃下，罐内的玛瑙球通过每分钟 8000～10000 转的高速电机振动对灵芝孢子粉进行超细粉碎，再间断地用超声波振动器分散粉料。该粉碎机具有结构简单、操作方便、效果好、产品质量好、无杂质的优点。

2. 湿法破壁方法

灵芝孢子粉用乙醇浸泡，过滤；用纯净水洗涤，除去杂质；然后加入“混合固体物”与灵芝孢子粉混合(混合固体物为适宜制成保健食品的原辅料，如环糊精等，其中混合固体物与灵芝孢子粉的质量比为 0.5～2∶1)；再加入固体物总质量 1～5 倍的纯净水成均匀的混悬液，研磨、干燥、粉碎、过筛，得固体孢子粉产品。本法的破壁率高，保证了灵芝孢子粉中的有效成分稳定，操作简便、卫生、安全，生产周期短，耗时少，产品得率高，设备投资小，利于产业化生产。

3. 挤压破壁方法

灵芝孢子粉用纯净水洗涤，除去杂质，晾干；然后与一定比例的固体辅料混合均匀，或不添加固体辅料，利用孢子粉挤压机以 6.0MPa 以上的压力进行挤压，至破壁率 90%以上止，将产物干燥、粉碎、过筛，得固体孢子粉产品。本方法简单，工艺周期短，卫生、安全，产品得率高，利于产业化生产；产品流动性好，可直接压制为片剂或者装入胶囊，或者制作为其他剂型。

4. 纳米超高压均质机(纳米对撞机)破壁方法

纳米超高压均质机（纳米对撞机）是一种用物理方法动态连续进行的流体物料破碎、分散、乳化和冷杀菌设备。其工作原理是有一个或数个往复运动的柱塞，物料在柱塞作用下进入可调节压力大小的阀组中，经过可以调整宽度的限流狭缝（工作区）后，瞬间失压的物料以极高的流速（平均 1000m/s，最高可达 1500m/s）喷出，碰撞在碰撞阀组件之一的冲击环上，产生空穴、撞击、剪切三种效应，经过这三种效应处理后的物料粒径可均匀细化到 100nm 以下。本设备可用于细胞破碎、花粉破壁和孢子破壁。本法物料连续进料，在瞬间通过均质阀，完成破碎后在 2～3s 内流出。纳米超高压均质机可连续生产，可实现产业化；对于大肠杆菌、酵母、藻类细胞和动物细胞的一次破碎率均可达 90%以上，大肠杆菌两次破碎率（1000bar 压力）高达 98%以上；通过设备的冷却装置可确保生物活性物质维持在 25℃以上温度的时间仅 1～2s，对生物活性几乎不会造成任何影响，生物活性保留率高。纳米超高压均质机（纳米对撞机）是生物食品生产的先进设备。

第四节　口服液生产

口服液在保健食品中占的比重较大，其应用方便和适宜的口感，易被包括儿童在内的各类人群所接受。

一、口服液的含义

“口服液”的剂型来源于药剂学合剂。合剂是指由两种或两种以上可溶性或不溶性药物制成的液体制剂，一般以水作溶剂，供内服用；可分为溶液型合剂、混悬型合剂、胶体型合剂和乳剂型合剂。单剂量灌装者即称为“口服液”。

为了使口服液口感、外观愉悦，保质期较长，生产中可加入一定的附加剂。常用的矫味剂有甜味剂与天然香料，甜味剂多用蜂蜜、单糖浆、甘草甜素、甜菊苷等；色泽调整可以加入食品级标准的天然色素；防腐剂多用羟苯酯类、苯甲酸与苯甲酸钠、山梨酸及其盐等。

二、口服液的制备方法

(一)口服液的生产流程

口服液的生产流程相对比较简单。以天然物质为原料生产口服液的生产流程一般为：提取→精制→浓缩→分装→灭菌→灯检→包装。

(二)口服液的生产操作步骤

操作步骤与使用设备如下：

1. 提取

如果含有芳香挥发性成分，先用蒸馏法收集挥发性成分；然后根据其有效成分的特性，选用不同浓度的乙醇或其他溶媒，采用渗漉法、回流法、煎煮法等方法浸提。

2. 精制

由于水浸液能将生物碱盐、苷、水溶性有机酸、氨基酸、黏液质及部分糖、蛋白质、鞣质、树胶、色素、酶等多种成分浸出，所以必须根据所需有效成分采用水提醇沉或醇提水沉方法精制处理。常用设备为醇沉罐。

3. 浓缩

精制后的提取液应适当浓缩。其浓缩的程度一般以每日服用量控制在 20～30mL 为宜。浓缩常用设备为单效、双效及三效浓缩蒸发器。

4. 分装

口服液在分装前加入一定量的矫味剂与防腐剂后，搅拌均匀，经粗滤、精滤后，按单剂量灌装于适宜的容器中，密封。一般使用低硼硅玻璃管制造的口服液包装瓶。

5. 灭菌

口服液分装后，一般采用煮沸灭菌法、流通蒸汽灭菌法和热压灭菌法进行灭菌。若生产过程严格遵守无菌操作，灌装后可不经灭菌直接包装。最终灭菌工艺有时可使沉淀增加，故有些产品的灭菌在过滤前进行，但分装时须在 10000 级环境中进行。灭菌的常用设备为热压灭菌柜。

6. 灯检

灯检是控制口服液内在质量的一道重要关口，主要是检查口服液内有无可见异物。工作时瓶子在背光照射下，灯检人员可看出瓶子中的杂质及悬浮物。

全自动灯检机最早开发于欧洲，并于 20 世纪 60 年代投入制药企业应用。由于其是集光源发生系统、视觉识别系统、图像处理系统、计算分析系统、高精密机械制造于一体的高端设备，其价格比较昂贵。但由于人工灯检存在很多无法解决的难题，越来越多的企业倾向于用全自动灯检机来代替人工灯检，其对 50μm 以上微粒可全部检出。

7. 包装

口服液内包装一般采用口服液灌轧机，是对经过检验合格后的药液定量灌装于口服液瓶后立即扣盖轧边的设备，要求装量准确，轧盖严密不渗漏。常用的口服液包装为“管制口服液瓶”(A 型和 C 型)及相应的易撕拉铝盖。

(三)口服液生产工艺流程示意图

口服液生产工艺流程示意图如图 12-1 所示。

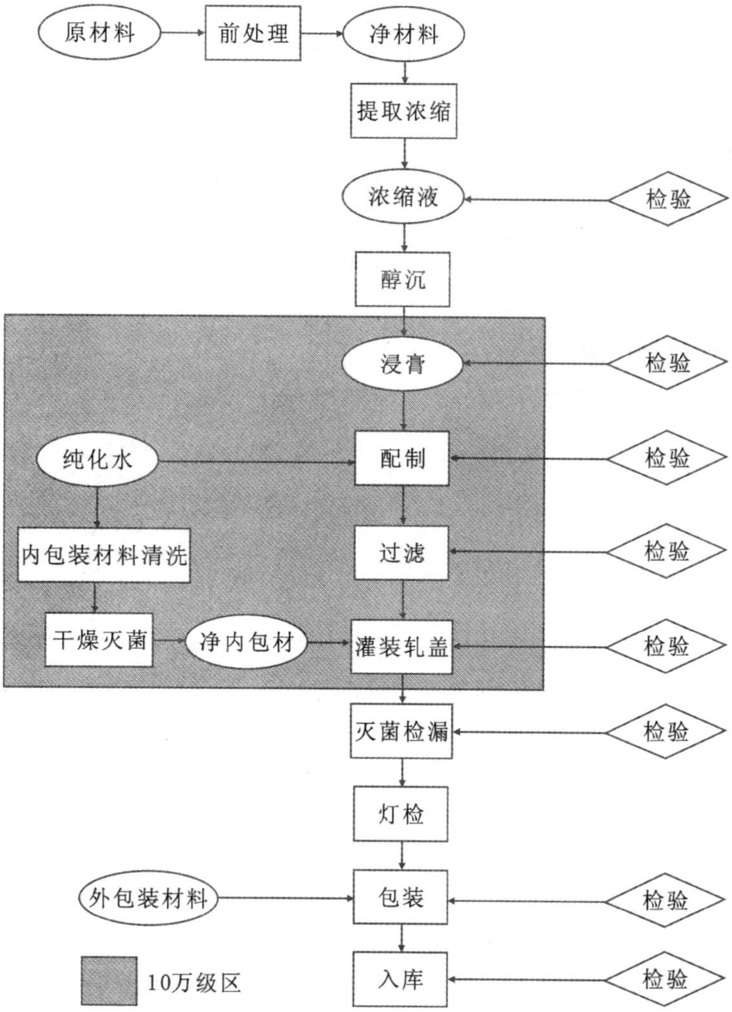

图 12-1　口服液生产工艺流程示意图

第五节　颗粒剂生产

一、颗粒剂的含义与种类

(一)颗粒剂的含义

颗粒剂是将保健食品原料与适宜的辅料配合而制成的颗粒状制剂，习称“冲剂”。为了美观和使用方便，也可以将颗粒压制成块状。颗粒剂可以直接吞服，也可在临用时加入一定量的水调配成溶液后服用。

(二)颗粒剂的种类

颗粒剂按溶解性能和溶解状态可分为可溶性颗粒剂、混悬性颗粒剂和泡腾性颗粒剂三种。

1. 可溶性颗粒剂

其颗粒溶于水，临用时加入一定量的水可调配成溶液。

2. 混悬性颗粒剂

其颗粒内含有不溶于水的物质，以水做分散介质时呈混悬状态。此种颗粒剂在保健食品中采用得较少。

3. 泡腾性颗粒剂

其颗粒内含有泡腾崩解剂（如枸橼酸和碳酸氢钠），遇水后产生大量的二氧化碳气体，从而促使颗粒快速溶散；并因二氧化碳溶于水产生碳酸而有碳酸饮料的矫味效果。

二、颗粒剂的制备

（一）颗粒剂的制备流程

颗粒剂的制备流程一般为：提取→提取液的精制→制颗粒→干燥→整粒→包装。具体介绍如下：

1. 提取

采用天然物质为原料的水溶性颗粒剂一般多采用煎煮法提取有效成分，也可采用渗漉法、浸渍法及回流法等提取方法。如果含有芳香挥发性成分，先用蒸馏法收集挥发性成分。

2. 提取液的精制

采用乙醇沉淀法，即将水煎液浓缩至一定浓度时，加入等量乙醇，充分混合均匀，静置冷藏 12h 以上，过滤，滤液回收乙醇后，再继续浓缩至稠膏或干浸膏备用。

3. 制颗粒

颗粒剂中最常用的辅料为糖粉和其他水溶性物料，如乳糖、可溶性淀粉、甘露醇、羟丙基淀粉等。糖粉一般经干燥后，粉碎过 80～100 目筛，备用。将原料粉末或稠膏与辅料混合均匀后，按适宜的制粒方法进行制粒。

4. 干燥

若以湿法制粒，颗粒制成后，应及时干燥，否则颗粒会松散成粉末状态或粘结成块状。干燥温度一般以 60～80℃为宜。干燥时温度应逐渐上升。一般干颗粒的含水量应控制在 2%以内。

5. 整粒

湿粒干燥后可能会有部分结块、粘连，因此干颗粒冷却后须经整粒。一般过 12～14 目筛除去粗大颗粒，使颗粒均匀。

6. 包装

应选用不易透气、透湿的包装材料，如复合铝塑袋、铝箔袋或不透气的塑料瓶等，并应干燥贮藏。

（二）颗粒剂的制粒方法与使用设备

颗粒剂的制粒方法较多，应根据不同物料的特点和要求而选用。常见的制粒方法有湿法挤出制粒法、湿法混合制粒法、流化制粒法、喷雾制粒法和干法制粒法等。

1. 湿法挤出制粒法

湿法挤出制粒法先将符合制粒要求的原、辅料置适宜容器内混匀，一般使用槽形混合机制成湿度适宜（握之成团，触之即散）的软材，然后将软材放入制粒机械内，挤压装置挤压软材通过筛孔而成为均匀的湿颗粒，再经干燥、整粒制成符合要求的颗粒。湿法挤出制粒法常用机械为摇摆式颗粒机。

2. 湿法混合制粒法

湿法混合制粒法是先将物料粉末和辅料加入到高速搅拌制粒机的容器内，搅拌混合后加入黏合剂高速搅拌制粒的方法。高速搅拌制粒机主要由容器、搅拌浆、切割刀组成，可制备出致密、高强度，适于胶囊剂的颗粒，也可制松软的适合压片的颗粒，还可制成块状的"冲剂"。其特点是在一个容器中进行混合、捏合，制粒过程工序少，操作简单、快速。

3. 流化制粒法

流化制粒法又称流化床制粒法、流化喷雾制粒法、沸腾制粒法或一步制粒法。本法是利用上升的热气流将固体粉末冲击成悬浮的流化状态，再将液体辅料(润湿剂或黏合剂)以雾状的形式喷入流化状态的粉末中，粉末黏结成颗粒，并在流化状态下于热气流中干燥成干颗粒。此法将混合、制粒、干燥和包衣一机一次完成，故称一步制粒法。所得颗粒疏松、均匀、流动性好，生产过程在密闭环境中进行，不易被污染，生产效率高，辅料用量少。本法常用机械为流化喷雾制粒机，适宜大批量生产。

4. 喷雾制粒法

喷雾制粒法又称喷雾干燥制粒法。本法是利用喷雾干燥制粒机(喷雾干燥塔)的喷嘴，将提取液或混悬液以雾状形式喷入干燥制粒机内的热气流中，雾滴水分迅速蒸发而直接得到细颗粒。此法由于液体物料分散成细小雾滴，表面积大，蒸发速度快，受热时间短，适用于热敏性物料制粒。本法可得到的均匀、疏松的细颗粒，便于进一步造粒或装入硬胶囊。本法常用机械为喷雾干燥制粒机。

5. 干法制粒法

干法制粒法是将原料和辅料的粉末混合均匀、压缩成大片状或板片状后，粉碎成所需大小颗粒的方法。其制备方法有压片法和滚压法。压片法是利用重型压片机将物料粉末压制成直径为 20～25mm 的坯片，然后破碎成一定大小颗粒的方法。滚压法是利用转速相同的两个滚动圆筒之间的缝隙，将物料粉末滚压成板状物，然后破碎成一定大小颗粒的方法。本法常用于热敏性物料、遇水易分解的物料，方法简单、省工省时。

第六节　胶囊剂生产

胶囊剂源于药品，是指将药物填装于空心硬质胶囊壳中或密封于弹性软质胶囊壳中而制成的固体制剂。构成上述空心硬质胶囊壳或弹性软质胶囊壳的材料有明胶、甘油、水以及其他材料，但各成分的比例不尽相同，制备方法也不同。

胶囊剂可掩盖原料的不良气味，易于吞服；能提高功能成分的稳定性及生物利用率；还能定时、定位释放有效物质(如在胶囊壳中加入特殊的高分子材料或经特殊处理，它在胃液中不溶解，仅在肠液中崩解溶化而释放出活性成分，达到一种肠溶的效果，即肠溶胶囊剂)，并能弥补其他固体剂型的不足，应用广泛。但易溶解囊材、易风化、刺激性强的功能物质均不宜制成胶囊剂。

一、硬胶囊剂生产

(一)硬胶囊剂的含义与特点

硬胶囊剂是指将一定量的原料加辅料制成均匀的粉末或颗粒充填于空心胶囊壳中制成

的固体制剂。

空心胶囊壳又称胶囊壳，它的材料（简称囊材）多数是由明胶、甘油、水等组成；也有用变性明胶、甲基纤维素、海藻酸钙（或钠盐）、聚乙烯醇等高分子材料组成的，以改变胶囊壳的溶解性能。按不同要求可以加入增塑剂（可改善明胶易吸湿和易脱水的性能，增强其坚韧性和可塑性。常用的增塑剂有甘油、羧甲基纤维素钠、羧丙基纤维素、油酸酰胺磺酸钠或山梨醇等）、增凝剂（可增加胶液的凝结力，减小其流动性，便于制备胶囊壳。常用的增凝剂为琼脂）、着色剂（赋予胶囊壳颜色，以增加美观，便于识别。常用的着色剂为各种食用色素）、遮光剂（赋予胶囊壳遮光性能，用于提高光敏物质的稳定性。常用的遮光剂为2%～3%的二氧化钛）及增加胶囊壳光洁度的十二烷基硫酸钠和起防腐作用的对羟基苯甲酸类等。

硬胶囊剂的胶囊壳能掩盖原料的不良臭味，外形整洁、美观，便于服用；可在胶囊壳上印字或利用不同颜色以资区别，加之携带方便，易被接受。与片剂、丸剂相比，硬胶囊剂中一般无黏合剂，胶囊壳溶化后有效物质在消化道直接分散、溶出，无崩解、溶散过程，故吸收速率高，有较高的生物利用度；因胶囊壳的密封作用，使囊内的有效物质免受外界湿气、空气中氧和热的侵袭，含有遮光材料的胶囊壳还可阻挡日光中紫外线对囊内有效物质的影响，从而提高了光敏物质的稳定性。硬胶囊剂一般无需辅料，生产过程简单，设备投资较少；亦可以制成肠溶胶囊剂等。有刺激性的原料不宜制成硬胶囊剂，因胶囊壳在体内溶解后可导致局部刺激；易风化的原料不宜制成硬胶囊剂，因其能释放水分，导致胶囊壁软化，容易变形或泄漏；吸湿性强的原料不宜制成硬胶囊剂，因其能吸收水分，导致胶囊壁失水而变脆、易碎；儿童保健食品不宜制成硬胶囊剂，因硬胶囊剂不适合儿童服用。个别人服用硬胶囊剂后胃有不适感。

（二）硬胶囊剂的生产工艺及设备

硬胶囊剂使用的胶囊壳一般由专门的生产企业制备，多采用栓模法，是将不锈钢制成的栓模浸入明胶溶液形成囊壳，再脱模而成。工序为溶胶、蘸胶制坯、干燥、脱模、切割和整理。胶囊壳的规格由大到小分为000、00、0、1、2、3、4、5共8种型号，常用的为0～3号，其容积、长度和壁厚的规格标准见表12-1。

表12-1　胶囊壳容积、长度和壁厚标准

胶囊壳	容积(mL)	口径外缘(mm)		长度(mm)		全囊长度(mm)	囊壁厚度(mm)
		帽	体	帽	体		
0	0.67	7.65±0.03	7.33±0.03	11.05±0.30	18.69±0.30	21.50±0.50	0.12～0.14
1	0.48	6.90±0.03	6.55±0.03	9.82±0.30	16.75±0.30	19.60±0.50	0.12～0.14
2	0.37	6.35±0.03	6.01±0.03	9.04±0.30	15.75±0.30	18.50±0.50	0.11～0.13
3	0.27	5.84±0.03	5.54±0.03	8.01±0.30	14.01±0.30	16.10±0.50	0.11～0.13

1.硬胶囊剂的制备工艺流程

硬胶囊剂的制备工艺流程一般为：空胶囊的选择→物料的处理→原料填充→胶囊壳磨光→分装。

(1)空胶囊的选择。根据剂量所占容积来选用适宜大小的空胶囊，并根据保健食品的特点选择颜色等。

(2)物料的处理。硬胶囊剂中填充的物料，一般要求是混合均匀的细粉或颗粒。当物料的流动性差或含少量浸膏、挥发油等成分时，需加一定的稀释剂或吸收剂，必要时需加入润滑剂等辅料才能满足填充的要求。常用辅料有蔗糖、乳糖、微晶纤维素、改性淀粉、二氧化硅、硬脂酸镁等。

(3)原料填充。一般采用自动填充机装填，生产中应注意控制装量差异。

(4)胶囊壳磨光。把填充过程中胶囊壳外黏附的粉末除去，必要时可使用一定的助剂。

(5)分装。采用铝塑泡罩包装机、双铝包装机或其他胶囊剂包装机等设备，将胶囊剂分装成铝塑板、双铝袋、瓶装等包装形式。

物料的处理、原料填充、胶囊壳磨光、内包装等暴露工序的操作，其生产环境要求100000级，温度一般控制在18～26℃，相对湿度控制在45%～65%。

2. 硬胶囊剂生产常用的机械设备

常用的机械设备有胶囊充填机和胶囊磨光机。胶囊充填机是硬胶囊剂生产的专用设备，是用来向胶囊壳中填充物料的机械，一般采用不锈钢全自动型。操作时将物料与胶囊壳分别放入胶囊充填机各自的料斗中，胶囊充填机将自动完成充填过程，形成完整的胶囊剂。胶囊磨光机是用来打磨胶囊壳表面的机械。胶囊充填机自动完成充填形成完整的胶囊剂后，其外部附有的原料粉末需用胶囊磨光机磨光，才能形成表面光洁的硬胶囊剂成品。

3. 硬胶囊剂生产工艺流程示意图(图 12-2)

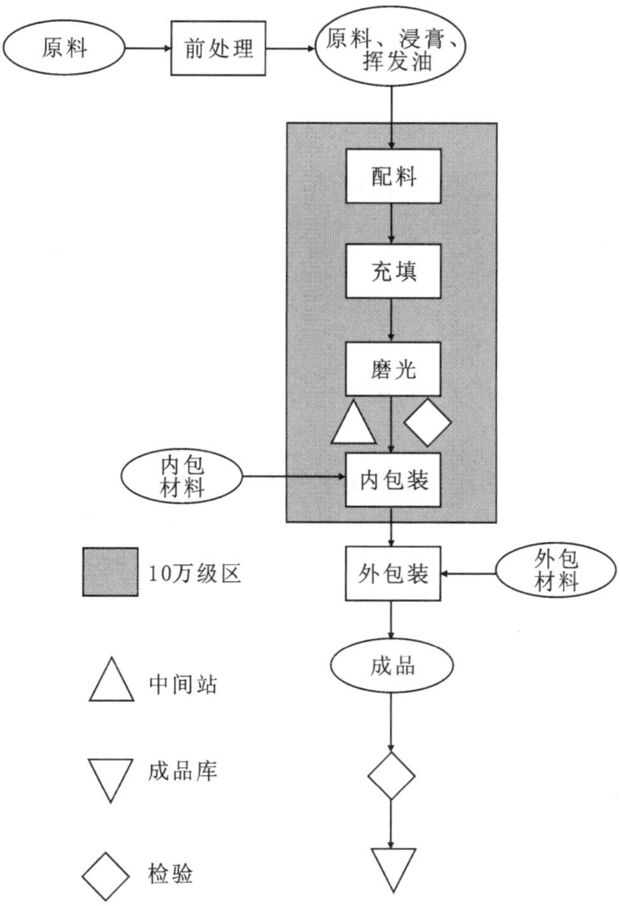

图 12-2　硬胶囊剂生产工艺流程示意图

二、压制软胶囊剂生产

(一)压制软胶囊剂的含义与特点

压制软胶囊剂也称软胶丸剂，它是将油类或对明胶物无溶解作用的非水溶性的液体或混悬液等封闭于软胶囊壳中而成的一种制剂，其形状有圆形、圆柱形、椭圆形、鱼雷形、管形等。

软胶囊壳较硬胶囊壳厚，且弹性大，可塑性强。软胶囊壳的弹性大小取决于胶囊壳中干明胶、干增塑剂及水三者之间的质量比(增塑剂为甘油、山梨醇或两者的混合物)。而明胶与增塑剂的干品质量决定胶囊壳的硬度。通常较适宜的质量比为干增塑剂∶干明胶＝(0.4～0.6)∶1.0，水∶干明胶＝1∶1。若干增塑剂与干明胶之间的质量比为0.3∶1.0，胶囊壳发硬；为1.8∶1.0，胶囊壳变软。胶囊壳处方中各种物料的配比是根据填充物的性质和要求来确定的，所以在选择软胶囊壳材质时应考虑填充物性质与囊材之间的相互影响。

压制软胶囊剂除了具有硬胶囊剂的优势之外，其类球形的形状和柔软的质感更能给使用者带来心理和生理上的愉悦，极易被接受；由于软胶囊壳中含水量高于硬胶囊壳，胶囊壳更易溶化，因此生物利用度较硬胶囊剂略高；由于其胶囊壳没有缝隙，有效物质的稳定性更高，物料的不良气味掩盖得更加彻底；且压制软胶囊剂的生产过程简单。但刺激性、易风化和吸湿性强的原料不宜制成软胶囊剂；儿童保健食品一般不适合压制成软胶囊剂。

(二)压制软胶囊剂的生产工艺流程

压制软胶囊剂生产的常用设备主要有配液罐、化胶罐、滚模式软胶囊机、软胶囊干燥机等。

压制软胶囊剂的制备流程一般为：配料(填充物处理)→化胶→囊材制备→物料填充与压制→软胶囊干燥→成品。

生产操作步骤如下：

1. 配料(填充物处理)

压制软胶囊剂中可以填充各种油类或对明胶无溶解作用的液体或混悬液，也可以填充固体物质，填充的液体内容物主要是与水不相混溶的挥发性或不挥发性的液体，如植物油或芳香油。

如果填充物吸水，往往会引起软囊壳中水分发生改变；若填充物是亲水性的，应使其保持5%左右的水；油类一般作为溶媒或混悬液的介质，填充油的软胶囊虽然没有水分，但是湿气或胶囊壳中的水分可透过囊壁而进入其中。填充物的pH值应控制在2.5～7.5之间，否则软胶囊剂在贮存期间可因明胶的酸水解而泄漏，且强碱性可使明胶变性而影响软胶囊剂的溶解性。软胶囊剂的原料明胶中铁含量不能超过0.0015%，以免对铁敏感的原料产生变质。W/O型乳浊液或混悬液可以制成软胶囊剂。目前大部分软胶囊剂都是用混悬液包制的，常用的分散介质是植物油或聚乙二醇-4000。为了使混悬液具有良好的流动性和物理稳定性，一般将原料颗粒控制在80目或者更细，并加入助悬剂。油类介质一般采用10%～30%的油蜡混合物作助悬剂，其组成是氢化植物油1份、黄蜡1份、短链植物油4份；对于非油类介质，一般采用1%～15%的聚乙二醇-4000或聚乙二醇-6000作助悬剂。必要时应加入表面活性剂和抗氧化剂，以提高软胶囊剂的稳定性和生物利用度。

2. 化胶

囊材制备首先应确定囊材处方，可借鉴常用的囊材处方实例，详见表 12-2。软胶囊剂的囊材主要有明胶、增塑剂(如甘油、山梨醇、阿拉伯胶等)、防腐剂、遮光剂、着色剂、芳香剂等成分。化胶是将囊材处方的各种原料加入水浴夹层锅，将温度控制在 80～90℃，搅拌、加热 10～20h，消泡后进行囊材制备和软胶囊剂压制。

3. 囊材制备

采用滚模式软胶囊机压制软胶囊剂，首先要调制囊材，即将胶液先制成厚薄均匀的胶片(又称胶板、胶带或胶皮)。

表 12-2　常用的囊材处方实例

成分名称	实验室处方	中国某药厂	美国某药厂	英国某药厂
明胶	2.75kg	1.00kg	10 份	13.6kg
阿拉伯胶	0.5kg	0.25kg(胶浆)	1 份	2.6kg
甘油	1.25L	0.75kg	10.4 份	6.8kg
糖浆	1.35L	0.15kg	—	5.9L
蒸馏水	适量	1.50kg	16.1 份	2.27L

4. 物料填充与压制

采用滚模式软胶囊机实施物料填充与压制，物料的填充与胶片的成形是同步进行的。其制备方法为压制法(又称模制法)，即当胶液先制成厚薄均匀的两张胶片通过钢模时，利用物料填充喷头将填充物置于两张胶片之间，借用钢模旋转压制成软胶囊剂。

压制软胶囊剂时，空间相对湿度应控制在 20%～30%、温度在 21～24℃之间。

5. 软胶囊干燥

压制成的软胶囊剂首先用软胶囊干燥机(习称滚笼)风吹定型后，转至干燥室继续干燥至胶囊壳含水量在 6%～10%后，经筛选即得大小、形态、色泽符合要求的软胶囊剂。

压制软胶囊剂生产工艺流程示意图如图 12-3 所示。

三、滴制软胶囊剂(胶丸)生产

(一)滴制软胶囊剂的含义与特点

滴制软胶囊剂源于药品生产，是指将药材提取物、液体药物与适宜辅料混匀后用滴制法密封于软质囊材中的胶囊剂。

滴制软胶囊剂除了具有压制软胶囊剂的优势之外，其球形的形状和柔软的质感，对应用者在心理和生理上的愉悦强于压制软胶囊剂，更易被接受；在生物利用度、提高制剂稳定性、生产工艺简单和弥补其他剂型的不足等方面与压制软胶囊剂具有同等优势。但与硬胶囊剂和压制软胶囊剂一样，具有刺激性、易风化和吸湿性强的物质不宜制成滴制软胶囊剂。

(二)滴制软胶囊剂生产的常用设备与工艺操作

滴制软胶囊剂所用囊材及填充物的处理与压制软胶囊剂相同，其成丸是采用软胶囊滴丸机实现的。滴制过程是将明胶液与填充物分别盛装于软胶囊滴丸机的明胶液贮槽和填充物贮槽中，通过定量控制器将定量明胶液和填充物经过双层喷头(外层为胶液通道，内层为填充物通道)使胶液把油液包裹起来，形成大液滴滴入冷却剂(如液状石蜡等对明胶无溶解

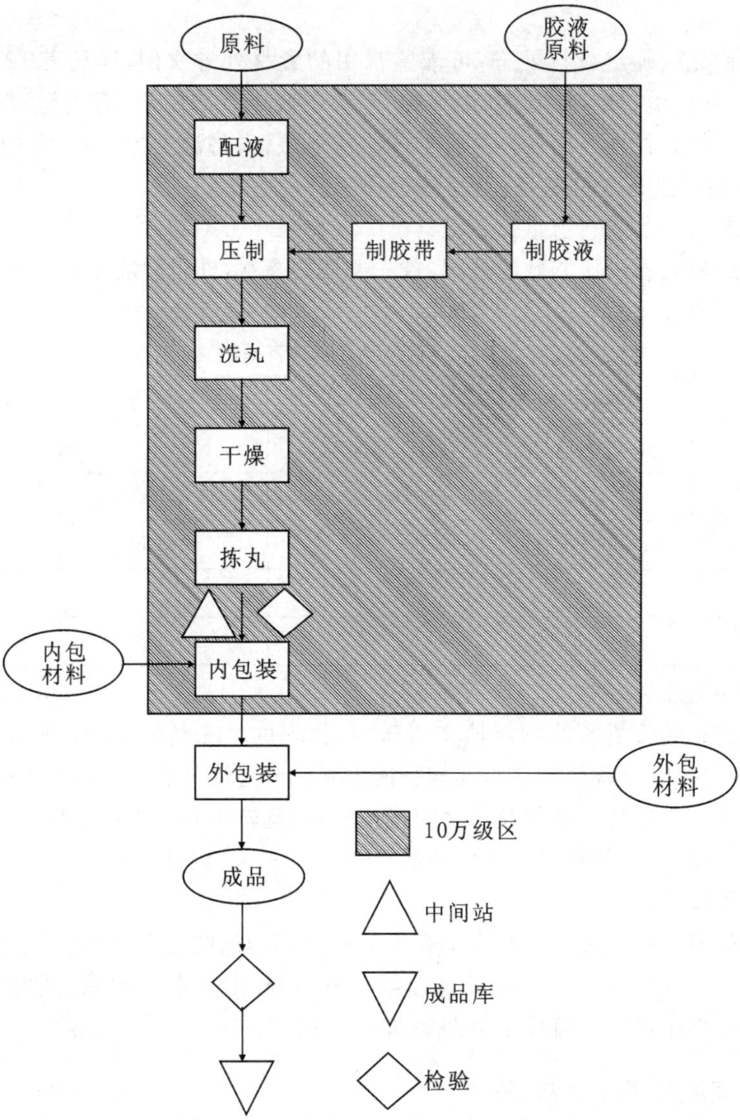

图 12-3　压制软胶囊剂生产工艺流程示意图

作用的液体)中,液滴由于表面张力作用形成球体并逐渐冷却凝固成软胶囊剂,然后被流动的液状石蜡带至收集箱,从收集箱中取出软胶囊剂,除去表面黏附的液状石蜡,干燥,剔去废品,包装即得。

影响滴制软胶囊剂质量的因素有:囊材的处方组成比例、胶液黏度、胶液及填充物液体和冷却剂三者的密度、胶液及填充物液体温度和冷却剂温度、滴头大小、滴制速度、软胶囊剂干燥温度等。所以,滴制工艺的设计必须依据实验确定。

滴制软胶囊剂工艺流程示意图如图 12-4 所示。

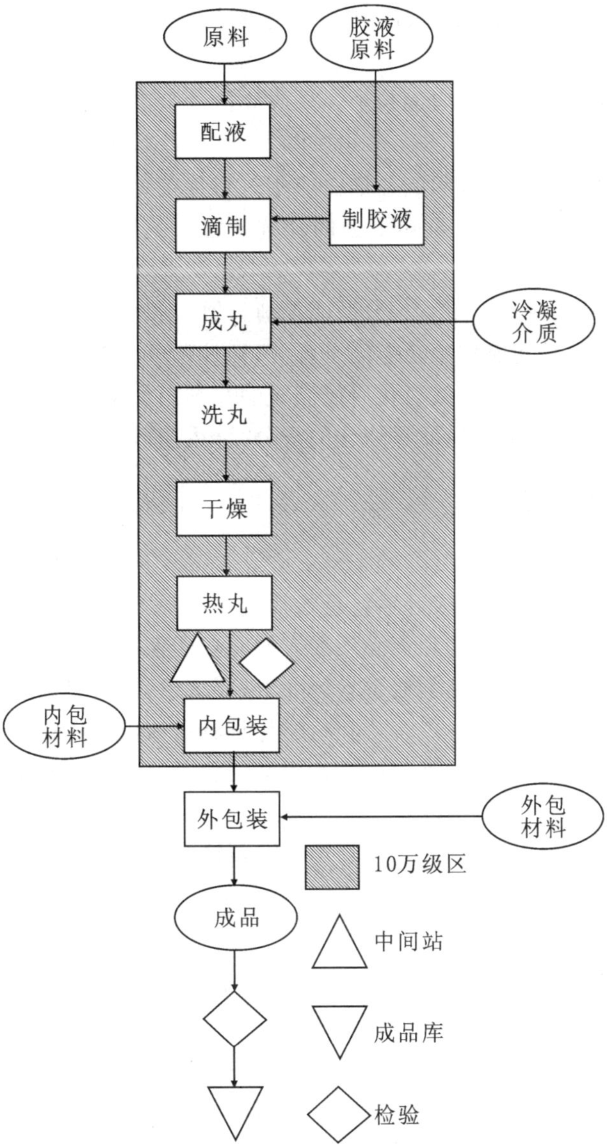

图 12-4　滴制软胶囊剂工艺流程示意图

第七节　片剂生产

一、片剂的含义及特点

片剂源于药品生产，是指原料与适宜辅料混匀压制形成的圆片状或异形片状的制剂。片剂为干燥固体，且某些易氧化变质及易潮解的有效物质可借包衣加以保护，光线、空气、水分等对其影响较小，因此质量稳定，服用、携带、运输等较方便；其机械化生产效率较高而制作成本较低，且卫生标准容易达到。

保健食品的片剂依使用不同或工艺不同可分为以下几种类型：

(1)普通片，即药物与辅料混合、压制而成的未包衣片剂。需进一步包衣时，称为“基片”、“片心”和“素片”。

(2)包衣片，即在普通片的外表面包上一层衣膜的片剂。根据包衣材料不同又可分为糖衣片、薄膜衣片、肠溶衣片等。

(3)泡腾片，即含有泡腾崩解剂的片剂。应用时将片剂放入水杯中迅速崩解后饮用。

(4)咀嚼片，即在口中嚼碎后再咽下去的片剂。常加入蔗糖、薄荷、食用香料等以调整口味。

(5)分散片，即遇水迅速崩解并均匀分散的片剂。加入水中分散后饮用，也可咀嚼或含服。

(6)缓释片或控释片，能够控制功能因子释放，即控制释放时间和地址。

(7)微囊片，即保健功能因子微囊化后压制成的片剂。如某些保健功能因子对口感不利或含有易挥散的挥发成分、易发生质量变化的成分，可采用微囊片的形式。

二、片剂的生产工艺

(一)片剂的辅料

片剂由原料和辅料两部分组成。辅料是指片剂中除原料以外的所有附加物料的总称，亦称赋形剂，是为了生产出满意的片剂必须加入的非功能性物质。

为提高片剂生产效率，保证片剂质量均匀一致，要求压片所用的原料一般应具有良好的流动性、可压性及一定的黏结性。口含片和咀嚼片具有遇体液能迅速崩解与溶解的特性，从而便于营养成分的吸收利用，因此其生产过程中必须加入一定量适宜的辅料，使之达到压片要求。

根据辅料在片剂中作用的不同，片剂常用的辅料可分为稀释剂与吸收剂、润湿剂与黏合剂、崩解剂、润滑剂等四种基本类型。

1. 稀释剂与吸收剂

稀释剂是指可增加片剂的重量与体积，以利于片剂成型和分剂量的辅料，也称为填充剂。为方便生产与应用，片剂的直径一般不小于 6mm，且片重多在 100mg 以上。当原料的剂量小于 100mg 时，在工艺处方中必须加入稀释剂，这样可控制片剂的体积大小。若片剂中浸膏量大、吸潮性强、黏性大或原料中含较多挥发油、脂肪油时，需添加吸收剂，以利于压片。常用的稀释剂与吸收剂有以下几种：

(1)淀粉。如玉米淀粉、马铃薯淀粉、小麦淀粉，其中常用的是玉米淀粉。淀粉的性质稳定，外观色泽好，价格便宜。淀粉用做填充剂时，用量一般在干颗粒重的 20%以上。应注意淀粉单独用做稀释剂时，制成的颗粒难以干燥，可压性差，因此常与可压性较好的糖粉、糊精、乳糖等混合使用。某些酸性较强的原料不适宜用淀粉作填充剂。

(2)糖粉。糖粉指结晶性蔗糖经低温干燥、粉碎而成的白色粉末。其优点是黏合力强，可增加片剂的硬度，使片剂的表面光洁美观；缺点是吸湿性较强，长期贮存会使片剂的硬度过大、崩解或溶出困难。糖粉一般不单独使用，常与糊精、淀粉配合使用。糖粉遇碱性物质将变为棕色。

(3)糊精。糊精是淀粉水解的中间产物，其成分除糊精外，尚含有可溶性淀粉及葡萄糖等。糊精在冷水中溶解较慢，较易溶于热水，不溶于乙醇。其具有较强的黏结性，使用不当会使片面出现麻点、水印及造成片剂崩解或溶出迟缓。如果在含量测定时粉碎与提取不充分，将会影响测定结果的准确性和重现性，所以很少单独使用糊精，常与糖粉、淀粉配合使用。

(4)乳糖。乳糖由等分子的葡萄糖及半乳糖组成，呈白色结晶性粉末，无臭、略带甜味，易溶于水，难溶于醇。常用的乳糖含有一分子结晶水(α-乳糖)，无吸湿性，可压性好，压成的片面光洁美观。由喷雾干燥法制得的乳糖为非结晶性、球形乳糖，其流动性、可压性良好，可供粉末直接压片。

(5)葡萄糖。本品为白色结晶性粉末，无臭，有甜味但较蔗糖差，易溶于水，在片剂中的作用与蔗糖粉相似，属还原性物质，对某些易氧化的原料略有稳定作用，但能使片剂的硬度在贮藏期间逐渐增加。

(6)预胶化淀粉。预胶化淀粉亦称为可压性淀粉，又称 α-淀粉，由淀粉通过物理分解加工制成。预胶化淀粉为白色干燥粉末，无臭无味，性质稳定，微溶于冷水，不溶于有机溶剂，水溶性、吸湿性等与淀粉相似。本品具有良好的流动性、可压性、自身溶胀性和干黏合性，并有较好的崩解作用。其作为多功能辅料常用于粉末直接压片。

(7)微晶纤维素。微晶纤维素是由纤维素部分水解而制得的结晶性粉末，性质稳定，有一定的吸湿性。其具有良好的可压性、流动性，为良好的片剂稀释剂和粉末直接压片的干黏合剂。在工艺处方中如含 20%以上的微晶纤维素，片剂崩解比较好。

(8)无机盐类。无机盐类主要指一些无机钙盐，如硫酸钙、磷酸氢钙及碳酸钙等。其中硫酸钙较为常用，其性质稳定，无臭无味，微溶于水，制成的片剂外观光洁，硬度、崩解均好；同时对油类有较强的吸收能力，常作为挥发油的吸收剂。

(9)糖醇类。糖醇类如甘露醇等，为白色、无臭、结晶性粉末，无吸湿性，压缩成形性较好；化学性质稳定，溶于水，溶解时吸热，因此口服有凉爽感，甜度相当于蔗糖的一半，多用于维生素类、制酸剂类等咀嚼片剂的稀释剂。甘露醇制得的颗粒，流动性较差，往往需加入较多的润滑剂和助流剂。近年来开发的赤鲜糖溶解速度快、有较强的凉爽感，口服后不产生热能，口腔内的 pH 值不下降(有利于牙齿的保护)，是制备咀嚼片的最佳辅料，但价格昂贵。

2. 润湿剂与黏合剂

润湿剂是指本身没有黏性，但能诱发待制粒物料的黏性，以利于制粒的液体。常用的润湿剂有纯化水和不同浓度的乙醇等。黏合剂是指对无黏性或黏性不足的物料给予黏性，从而使物料聚结成粒，以利于制粒和压片制剂。黏合剂分为液体黏合剂和固体黏合剂，一般在湿法制粒压片中使用液体黏合剂，而在干法制粒压片中使用固体黏合剂。制粒时主要根据物料的性质以及实践经验选择适宜的黏合剂的种类、浓度及其用量等，以确保颗粒与片剂的质量。常用的润湿剂与黏合剂如下：

(1)纯化水。纯化水由饮用水精制而得，是最常用的润湿剂。当水溶性成分较多时使用纯化水作润湿剂，可能出现发黏、结块、湿润不均匀、干燥后颗粒发硬等现象，此时最好选择不同浓度的乙醇溶液。

(2)乙醇。凡遇水易分解或遇水黏性太大的原料(如某些浸膏粉)，或在加热干燥时易引起变质的原料，常用稀乙醇作润湿剂，以克服制粒时的困难，并缩短受热干燥时间。一般随着乙醇浓度的增大，润湿后所产生的黏性降低。使用乙醇作润湿剂时，应迅速混合后立即进行制粒，以避免乙醇挥发而使软材结团不易制粒，并应迅速干燥。

(3)淀粉浆。淀粉浆俗称淀粉糊，是片剂制颗粒过程中应用最广泛的一种黏合剂，常用浓度为8%～15%。若物料的可压性较差，其浓度可提高到20%。淀粉浆的制法主要有煮浆法和冲浆法两种。煮浆法是将淀粉混悬于全部量的水中，在夹层容器中加热并不断搅拌，直至糊化；这种淀粉浆中的几乎所有淀粉粒都糊化，故黏性较强。冲浆法是将淀粉混悬于少量(1～1.5倍)水中，然后根据浓度要求冲入一定量的沸水，不断搅拌至半透明糊状；这种淀粉浆中有一部分淀粉未能完全糊化，因此黏性不如煮浆法制的浆强，但制粒时较易操作。淀粉价廉易得，且黏合性良好，故淀粉浆的适用范围较宽。若淀粉浆的黏合性达不到制粒要求，可与糖浆或阿拉伯胶浆混合使用。

(4)纤维素衍生物。纤维素衍生物是将天然的纤维素经处理后制成的各种纤维素的衍生物，种类较多。

①甲基纤维素，是纤维素的甲基醚化物，具有良好的水溶性，可形成黏稠的胶体溶液，制成的颗粒压缩成形性好。一般浓度为5%的本品溶液黏合力相当于10%的淀粉浆，可应用于水溶性及水不溶性物料的制粒。

②乙基纤维素，是纤维素的乙基醚化物，不溶于水，易溶于乙醇等有机溶剂中。由于本品黏性较强，且在胃肠液中不溶解，目前常用做缓、控释制剂的包衣材料。

③羟丙基甲基纤维素，是纤维素的羟丙基甲基醚化物。本品为白色至乳白色纤维状或颗粒状的粉末，无臭、无味，易溶于冷水，不溶于热水。常用浓度为2%～5%。

④羧甲基纤维素钠，是纤维素的羧甲基醚化物的钠盐。本品为白色纤维状或颗粒状粉末，无臭、无味，有吸湿性，易分散于水中成胶体溶液，不溶于乙醇、乙醚、丙酮等有机溶剂，溶于水，其水溶液对热不稳定，黏度随温度的升高而降低。一般本品水溶液的使用浓度为1%～2%。

⑤羟丙基纤维素，是纤维素的羟丙基醚化物，含羟丙基53.4%～77.5%，其中羟丙基含量为7%～19%的低取代物称为低取代羟丙基纤维素。本品为白色粉末，易溶于冷水，加热至50℃发生胶化或溶胀现象，可溶于甲醇、乙醇、异丙醇和丙二醇。本品既可做湿法制粒的黏合剂，也可做粉末直接压片的干黏合剂。

(5)聚维酮。聚维酮为白色或乳白色粉末，微有特臭气味，化学性质稳定，略有吸湿性，根据相对分子质量不同分为多种规格，其中最常用的型号是K30(相对分子质量为6万)。聚维酮的最大优点是既溶于水，又溶于乙醇，因此可用于水溶性与水不溶性物料或对水敏感性原料的制粒，还可用做直接压片的干黏合剂。

(6)明胶。明胶溶于水形成胶浆，其黏性较大，制粒时明胶溶液应保持较高温度，以防止胶凝。其缺点是制粒物随放置时间延长而变硬。明胶浆一般浓度为10%～20%，用其醇溶液时浓度可略降低，主要适用于松散且不易制粒的原料。

(7)聚乙二醇。根据相对分子质量不同，聚乙二醇有多种规格，其中PEG4000、PEG6000常用于黏合剂。以PEG为黏合剂制得的颗粒压缩成形性好，片剂不变硬，适用于水溶性与水不溶性物料的制粒。

(8)其他黏合剂。其他黏合剂有50%～70%的蔗糖溶液、海藻酸钠溶液等。

3. 崩解剂

崩解剂是能促使片剂在胃肠液中迅速裂碎成细小颗粒，便于营养物质迅速溶解吸收的物质。由于片剂是经机械压制而成的，空隙小且结合力强，使崩解、溶解时间大大延长，不利于保健功能因子的吸收利用，因此一般均需加入崩解剂以加速片剂的崩解和营养物质的溶出。常用崩解剂有：

(1)干燥淀粉。干燥淀粉是应用最广泛的崩解剂。淀粉为亲水性物质，其中支链遇水能吸水膨胀使片剂崩裂。干燥淀粉的吸水性较强，其吸水膨胀率为186%左右，用量一般为干颗粒重的5%～20%。使用前应在100～105℃下干燥1h，使含水量在8%以下。

(2)羧甲基淀粉钠。本品为白色无定形粉末，无臭、无味，置空气中能吸潮。其特点是吸水性极强，吸水后可膨胀至原体积的300倍。由于膨胀后不形成胶体溶液，不阻碍水分的继续渗入，故不影响片剂的崩解，是一种性能优良的崩解剂。本品还具有良好的流动性和可压性，可用于粉末直接压片与湿法制粒压片。一般用量为0.5%～6%，最常用量为2%。

(3)低取代羟丙基纤维素。低取代羟丙基纤维素是近年来国内应用较多的一种崩解剂，具有较大的表面积和孔隙率，有较快的吸水速度和较大的吸水量，其吸水膨胀率为500%～700%。本品崩解后的颗粒较细小，从而可提高生物利用度；可用于湿法制粒，也可加入干颗粒中，或加入淀粉浆中作黏合剂用，均能起到提高片剂硬度和改善片剂崩解度的效果。一般用量为2%～5%。

(4)交联羧甲基纤维素钠。本品为水溶性纤维素的醚，为白色、细粒状粉末，吸湿性较大。由于交联键的存在，其不溶于水，在水中能吸收数倍量的水膨胀而不溶化，具有较好的崩解作用和可压性。当与羧甲基淀粉钠合用时，崩解效果更好，但与淀粉合用时崩解作用会降低。一般用量为5%。

(5)交联聚维酮。交联聚维酮为白色粉末，流动性好，不溶于水，但吸湿性极强。本品堆密度较小，故比表面积较大，在片中分散均匀，加上强烈的毛细管作用，水能迅速进入片剂中，促使网络结构膨胀而产生崩解作用，崩解性能十分优越。

(6)泡腾崩解剂。泡腾崩解剂是专用于泡腾片的特殊崩解剂，最常用的是由碳酸氢钠与枸橼酸组成的混合物。泡腾崩解剂遇水时产生二氧化碳气体，使片剂在几分钟之内迅速崩解。含有这种崩解剂的片剂，在生产和贮存过程中要严格控制水分及妥善包装，避免吸湿而造成崩解剂失效。

(7)表面活性剂。表面活性剂作为辅助崩解剂主要是增加片剂的润湿性，使水分借毛细管作用而渗透到片心引起崩解，如吐温-80、十二烷基硫酸钠等。单独使用效果欠佳，常与其他崩解剂合用。

崩解效果与崩解剂的加入方法有一定关系，崩解剂的加入方法有外加法、内加法和内外加法之分。外加法是将崩解剂加于压片之前的干颗粒中，片剂的崩解将发生在颗粒之间。水分透入后崩解迅速，因颗粒内无崩解剂，所以不易崩解成细颗粒，溶出稍差。内加法是将崩解剂加于制粒过程中，片剂的崩解将发生在颗粒内部。其崩解虽较迟缓，但一经崩解便成细颗粒，有利于溶出。内外加法是内加一部分，外加一部分，可使片剂的崩解既发生在颗粒内部又发生在颗粒之间，从而达到良好的崩解效果。此法集中了前两种方法的优点，通常内加崩解剂量占崩解剂总量的50%～75%，外加崩解剂量占崩解剂总量的25%～50%，根据崩解剂的性能不同，加入量有所不同。

4. 润滑剂

压片时为了能顺利加料和出片，并减少黏冲及降低颗粒与颗粒、片与模孔壁之间的摩擦力，使片面光滑美观，在压片前一般均需在颗粒中加入适宜的润滑剂。按其作用不同，广义的润滑剂包括三种辅料，即助流剂、抗黏剂和润滑剂。助流剂是降低颗粒之间摩擦力，从而改善粉体流动性，减少片剂重量差异的辅料。抗黏剂是防止压片时物料黏着于冲头与冲模表面，以保证压片操作的顺利进行以及片剂表面光洁度的辅料。润滑剂是降低压片和推出片时药片与冲模壁之间的摩擦力，以保证压片时应力分布均匀，保证片剂的完整性的辅料。常用润滑剂有：

(1)硬脂酸镁。硬脂酸镁是疏水性及水不溶性润滑剂，为白色粉末，细腻疏松，有良好的附着性，与颗粒混合后分布均匀而不易分离，润滑作用好，且片面光滑美观，应用最广泛。一般用量为0.1%～1%。

(2)滑石粉。滑石粉为疏水性及水不溶性润滑剂，其成分为含水硅酸镁，为白色结晶粉末，有较好的滑动性，用后可减少压片物料黏附于冲头表面的倾向，且能增加颗粒的润滑性和流动性，为优良的助流剂。本品颗粒细而相对密度大，附着力较差，在压片过程中可因振动而与颗粒分离并沉至颗粒底部，影响润滑效果，现较少单独使用。常用量一般为 0.1%～3%。

(3)氢化植物油。氢化植物油是疏水性及水不溶性润滑剂。本品是普通植物油在一定温度和压力下加氢催化的产物，以喷雾干燥法制得，是一种良好的润滑剂。应用时，将其溶于轻质液状石蜡中，然后将此溶液喷于干颗粒表面以利于均匀分布。凡不宜用碱性润滑剂的物质均可选用本品作为润滑剂。

(4)聚乙二醇类。聚乙二醇类是水溶性润滑剂，具有良好的润滑效果。作为水溶性润滑剂，其溶于水形成澄明的溶液，片剂的崩解与溶出不受影响。

(5)月桂醇硫酸钠(镁)。月桂醇硫酸钠(镁)为水溶性表面活性剂，具有良好的润滑作用，不仅能增强片剂的机械强度，而且可促进片剂的崩解和营养成分的溶出。

(6)微粉硅胶。微粉硅胶为优良的助流剂，可用做粉末直接压片的助流剂。其性状为轻质白色无水粉末，无臭无味，不溶于水及酸，溶于氢氟酸及热碱溶液，化学性质稳定，比表面积大，亲水性强。用量在1%以上时可加速片剂的崩解。

另外，在片剂制备过程中，常常还需加入一些着色剂、矫味剂等色、香、味调节剂以改善口味和外观。所用色素必须是食用级的。

(二)片剂生产

1.片剂生产的常用机械设备

片剂生产的常用机械设备有制粒设备、旋转式多冲压片机、高速旋转式压片机和净片设备等。

(1)制粒设备。具体内容参见本章第五节。

(2)旋转式多冲压片机。旋转式多冲压片机是目前工业生产最主要的压片设备，主要由动力部分、传动部分及工作部分组成。工作部分中有绕轴而旋转的机台，分为三层。机台的上层装着上冲，中层装有模圈，下层装着下冲；另有固定不动的上下压轮、片重调节器、压力调节器、饲粉器、刮粉器、推片调节器以及吸粉器和防护装置等。旋转式多冲压片机有多种型号，按冲模数分有 17 冲、19 冲、27 冲、33 冲、55 冲、75 冲等。旋转式多冲压片机的饲粉方式合理、片重差异小，由上、下冲同时加压，压力分布均匀，生产效率高。如 55 冲的双流程压片机的生产能力高达 50 万片/小时。全自动旋转式多冲压片机，除能将片重差异控制在一定范围外，对缺角、松裂片等不良片剂也能自动鉴别并剔除。

(3)高速旋转式压片机。该机主要由传动部件、转台、导轨部件、加料器部件、充填和出片部件、压力部件、计数与剔除部件、润滑系统、液压系统、控制系统和吸尘系统等组成。

高速旋转式压片机是一种先进的旋转式压片设备，通常每台压片机有两个旋转圆盘和两个给料器，为适应高速压片的需要，采用自动给料装置，而且片剂重量、压轮的压力和转盘的转速均可预先调节。压力过载时能够自动卸压。片重误差控制在2%以内，不合格片剂自动剔除。生产产量由计数器显示，可以预先设定，达到预定产量即自动停机。机器采用微电脑装置来监测冲头损坏的位置，还有过载报警和故障报警装置等。高速旋转式压片机采用了粉粒强制填充机构、两次压缩压片及压片缓冲机构，解决了填充速度慢、冲头冲击力大、片子顶裂等问题。

(4)净片设备。净片是指将片剂表面黏附着的粉末进行清除干净的过程。净片的目的是避免片剂在包衣时因粉末粘连而使包衣粗糙；利于非包衣片的包装、保存和销售。常用的净片方法有振动除尘、气流除尘、真空除尘和静电除尘等。常用的片剂抛光机主要由加料斗、滚动毛刷、筛网、粉粒接收器和出料斗等组成。片剂自加料斗进入容器内，滚动毛刷将药片上的粉粒刷下，被刷下的粉粒经筛网被筛至粉粒接收器内，然后被吸尘器吸走；已经洁净的片剂自出料斗出料。

2. 片剂生产的工艺操作

(1)湿法制粒压片法。湿法制粒压片法是将物料的粉末混合均匀后加入液体黏合剂制备颗粒的方法。湿法制粒的颗粒具有外形美观、流动性好、耐磨性较强、压缩成形性好等优点，应用最为广泛；但对于热敏性、湿敏性、极易溶性等物料应采用其他方法制粒。

(2)干法制粒压片法。干法制粒压片法是将原料和辅料的粉末混合均匀、压缩成大片状或板片状后，粉碎成所需大小颗粒后再压片的方法。因不需要加入液体黏合剂，无需对颗粒进行加热干燥，故常用于热敏性物料、遇水易分解的物料，方法简单、省工省时。

其制备方法有压片法和滚压法两种。压片法是利用重型压片机将物料粉末压制成直径为20～25mm的坯片，然后破碎成一定大小颗粒的方法。滚压法是利用转速相同的两个滚动圆筒之间的缝隙，将药物粉末滚压成板状物，然后破碎成一定大小颗粒的方法。

(3)粉末直接压片法。粉末直接压片法是不经过制粒过程直接进行压片的方法。本法减少了制粒过程，省时节能、工艺简便、工序少，适用于湿热不稳定的物料；但粉末流动性差，易导致片重差异大或造成裂片等不足。粉末直接压片法的优良辅料如微晶纤维素、可压性淀粉、喷雾干燥乳糖、微粉硅胶等促进了粉末直接压片法的发展。粉末直接压片法应使用粉末压片机。

片剂生产工艺流程示意图如图12-5所示。

(三)片剂的包衣

1. 片剂包衣的含义及目的

包衣是指在特定的设备中按特定的工艺将包衣材料涂覆在固体制剂的外表面，干燥后成为紧密黏附在其表面的一层或数层不同厚薄、不同弹性的多功能保护层。包衣的目的是：①掩盖不良气味。②增加稳定性。通过包衣达到避光、防潮、隔绝空气的效果，避免固体制剂吸潮及其有效成分的挥发、氧化等。③改善保健因子的吸收特性。通过选择不同的包衣材料与工艺，可控制保健因子释放速度与部位，如胃溶制剂，肠溶制剂，缓释、控释制剂等。④改善固体制剂的外观，便于服用和识别。

片剂包衣生产工艺流程示意图如图12-6所示。

2. 片剂包衣的种类

根据包衣材料的不同，片剂包衣可分为糖包衣、半薄膜包衣、薄膜包衣。根据包衣目的不同，片剂包衣可分为水溶性包衣、胃溶性包衣、水不溶性包衣、肠溶性包衣和缓、控释包衣。目前包衣工艺主要为糖包衣与薄膜包衣。糖包衣是利用蔗糖在药物表面缓缓干燥而析出的蔗糖结晶连接成坚实、细腻的衣膜，使保健营养物质与外界隔离的包衣方法。薄膜包衣是以高分子为原料，包制成水溶性、胃溶性、水不溶性、肠溶性和缓、控释片剂。薄膜包衣的包衣材料可分为：

(1)水溶性的包衣材料，如羟丙基甲基纤维素(HPMC)、羟丙基纤维素(HPC)、聚乙二醇(PEG)、聚乙烯吡咯烷酮(PVP)；

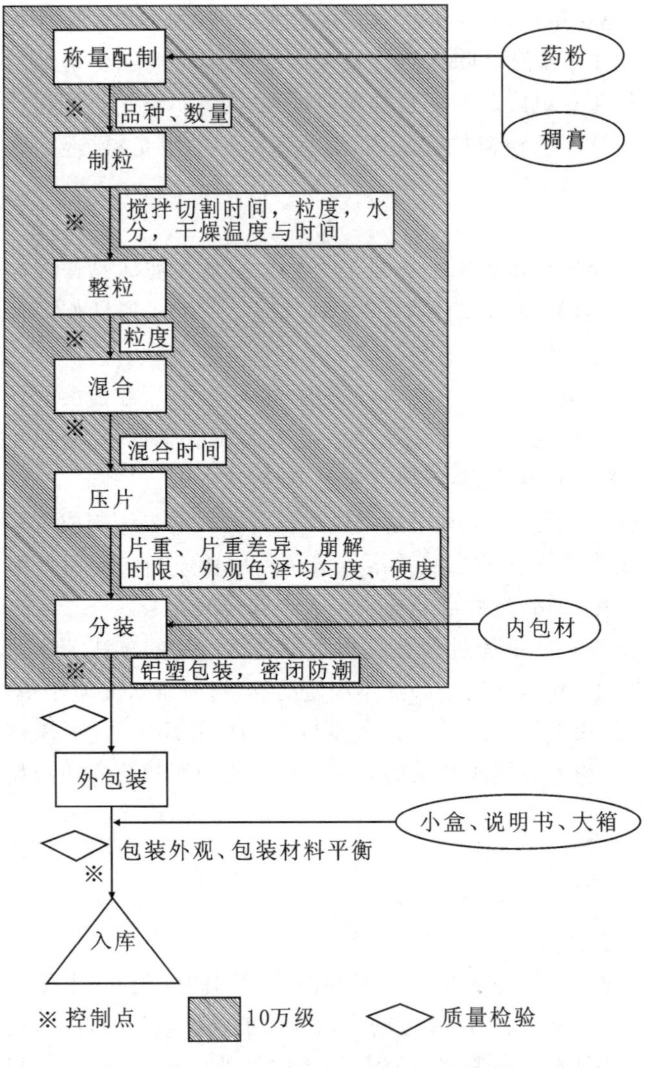

图 12-5　片剂生产工艺流程示意图

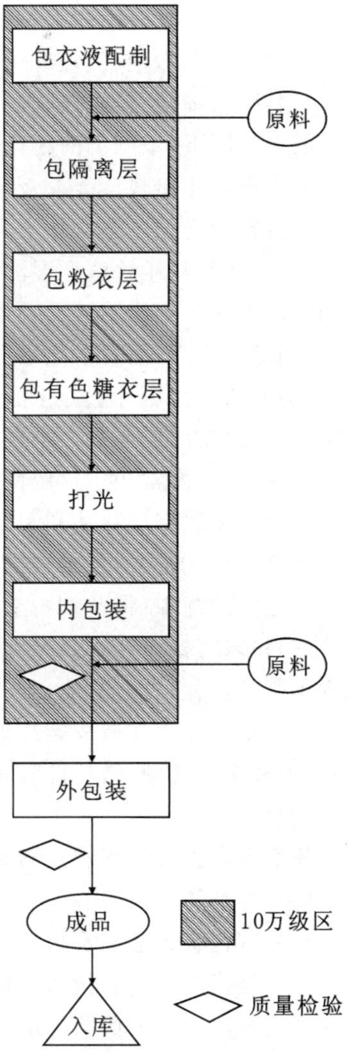

图 12-6　片剂包衣生产工艺流程示意图

(2)肠溶性材料，包括肠溶型丙烯酸树脂、羟丙基甲基纤维素邻苯二甲酸酯(HPMCP)、醋酸纤维素邻苯二甲酸酯(CAP)、虫胶等；

(3)水不溶性包衣材料，如乙基纤维素等。

相比于糖包衣，薄膜包衣具有生产周期短、效率高、片重增加小（一般增加 2%～4%）、包衣过程可实行自动化、包衣后能够保持片芯刻字或刻痕的清晰等优点，并且被包物料不仅限于片剂、丸剂，还可用于颗粒、微丸、微囊、粉末的包衣。生产片剂形式的保健食品一般采用薄膜包衣。

3. 糖包衣方法

（1）糖衣辅料。主要有：

①糖浆。制备糖浆的蔗糖应采用含杂质较少的干燥粒状晶体，其转化糖的含量不应超过 0.2%。按重量计算，糖浆应含 71%(g/g)的蔗糖，相对密度应在 1.313 以上。制备时取蔗糖 10kg 和水 4kg，先将水注入溶糖锅内，加热至沸后停止加热，将蔗糖慢慢投入并不断搅拌，使其充分溶解，接通电源煮沸 10min 停止加温；密闭 40min，然后重新加温煮沸30min，用 100 目绢筛趁热过滤，除去表层的白色泡沫和杂质，保温贮存。应注意的是糖浆不宜多煮沸，要严格控制溶糖时间；糖浆宜新鲜配制，不宜久贮。

②明胶。取明胶 0.5kg 和水 1kg，于 80℃水浴加热溶化，用 40 目筛过滤即可。注意溶解明胶时严禁使用明火，应在水浴上加热。明胶宜新鲜配制。

③滑石粉。包衣用的滑石粉应符合标准，用前过 100 目筛。有时为了增加片剂的洁白度和对油类的吸收，可在滑石粉中加入 10%～20%的碳酸钙或适量的淀粉。

④打光蜡。打光蜡以川蜡为主，质地以白色坚硬无结晶的块状最佳。川蜡在打光前应进行预处理：以 80～100℃加热；通过 100 目细筛除去悬浮的杂质，并掺入约 2%的二甲基硅油，冷却后粉碎成 80 目细粉。打光蜡用于包衣打光时能增加糖衣片的亮度，防止吸潮，并能延缓药物的作用。

（2）糖包衣的常用方法。常用的糖包衣方法有滚转包衣法、埋管包衣法和流化床包衣法等。

①滚转包衣法的包衣过程是在包衣锅内完成的，故也称为锅包衣法。它是一种最经典而又最常用的包衣方法，其中包括普通锅包衣法（普通滚转包衣法）和改进的埋管包衣法及高效锅包衣法。

普通锅包衣法的机器设备的主要构造包括：莲蓬形或荸荠形的包衣锅、动力部分和加热鼓风及吸粉装置等三大部分。包衣锅的中轴与水平面一般呈 30°～45°，根据需要角度也可以更小一些，以便于片剂在锅内能与包衣材料充分混合。片剂在锅内借助于离心力和摩擦力的作用，随锅内壁向上移动，上升到一定高度，片剂的重力克服了离心力的束缚以后，将滚落下来。此过程连续不断地进行，在包衣锅口附近形成旋涡状的运动。

②埋管包衣法是在包衣锅的底部装有输送包衣溶液、压缩空气和热空气的埋管，包衣溶液在压缩空气的带动下，由下向上喷至锅内的片剂表面，并由下部上来的热空气干燥，所以可以大大减轻劳动强度，加速包衣及其干燥速度，提高劳动生产率。

③流化床包衣法是指利用高速空气流使药片悬浮于空气中，上下翻滚，呈流化态，将包衣液喷入流化态的片床中，使片心表面附着一层包衣材料，通入热空气使其干燥，如法数次至符合要求。

4. 薄膜包衣方法

（1）薄膜包衣的特点。薄膜包衣工艺可广泛用于片剂、丸剂、颗粒剂，特别是对吸湿性强、易开裂、花斑的片剂更显示其优越性。薄膜包衣与糖包衣比较主要有以下优点：

①性能好。成膜剂和多数辅助添加剂都是理化性能优异的高分子材料，使得包成的薄膜衣片不但能防潮、避光、掩味、耐磨，而且不易霉变，容易崩解，大大提高了溶出度、生物利用度，并延长了保质期。

②增重少。薄膜包衣仅使片芯重增加2%～4%，而糖衣片剂往往可使片芯重量增加50%～100%。

③省时。包衣操作时间短，一般仅需2～3h，而糖包衣一般需16h。

④形象美。片型美观，色泽鲜艳，标志清新，形象生动。片芯可以采用各种平曲造型，企业的商标、标志可直接冲在片芯上，包好薄膜衣后仍清晰明显，可起到防伪作用。

⑤品种多。薄膜包衣有众多的材料可供选择，通过包衣处方的设计可制成不同特点的薄膜衣，如胃溶膜、肠溶膜、缓释膜、控释膜、复合膜、多层膜、微孔膜、渗透泵包衣等。

⑥应用广。薄膜包衣可广泛用于片剂、丸剂、颗粒剂、软硬胶囊剂甚至药物粉末等。对某些吸水快或遇水易分解、变质的物质，可采用非水溶剂。

⑦污染小。工艺中能减少或避免车间内的粉尘飞扬，有利于环境保护和劳动保护，同时可防止车间内污染。

⑧易操作。操作简便，易于掌握。

⑨成本低。虽然薄膜包衣材料价格较糖和滑石粉高，但由于用量小，且节约劳动力，节约能源，因此总体计算并不比糖包衣成本高。

(2)薄膜包衣的常用设备与工作原理为：

①高效包衣机。高效包衣机由包衣锅体、定量喷雾系统、供气和排气系统，以及程序控制系统等组成。其锅型结构又可分成网孔式和无孔式两类。网孔包衣机热交换效率高，主要用于有机薄膜包衣、水溶薄膜包衣和缓、控释包衣；无孔包衣机热交换效率较低，常用于微丸、小丸、滴丸、颗粒剂包衣和片剂包制糖衣。

高效包衣机的工作原理是使被包衣的片芯在包衣机的滚筒内不断地、连续地、重复地做出复杂的轨迹运动，在运动过程中，按工艺顺序及参数的要求，将包衣介质经喷枪自动地以雾状喷洒在片芯的表面，同时由热风柜提供经过滤的洁净热空气，穿透片芯空隙层，片芯表面已喷洒的介质和热空气充分接触并逐步干燥，废气由滚筒底部经风道由排风机经除尘后排放，从而使片芯形成坚固、光滑的表面薄膜。

②悬浮包衣机。悬浮包衣机又称流化包衣机，由包衣室、喷嘴、衣料盛装器、加热滤过器及鼓风设备等组成。其工作原理是将片芯置于流化床中，通入热空气流，使片芯悬浮于空气中，上下翻动使之成流化状态(沸腾状态)，另将包衣液喷入流化室中并雾化，使片芯的表面黏附一层包衣液，继续通热气流使其干燥，如法反复操作到规定的厚度要求，即得。目前，本设备在生产上最为常用，具有包衣速度快、不受片剂形状限制等优点，可用于片剂包糖衣、薄膜衣、肠溶衣以及微丸剂、颗粒剂的包衣，尤适于片剂包薄膜衣。缺点是包衣层太薄，且药片作悬浮运动时碰撞较强烈，外皮易碎，颜色欠佳。

第八节　水丸剂生产

一、水丸剂的含义与特点

水丸剂源于药品生产，是指中药材细粉以水（或根据制法用黄酒、醋、稀药汁、糖液等）为黏合剂而制成的小球形丸剂。水丸剂是在汤剂的基础上发展而成的，始由处方中一部分药物的煎汁与另一部分药物的细粉制成的丸剂，而后逐渐演变，以各种水溶性液体为黏合剂，用泛制法将方中全部或部分药物细粉制成小丸。水丸剂体积小，表面致密光滑，既便于吞服，又不易吸潮，有利于保管贮存。保健食品制成水丸剂易被人们接受。

二、水丸剂的制备

（一）水丸剂的黏合剂

水丸剂的黏合剂种类较多，除能润湿细粉使其产生黏性外，有的能增加某些功能成分的溶解度，有的本身具有一定的药理作用。因此，恰当地选择黏合剂很重要，使之既有利于成形和控制溶散时限，又有助于提高功能作用。水丸剂常用的黏合剂有：

1. 水

一般用纯化水，是泛丸中应用最广、最主要的黏合剂。水本身无黏性，但能润湿或溶解细粉中的黏液质、糖、淀粉、胶质等成分，使细粉产生黏性而泛制成丸。

2. 酒

酒的穿透性强，有活血通络等作用，常用黄酒（含醇量为12%～15%），亦有用白酒（含醇量为50%～70%），应根据保健食品原料的性质不同和制备的需要而选用。酒是一种润湿剂，各种酒含有不同浓度的乙醇，能溶解细粉中的树脂及油脂等成分而使细粉产生黏性。但酒润湿细粉产生的黏性比水弱，当用水为润湿剂其黏合力太强而泛丸困难者常以酒代之。酒还具有防腐作用，使原料不易霉败。酒易挥发，成丸后容易干燥。

3. 醋

常用米醋（含乙酸3%～5%）。醋既能润湿细粉产生黏性，又能使原料细粉所含生物碱等成分变成盐，有利于碱性成分的溶解、吸收，提高功能作用。醋有散瘀活血、消肿止痛的功效，作黏合剂时应加以考虑。

4. 原料汁液

某些原料中的汁液可作为黏合剂。具有下列性质的原料一般制成汁液用于泛丸：

（1）不易制粉的原料。如含纤维丰富的原料、质地坚硬的矿物类原料、树脂类原料、黏性大而难以制粉的原料（如大枣、熟地，胶类如阿胶、鹿角胶、龟甲胶及浸膏类原料等），以及可溶性原料。

（2）液体原料，如乳汁、牛胆汁、竹沥汁等。

（3）新鲜原料，如生姜、大葱或其他新鲜原料。

（二）水丸剂生产常用的机械设备

1. 槽形混合机

槽形混合机用来将细粉与黏合剂混合制成软材。槽形混合机通过机械转动，使S式搅拌桨旋转，推动物料往复翻动均匀混合；操作时采用电器控制，可设定混合时间，到时间自动停机。其与物料接触处均采用不锈钢制造；桨叶与桶身间隙小，混合无死角；搅拌轴两端设有密封装置，能防止物料外泄；料斗采用按钮点动控制，出料方便，特别适用于均匀度要求高、物料相对密度差大的物料混合。

2. 中药制丸机

中药制丸机在制备水丸剂的过程中是塑制法起模的主要机械，用来将软材依次制丸条、分粒、搓圆，最终制成丸模。

3. 水丸包衣机

水丸包衣机是泛制法起模和制丸设备，其借助包衣机中包衣锅（泛丸锅）的转动，带动锅内的颗粒状物料翻滚撞击，使颗粒表面均匀润湿和黏均药粉，使颗粒质地致密并逐渐增大形成大小适宜的水丸剂。

（三）水丸剂的工艺操作

1. 水丸剂的制备工艺流程

水丸剂的制备工艺流程为：原料的准备→起模→泛丸→盖面→干燥→选丸→（包衣）→包装，详见图 12-7。

2. 水丸剂制备操作与工艺要求

（1）原料的准备。在制备水丸剂工艺中，各环节对细粉的要求不尽相同，对细粉的黏性也应适当地选择。药材本身的粉碎细度对水泛丸的质量至关重要，一般水泛丸的药粉应过 100～120 目筛；用细粉泛丸，泛出的丸粒表面细腻、光滑、圆整。如药材粉碎较粗，则所泛成的丸粒表面粗糙，有花斑和纤维毛，且不易成型。起模用药粉或盖面包衣用药粉，更应按处方内的药物性质选择，粉碎成 120～140 目筛的细粉。

（2）起模。丸模是制备丸粒的球形基本母核。将软材制备丸模的过程称为起模。目前常用的起模方法为塑制法起模，即将细粉与适宜的黏合剂混匀成软硬适中、具有可塑性的软材，再将软材用中药制丸机依次制丸条、分粒、搓圆，最终制成丸模。本法所制丸模形状圆整、大小均匀，并接近成品体积，经泛制成成品丸粒后一般无须筛选。

（3）泛丸（成形）。泛丸在水丸包衣机中进行，是指将已经筛选均匀的丸模逐渐加大至接近成品的操作。操作方法与包糖衣相同，即在丸模上反复加水湿润、撒粉、滚圆，然后筛选适宜的丸粒进行下一步操作。

（4）盖面。对已经加大、经筛选合格的丸粒，继续在泛丸锅内进行表面处理的操作，使之达到与成品大小相同、表面光洁、致密、色泽统一的要求。常用的盖面方法有三种：其一为干粉盖面，即先将丸粒充分湿润撞紧，然后将盖面用的细粉分几次加入到包糖衣锅中，快速转动使细粉全部黏附在丸粒上，再旋转至丸粒表面光亮、圆润即可取出，此法盖面的丸粒表面色泽均匀、美观；其二为清水盖面，即在泛制好的丸粒上加适量水，让丸粒充分湿润光洁，迅速取出，立即干燥，否则色泽不匀，此法盖面的表面色泽仅次于干粉盖面；其三为清浆盖面，此法与清水盖面一样，只是把清水换成清浆，清浆可用废丸粒加水混悬而成，操作时应特别注意分布要均匀，盖面后要立即干燥，否则易出现花斑。

（5）干燥。水丸剂泛制过程中因含水量较高，易引起发霉变质，故泛制好的丸粒要及时干燥。干燥时丸粒要经常翻动，以避免出现“阴阳面”。一般干燥温度为 80℃以下。若含有芳香挥发性成分或遇热易分解成分，干燥温度不应超过 60℃。

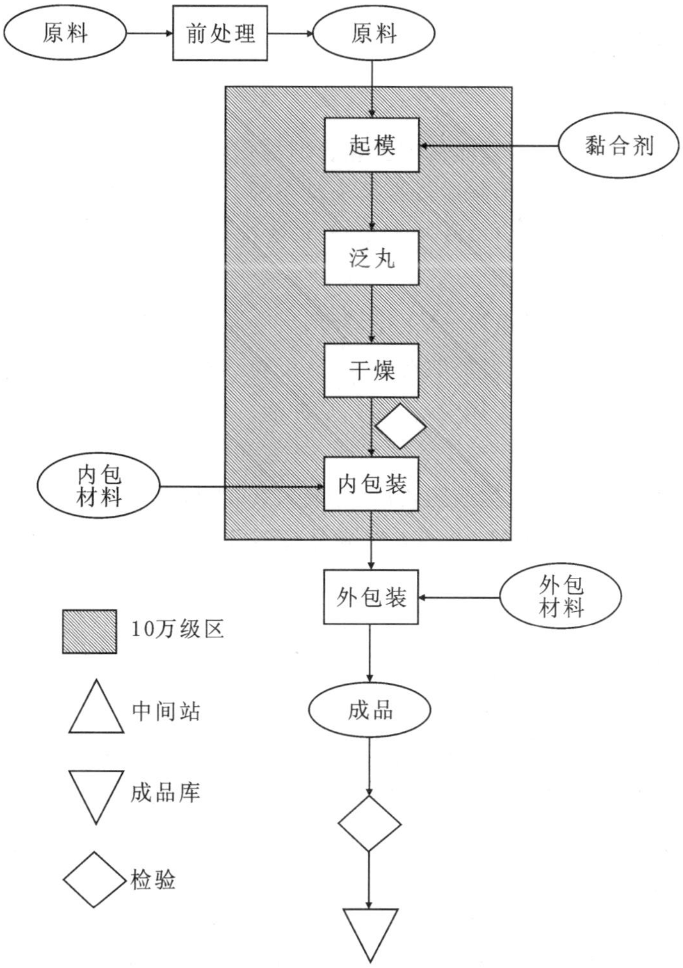

图 12-7　水丸剂生产工艺流程示意图

(6)选丸。保证丸粒圆整、大小均匀，一般通过滚筒筛、检丸器选丸。

(7)包衣。对需要包衣的丸剂，在制成丸粒成品后，按片剂包衣的方法进行。

(8)检验与包装。对经过上述工艺的丸粒进行检验，符合要求的即可包装成成品。

第九节　茶剂生产

一、茶剂的含义与特点

茶剂是指将保健食品原料或其提取物，与茶叶(或不含茶叶)或其他辅料制成的供沸水泡服或煎服用的制剂。茶剂分为块状茶剂、袋装茶剂和煎煮茶剂。块状茶剂是指原料粗粉、碎片与适宜的黏合剂压制成块状的茶剂；袋装茶剂是指茶叶、原料粗粉或部分提取物与其他辅料制成的，干燥后装入包(袋)的茶剂(装入饮用茶袋中的又称袋泡茶)；煎煮茶剂是指将原料的片、块、段、丝或粗粉及提取物装入包(袋)制成供煎服的茶剂。茶叶和茶袋应符合饮用茶有关标准的要求。茶剂的主要优点是保留茶的特色，使用方便。

二、茶剂的生产工艺

(一)块状茶剂

将原料粉碎成粗粉或碎片，以面粉糊为黏合剂混匀，以模具或压茶机压制成形，低温干燥即得。也可将部分原料提取物制成稠膏作为黏合剂，与其余原料的粉末混匀，制成适宜的软材或颗粒。前者使用时与普通茶叶基本相同，后者使用时与颗粒剂相同。

(二)袋装茶剂

一种是将全部原料粉碎成粗粉，经干燥、灭菌后分装入茶袋即得。另一种是将其中一部分原料粉碎成粗粉，另一部分原料提取有效成分，以粉碎的粗粉吸收提取浓缩液，经干燥后，分装入茶袋即得。使用时置于茶杯中，用沸开水冲泡后代茶饮用。

(三)煎煮茶剂

将原料加工制成片、块、段、丝或粗粉后，分装入袋，供煎煮后取汁服用。

茶剂一般应在80℃以下干燥，含挥发性成分较多的应在60℃以下干燥，不宜加热干燥的应选用适宜的方法进行干燥。茶剂应密闭贮存，含挥发性及易吸湿药物的茶剂应密封贮存。

(四)袋装茶剂加工工艺举例

天然植物保健茶(银杏叶茶)的加工工艺如下：

(1)杀青：采用6CZS-50型汽热杀青机，当温度达到120～130℃时即可投叶，杀青程度以手捏成团放开即散，叶整体变软为宜，然后下机摊凉，散发部分水分。

(2)揉捻：采用6CR-40型揉捻机，每桶容量为12kg，切勿掀压，采用轻—中—重—轻方式加压，时间为20min。

(3)解块：采用6CJW-40型铜管式解块机，散热、解块。

(4)初烘：采用连续烘干机进行初烘，温度为110～130℃，持续5min，调速棘轮每转13齿，失水率60%。如温度过高，可关小鼓风机风门，拉开进风管调节板或打开烘干机边门，以防烘焦。下机后摊凉回潮半个小时。

(5)复揉：将初烘叶进行复揉，采用中—重—轻的加压方式，视茶条紧结程度决定出叶时间。

(6)复烘：温度不超过100℃，持续5min，切忌高温烘烤，以免叶色变黄，含水量控制在15%左右。

(7)复炒：将复烘叶投入6CSP-60瓶式炒干机，温度不超过100℃，以后逐步降低至80℃，温度先高后低，不断翻炒，不断观察，并间歇打开排湿风扇，以利水气外溢，炒至手碾成粉为度，其含水量应符合国标，在5%左右。切勿高温长炒，以免焦烟产生。

(8)分筛：用0.8～1cm^2孔径不锈钢筛或竹筛，筛下茶为合格品，筛上茶每次集中，然后一次性用6CGQ螺旋切茶机切细。

(9)割末：用24目不锈钢筛或竹筛给予筛析割末，割末后即为成品。

(10)贮藏：采用白布袋盛装，放在通风、干燥、无异味的专用仓库，禁止与其他物品混放。

(11)分装：采用自动分装机械制成袋装茶剂。包装时发现成品变软，可进行复炒，一般在60℃下进行，干燥、摊凉后计量包装。

本章小结

本章重点介绍了常见的各种保健食品剂型的特点和生产工艺;介绍了各种剂型生产须使用的辅料和设备;对保健食品生产的基础性、常规性操作,如功能成分的提取、过滤、浓缩、精制、干燥,一般固体物料的粉碎、筛析与混合等给予了较为详尽的介绍;对细胞破壁、花粉破壁、孢子破壁技术做了较为详尽的介绍;对常见的生产设备及其结构与操作给予了简要的说明。

复习思考题

1. 保健食品(剂型)的主要形式有哪些?
2. 简述保健食品液体剂型与固体剂型的主要区别及各自的优势。
3. 为什么软胶囊剂比硬胶囊剂更易被接受?
4. 片剂与水丸剂各自的优势有哪些?
5. 以中药材为原料,写出口服液的主要生产工艺流程。
6. 片剂的包衣有哪几种? 当前主要采用哪种形式?
7. 颗粒剂、片剂、水丸剂、口服液生产需要哪些主要设备?
8. 简述茶剂的特点。

实验实训

1. 编写颗粒剂、片剂、水丸剂、口服液生产的工艺流程。
2. 编写片剂薄膜包衣配方。

第十三章　保健食品的安全性毒理学评价、功能评价与注册备案

知识目标

通过本章的学习，了解保健食品的安全性毒理学评价与功能评价的总体要求，熟悉保健食品安全性毒理学评价与功能评价所需执行的法规与标准，理解各类安全性毒理学评价与功能评价的原理，掌握毒性试验的原则与功能性评价的基本要求，掌握毒性试验与功能性评价的方法。了解保健食品注册、备案需执行的法规与要求，掌握《保健食品注册与备案管理办法》中各条款的具体内容，熟悉保健食品注册流程。

技能目标

通过本章的学习，学生能够正确使用毒性试验与功能性评价的方法；依据毒性试验的原则与功能性评价的基本要求，开展保健食品研发过程中的评价工作。能够依据《保健食品注册与备案管理办法》的具体要求，开展保健食品注册与备案的相关工作。

第一节　保健食品的安全性毒理学评价

一、保健食品及其原料安全性毒理学检验与评价执行的法规

2020年10月31日，国家市场监管总局发布了《保健食品及其原料安全性毒理学检验与评价技术指导原则(2020年版)》《保健食品原料用菌种安全性检验与评价技术指导原则(2020年版)》《保健食品理化及卫生指标检验与评价技术指导原则(2020年版)》，自公告之日起施行。

二、保健食品及其原料安全性毒理学检验与评价新指导原则概述

《保健食品及其原料安全性毒理学检验与评价技术指导原则(2020年版)》(以下称《新安全性指导原则》)是依据食品安全国家标准GB 15193系列标准制定的，适用于保健食品及其原料的安全性毒理学检验与评价，受试物为保健食品或保健食品原料，并对受试物资料做出了明确的要求。

《新安全性指导原则》对毒理学试验的主要项目做出了明确的规定，要求依据食品安全国家标准GB 15193的相关评价程序和方法开展下列试验：急性经口毒性试验、遗传毒性试验、28天经口毒性试验、致畸试验、90天经口毒性试验、生殖毒性试验、毒物动力学试验、慢性毒性试验、致癌试验、慢性毒性和致癌合并试验。

《新安全性指导原则》对毒性试验的选择做出了明确规定。保健食品原料需要开展安全

性毒理学检验与评价，其试验的选择应参照新食品原料毒理学评价的有关要求进行。保健食品一般应进行急性经口毒性试验、三项遗传毒性试验和28天经口毒性试验。根据实验结果和目标人群决定是否增加90天经口毒性试验、致畸试验和生殖毒性试验、慢性毒性和致癌合并试验及毒物动力学试验。以普通食品为原料，仅采用物理粉碎或水提等传统工艺生产，食用方法与传统食用方法相同，且原料推荐食用量为常规用量或符合国家相关食品用量规定的保健食品，原则上可不开展毒性试验。采用导致物质基础发生重大改变等非传统工艺生产的保健食品，应进行急性经口毒性试验、三项遗传毒性试验、90天经口毒性试验和致畸试验，必要时开展其他毒性试验。

《新安全性指导原则》对特定产品的毒理学设计做出了明确规定。如针对产品配方中含有人体必需营养素或已知存在安全问题的产品，在按其推荐量设计试验剂量时，如该物质的剂量达到已知的毒性作用剂量，在原有剂量设计的基础上，应考虑增设去除该物质或降低该物质剂量（如降至未观察到有害作用剂量）的受试物剂量组，以便对受试物中其他成分的毒性作用及该物质与其他成分的联合毒性作用做出评价。包括：推荐量较大的含乙醇的受试物；针对适宜人群为孕妇、乳母或儿童的产品，应特别关注是否存在生殖毒性和发育毒性，必要时还须检测某些神经毒性和免疫毒性指标。

《新安全性指导原则》对动物实验设计共性问题做出了明确规定，如受试物的前处理、受试物的给予方式、实验动物的选择等。

《新安全性指导原则》对试验结果的判定与应用及安全性综合评价时需要考虑的因素和安全性的重新评价做出了明确规定。进行急性毒性试验的过程中：评价原料时，如LD50小于人的推荐（可能）摄入量的100倍，则一般应放弃该受试物作为保健食品原料，不再继续进行其他毒理学试验。评价保健食品时，如LD50小于人的可能摄入量的100倍，则放弃该受试物作为保健食品；如LD50大于或等于100倍，则可考虑进入下一阶段的毒理学试验。

三、保健食品原料用菌种安全性检验与评价技术指导原则概述

《保健食品原料用菌种安全性检验与评价技术指导原则（2020年版）》（以下称《新原则》）规定了保健食品原料用细菌、丝状真菌（子实体除外）和酵母的安全性评价中的致病性（毒力）检验与评价程序和方法，适用于保健食品原料用菌种（包括保健食品配方用及原料生产用菌种）的致病性检验与评价，不适用于基因改造微生物菌种和在我国无使用习惯的菌种致病性检验与评价。

《新原则》明晰了相关术语和定义，如致病性、产毒能力、毒性。

《新原则》对拟评价微生物菌种需提交的基本资料明确了相关要求，包括拟评价菌种名称（包括学名、俗名、曾用名、拉丁名等）、来源及用途的基本信息、菌种分类学资料、菌种鉴定资料、菌种生长环境条件资料、诱变菌种、生产相关信息、国内外安全性评价资料综述、其他国家批准资料等。

《新原则》对评价方法和结果判定做出了明确规定。

《新原则》在附则中对致病性物质检验方法做出了明确规定。

四、保健食品理化及卫生指标检验与评价技术指导原则概述

《保健食品理化及卫生指标检验与评价技术指导原则（2020年版）》，明确了保健食品及其

原料、辅料的理化及卫生指标检验与评价的基本要求，规定了功效成分/标志性成分检验方法、溶剂残留和违禁成分的测定要求；指出本指导原则适用于保健食品的注册和备案检验。

该原则强调保健食品应符合《食品安全国家标准 保健食品》(GB 16740)的各项要求和检验方法规定。直接接触保健食品的包装材料应符合相应食品安全国家标准及相关规定。最小服用单元含有惰性隔离材料填充的产品，如胶囊，其功效成分或者指标成分、农药残留、灰分、水分等指标以去除隔离材料(胶囊壳)的内容物为检测单元，对于非法添加药物、重金属、铬、色素(如材料带颜色)等则需要进行整体检测。

该原则在功效成分/标志性成分检验项目中规定了红景天苷、大蒜素、芦荟苷、左旋肉碱、α-亚麻酸、γ-亚麻酸、人参皂苷、前花青素、核苷酸、洛伐他汀、槲皮素、山柰素、异鼠李素、茶氨酸、五味子醇甲、五味子甲素和乙素、腺苷、总皂苷、总黄酮、壳聚糖脱乙酰度、总蒽醌、10-羟基-2-癸烯酸、绞股蓝皂苷 XL IX、总三萜、虫草素、D-甘露醇等成分的具体检查方法。

该原则在溶剂残留项目中规定了保健食品中正丁醇、异丁醇、正己烷、甲苯、对二甲苯、邻二甲苯、苯乙烯、1,2-二乙基苯和二乙烯苯 9 种溶剂残留的气相色谱测定方法。

该原则在违禁成分测定项目中规定，乙酰胺基他达拉非、乙酰伐地那非、异丁基西地那非、甲基麻黄碱、咖啡因、三唑仑、青藤碱、褪黑素、苯巴比妥、异戊巴比妥、巴比妥等 180 余种药品或功能性化合物为违禁成分。

第二节　保健食品的功能性评价

一、保健食品及其原料功能性评价执行的法规

2020 年国家市场监督总局发布了《保健食品功能评价指导原则(2020 年版)(征求意见稿)》，新的保健食品功能评价将依照本评价指导原则执行。

二、保健食品功能评价指导原则概述

该原则明确了保健食品功能学评价的基本原则，指出本指导原则推荐用于保健食品的动物学功能评价和人体试食评价。

该原则对保健食品功能评价的基本要求包括：对受试样品的要求、对受试样品处理的要求、对合理设置对照组的要求、对给予受试样品时间的要求。

该原则对保健食品动物试验的基本要求包括：对实验动物、饲料、实验环境的要求，对给予受试样品剂量的要求，对受试样品给予方式的要求。

该原则对保健食品人体试食试验的基本要求包括：评价的基本原则、试验前的准备、对受试者的要求、对试验实施者的要求、试验观察指标的确定、给受试者以适当的物质奖励或经济补偿等。

三、保健功能的评价方法

(一)有助于增强免疫力的功能评价

1. 胸腺/体重比值、脾脏/体重比值

由于受年龄的增长、免疫抑制剂的使用及营养不良等因素的影响，胸腺与脾脏会逐渐退

化与萎缩，出现胸腺、脾脏重量减轻的现象。具有调节免疫功能的物质可使胸腺、脾脏的重量恢复至正常水平。通过测定实验组与对照组的胸腺/体重比值和脾脏/体重比值是否有差异，可了解受试样品是否具有调节免疫力的作用。

2. 细胞免疫功能测定

主要通过小鼠脾淋巴细胞转化实验和迟发型变态反应这两个试验来评价受试样品是否具有调节细胞免疫的功能。

(1)小鼠脾淋巴细胞转化实验。脾淋巴细胞(T淋巴细胞为主)在体外经植物血凝素(如刀豆蛋白A，ConA)激活后，可转化为体积较大、代谢旺盛的淋巴母细胞。淋巴母细胞的转化情况可反映机体的细胞免疫水平。转化率降低表示细胞免疫水平下降，反之增强。

(2)迟发型变态反应。该反应有两种方法。其一为二硝基氟苯诱导小鼠DTH(耳肿胀法)：二硝基氟苯是一种半抗原，将其溶液涂抹于小鼠腹壁皮肤后，会与皮肤蛋白结合成完全抗原。该抗原刺激T淋巴细胞增殖成致敏淋巴细胞，当抗原再次接触该小鼠后(涂抹小鼠耳部)，会因淋巴因子、单核-巨噬细胞增多、聚集而出现局部肿胀(24～48h达到高峰)。肿胀程度和迟发型变态反应程度成正比。其二为绵羊红细胞(SRBC)诱导小鼠DTH(足跖厚度法)：绵羊红细胞(抗原)刺激T淋巴细胞增殖成致敏淋巴细胞，原理与二硝基氟苯诱导小鼠DTH(耳肿胀法)基本相同，只是抗原换成了SRBC。当SRBC再次接触该小鼠后(小鼠足皮下注射)，会因淋巴因子、单核-巨噬细胞增多、聚集而出现局部肿胀(24～48h达到高峰)。足跖厚度反映迟发型变态反应程度。

3. 体液免疫功能测定

主要通过抗体生成细胞检测和血清溶血素测定试验来评价受试物对体液免疫功能的调节。

(1)抗体生成细胞检测(Jerne改良玻片法)。免疫溶血反应是补体参与的抗体致敏红细胞的溶解反应。用SRBC免疫小鼠，4d后取出小鼠脾细胞制成悬液，在其中加入SRBC，脾细胞内的抗体生成细胞可释放SRBC的抗体，使其周围的SRBC致敏，在补体参与下导致SRBC溶血，形成溶血空斑。空斑的多少表示抗体生成细胞产生抗体的多少。

(2)血清溶血素测定。用SRBC免疫小鼠后产生抗SRBC的抗体(溶血素)，分离出含溶血素的血清，与SRBC悬液混匀后通过观察其凝集SRBC的程度来检测溶血素的水平。

4. 单核-巨噬细胞功能测定

主要通过小鼠碳廓清实验和小鼠腹腔巨噬细胞吞噬鸡红细胞实验来评价受试物对单核-巨噬细胞功能的影响。

(1)小鼠碳廓清实验。正常小鼠肝细胞可吞噬清除90%碳粒，脾巨噬细胞约吞噬清除10%碳粒。给小鼠静脉定量注射印度墨汁(碳粒悬液)，间隔一定时间取静脉血，在一定条件下测吸光度。根据实验前后吸光度的变化，小鼠肝、脾重量变化，用吞噬指数表示小鼠碳廓清能力，判断巨噬细胞的功能。

(2)小鼠腹腔巨噬细胞吞噬鸡红细胞实验。巨噬细胞具有较强的吞噬功能，常用鸡红细胞作为被吞噬颗粒。取实验小鼠腹腔巨噬细胞与适量的鸡红细胞混合后，在显微镜下观察巨噬细胞对鸡红细胞的吞噬情况。

5. NK细胞活性测定

通常用乳酸脱氢酶(LDH)测定法来评价受试样品对NK细胞活性的影响。

LDH是存在于细胞质内的酶，在正常条件下不透过细胞膜。当靶细胞受到来源于受试小鼠脾细胞的NK细胞攻击而损伤时，细胞通透性改变，LDH释放到胞体外。

LDH可催化使辅酶Ⅰ由还原型变为氧化型。还原型的辅酶Ⅰ在340nm有较大的吸光度，利用吸光度值的减少测定NK细胞活性。

6. 结果判断

(1)增强免疫力功能判定：在细胞免疫功能、体液免疫功能、单核-巨噬细胞功能、NK细胞活性四个方面中，任两个方面结果呈阳性，可以判定该受试样品具有增强免疫力功能作用。

(2)细胞免疫功能结果断定：细胞免疫功能测定项目中的两个实验结果均为阳性或任一个实验的两个计量组结果为阳性，可判定细胞免疫功能测定结果为阳性。

(3)体液免疫功能结果断定：细胞体液免疫功能测定项目中的两个实验结果均为阳性或任一个实验的两个计量组结果为阳性，可判定体液免疫功能测定结果为阳性。

(4)单核-巨噬细胞功能结果判定：单核-巨噬细胞功能测定项目中的两个实验结果均为阳性或任一个实验的两个计量组结果为阳性，可判定单核-巨噬细胞功能测定结果为阳性。

(5)NK细胞活性结果判断：NK细胞活性实验的两个剂量组结果为阳性，可判定NK细胞活性结果为阳性。

(二)有助于抗氧化的功能评价

1. 过氧化脂质含量测定

自由基攻击生物膜中的多不饱和脂肪酸，可使脂类氧化形成过氧化脂质。过氧化脂质进一步分解形成丙二醛、乙烷等物质。如果这些物质在体液和组织中的含量增多，则表示体内脂质过氧化反应增强。

丙二醛与硫代巴比妥酸在酸性条件下共热，可反应生成粉红色化合物，该物质在523nm波长下有最大的吸收，可用分光光度法测定其含量变化。

自由基可以诱发脂质过氧化形成过氧化脂质。过氧化脂质与生物大分子发生交联，聚合成异常的大分子，在溶酶体中堆积成细胞难以清除的惰性废物——脂褐质，即shiff碱。脂褐质有荧光，将其提取出来，根据荧光的变化测定脂褐质碱含量的变化，便可知道细胞被自由基损伤的程度，间接反映体内脂质过氧化水平。

2. 抗氧化酶活性

(1)超氧化物歧化酶(SOD)活性。氧自由基氧化羟基的终产物为亚硝酸盐，当SOD清除氧自由基后，形成的亚硝酸盐就会减少。测定实验前后亚硝酸盐含量的变化即可知道SOD活性的变化。

(2)谷胱甘肽过氧化酶(GSH-Px)的活力。以催化谷胱甘肽氧化的反应速度，即单位时间内谷胱甘肽减少量来表示。谷胱甘肽和5,5-二硫对硝基苯甲酸反应，在GSH-Px催化下可生成黄色的5-硫代2-硝基苯甲酸阴离子，测定吸光度即可计算出谷胱甘肽的减少量。

3. 结果判断

(1)动物试验：过氧化脂质含量测定和抗氧化酶活性指标均为阳性，可判定该受试样品抗氧化功能动物试验结果为阳性。

(2)人体试食试验：丙二醛、超氧化物歧化酶、谷胱甘肽过氧化酶三项试验中任一试验结果为阳性，可判定该受试样品具有抗氧化性。

(三)辅助改善记忆的功能评价

1. 跳台试验

反应箱地铺有通36V电的铜栅，动物受到电击后正常的反应应该是跳上箱内的绝缘的平台以避免伤害性刺激。多数动物可能再次或多次跳至铜栅上，受到电击又迅速跳回平台，如此训练5min后，记录动物受到电击的次数(错误次数)，以此作为学习成绩。24h或48h后重作测验，此即记忆保持测验。记录受电击的动物数、第一次跳下平台的潜伏期和3min内的错误总数。停止训练5d后(也可以在训练后一周、两周或其他时间点)进行记忆消退试验。

将受试样品组与对照组进行比较，若潜伏期明显延长，错误次数和跳下平台的动物数明显少于对照组，且差异有显著性，以上三项指标中有一项为阳性，可判定该项试验结果为阳性。

2. 避暗试验

利用小鼠嗜暗的习性设计一种装置，即一半是暗室，一半是明室，中间有一小洞相连。暗室底部铺有通电的铜栅，并与一计时器相连，计时器可自动记录潜伏期的时间。小鼠进入暗室即受到电击，计时自动停止。小鼠从放入明室至进入暗室遭电击所需的时间即潜伏期。24h或48h重作测验，记录每只小鼠进入暗室的潜伏期和5min内的电击次数，并计算5min内进入暗室(错误反应)的动物百分率。停止训练5d后可以在不同的时间进行一次或多次记忆消退试验。

将受试样品组与对照组进行比较，若受试样品组小鼠进入暗室的潜伏期明显长于对照组，5min内进入暗室的错误次数或5min内进入暗室的小鼠数少于对照组，且差异有显著性，以上三项指标中任一项指标呈阳性，均可判断该试验结果为阳性。

3. 穿梭箱试验(双向回避试验)

利用大鼠的条件反射设计大鼠穿梭箱，该装置由试验箱和自动记录打印装置组成。箱底部格栅为可以通电的不锈钢棒，箱底中央部有一高1.2cm挡板，将箱底部分隔成左、右两侧，试验箱顶部有光源和蜂鸣音控制器。将大鼠放入任何一侧，给予大鼠刺激，大鼠遭电击后即逃避，必须跑到对侧顶端，挡住光电管后才中断电击，此为被动回避反应。在每次电击前给予条件刺激，反复强化后，大鼠在接受条件刺激后即跑到对侧并挡住光电管而逃避电击，此为主动回避反应。经过训练后大鼠的主动回避反应率可达80%～90%。自动记录打印装置可连续自动记录大鼠对电刺激(点灯或/和蜂鸣器)的反应和潜伏期，并将结果打印出来。

根据打印结果分析如下指标：大鼠反应次数、大鼠主动回避时间、大鼠被动回避时间、大鼠主动回避率。

若试验组主动和/或被动回避时间明显短于对照组，且差异有显著性，可判定该项指标为阳性。

4. 水迷宫试验

水迷宫自动记录仪由迷宫游泳箱和自动记录仪两部分组成，迷宫游泳箱的泳道走向固定。动物都有一种探索和更替的趋向。由于小鼠不愿在水中，若将它们放入水中，它们会寻找能爬出水面的阶梯。训练后，小鼠能记住阶梯的路线。计算各组动物训练和测试的总错误次数，到终点的总时间及2min内到达终点的总动物数；停止训练5d后可在不同的时间进行记忆消退试验。试验组与对照组比，试验组到达终点所用的时间或到达终点前的错误次数明显少于对照组，或 2min 内到达终点的动物明显多于对照组，且经统计学检验差异有显著性，其中任一指标呈阳性，均可判定该项试验结果为阳性。

5. 结果判定

（1）动物试验：跳台试验、避暗试验、穿梭箱试验、水迷宫试验四项动物试验中任两项试验结果为阳性，且重复试验结果一致，可以判定该受试样品改善记忆功能的动物试验结果为阳性。

（2）人体试食试验：记忆结果为阳性，可以判定该受试样品具有改善记忆的功能。

（四）缓解体力疲劳的功能评价

1. 负重游泳试验

运动耐力的提高是抗疲劳能力加强最直接的表现，游泳时间的长短可以反映动物运动耐力的高低。

末次给予样品 30min 后（酒类样品测试当天可以不灌胃），将尾根部负荷 5%体重铅皮的小鼠置于游泳箱中游泳。记录小鼠自游泳开始至死亡的时间即小鼠负重游泳时间。

若受试样品组负重游泳时间明显长于对照组，且差异有显著性，可判定该试验结果为阳性。

2. 血清尿素测定

可利用全自动生化分析仪测定所得样本中的尿素含量，也可利用二乙酰-肟比色法测定血清中的尿素含量。

样品中尿素在氯化高铁-磷酸溶液中与二乙酰-肟和硫氮脲共煮，形成一种红色的化合物——色素原二嗪（Diazine），其颜色的深浅与尿素含量成正比。与同样处理的尿素标准管比较，可求出样本中尿素的含量。

末次给予受试样品 30min 后，让小鼠在温度为 30℃ 的水中不负重游泳 90min，休息 60min 后采血，用全自动生化分析仪或二乙酰-肟法测定血清中的尿素含量。

若受试样品组血清中的尿素含量低于对照组，且差异有显著性，可判定该试验结果为阳性。

3. 肝糖原测定

实验小鼠在末次给予受试样品 30min 后被处死，取肝，采用蒽酮法测定其中肝糖原含量。蒽酮可与游离糖或多糖起反应，反应后溶液呈蓝绿色，于波长 620nm 处有最大吸收。测定其光密度，可以确定糖原的含量。

若受试样品组肝糖原含量高于对照组，且差异有显著性，可判定试验结果为阳性。

4. 血乳酸测定

实验小鼠在末次给样 30min 后采血，然后不负重在温度为 30℃的水中游泳 10min 后停止并立即采血 20μL，休息 20min 后再采血 20μL。用自配试剂或乳酸盐测定仪测定血乳酸含量。（大鼠采尾血，小鼠用毛细管从内眦采血。）

（1）自配试剂测定方法：在铜离子催化下，乳酸与浓硫酸在沸水中反应，乳酸转化为乙醛，乙醛与对羟基联苯反应产生紫色化合物，在波长 560nm 处有强烈的吸收，故可进行定量测定。

（2）乳酸盐测定仪测定方法：检测探头上装有一片三层的膜，其中间层为固定的乳酸盐氧化酶。表面被膜覆盖的探头位于缓冲液的样品室内，当样品被注入样品室后，部分底物会渗进膜中；当它们接触到固定酶(乳酸盐氧化酶)时便迅速被氧化，产生过氧化氢。过氧化氢继而在铂阳极上被氧化而产生电子。当过氧化氢生成率和离开固定膜层的速率达到稳定时便可得到一个动态平衡状态，可用稳态响应表示。电子流与稳态过氧化氢浓度呈线性比例，因此与乳酸盐浓度成正比。用三个时间点的血乳酸曲线下的面积来判断，任一试验组的面积小于对照组，且差异有显著性，可判定该试验结果为阳性。

5. 结果判定

负重游泳试验结果为阳性，血乳酸、血清尿素、肝糖原三项生化指标中任两项指标为阳性，可判定该受试样品具有缓解体力疲劳的功能。

(五)有助于维持血脂健康水平的功能评价

用高胆固醇和高脂类饲料喂养动物，可使动物形成脂代谢紊乱动物模型，再给予动物受试样品或在造模时同时给予受试样品，可检测受试样品对高血脂症动物的影响，并可判定受试样品对脂质的吸收、蛋白质的形成、脂质的降解或排泄的影响。

1. 脂代谢紊乱动物模型——预防性给受试样品

在试验环境下给大鼠喂基础饲料，观察5～10d，然后取尾血，测定血清总胆固醇(TC)、总甘油三酯(TG)、高密度脂蛋白胆固醇(HDL-C)水平，根据血清总胆固醇水平进行随机分组，在给予高脂饲料的同时给予不同剂量的受试样品，定期称量体重，从试验结束开始禁食16h，测血清 TC、TG、HDL-C 水平。

2. 脂代谢紊乱动物模型——治疗性给受试样品

在试验环境下给大鼠喂基础饲料，观察5～10d，然后取尾血，测定血清总胆固醇(TC)、总甘油三酯(TG)、高密度脂蛋白胆固醇(HDL-C)水平。自正式试验开始各组动物换用高脂饲料喂饲7～10d，取尾血测定血清 TC、TG、HDL-C 水平，比较上述指标是否发生显著变化，以确定是否已形成高脂血症模型。再根据 TC 水平进行随机分组。试验组将受试样品经口灌胃，对照组给同体积的溶剂，继续给予高脂饲料喂养，并定期称量体重。从试验结束开始禁食16h后，抽血测定血清 TC、TG、HDL-C 水平。

3. 结果判定

(1)动物试验

①辅助降血脂功能结果判定：在血清 TC、TG、HDL-C 三项指标检测中，血清 TC、TG 两项指标呈阳性，可判定该受试样品辅助降血脂功能的动物试验结果为阳性。

②辅助降低甘油三酯结果判定：TG 两个剂量组结果呈阳性，或 TG 一个剂量组结果呈阳性，同时 HDL-C 结果呈阳性，可判定该受试样品辅助降低甘油三酯的动物试验结果为阳性。

③辅助降低血清总胆固醇结果判定：血清 TC 两个剂量组呈阳性，或血清 TC 一个剂量组结果呈阳性，同时 HDL-C 结果呈阳性，可判定该受试样品辅助降低血清总胆固醇的动物试验结果为阳性。

(2)人体试食试验

①血清 TC、TG 两项指标呈阳性，HDL-C 不显著低于对照组，可判定该受试样品具有辅助降血脂功能。

②血清 TC、TG 两项指标中一项指标呈阳性，HDL-C 不显著低于对照组，可判定该受

试样品具有辅助降低血清总胆固醇或辅助降低甘油三酯功能。

（六）有助于维持血糖健康水平的功能评价

1. 降低空腹血糖试验

四氧嘧啶（或链脲霉素）是一种β细胞毒剂，可选择性地损伤多种动物的胰岛细胞，造成胰岛素分泌低下，引起实验性糖尿病。

选高血糖模型动物按禁食3～5h的血糖水平分组，随机选1个模型对照组和3个剂量组（组间血糖差不大于1.1mol/L）。剂量组给予不同浓度受试样品，对照组给予溶剂，连续30d，然后禁食3～5h测空腹血糖值，比较各组动物血糖值及血糖下降百分率。

在模型成立的前提下，受试样品组与对照组比较，空腹血糖实测值降低或血糖下降百分率有统计学意义，可判定该受试样品降空腹血糖的试验结果为阳性。

2. 糖耐量试验

将高血糖模型动物禁食3～5h，实验组给予不同浓度的受试样品，对照组给予同体积的溶剂，15～20min后经口给予葡萄糖2.0g/kg或医用淀粉3～5g/kg，测定给葡萄糖后0h、0.5h、2h的血糖值或给医用淀粉后0h、1h、2h的血糖值，观察对照组与受试样品组给葡萄糖或医用淀粉后各时间点血糖曲线下面积的变化。

在模型成立的前提下，受试样品剂量组与对照组比较，在给葡萄糖后0h、0.5h、2h或医用淀粉后0h、1h、2h血糖曲线下面积降低有统计学意义，可判定该受试样品的糖耐量试验结果呈阳性。

3. 结果判定

（1）动物试验：空腹血糖和糖耐量两项指标有一项指标呈阳性，且对正常动物空腹血糖无影响，即可判定该受试样品具有辅助降血糖功能。

（2）人体试食试验：空腹血糖、餐后2h血糖两项指标呈阳性，可判定该受试样品具有辅助降血糖功能。

（七）有助于改善睡眠的功能评价

1. 直接睡眠试验

睡眠以翻正反射消失为指标，观察受试组动物3个剂量的受试样品，对照组给予同体积溶剂后是否出现睡眠现象。当小鼠置于背卧位时，能立即翻正身位，如超过30～60s不能翻正，即认为翻正反射消失，进入睡眠状态。翻正反射恢复即为动物觉醒，翻正反射消失至恢复这段时间为动物睡眠时间。记录空白对照组与受试样品组入睡动物数及睡眠时间。

比较对照组与试验组入睡动物数及睡眠时间之间的差异，若入睡动物数或睡眠时间增加有显著性，则试验结果为阳性。

2. 延长戊巴比妥钠睡眠试验

在戊巴比妥钠催眠的基础上，以翻正反射消失为指标，观察受试物是否能延长睡眠时间。若睡眠时间延长则说明受试物与戊巴比妥钠有协同作用。

比较对照组与试验组入睡动物数及睡眠时间之间的差异，若入睡动物数或睡眠时间增加有显著性，则试验结果为阳性。

3. 戊巴比妥钠（或巴比妥钠）阈下剂量催眠试验

观察受试物与戊巴比妥钠（或巴比妥钠）的协同作用。戊巴比妥钠通过肝酶代谢，而对该酶有抑制作用的药物也能延长戊巴比妥钠的睡眠时间。为了排除药物的这种影响，应进行阈下剂量试验。

正式试验前先进行预试验，以确定戊巴比妥钠（或巴比妥钠）阈下催眠剂量，即80%～90%小鼠翻正反射不消失的戊巴比妥钠最大阈下剂量。

动物最后一次给予受试样品后，出现峰作用前10～15min，各组动物腹腔注射戊巴比妥钠最大阈下催眠剂量，记录30min内入睡动物数（翻正反射消失达1min以上者）。比较对照组与试验组入睡动物数之间的差异，入睡动物发生率增加有显著性，则试验结果为阳性。

4. 巴比妥钠睡眠潜伏期试验

在巴比妥钠催眠的基础上观察受试物能否缩短入睡潜伏期。若入睡潜伏期缩短，则说明受试物与巴比妥钠有协同作用。

做正式试验前先进行预试验，确定使动物100%入睡但又不使睡眠时间过长的巴比妥钠的剂量，用此剂量做正式试验。动物最后一次给予受试样品10～20min后，给各组动物腹腔注射巴比妥钠，以翻正反射消失为指标。观察受试样品对巴比妥钠睡眠潜伏期的影响。比较试验组与对照组睡眠潜伏期之间的差异，睡眠潜伏期缩短有显著性，则试验结果为阳性。

5. 结果判定

延长戊巴比妥钠睡眠试验、戊巴比妥钠（或巴比妥钠）阈下剂量催眠试验、巴比妥钠睡眠潜伏期试验三项试验中任两项呈阳性，且无明显直接睡眠作用，可判定该受试样品具有改善睡眠的作用。

（八）改善缺铁性贫血的功能评价

用低铁饲料喂饲动物可形成试验性缺铁性贫血模型，再给予受试样品，观察其对血液细胞学、血液生化学等指标的影响，可判定该受试样品对改善动物营养性贫血的作用。

1. 血红蛋白测定

（1）消光系数法。血红蛋白被铁氰化钾氧化后生成高铁血红蛋白，再与氰离子结合形成氰化高铁血红蛋白（红色），极为稳定，540nm波长下毫摩尔吸光系数为44，用分光光度法测其光密度，运用消光系数作血红蛋白的定量测定。

（2）标准曲线法。血红蛋白在铁氰化钾和氰化钾的作用下生成极为稳定的氰化高铁血红蛋白（红色），其颜色深浅与血红蛋白的含量成正比。在540nm波长下，用分光光度计测定血红蛋白标准品和参考标准物质的吸光度，制成标准曲线，测得待测样品的吸光度后查标准曲线即可得血红蛋白的浓度。

2. 红细胞内游离原卟啉测定

血红蛋白的合成过程中，幼红细胞中的原卟啉在血红素合成酶的作用下与铁结合，当铁供应不足时，红细胞内的原卟啉仍以游离形式累积起来超过正常水平。因此，检测红细胞内游离原卟啉的含量是检查缺铁性红细胞生成的有效方法。

血液样品经生理盐水稀释后，分别以乙酸乙酯∶乙酸混合液＝4∶1和0.5mol/L盐酸提取分离血中游离原卟啉，在一定波长下测定其原卟啉的荧光强度而定量。

3. 结果判定

（1）动物试验：血红蛋白和红细胞游离原卟啉两项指标呈阳性，可判定该受试样品改善营养性贫血功能的动物试验结果为阳性。

(2)人体试食试验:①针对改善儿童营养性贫血功能的,血红蛋白和红细胞游离原卟啉两项指标呈阳性,可判定该受试样品具有改善营养性贫血的功能。②针对改善成人营养性贫血功能的,血红蛋白指标呈阳性,血清铁蛋白、红细胞游离原卟啉/血清运铁蛋白饱和度两项指标中任一项指标呈阳性,可判定该受试样品具有改善营养性贫血的作用。

(九)有助于改善骨密度的功能评价

增加骨密度功能作用的检验方法根据受试样品作用原理的不同分为方案一(检测以补钙为主的受试物)和方案二(检测不含钙或不以补钙为主的受试物)两种。

1. 方案一

机体中的钙绝大部分储存于骨骼及牙齿中,大鼠若摄入钙不足会影响机体和骨骼的生长发育,表现为体重、身长、骨长、骨重、骨钙含量及骨密度低于摄食足量钙的正常大鼠。生长期大鼠在摄食低钙饲料的基础上分别补充碳酸钙(对照组)或受试含钙产品(试验组),比较两者在促进机体及骨骼的生长发育、增加骨矿物质含量和增加骨密度上的功能差异,从而对受试样品增加骨密度的功能进行评价。

2. 方案二

雌性成年大鼠切除卵巢后,骨代谢增强,并发生骨重吸收(破骨)作用大于骨生成(成骨)作用的变化。这种变化表现为骨量丢失,经过一定时间的积累,可以造成骨密度降低模型。在建立模型的同时或模型建立之后给模型试验组大鼠补充受试样品,通过受试物抑制破骨或促进成骨等骨代谢调节作用,观察其增加骨密度及骨钙含量的效果,从而对受试样品增加骨密度的功能进行评价。

根据受试样品作用原理的不同,方案一和方案二任选其一进行动物试验。

3. 结果判定

(1)方案一:骨钙含量或骨密度显著高于低钙对照组且不低于相同剂量的碳酸钙对照组,钙的吸收率不低于碳酸钙对照组,可判定该受试样品具有增加骨密度的作用。

(2)方案二:不含钙的产品,骨钙含量或骨密度较模型对照组有明显增加,且差异有显著性,可判定该受试样品具有增加骨密度的作用。不以补钙为主(可少量含钙)的产品,骨钙含量或骨密度较模型对照组明显增加,差异有显著性,且不低于相应剂量的碳酸钙对照组,钙的吸收率不低于碳酸钙对照组,可判定该受试样品具有增加骨密度的作用。

(十)有助于维持血压健康水平的功能评价

辅助降血压的功能评价试验原理是以受试样品给予遗传型高血压动物模型或通过试验方法造成的高血压动物模型,观察受试样品对高血压动物模型的血压、心率等指标的影响,可评价受试样品的降压作用。

1. 一般情况观察

观察实验动物的体重、生长状况。

2. 观察血压、心率

(1)动物试验:血压、心率的测定采用尾脉搏法间接测压。试验设 3 个剂量组和 1 个空白对照组,以人体推荐量的 5 倍为其中的一个试验剂量组,给予高剂量的受试样品;必要时可设阳性试验对照组。受试样品给予时间一般为 30d,必要时可延长到 45d。试验前一周对受试动物进行多次血压测量,使其适应测压环境。依据测压仪的要求进行动物清醒、安静状态下的血压、心率的测定。停止给予受试样品之后,一般继续观察直至血压恢复至对照组水平或继续观察 7～14d。

(2)人体试食试验:将动物试验结果呈阳性的样品继续进行人体试食试验。受试对象应该是原发性高血压患者,无论服用降压药物与否,收缩压≥140mmHg 或舒张压≥90mmHg。对年龄在 18 岁以下或 65 岁以上患者、妊娠或哺乳期妇女、对受试样品过敏的人以及合并有肝、肾和造血系统等严重全身性疾病的患者,短期内服用与受试功能有关的物品,影响到对结果的判定的人,不应作为受试者。主要观察受试者的血压、心率和血、尿、便以及肝、肾功能。

3. 结果判定

(1)动物试验:实验动物血压下降,对照动物血压无变化,检测结果判定为阳性。

(2)人体试食试验:试食前后试食组自身比较,舒张压或收缩压测定值明显下降,差异有显著性,且舒张压下降≥10mmHg 或收缩压下降≥20mmHg,试食后试食组与对照组间比较,舒张压或收缩压测定值或其下降百分率差异有显著性,可判定该受试样品具有辅助降血压功能。

第三节　保健食品的注册与备案管理

《保健食品注册与备案管理办法》已于 2016 年 2 月 4 日经国家食品药品监督管理总局局务会议审议通过,自 2016 年 7 月 1 日起施行。2005 年 7 月 1 日起施行的《保健食品注册管理办法(试行)》同时废止。新办法是为了规范保健食品的注册行为,保证保健食品的质量,保证人体食用安全而制定的。

一、新办法确定了适用范围、管理机构的权限等事项

第一章、第二章主要规定了以下主要内容:保健食品的注册与备案及其监督管理适用范围,国家管理机构、各省(自治区、直辖市)管理机构等部门的管理权限与内容,保健食品注册申请人或者备案人的资格与应遵守的规定,保健食品的产品技术要求、产品标签、说明书样稿,各管理部门受理审批程序与工作时限,现场核查、复核检验或作出不予注册的决定有异议时提出书面行政复议申请或者向法院提出行政诉讼规定,保健食品注册人转让技术、注册人名称变更、增加保健食品功能项目的变更申请,改变产品标签、说明书的变更申请等。

二、新办法详细规定了注册证书管理、备案、标签、说明书的有关事项

第三章规定了保健食品注册证书应当载明产品名称、注册人名称和地址、注册号、颁发日期及有效期、保健功能、功效成分或者标志性成分及含量、产品规格、保质期、适宜人群、不适宜人群、注意事项,有效期为 5 年,并规定了注册号格式。第四章详细规定了备案人资格、案号格式、应提交的材料,以及备案人对提交材料真实性负责的法律责任承诺书等规定。第五章对标签、说明书给予详细的规定,包括标签、说明书的内容、商品名称与商标使用,主要内容不得涉及疾病预防、治疗功能,并声明“本品不能代替药物”等规定。

三、新办法规定了监督管理机构与工作权限以及法律责任

第六章规定,国家食品药品监督管理总局应当及时制定并公布保健食品注册申请服务

指南和审查细则，参与保健食品注册与备案管理工作的单位和个人应当保守在注册或者备案中获知的商业秘密，保健食品注册、注销手续等内容。第七章规定了食品药品监督管理部门及其工作人员在注册审评过程中滥用职权、玩忽职守、徇私舞弊和注册申请人等违法违规时应负的法律责任等。

另外，新办法在第八章对首次进口保健食品注册和办理进口保健食品备案及其变更给予了详细的规定。

本章小结

本章对2020年10月31日国家市场监管总局发布的《保健食品及其原料安全性毒理学检验与评价技术指导原则(2020年版)》《保健食品原料用菌种安全性检验与评价技术指导原则(2020年版)》《保健食品理化及卫生指标检验与评价技术指导原则(2020年版)》的相关法规进行了概要性的阐述；对保健食品功能性评价应执行的法规与方法进行了必要的介绍，对保健食品注册与备案管理需遵循的法规和相关内容进行了概要性的阐述。

复习思考题

1. 指出保健食品安全性毒理学评价与功能评价所需执行的法规。
2. 保健食品功能性评价的基本要求有哪些？
3. 有助于增强免疫功能的保健食品应做哪些评价？
4. 有助于维持血糖健康水平的保健食品应做哪些评价？
5. 有助于改善骨密度的保健食品应做哪些评价？
6. 具有改善睡眠功能的保健食品应做哪些评价？

实验实训

编写具有改善缺铁性贫血功能的保健食品评价方案。

附　　录

保健食品注册与备案管理办法

（2016 年 2 月 4 日经国家食品药品监督管理总局局务会议审议通过，自 2016 年 7 月 1 日起施行）

第一章　总　　则

第一条　为规范保健食品的注册与备案，根据《中华人民共和国食品安全法》，制定本办法。

第二条　在中华人民共和国境内保健食品的注册与备案及其监督管理适用本办法。

第三条　保健食品注册，是指食品药品监督管理部门根据注册申请人申请，依照法定程序、条件和要求，对申请注册的保健食品的安全性、保健功能和质量可控性等相关申请材料进行系统评价和审评，并决定是否准予其注册的审批过程。

保健食品备案，是指保健食品生产企业依照法定程序、条件和要求，将表明产品安全性、保健功能和质量可控性的材料提交食品药品监督管理部门进行存档、公开、备查的过程。

第四条　保健食品的注册与备案及其监督管理应当遵循科学、公开、公正、便民、高效的原则。

第五条　国家食品药品监督管理总局负责保健食品注册管理，以及首次进口的属于补充维生素、矿物质等营养物质的保健食品备案管理，并指导监督省、自治区、直辖市食品药品监督管理部门承担的保健食品注册与备案相关工作。

省、自治区、直辖市食品药品监督管理部门负责本行政区域内保健食品备案管理，并配合国家食品药品监督管理总局开展保健食品注册现场核查等工作。

市、县级食品药品监督管理部门负责本行政区域内注册和备案保健食品的监督管理，承担上级食品药品监督管理部门委托的其他工作。

第六条　国家食品药品监督管理总局行政受理机构（以下简称受理机构）负责受理保健食品注册和接收相关进口保健食品备案材料。省、自治区、直辖市食品药品监督管理部门负责接收相关保健食品备案材料。

国家食品药品监督管理总局保健食品审评机构（以下简称审评机构）负责组织保健食品审评，管理审评专家，并依法承担相关保健食品备案工作。

国家食品药品监督管理总局审核查验机构（以下简称查验机构）负责保健食品注册现场核查工作。

第七条　保健食品注册申请人或者备案人应当具有相应的专业知识，熟悉保健食品注册管理的法律、法规、规章和技术要求。

保健食品注册申请人或者备案人应当对所提交材料的真实性、完整性、可溯源性负责，并对提交材料的真实性承担法律责任。

保健食品注册申请人或者备案人应当协助食品药品监督管理部门开展与注册或者备案相关的现场核查、样品抽样、复核检验和监督管理等工作。

第八条　省级以上食品药品监督管理部门应当加强信息化建设，提高保健食品注册与备案管理信息化水平，逐步实现电子化注册与备案。

第二章　注　　册

第九条　生产和进口下列产品应当申请保健食品注册：

(一)使用保健食品原料目录以外原料(以下简称目录外原料)的保健食品；

(二)首次进口的保健食品(属于补充维生素、矿物质等营养物质的保健食品除外)。

首次进口的保健食品，是指非同一国家、同一企业、同一配方申请中国境内上市销售的保健食品。

第十条　产品声称的保健功能应当已经列入保健食品功能目录。

第十一条　国产保健食品注册申请人应当是在中国境内登记的法人或者其他组织；进口保健食品注册申请人应当是上市保健食品的境外生产厂商。

申请进口保健食品注册的，应当由其常驻中国代表机构或者由其委托中国境内的代理机构办理。

境外生产厂商，是指产品符合所在国(地区)上市要求的法人或者其他组织。

第十二条　申请保健食品注册应当提交下列材料：

(一)保健食品注册申请表，以及申请人对申请材料真实性负责的法律责任承诺书；

(二)注册申请人主体登记证明文件复印件；

(三)产品研发报告，包括研发人、研发时间、研制过程、中试规模以上的验证数据，目录外原料及产品安全性、保健功能、质量可控性的论证报告和相关科学依据，以及根据研发结果综合确定的产品技术要求等；

(四)产品配方材料，包括原料和辅料的名称及用量、生产工艺、质量标准，必要时还应当按照规定提供原料使用依据、使用部位的说明、检验合格证明、品种鉴定报告等；

(五)产品生产工艺材料，包括生产工艺流程简图及说明，关键工艺控制点及说明；

(六)安全性和保健功能评价材料，包括目录外原料及产品的安全性、保健功能试验评价材料，人群食用评价材料；功效成分或者标志性成分、卫生学、稳定性、菌种鉴定、菌种毒力等试验报告，以及涉及兴奋剂、违禁药物成分等检测报告；

(七)直接接触保健食品的包装材料种类、名称、相关标准等；

(八)产品标签、说明书样稿；产品名称中的通用名与注册的药品名称不重名的检索材料；

(九)3个最小销售包装样品；

(十)其他与产品注册审评相关的材料。

第十三条　申请首次进口保健食品注册，除提交本办法第十二条规定的材料外，还应当提交下列材料：

(一)产品生产国(地区)政府主管部门或者法律服务机构出具的注册申请人为上市保健食品境外生产厂商的资质证明文件；

(二)产品生产国(地区)政府主管部门或者法律服务机构出具的保健食品上市销售一年以上的证明文件，或者产品境外销售以及人群食用情况的安全性报告；

(三)产品生产国(地区)或者国际组织与保健食品相关的技术法规或者标准；

(四)产品在生产国(地区)上市的包装、标签、说明书实样。

由境外注册申请人常驻中国代表机构办理注册事务的，应当提交《外国企业常驻中国代表机构登记证》及其复印件；境外注册申请人委托境内的代理机构办理注册事项的，应当提交经过公证的委托书原件以及受委托的代理机构营业执照复印件。

第十四条　受理机构收到申请材料后，应当根据下列情况分别作出处理：

(一)申请事项依法不需要取得注册的，应当即时告知注册申请人不受理；

(二)申请事项依法不属于国家食品药品监督管理总局职权范围的，应当即时作出不予受理的决定，并告知注册申请人向有关行政机关申请；

(三)申请材料存在可以当场更正的错误的，应当允许注册申请人当场更正；

(四)申请材料不齐全或者不符合法定形式的，应当当场或者在5个工作日内一次告知注册申请人需要补正的全部内容，逾期不告知的，自收到申请材料之日起即为受理；

(五)申请事项属于国家食品药品监督管理总局职权范围，申请材料齐全、符合法定形式，注册申请人按照要求提交全部补正申请材料的，应当受理注册申请。

受理或者不予受理注册申请，应当出具加盖国家食品药品监督管理总局行政许可受理专用章和注明日期的书面凭证。

第十五条　受理机构应当在受理后3个工作日内将申请材料一并送交审评机构。

第十六条　审评机构应当组织审评专家对申请材料进行审查，并根据实际需要组织查验机构开展现场核查，组织检验机构开展复核检验，在60个工作日内完成审评工作，并向国家食品药品监管管理总局提交综合审评结论和建议。

特殊情况下需要延长审评时间的，经审评机构负责人同意，可以延长20个工作日，延长决定应当及时书面告知申请人。

第十七条　审评机构应当组织对申请材料中的下列内容进行审评，并根据科学依据的充足程度明确产品保健功能声称的限定用语：

（一）产品研发报告的完整性、合理性和科学性；

（二）产品配方的科学性，及产品安全性和保健功能；

（三）目录外原料及产品的生产工艺合理性、可行性和质量可控性；

（四）产品技术要求和检验方法的科学性和复现性；

（五）标签、说明书样稿主要内容以及产品名称的规范性。

第十八条　审评机构在审评过程中可以调阅原始资料。

审评机构认为申请材料不真实、产品存在安全性或者质量可控性问题，或者不具备声称的保健功能的，应当终止审评，提出不予注册的建议。

第十九条　审评机构认为需要注册申请人补正材料的，应当一次告知需要补正的全部内容。注册申请人应当在3个月内按照补正通知的要求一次提供补充材料；审评机构收到补充材料后，审评时间重新计算。

注册申请人逾期未提交补充材料或者未完成补正，不足以证明产品安全性、保健功能和质量可控性的，审评机构应当终止审评，提出不予注册的建议。

第二十条　审评机构认为需要开展现场核查的，应当及时通知查验机构按照申请材料中的产品研发报告、配方、生产工艺等技术要求进行现场核查，并对下线产品封样送复核检验机构检验。

查验机构应当自接到通知之日起30个工作日内完成现场核查，并将核查报告送交审评机构。

核查报告认为申请材料不真实、无法溯源复现或者存在重大缺陷的，审评机构应当终止审评，提出不予注册的建议。

第二十一条　复核检验机构应当严格按照申请材料中的测定方法以及相关说明进行操作，对测定方法的科学性、复现性、适用性进行验证，对产品质量可控性进行复核检验，并应当自接受委托之日起60个工作日内完成复核检验，将复核检验报告送交审评机构。

复核检验结论认为测定方法不科学、无法复现、不适用或者产品质量不可控的，审评机构应当终止审评，提出不予注册的建议。

第二十二条　首次进口的保健食品境外现场核查和复核检验时限，根据境外生产厂商的实际情况确定。

第二十三条　保健食品审评涉及的试验和检验工作应当由国家食品药品监督管理总局选择的符合条件的食品检验机构承担。

第二十四条　审评机构认为申请材料真实，产品科学、安全、具有声称的保健功能，生产工艺合理、可行和质量可控，技术要求和检验方法科学、合理的，应当提出予以注册的建议。

审评机构提出不予注册建议的，应当同时向注册申请人发出拟不予注册的书面通知。注册申请人对通知有异议的，应当自收到通知之日起20个工作日内向审评机构提出书面复审申请并说明复审理由。复审的内容仅限于原申请事项及申请材料。

审评机构应当自受理复审申请之日起30个工作日内作出复审决定。改变不予注册建议的，应当书面通知注册申请人。

第二十五条　审评机构作出综合审评结论及建议后，应当在5个工作日内报送国家食品药品监督管理总局。

第二十六条　国家食品药品监督管理总局应当自受理之日起20个工作日内对审评程序和结论的合法性、规范性以及完整性进行审查，并作出准予注册或者不予注册的决定。

第二十七条　现场核查、复核检验、复审所需时间不计算在审评和注册决定的期限内。

第二十八条　国家食品药品监督管理总局作出准予注册或者不予注册的决定后，应当自作出决定之日起10个工作日内，由受理机构向注册申请人发出保健食品注册证书或者不予注册决定。

第二十九条　注册申请人对国家食品药品监督管理总局作出不予注册的决定有异议的，可以向国家食品药品监督管理总局提出书面行政复议申请或者向法院提出行政诉讼。

第三十条　保健食品注册人转让技术的，受让方应当在转让方的指导下重新提出产品注册申请，产品技术要求等应当与原申请材料一致。

审评机构按照相关规定简化审评程序。符合要求的，国家食品药品监督管理总局应当为受让方核发新的保健食品注册证书，并对转让方保健食品注册予以注销。

受让方除提交本办法规定的注册申请材料外，还应当提交经公证的转让合同。

第三十一条　保健食品注册证书及其附件所载明内容变更的，应当由保健食品注册人申请变更并提交书面变更的理由和依据。

注册人名称变更的，应当由变更后的注册申请人申请变更。

第三十二条　已经生产销售的保健食品注册证书有效期届满需要延续的，保健食品注册人应当在有效期届满6个月前申请延续。

获得注册的保健食品原料已经列入保健食品原料目录，并符合相关技术要求，保健食品注册人申请变更注册，或者期满申请延续注册的，应当按照备案程序办理。

第三十三条　申请变更国产保健食品注册的，除提交保健食品注册变更申请表(包括申请人对申请材料真实性负责的法律责任承诺书)、注册申请人主体登记证明文件复印件、保健食品注册证书及其附件的复印件外，还应当按照下列情形分别提交材料：

(一)改变注册人名称、地址的变更申请，还应当提供该注册人名称、地址变更的证明材料；

(二)改变产品名称的变更申请，还应当提供拟变更后的产品通用名与已经注册的药品名称不重名的检索材料；

(三)增加保健食品功能项目的变更申请，还应当提供所增加功能项目的功能学试验报告；

(四)改变产品规格、保质期、生产工艺等涉及产品技术要求的变更申请，还应当提供证明变更后产品的安全性、保健功能和质量可控性与原注册内容实质等同的材料、依据及变更后3批样品符合产品技术要求的全项目检验报告；

(五)改变产品标签、说明书的变更申请，还应当提供拟变更的保健食品标签、说明书样稿。

第三十四条　申请延续国产保健食品注册的，应当提交下列材料：

(一)保健食品延续注册申请表，以及申请人对申请材料真实性负责的法律责任承诺书；

(二)注册申请人主体登记证明文件复印件；

(三)保健食品注册证书及其附件的复印件；

(四)经省级食品药品监督管理部门核实的注册证书有效期内保健食品的生产销售情况；

(五)人群食用情况分析报告、生产质量管理体系运行情况的自查报告以及符合产品技术要求的检验报告。

第三十五条　申请进口保健食品变更注册或者延续注册的，除分别提交本办法第三十三条、第三十四条规定的材料外，还应当提交本办法第十三条第一款(一)、(二)、(三)、(四)项和第二款规定的相关材料。

第三十六条　变更申请的理由依据充分合理，不影响产品安全性、保健功能和质量可控性的，予以变更注册；变更申请的理由依据不充分、不合理，或者拟变更事项影响产品安全性、保健功能和质量可控性的，不予变更注册。

第三十七条　申请延续注册的保健食品的安全性、保健功能和质量可控性符合要求的，予以延续注册。

申请延续注册的保健食品的安全性、保健功能和质量可控性依据不足或者不再符合要求，在注册证书有效期内未进行生产销售的，以及注册人未在规定时限内提交延续申请的，不予延续注册。

第三十八条　接到保健食品延续注册申请的食品药品监督管理部门应当在保健食品注册证书有效期届满前作出是否准予延续的决定。逾期未作出决定的，视为准予延续注册。

第三十九条　准予变更注册或者延续注册的，颁发新的保健食品注册证书，同时注销原保健食品注册证书。

第四十条　保健食品变更注册与延续注册的程序未作规定的，可以适用本办法关于保健食品注册的相关规定。

第三章　注册证书管理

第四十一条　保健食品注册证书应当载明产品名称、注册人名称和地址、注册号、颁发日期及有效期、保健功能、功效成分或者标志性成分及含量、产品规格、保质期、适宜人群、不适宜人群、注意事项。

保健食品注册证书附件应当载明产品标签、说明书主要内容和产品技术要求等。

产品技术要求应当包括产品名称、配方、生产工艺、感官要求、鉴别、理化指标、微生物指标、功效成分或者标志性成分含量及检测方法、装量或者重量差异指标(净含量及允许负偏差指标)、原辅料质量要求等内容。

第四十二条　保健食品注册证书有效期为 5 年。变更注册的保健食品注册证书有效期与原保健食品注册证书有效期相同。

第四十三条　国产保健食品注册号格式为：国食健注 G+4 位年代号+4 位顺序号；进口保健食品注册号格式为：国食健注 J+4 位年代号+4 位顺序号。

第四十四条　保健食品注册有效期内，保健食品注册证书遗失或者损坏的，保健食品注册人应当向受理机构提出书面申请并说明理由。因遗失申请补发的，应当在省、自治区、直辖市食品药品监督管理部门网站上发布遗失声明；因损坏申请补发的，应当交回保健食品注册证书原件。

国家食品药品监督管理总局应当在受理后 20 个工作日内予以补发。补发的保健食品注册证书应当标注原批准日期，并注明“补发”字样。

第四章　备　　案

第四十五条　生产和进口下列保健食品应当依法备案：

(一)使用的原料已经列入保健食品原料目录的保健食品；

(二)首次进口的属于补充维生素、矿物质等营养物质的保健食品。

首次进口的属于补充维生素、矿物质等营养物质的保健食品，其营养物质应当是列入保健食品原料目录的物质。

第四十六条　国产保健食品的备案人应当是保健食品生产企业，原注册人可以作为备案人；进口保健食品的备案人，应当是上市保健食品境外生产厂商。

第四十七条　备案的产品配方、原辅料名称及用量、功效、生产工艺等应当符合法律、法规、规章、强制性标准以及保健食品原料目录技术要求的规定。

第四十八条　申请保健食品备案，除应当提交本办法第十二条第(四)、(五)、(六)、(七)、(八)项规定的材料外，还应当提交下列材料：

（一）保健食品备案登记表，以及备案人对提交材料真实性负责的法律责任承诺书；

（二）备案人主体登记证明文件复印件；

（三）产品技术要求材料；

（四）具有合法资质的检验机构出具的符合产品技术要求全项目检验报告；

（五）其他表明产品安全性和保健功能的材料。

第四十九条　申请进口保健食品备案的，除提交本办法第四十八条规定的材料外，还应当提交本办法第十三条第一款（一）、（二）、（三）、（四）项和第二款规定的相关材料。

第五十条　食品药品监督管理部门收到备案材料后，备案材料符合要求的，当场备案；不符合要求的，应当一次告知备案人补正相关材料。

第五十一条　食品药品监督管理部门应当完成备案信息的存档备查工作，并发放备案号。对备案的保健食品，食品药品监督管理部门应当按照相关要求的格式制作备案凭证，并将备案信息表中登载的信息在其网站上公布。

国产保健食品备案号格式为：食健备G＋4位年代号＋2位省级行政区域代码＋6位顺序编号；进口保健食品备案号格式为：食健备J＋4位年代号＋00＋6位顺序编号。

第五十二条　已经备案的保健食品，需要变更备案材料的，备案人应当向原备案机关提交变更说明及相关证明文件。备案材料符合要求的，食品药品监督管理部门应当将变更情况登载于变更信息中，将备案材料存档备查。

第五十三条　保健食品备案信息应当包括产品名称、备案人名称和地址、备案登记号、登记日期以及产品标签、说明书和技术要求。

第五章　标签、说明书

第五十四条　申请保健食品注册或者备案的，产品标签、说明书样稿应当包括产品名称、原料、辅料、功效成分或者标志性成分及含量、适宜人群、不适宜人群、保健功能、食用量及食用方法、规格、贮藏方法、保质期、注意事项等内容及相关制定依据和说明等。

第五十五条　保健食品的标签、说明书主要内容不得涉及疾病预防、治疗功能，并声明“本品不能代替药物”。

第五十六条　保健食品的名称由商标名、通用名和属性名组成。

商标名，是指保健食品使用依法注册的商标名称或者符合《商标法》规定的未注册的商标名称，用以表明其产品是独有的、区别于其他同类产品。

通用名，是指表明产品主要原料等特性的名称。

属性名，是指表明产品剂型或者食品分类属性等的名称。

第五十七条　保健食品名称不得含有下列内容：

（一）虚假、夸大或者绝对化的词语；

（二）明示或者暗示预防、治疗功能的词语；

（三）庸俗或者带有封建迷信色彩的词语；

（四）人体组织器官等词语；

（五）除“®”之外的符号；

（六）其他误导消费者的词语。

保健食品名称不得含有人名、地名、汉语拼音、字母及数字等，但注册商标作为商标名、通用名中含有符合国家规定的含字母及数字的原料名除外。

第五十八条　通用名不得含有下列内容：

（一）已经注册的药品通用名，但以原料名称命名或者保健食品注册批准在先的除外；

（二）保健功能名称或者与表述产品保健功能相关的文字；

（三）易产生误导的原料简写名称；

（四）营养素补充剂产品配方中部分维生素或者矿物质；

（五）法律法规规定禁止使用的其他词语。

第五十九条　备案保健食品通用名应当以规范的原料名称命名。

第六十条　同一企业不得使用同一配方注册或者备案不同名称的保健食品；不得使用同一名称注册或者备案不同配方的保健食品。

第六章　监督管理

第六十一条　国家食品药品监督管理总局应当及时制定并公布保健食品注册申请服务指南和审查细则，方便注册申请人申报。

第六十二条　承担保健食品审评、核查、检验的机构和人员应当对出具的审评意见、核查报告、检验报告负责。

保健食品审评、核查、检验机构和人员应当依照有关法律、法规、规章的规定，恪守职业道德，按照食品安全标准、技术规范等对保健食品进行审评、核查和检验，保证相关工作科学、客观和公正。

第六十三条　参与保健食品注册与备案管理工作的单位和个人，应当保守在注册或者备案中获知的商业秘密。

属于商业秘密的，注册申请人和备案人在申请注册或者备案时应当在提交的资料中明确相关内容和依据。

第六十四条　食品药品监督管理部门接到有关单位或者个人举报的保健食品注册受理、审评、核查、检验、审批等工作中的违法违规行为后，应当及时核实处理。

第六十五条　除涉及国家秘密、商业秘密外，食品药品监督管理部门应当自完成注册或者备案工作之日起 20 个工作日内根据相关职责在网站公布已经注册或者备案的保健食品目录及相关信息。

第六十六条　有下列情形之一的，国家食品药品监督管理总局根据利害关系人的请求或者依据职权，可以撤销保健食品注册证书：（一）行政机关工作人员滥用职权、玩忽职守作出准予注册决定的；

（二）超越法定职权或者违反法定程序作出准予注册决定的；

（三）对不具备申请资格或者不符合法定条件的注册申请人准予注册的；

（四）依法可以撤销保健食品注册证书的其他情形。

注册人以欺骗、贿赂等不正当手段取得保健食品注册的，国家食品药品监督管理总局应当予以撤销。

第六十七条　有下列情形之一的，国家食品药品监督管理总局应当依法办理保健食品注册注销手续：

（一）保健食品注册有效期届满，注册人未申请延续或者国家食品药品监管总局不予延续的；

（二）保健食品注册人申请注销的；

（三）保健食品注册人依法终止的；

（四）保健食品注册依法被撤销，或者保健食品注册证书依法被吊销的；

（五）根据科学研究的发展，有证据表明保健食品可能存在安全隐患，依法被撤回的；

（六）法律、法规规定的应当注销保健食品注册的其他情形。

第六十八条　有下列情形之一的，食品药品监督管理部门取消保健食品备案：

（一）备案材料虚假的；

（二）备案产品生产工艺、产品配方等存在安全性问题的；

（三）保健食品生产企业的生产许可被依法吊销、注销的；

（四）备案人申请取消备案的；

（五）依法应当取消备案的其他情形。

第七章　法律责任

第六十九条　保健食品注册与备案违法行为，食品安全法等法律法规已有规定的，依照其规定。

第七十条　注册申请人隐瞒真实情况或者提供虚假材料申请注册的，国家食品药品监督管理总局不予受理或者不予注册，并给予警告；申请人在1年内不得再次申请注册该保健食品；构成犯罪的，依法追究刑事责任。

第七十一条　注册申请人以欺骗、贿赂等不正当手段取得保健食品注册证书的，由国家食品药品监督管理总局撤销保健食品注册证书，并处1万元以上3万元以下罚款。被许可人在3年内不得再次申请注册；构成犯罪的，依法追究刑事责任。

第七十二条　有下列情形之一的，由县级以上人民政府食品药品监督管理部门处以1万元以上3万元以下罚款；构成犯罪的，依法追究刑事责任。

（一）擅自转让保健食品注册证书的；

（二）伪造、涂改、倒卖、出租、出借保健食品注册证书的。

第七十三条　食品药品监督管理部门及其工作人员对不符合条件的申请人准予注册，或者超越法定职权准予注册的，依照食品安全法第一百四十四条的规定予以处理。

食品药品监督管理部门及其工作人员在注册审评过程中滥用职权、玩忽职守、徇私舞弊的，依照食品安全法第一百四十五条的规定予以处理。

第八章　附　　则

第七十四条　申请首次进口保健食品注册和办理进口保健食品备案及其变更的，应当提交中文材料，外文材料附后。中文译本应当由境内公证机构进行公证，确保与原文内容一致；申请注册的产品质量标准（中文本），必须符合中国保健食品质量标准的格式。境外机构出具的证明文件应当经生产国（地区）的公证机构公证和中国驻所在国使领馆确认。

第七十五条　本办法自2016年7月1日起施行。2005年4月30日公布的《保健食品注册管理办法（试行）》（原国家食品药品监督管理局令第19号）同时废止。

参考文献

1. 刘治. 中国食品工业年鉴[M]. 北京:中华书局,2019.

2. 孙昱,孙国祥,李焕德. 保健食品相关的原料范围界定和注册管理研究[J]. 中南药学,2021,19(1):1-6.

3. 田明,孙璐,李昱霏,等. 基于国际经验探究中国保健食品原料管理研究[J]. 食品工业科技,2021,42(13):21-25.

4. 周素娟,杜鹏,董诗源. 对我国保健功能目录管理制度建设的思考[J]. 现代预防医学,2020,47(18):3358-3360+3374.

5. 宋红菊. 国际保健食品管理经验及对我国保健食品业发展的启示[J]. 邢台学院学报,2021,36(1):12-16.

6. 石云,张磊,张彪. 中药保健食品存在的问题与管理对策[J]. 中医药管理杂志,2020,28(20):7-8.

7. 李仪奎. 中药药理学[M]. 北京:中国中医药出版社,1993.

8. 金岚,金若敏. 新编中药药理与临床应用[M]. 上海:上海科学技术文献出版社,1995.

9. 周金黄. 中药免疫药理学[M]. 北京:人民军医出版社,1994.

10. 许冬青,王明艳,姜海英,等. 五种补益方对环磷酰胺造模小鼠骨髓、胸腺细胞周期的影响[J]. 中药药理与临床,2002(5):11-12.

11. 田维毅,马春玲,白惠卿. 天花粉及其组份对小鼠 NK 细胞杀伤活性的影响[J]. 贵州医药,2001(11):982-984.

12. 苏芳,于常华. 薏苡仁油抗恶性肿瘤作用的研究进展[J]. 临床荟萃,2014,29(9):1075-1078.

13. 姜欣,李建春,金岩,等. 雾化吸入定喘汤对口腔溶菌酶与微生态失衡的调节作用[J]. 中国中西医结合耳鼻咽喉科杂志,2002,10(6):295.

14. 鞠宝玲,陆叶,杨景云. 四君子汤对抗生素脱污染小鼠肠道菌群失调的预防作用[J]. 牡丹江医学院学报,2003(2):16-17.

15. 王晓莉,张汝学,贾正平. 地黄寡糖灌胃对糖尿病小鼠的降糖作用及对肠道菌群的影响[J]. 西北国防医学杂志,2003(2):121-123.

16. 郭凤丽,邱世翠,王志强,等. 白术对小鼠淋巴细胞增殖、IL-2 和抗体产生的影响[J]. 中国中医药科技,2003(2):85.

17. 江海. 花青素的结构抗氧化性及在保健食品中的应用[J]. 农产品加工,2016(5):63-65.

18. 郑敏,王亚平,姜蓉,等. 当归多糖诱导胎儿胸腺细胞、脾细胞表达 GM-CSF、IL-3 的实验研究[J]. 重庆医科大学学报,2002(4):373-375.

19. 曹文广. 生药活性多糖对淋巴细胞/细胞素的调节与抗肿瘤作用[J]. 免疫学杂志,1992(4):273-275.

20. 郭峰,钱宝华,张乐之. 现代红细胞免疫学[M]. 上海:第二军医大学出版社,2002.

21. 李明春,雷林生,王庆彪,等. 灵芝多糖对小鼠 T 细胞三磷酸肌醇和二酰基甘油体外作用的研究[J]. 中国药学杂志,2001,36(8):526.

22. 邱世翠,韩兆东,刘学东,等. 葛根对小鼠淋巴细胞增殖、IL-2 和抗体产生的影响[J]. 中国中医药科技,2002(4):211.